深远海工程装备与高技术丛书

自主水下航行器导航与控制技术

张立川　潘　光　刘增武　主编

上海科学技术出版社

图书在版编目（C I P）数据

自主水下航行器导航与控制技术 / 张立川，潘光，刘增武主编. -- 上海 : 上海科学技术出版社，2020.10
（深远海工程装备与高技术丛书）
ISBN 978-7-5478-5104-3

Ⅰ. ①自… Ⅱ. ①张… ②潘… ③刘… Ⅲ. ①可潜器一研究 Ⅳ. ①U674.941

中国版本图书馆CIP数据核字(2020)第195773号

自主水下航行器导航与控制技术
张立川　潘　光　刘增武　主编

上海世纪出版(集团)有限公司
上 海 科 学 技 术 出 版 社　出版、发行
(上海钦州南路 71 号　邮政编码 200235　www.sstp.cn)
上海雅昌艺术印刷有限公司印刷
开本 787×1092　1/16　印张 15.75
字数 350 千字
2020 年 10 月第 1 版　2020 年 10 月第 1 次印刷
ISBN 978－7－5478－5104－3/U・106
定价：128.00 元

内 容 提 要

本书是"深远海工程装备与高技术丛书"之一，重点介绍自主水下航行器导航与控制技术。

本书共分 10 章。第 1 章对自主水下航行器进行概要介绍；第 2 章介绍自主水下航行器导航技术；第 3 章介绍自主水下航行器控制技术；第 4 章介绍水下航行器导航与控制仿真技术；第 5 章介绍自主水下航行器协同导航技术；第 6 章介绍基于信息熵的协同导航算法；第 7 章介绍滚动时域估计的多自主水下航行器协同定位算法；第 8 章介绍自主水下航行器图像伺服跟踪控制技术；第 9 章介绍基于视觉的自主水下航行器协同运动技术；第 10 章介绍多自主水下航行器协同运动水池试验，并结合西北工业大学张立川团队研发的 3 条雷体自主水下航行器进行水池试验。

张立川团队长期从事自主水下航行器的设计开发，编写过程中结合工程实践经验，力图通过本书全面介绍自主水下航行器导航与控制技术包括水下航行器数学建模、水下自主导航技术、水下航行器控制方法、水下航行器导航与控制仿真等相关领域的前沿知识，反映当前技术水平的最新发展。

本书可供海洋工程研究人员和技术人员，以及高等院校船舶与海洋工程自动化及相关专业的师生阅读参考。

学术顾问

丛书编委会

《自主水下航行器导航与控制技术》编委会

主　　编　张立川　潘　光　刘增武

编委委员　（按拼音字母顺序排序）

白春梅　柏书昌　代文帅　李逸琛　刘　禄

屈俊琪　任染臻　苏　晗　唐鑫鑫　王永召

武东伟　邢润发　原逸杰　赵荞荞

前　言

近年来，随着技术的提升以及战略发展的需要，世界各国对资源的开发利用逐渐向着陆地以外更广阔的海洋拓展。作为21世纪最具发展潜力的领域，海洋探索正在被越来越多的国家纳入重点发展规划，发展海洋技术在国家发展中有十分现实而深远的意义。所谓“工欲善其事，必先利其器”，自主水下航行器作为海洋工程装备的重要工具，越来越受到各行各业的关注，肩负着义不容辞的责任。20世纪60年代，人们开始着手自主水下航行器的研究，历经了近60年的技术发展，随着新科技、新思想的不断深入，水下航行器已经成为一个庞大的研究领域，无人水下航行器的相关研究也成为必不可少的一环，并在海洋研究、生态监测、军事侦察等领域有着重要而广泛的应用。

目前我国将无人水下航行器作为海洋技术和装备发展的一个重要方向。中国科学院沈阳自动化研究所联合中国科学院声学研究所、哈尔滨工程大学自主研发、研制的服务于6 000 m深海资源勘查的实用化深海装备“潜龙一号”，在南海进行了首次海上试验，总体达到海试目的，这标志着中国深海资源勘查装备实用化改造领域实现重要进步，将为深海资源勘查提供保障。西北工业大学自主研发的50 kg级水下无人自主航行器通过了国家科技部组织的验收和海上试验，这标志着我国在微小型水下航行器领域突破核心技术，拥有完全自主知识产权，填补了国内空白，在国防和海洋研究领域发挥了重要作用。

应“深远海工程装备与高技术丛书”编委会的邀请，我们编写了本专著，重点介绍自主水下航行器导航与控制技术。

本书由张立川、潘光、刘增武主编，由刘禄、任染臻、李逸琛、原逸杰、苏晗、王永召、屈俊琪、武东伟、邢润发、柏书昌、代文帅、唐鑫鑫、赵荞荞、白春梅编写。本书的出版也得到了西北工业大学出版基金的资助，在此表示衷心感谢。

尽管努力想写出一本好书，但是由于水平有限，书中肯定存在不足之处，恳请读者提出宝贵意见。

作　者

2020年8月

目　录

第 1 章　自主水下航行器概述

随着人工智能理论、传感器技术和微计算机技术等的不断发展，具有感知、通信和决策能力的无人水下航行器作为一种尖端水下探测开发设备，受到各国高度重视，并得到了积极的发展和广泛的应用，现已成为各发达国家海洋技术研究的前沿。本章介绍了自主水下航行器的概念、发展趋势，及其在国内外的发展现状。

1.1 自主水下航行器概念、分类与特点

自主水下航行器(autonomous underwater vehicle, AUV)是水下移动机器人的一种应用最典型的形式，是可在水下自主运动，具有感知能力，可用于水下侦察、远程无人布/扫雷和作战等的水下自主航行载体，不需要人为监控，不需要来自水面的复杂支持系统，可以通过自身对航向、航速、航深进行控制，活动范围大，下潜深，可自主完成水下作业和任务。

本书所研究的全驱动 AUV 模型(图 1-1)配置了可以独立顺时针旋转和逆时针旋转的 6 个推进器。在尾部配置有 2 个螺旋桨主推进器为全驱动 AUV 提供前进的动力；安装的另外 4 个隧道式辅助推进器，具有相同的额定功率，其中 2 个推进器垂向安装，安装位置以浮心为对称中心，可以直接提供垂向推力，侧向安装了 2 个辅助推进器，安装位置也以浮心为对称中心，可以直接提供侧向推力，其推力矢量如图 1-2 所示。

图 1-1　全驱动 AUV 模型示意图

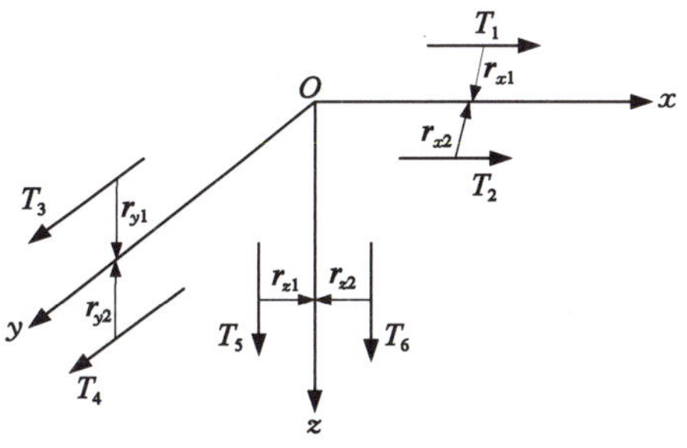

图 1-2　6 自由度推力矢量图

全驱动 AUV 的水下空间运动包含 6 个自由度，分别为前进、侧移、升潜、横滚、俯仰和偏航[1]。本书所研究的 AUV 是一个全驱动系统，每个自由度都是可控的，其控制系统实现的主要功能如下：

(1) 轨迹跟踪。AUV 跟踪一条以时间为参数的空间参考轨迹，参考轨迹通常是由一

个具有相同模型(被控对象的标称模型)的虚拟参考 AUV 产生,控制目标是保证跟踪误差的渐近稳定性[2]。

(2) 路径跟踪。AUV 路径跟踪的目标是使 AUV 跟踪一条给定的固定期望曲线,路径跟踪问题中的参考曲线与时间无关,其控制目标包含两个方面:一是操纵 AUV 跟踪期望路径,二是前向速度控制[3]。

如图 1-3 所示,水下航行器从总体上可以分为无人和载人两种。无人水下航行器(unmanned underwater vehicle, UUV)按工作方式的不同,又分为缆控水下航行器(remote operated vehicle, ROV)和自主水下航行器(autonomous underwater vehicle, AUV)。UUV 主要用来代替载人潜艇和潜水员进行救生和深海探测等高风险水下任务,往往工作在复杂未知的海洋环境之中。近年来,随着 UUV 技术的发展,UUV 在执行侦查、扫雷、情报搜集、信息探测等军事任务中已被广泛应用,在未来的海上战争中还可以作为水下攻击武器平台和后勤保障平台[4]。

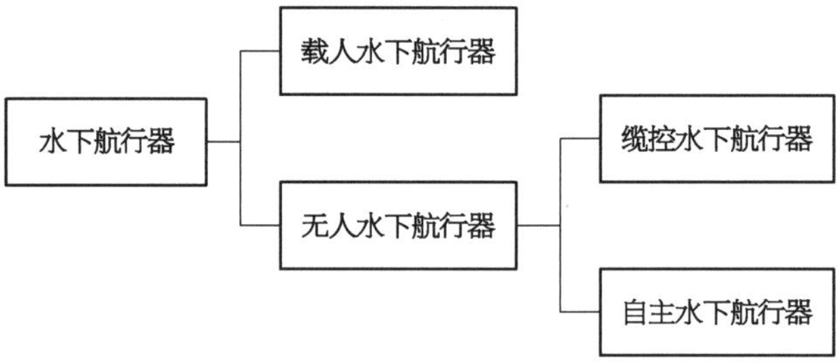

图 1-3　水下航行器分类

大量使用并较早进入工业领域的是 ROV,这类水下航行器的优点是其动力和能源供给来自母船的脐带电缆,可以采用大功率的推进器,可以适应恶劣的海洋环境。水面母船通过脐带电缆向 ROV 传输实时航行控制参数,并且 ROV 在航行过程中也将传感器实时采集到的数据和图像信息传输到母船上,这就要求母船必须保持良好的船位,然而脐带电缆容易与海底障碍物发生缠绕,使其在水下作业时产生诸多不便,因此 ROV 的机动性和作业范围非常有限。

与 ROV 相比,AUV 具有巨大优势,如下潜深、活动范围大、电源独立、不怕脐带电缆缠绕、无需母船相关系统支持等。AUV 依靠自身的自主计算机来规划和控制管理自身完成相关的水下任务,可以分为预编程式和智能式两种。AUV 技术是目前全球水下航行器领域研究的难点和重点,也是未来世界水下航行器领域研究的焦点方向和趋势。AUV 技术是一种前沿性和前瞻性技术,已被广泛应用于海洋石油开采、海洋救助与打捞、深海资源调查、水下工程建设、军事和国防领域等诸多方面,产生了巨大的经济效益和社会效益,具有巨大的应用发展前景[5]。世界各国目前都投入巨资竞相研究自主水下航行器技术,受传感器、导航定位、控制、计算机、材料、能源、通信、水声、人工智能等技术快速发展的影响,AUV 技术正在快速发展中。

1.2 自主水下航行器的国外发展现状

AUV 无人、无缆，完全自主航行，是代表无人水下航行器(unmanned underwater vehicle, UUV)发展方向的高新技术，是发达国家海军和海洋技术研究发展的热点之一。其主要特点为：自治能力强、活动空间大、智能化水平高、适应能力强、实用性好、隐蔽性好。

1.2.1 单一自主水下航行器的国外发展现状

AUV 的研究最早始于 20 世纪 60 年代，历经了 60 多年的技术发展，目前世界上有十多个国家正在研制 AUV，其中美国、法国、英国、德国、澳大利亚等国家处于领先地位[6]。目前，无论在军用还是民用 AUV 技术上，美国都处于世界领先地位，并且主导着全球 AUV 的研究发展方向，拥有全球半数以上的 AUV，本节主要以美国的研究作为代表进行介绍。

美国海军水下作战中心最新研制的采用模块化结构设计 MANTA AUV，如图 1－4 所示，它可以根据航行任务不同，改变其自身配置。作战时，它能够利用自身携带的武器、传感器及对抗措施，执行水下监视、水雷侦查和攻击任务；也可以通过水面通信和水下局域网接受岸上和潜艇平台的远程指挥；还能完成具有主动进攻性的反潜作战任务，将水声传感器部署到水下的高风险区域，通过它对敌方潜艇进行位置追踪，在敌方潜艇进入己方战斗群之前使用小型超空泡武器对敌方潜艇进行先发攻击。

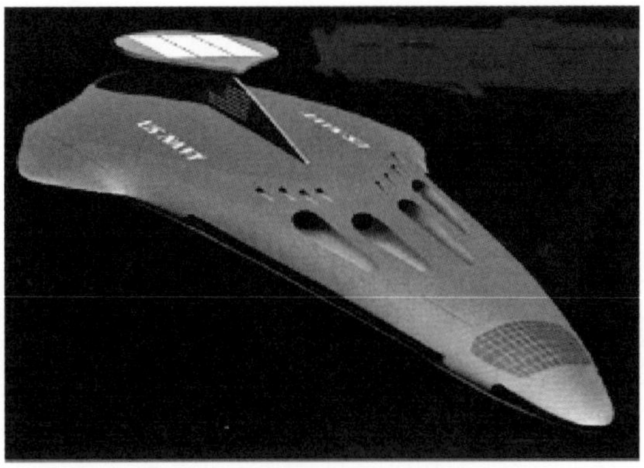

图 1－4　美国的 MANTA AUV

美国金枪鱼机器人公司研制的“海狮”AUV，用于在极浅水域如近岸水域或港口附近的部署，以提供安全保护或进行反水雷作战。它携载有 900 kHz 的侧扫声呐、双频侧扫声呐、用于测量水温及传导率的探测仪、用于测量浑浊度的光学反向散射传感器、单色照相机等。其导航设备包括 GPS 、罗盘、多普勒测速仪等。

一般情况下，无论是 AUV 还是 ROV，航行器的主要壳体结构均为圆柱形，然而由英国 BAE 系统公司 2008 年研制的“护身符”AUV 呈乌龟状，兼备隐身特性，如图 1－5 所示。“护身符”AUV 是一种多功能多用途型水下航行器，可以执行不同任务，典型的濒海

图 1-5 英国的"护身符"AUV

任务是反水雷和目标搜索、情报收集、监视、信息记录使命。它利用模块化系统设计,能够方便快速地重新配置任务系统软件,能携带永久性的、全集成的和可变的载荷;其基础配置是一种惯性导航装置和一套环境传感器,动力系统采用内燃机与电池混合模式,其载荷取决于航行器所要执行的任务。导航系统包括惯性测量单元、多普勒速度仪、GPS接收装置和测深测高传感器等,该系统能够根据预先编制的任务程序对各种传感器反馈来的数据进行处理,并控制推进系统做出相应的反应,从而达到自主航行的目的。"护身符"AUV于2006年11月在海试中远程遥控发射"喷水鱼"灭雷系统。"护身符"AUV在航行过程中,通过6个"黑豹"SM5推进器(尾部两侧各有两个水平推进器,前部两侧是横向和垂直推进器)完成机动。多个推进器配合使用,通过推力的合理分配可使航行器具有灵活的机动能力,并且可实现航行器在水下的动力定位。

根据1994年美国海军制定的UUV发展计划,包括AUV和ROV两个方面的研究涉及五个领域:运载器、能源、传感器、导航与控制、通信。

具体的研究包括:

① AUV和ROV探测网反潜的研究,利用探测网进行水下三维探测,通过就地采样或层析获得的环境信息有利于提高反潜探测,同时还可以利用多个小型分散平台与有人平台一起构成反潜作战探测网;

② 作为武器平台,携带近程攻防武器对敌方潜艇进行秘密攻击;

③ 布设水下通信网络;

④ 进行海洋探测。

美国海军主要研制AUV的单位包括:美国海军水下作战中心(NUWC)、美国海军研究局(ONR)、美国海军海洋系统中心(NAVOCEANO)、美国海军空间和海战(SPAWAR)系统中心、美国国防高级研究计划局(DARPA)和查尔斯·斯塔克·德雷珀实验室(CSDL)、美国海军研究生院(NPS)等。此外,还有麻省理工学院、伍兹霍尔海洋研究所、通用动力公司和雷声公司、洛克希德导弹和宇航公司、佩里技术公司等。

SPAWAR系统中心主要从事AUV的指挥和控制系统、光纤和水声通信系统、非金属材料和运载器总体的研制。该中心拥有三个UUV试验运载器:先进无人搜索系统(advanced unmanned search system, AUSS)、自游者Ⅱ和飞行插塞。AUSS是一个用于深海搜索的鱼雷形AUV,全长5 200 mm、直径800 mm、重1 230 kg,以最大速度6 kn航行航力为10 h,采用20 kW·h银锌电池,推进装置为2个垂直推进器和2个纵向推进器。AUSS带有水声通信设备,可在水深6 000 m的水下向水面传送侧视声呐数据或CCD电视信号。AUSS是自主式的,它对目标的搜索时间只需常规拖曳式搜索系统的1/10。该AUV通过声遥链控制,已经通过了演示和鉴定。此外,自游者是一种可用作自主式运载器的鱼雷形 UUV,飞行插头是一种小型运载器。

麻省理工学院研制的 ODYSSEY AUV(图 1-6)主要用于科学考察和海洋自动取样网络研究。该 AUV 长度为 2 200 mm、直径 570 mm、水平运动速度大于 4 kn、爬升速度大于 3 kn、续航力 6 h(3 kn 时),如果采用最大电池结构,续航力可达 24 h。该 AUV 主要采用 1.1 kW·h 的银锌电池(采用最大电池结构时>5 kW·h),推进系统在 4 个控制面之后有 1 个电动推进器。

由伍兹霍尔海洋研究所研发的 ABE AUV(图 1-7)主要用于深海海底观察,其特点是机动性好,能完全在水中悬停,或以极低的速度进行定位、地形勘测和自动回坞。该 AUV 长 2 200 mm、速度 2 kn、续航力根据电池类型为 12.87~193.08 km。动力采用铅酸电池、碱性电池或锂电池。

图 1-6　麻省理工学院研制的 ODYSSEY AUV

图 1-7　伍兹霍尔海洋研究所研发的 ABE AUV

1988 年通用动力公司和雷声公司开始研制 XP-21 AUV。自 2000 年以来,雷声公司承担了该 AUV 的研制工作。XP-21 是一型直径为 533 mm 的自主式 AUV,采用模块化设计,长度可在 2.44~7.32 m 之间任意选择,其标准型的重量为 635 kg,速度为 0~5 kn,工作深度为 9.14~3 653.63 m。该 AUV 主要用于水雷战。其侧视声呐为双频、单波束、数字式声呐,频率为 100 kHz 和 500 kHz。高频用于探测大型水雷,低频用于探测沉底雷并对其进行分类。前视声呐采用多波束数字式声呐,可填补侧视声呐的探测盲区,以探测和分类沉底雷和锚雷,同时也可用于避障。

DARPA 和 CSDL 已经建成了两个可用作试验平台的 AUV,该 AUV 长 10.97 m,直径 1.112 m,重 6 804 kg,第一个 AUV 的最大工作深度为 304.48 m,第二个为 457.2 m。该航行体采用 8.82 kW 的无刷电机,最大航速为 10 kn,续航力为 24 h。这两个 AUV 都已成功完成了海试。

佩里技术公司研制的机动系统试验(MUST)AUV 是一种供试验和演示用的 AUV,长 9.144 m,重 8 834.8 kg,工作深度 60.96 m。该 AUV 采用 7.35 kW 主推进电机,电源为铅酸悬挂式电解电池组,航速为 0~8 kn。推进系统采用 3 个推进器,使航行体可作悬停、垂直或横向运动。

NPS 于 1987 年开始研制 AUV。其第一代 AUV 为 NPS AUV Ⅰ，全长只有 76.2 cm，宽 17.78 cm，高 1 016 cm。第二代 NPS AUV Ⅱ全长 2.133 6 m，可用作控制技术、人工智能和系统综合等基础研究的平台，采用场台高频定向换能器、2 台正反转 10 cm 螺旋桨、铅酸电池、Gespac 计算机和平面的控制面，其推进器可使航行体的姿态得到控制，并在水中保持稳定。图 1－8 所示为 NPS 研制的 ARIES。

图 1－8　NPS 的 ARIES

1.2.2　多自主水下航行器的国外发展现状

如图 1－9 所示，欧盟于 2006 年组织了德国、意大利、葡萄牙、挪威、法国等国家联合开展了主题为“协作无人系统的协调和控制”（Coordination and Control of Cooperating Unmanned Systems）的“The European GREX Project”项目[7]，研究核心是解决多 AUV 的协同导航及编队控制、通信等问题。GREX 是拉丁语，意为群体和团队。该项目组对外公开的主要任务是基于多个异构无人水下航行器的协作完成海底地图测绘，始于 2006 年，结题于 2009 年。2008 年夏季和 2009 年 11 月的两次海试成功完成了多 AUV 协作下的海洋环境绘图任务，验证了通过水声通信实现多 AUV 的协同导航和控制。

图 1－9　欧盟 GREX 项目

美国的“自主海洋采样网络”(Autonomous Ocean Sampling Network, AOSN)项目,是多 AUV 系统用于科学考察的最典型案例,如图 1-10 所示。

“ASON Ⅰ”项目作为最有影响的多 AUV 系统的基础应用研究,由美国麻省理工海洋实验室、伍兹霍尔海洋研究所、华盛顿大学应用物理实验室等多家研究机构共同参与完成。

“AOSN Ⅱ”项目由美国蒙特利湾海洋研究所(Monterey Bay Aquarium Research Institute, MBARI)领导,美国海洋研究局资助。该项目的目的是对一个大范围的海洋空间进行长时间的数据收集,预测海洋的物理特性,利用多个 AUV 搭载不同类型的传感器,在同一时刻测量不同区域或不同深度下的海洋参数,并采取适当的控制策略使得网络中的每个 AUV 成员能够在最重要区域进行信息收集。

图 1-11 为美国新泽西大陆架观测系统(New Jersey Shelf Observing System)。在该系统中,水面雷达、水下滑翔 AUV(史洛坎滑翔机)、空中飞机及卫星组成了多节点的观测系统。在该系统长达四年的运行中,作为整个系统关键组成部分的多个 AUV 自主进行海洋采样、勘探、调查工作,在近海海域生态评估、物理化学要素分析等方面发挥了不可替代的作用。

图 1-10　2003 年蒙特利湾“AOSN Ⅱ”试验示意图

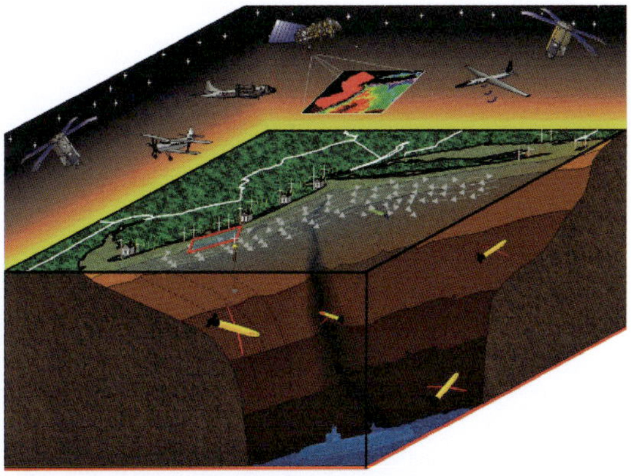

图 1-11　美国新泽西大陆架观测系统

美国麻省理工海洋实验室一直从事 AUV 的技术研究,并于 2006 年公开了其“自主协同的分散侦察与探测系统”[cooperative autonomy for distributed reconnaissance and exploration (CADRE) system][8]。该系统受美国海军研究生院资助,并于 2004 年完成了湖上试验。

CADRE 系统的核心在于其利用了三种无人平台进行协同导航与控制,共同完成侦察与探测任务,如图 1-12 所示。该系统所利用的三类 AUV 分别为:

① 基于 Bluefin-12 的搜索/分类/绘图(search-classify-map, SCM)AUV;

② 基于 Bluefin-9 和 Bluefin-12 的获取/辨别(reacquire-identify, RI)AUV;

③ 基于 Bluefin-21 和 ASV 的通信和导航辅助(communications and navigation aid,

C/NA)AUV。

其中,SCM AUV 和 RI AUV 装备低成本、低精度的导航系统和水声通信定位系统,C/NA AUV 装备高精度的导航系统和通信系统,由 C/NA AUV 负责水下通信中继和辅助导航。在执行任务过程中,SCM AUV 和 RI AUV 在 C/NA AUV 辅助下利用移动长基线定位方法实现精确定位,SCM AUV 在前方进行侦察,探测到可疑目标后,报告给 C/NA AUV,并由 C/NA AUV 进一步分析和处理,做出决策,再将目标信息告知 RI AUV,最后由 RI AUV 处理可疑目标;若遇到水雷,当前方编队距离足够远时,可引爆水雷,在保证安全的前提下降低成本。

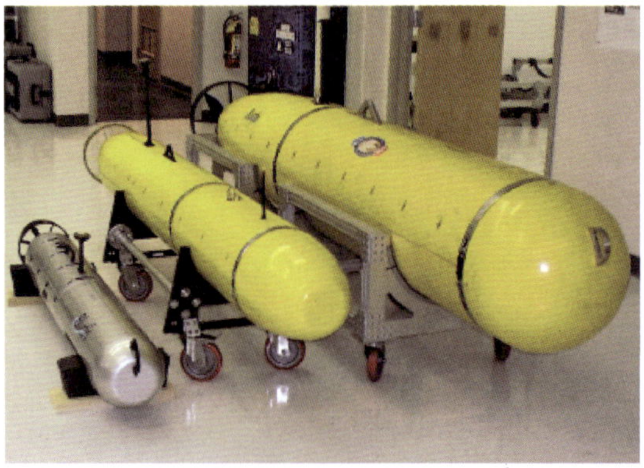

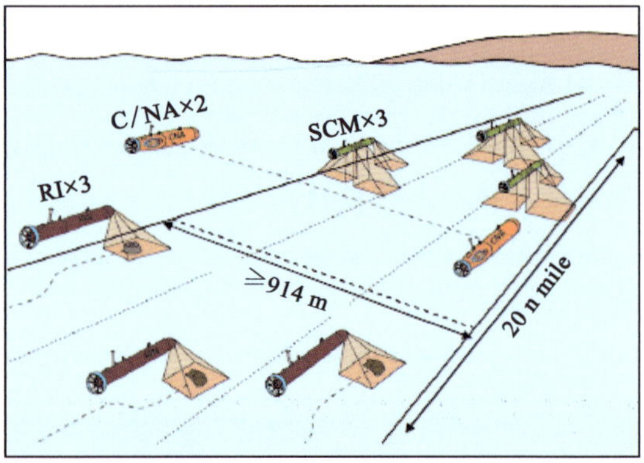

图 1-12　麻省理工学院的 CADRE 系统

欧盟第七科技框架计划(FP7)开展了对 AUV 的技术研究,并于 2014 年开展了“自主认知潜水协同作业”(Cognitive Autonomous diving Buddy)项目。该项目的目标是开发能够帮助或者协同人类潜水者在危险水区内进行科研、考古或者商业探索活动时完成高效率作业的水下航行器领航跟踪系统(leader tracking system, LTS)。整个 LTS 包括在水下扮演潜水助手角色,能够与潜水员以及领航航行器协作的水下航行器和在水面提供导航监视协助和安全保障功能的水面舰艇。该系统中领航者的身份可以根据任务的需求在 UUV 和水面舰艇之间进行切换。计算机辅助档案和数据供应(computer aided dossier and data supply, CADDY)项目已于 2014 年进行了初步的水下航行试验,对协同动作控制与协同导航进行了验证,未来的研究工作将着重于航行器同人类潜水员的协同工作以及整个协同系统的扩展。图 1-13 所示为 CADDY 系统。

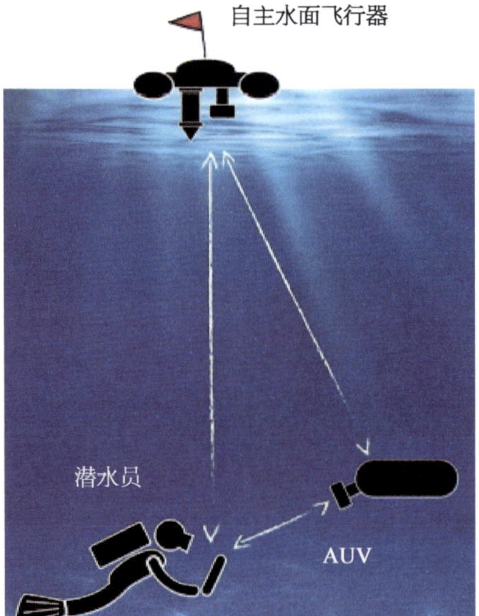

图 1-13　欧盟的 CADDY 系统

1.3　自主水下航行器发展趋势

目前 AUV 的技术已经达到较高水平，但是由于海洋环境的复杂及广阔，现在的技术还是远远不够的，整体上来说就是更加自主化、高效化、精确化、集群化。

自主化就是要求 AUV 智能化水平更高，包括导航算法的优化、硬件系统的稳定高效、环境适应能力的增强。导航算法为 AUV 的核心，需要更加高效、鲁棒性更强的算法，但同时硬件系统的稳定也是不容忽视的问题，一直是限制 AUV 发展的瓶颈，多种传感器构成自主式水下航行器的感知系统，只有拥有更加精确、稳定、耐受性强的传感器才能真正提高 AUV 的适应能力，并为算法的优化奠定基础。

高效、精确化即要求 AUV 在完成任务中能使用最优方案。众所周知，AUV 的续航能力不强，这就需要提高 AUV 的电池容量，采用更加高效耐久的电池，同时要提高其独立性，不单单依靠 GPS 定位，还应配备北斗定位系统，已经发展十余年的 MOOS 软件体系就是为 AUV 而生的，高度模块化、相互独立性的特点可以有效提高效能和精确度。

集群化就是多 AUV 协同作业。单一 AUV 作业能力毕竟有限，集群化可以大大提高作业能力，无论是在商业用途还是军事用途领域都有重要的意义。集群化不但要求自主性高，还需要解决相互间通信、协同等高难度问题，很多发达国家都将协同集群化作为一个重要的研究方向。

从发展之初，AUV 就面临丢失的问题，浪费了大量的人力、物力资源，相信 AUV 的未来发展一定可以大大降低丢失率，为海洋资源的开发贡献力量。

1.4　自主水下航行器的国内发展现状

我国对于无人水下航行器领域的技术研究起步较晚，研究工作主要集中在中国科学院沈阳自动化研究所、中船重工第 702 研究所、哈尔滨工程大学、西北工业大学、天津大学、上海交通大学、华中科技大学等少数几个高校和研究所，并在近年来取得了辉煌的成绩。

1.4.1　单一自主水下航行器的国内发展现状

我国 6 000 m“CR－02”号 AUV 于 2007 年通过验收，如图 1－14 所示。它具有良好的机动性，主要用于复杂地形下的海洋调查，包括深海考察、水下摄影、照相、深海多金属结核勘查、海底地势及剖面测量、水文物理测量、深海钴结壳调查等，主要应用目标是太平洋海底火山区资源调查，具有良好的海底地形跟踪能力、探测能力和爬坡能力。“CR－02”号 AUV 使用双电机对转桨推进器，可提高纵垂面运动的机动性和可操纵性，通过对推进器进行合理布局，提高了其自身的操纵性，使其在复杂海域保持安全航行的能力大大提高，同时在避碰与爬坡能力上也有所增强[9]。

西北工业大学在“十二五”期间与西安天和防务技术股份有限公司合作，承担了国家高技术研究计划(863 计划)海洋技术领域重大项目课题“50 公斤便携式自主观测系统”，所研发的“海神”号 AUV 重 50 kg、长 184 cm，如图 1－15 所示。该 AUV 具有自主航行、航路点导引、直航、不间断航行的任务管理能力，具有精确定位、噪声低、航程远、体积小、重量轻、操作简单灵活、机动性好等特点。通过搭载不同测试传感器和不同的任务模块，该 AUV 可执行不同的水下监测、海洋科学考察、信息搜索等任务，主要目的是进行海洋环境探测和水下观测。该项目在 2012 年 12 月完成水池实验，2013 年 7 月在泔河水库进行湖试，2013 年 9 月在南海进行了为期 2 周的海试。

图 1－14 “CR－02”号 AUV

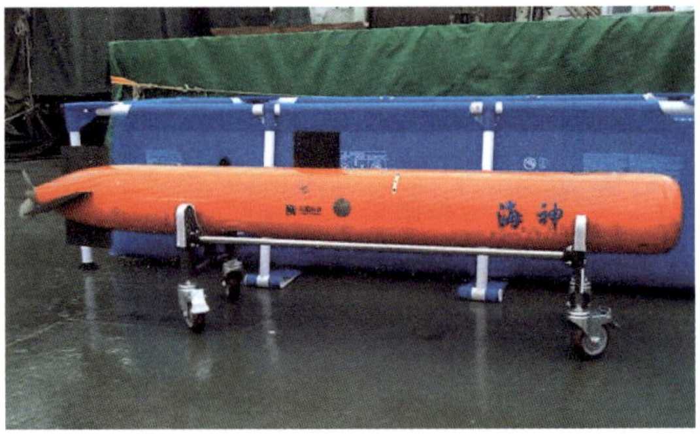

图 1－15 “海神”号 AUV

1.4.2 多自主水下航行器的国内发展现状

多机器人协同定位问题是在研究陆上机器人时开始被提出的，相关研究较多，研究文献也比较丰富[10]。协同定位问题研究的重点之一是怎样利用机器人携带的有限导航资源和机器人间的拓扑结构构建协同导航算法并保证算法可靠性的问题。在协同结构中如何抑制误差增长从而提高定位精度无疑是协同导航研究的主要目标之一。

基于陆上移动机器人的相关研究，中国科学院沈阳自动化所开展了多 AUV 协作系统的研究，比较了水下多 AUV 协同定位和其他定位方法，并将平行式和主从式协同定位方法进行了比较。

多 AUV 协作系统在水下执行任务时，不同的编队队形、未知洋流的干扰、辽阔的海域导致声信号传播的延迟以及 AUV 自身时钟同步的精度都会影响协同导航定位的精度。西北工业大学刘明雍、李闻白等[11]针对单领航者相对位置测量的多 AUV 协同导航系统，利用扩展卡尔曼滤波方法建立了导航系统的整体定位误差关于相对位置量测误差的传递方程；在此基础上，通过求解系统定位误差随时间演化的代数黎卡提方程，得到了其在稳态情形下的方差上界估计。

哈尔滨工程大学高伟、徐博[12]等针对多 AUV 协同定位过程中水声通信延迟造成的定位失效问题，提出了一种基于状态估计均方误差最小的延时扩展卡尔曼滤波定位误差修正方法，并针对双领航者多 AUV 协同导航系统的可观测性进行了定性和定量分析，得出了系统可观测性大小取决于主从 AUV 间的距离向量以及从 AUV 速度向量之间的相互关系，同时还提出一种基于双主交替领航的多 AUV 协同导航方法，并进行了试验验证，为利用双主交替领航提高系统可观测性提供了理论依据。

在实际信息传播过程中，除了水声传播延迟外，还有信号发射处理延迟以及信息出序到达的问题。卢健[13]设计了单领航者相邻周期和三领航者同一周期的非顺序量测融合处理算法，将出序量测信息直接对从 AUV 最新的被估计状态进行更新，在信息无损的前提下完成状态的实时估计过程。

尽管目前多数研究仍以理论研究、模拟分析以及小型验证试验为主，但多 AUV 协同定位仍有一些规模较大的典型应用和试验。

参考文献

[1] 马腾飞. 一种微型 AUV 的控制系统研究[D]. 上海：上海海洋大学，2017.

[2] 王艳艳，刘开周，封锡盛. AUV 纯方位目标跟踪轨迹优化方法[J]. 机器人，2014，36(2)：179－184.

[3] 王银涛，郑美云，严卫生. 一种新的 AUV 路径跟踪控制方法[J]. 西北工业大学学报，2009，027(004)：517－521.

[4] 李锡群，王志华. 无人水下航行器(UUV)技术综述[J]. 船电技术，2003，023(6)：12－14，29.

[5] 汤民强，毕永良. 深海路由勘察中深拖与 AUV 的技术对比[J]. 海洋测绘，2008，28(06)：79－82.

[6] 冯正平. 国外自治水下机器人发展现状综述[J]. 鱼雷技术，2005(01)：5－9.

[7] 何斌. 多 AUV 编队控制与协同搜索技术研究[D]. 哈尔滨：哈尔滨工程大学，2017.

[8] 何希盈，蔡祥. 蓝鳍水下机器人公司及其 Bluefin 系列 AUV[J]. 水雷战与舰船防护，2014，022(003)：83－84.

[9] 刘涛，徐芑南，王惠铮，等. "CR－02" 6 000 m 无人自治水下机器人载体系统[J]. 船舶力学，2002，6(06)：114－119.

[10] 黄庆成，罗荣华. 一种多移动机器人主动协同定位方法的研究[J]. 电子学报，2010，38(11)：2644－2648.

[11] 李闻白，刘明雍，李虎雄，等. 基于单领航者相对位置测量的多 AUV 协同导航系统定位性能分析[J]. 自动化学报，2011，37(06)：724－736.

[12] 高伟，刘亚龙，徐博，等. 基于双主交替领航的多 AUV 协同导航方法[J]. 哈尔滨工程大学学报，2014(06)：735－740.

[13] 卢健. 两种信息获取方式下多 AUV 主从式协同定位算法研究[D]. 西安：西北工业大学，2015.

第 2 章　自主水下航行器导航技术

本章对地球导航、惯性自主导航、声学导航模型的基本原理进行了简单介绍，主要分析了以自主导航方式为主，并辅助以速度测量及GPS、北斗等有源校准的水下航行器导航方法。本章对惯性导航系统初始对准、长航时组合导航、长航时容错导航等技术进行了研究，并进行了导航系统实航试验验证。同时，本章也对长基线定位原理和超短基线系统原理进行了讲述。

2.1 地球导航模型

地球导航依照所需地球物理参数的不同分为3大类：地形匹配导航、海洋地磁导航和重力导航。地球导航[1]的原理是将传感器测得的数据同预先获得的地球物理数据库进行匹配以确定载体所在位置。

2.1.1 地形匹配导航

地形匹配导航是指通过比较地形参考数据库以及地形高度测量值来确定载体位置的特征匹配导航技术[2]。海底地形辅助导航(seabed terrain aided navigation, STAN)技术主要用于水下导航定位，将利用水下地形传感器测得水下地形数据，同水下地形数字海图数据库相匹配，通过计算机处理数据得出潜航器所在位置，通常用于辅助惯性导航系统。

利用数字地形图辅助惯性导航的技术可以实现导航，其精度取决于地图的精度和地形的变化情况，该技术称为地形辅助导航，因其在海湾战争中发挥了良好的实战效果而引起广泛关注，是当前最成功的地球物理导航技术。地形辅助导航系统有多种，如地形轮廓匹配(terrain contour matching, TERCOM)系统、桑迪亚惯性地形辅助导航(Sandia inertial terrain aided navigation, SITAN)系统、地形参考导航(terrain referenced navigation, TRN)系统等[3,4]。

TERCOM的基本工作原理是：在地球陆地表面任何一点的地理坐标可以根据其周围地域的等高线地图或地貌单值确定。依据采用的性能指标，TERCOM系统相关算法通常分为3种：互相关(cross correlation, COR)算法、平均绝对差(mean absolute difference, MAD)算法和均方差(mean square difference, MSD)算法。

SITAN的原理是根据惯性导航系统输出的坐标，在数字地图上找到地形高程，惯性系统输出的绝对高度与地形高程之差就是航行器相对高度的估计值，它与无线电高度表实测相对高度之差就是卡尔曼滤波的测量值。地形的非线性特征导致了量测方程的非线性。采用地形随机线性化算法可实时获得地形斜率，得到线性化的量测方程；结合惯性导航系统的误差状态方程，经卡尔曼滤波递推算法可得到导航误差的最佳估计值，采用输出校正可修正惯性导航系统的导航状态，得到最佳的导航状态。SITAN着重于降低中等定位误差，不需要全局搜索，允许有较大的速度和航向误差，具有更好的实时性，更适合于具有高机动性的航行器使用。

水下地形传感器多采用测深测潜仪，通过测得的水下地形特征，结合惯导系统估算出位置信息进行数据预处理和补偿即可获得传感器测得的实时地形位置，利用匹配算法同数据库中预先存储的水下地形数字海图进行匹配，信息融合后可得最佳匹配位置，并进一步对惯导系统进行修正[5]。

2.1.2 海洋地磁导航

与地形匹配导航类似，海洋地磁导航也采用预先获取高精度地磁数据库的方法，目前有地磁测量和建立地磁场模型 2 种方式。由于地磁场是不断变化的，所以单单依靠地磁测量数据进行导航是不现实的，构建高精度的地磁场模型才能提高导航的可靠性[6]。目前的地磁模型有国际地磁模型(international geomagnetic reference field, IGRF)、中国地磁模型(China geomagnetic reference field, CGRF)和局域地磁模型(local geomagnetic reference field, LGRF)。由于前两种模型精度较低，精度为 100～200 nT，所以并不适合高精度的地磁匹配导航。LGRF 需要实测局域地磁特征量以构建地磁模型，精度相对较高[7]。海洋地磁导航中的匹配算法和信息融合算法通常采用卡尔曼滤波或扩展卡尔曼滤波算法，不断优化算法也是提高导航精度的重要手段。

地磁匹配预先将选定海域地磁场的某种特征值制成参考图并储存在水下航行器的计算机中。当航行器经过这些海域时，体载传感器实时测定地磁场的有关特征值，并构成实时图。实时图与预存的参考图在计算机中进行相关匹配，确定实时图在参考图中的最相似点即匹配点，从而计算出航行器的精确实时位置，达到精确导航的目的。地磁匹配在工程中易于实现，这是因为地磁场的特征分量较多，如总磁场强度、水平磁场强度、东向分量、北向分量、垂直分量、磁偏角、磁倾角以及磁场梯度等。地磁匹配导航应消除地球瞬变磁场的影响，所谓“地球瞬变磁场”是指随时间变化较快的那部分地磁场，主要由电离层和磁层中的电流体系所产生，包括太阳静日变化(Sq)和太阴日变化(L)以及磁暴等形式。地磁匹配和重力匹配都属严格意义上的无源导航，隐蔽性更强，尤其在海洋或沙漠等地形特征不太明显的区域具有地形匹配、景象匹配无可比拟的优越性。

2.1.3 重力导航

无源重力导航是一种利用重力敏感仪表的测量实现的图形跟踪导航技术，它把事先做好的重力分布图存储在导航系统中，然后再利用重力敏感仪器测定重力场特性来搜索期望的路线。通过人工神经网络和统计特性曲线识别法使运载体确认、跟踪或横过路线，到达某个目的点。

采用无源重力导航技术进行水下导航的方法主要有：无源导航算法、地形估计算法以及采用重力辅助导航的组合导航。美国新一代潜艇导航系统就是一种典型的采用重力辅助导航的组合导航。

(1) 无源导航算法是通过利用重力测量值、以数字形式存储的重力图和导航仪本身的数据，以产生导航仪的误差估计，然后将这些估计值用来以连续方式修正惯性导航仪的误差，不用定期地利用外部位置坐标，从而实现限定导航误差。修正可采用开环或闭环方式。在闭环式修正方式中，使用修正值连续重调导航仪，使之保持在要求的导航精度内。在开环方式中，修正值只加在导航仪的输出上。

(2) 地形估计算法利用重力梯度仪测得重力梯度数据。重力梯度仪能够测量由于当地地形变化引起的重力场的变化，通过对这些信号进行适当处理，地形估计可以产生舰艇附近的地形的三维显示。重力梯度仪测量由地形变化而产生的重力梯度的工作原理是：重力梯度仪测量出总的重力梯度，减去已知的运载体本身的梯度及由于重力梯度仪平台的惯性角速率产生的向心重力梯度，再减去标准的椭圆地球的重力梯度，就是所求的重力梯度。

(3) 重力辅助导航法原理是：载体在运动过程中，重力传感器实时测量重力特征数据；同时，根据 INS 的位置信息，从重力图中读取重力数据；将这两种数据送给匹配解算计算机，利用匹配解算软件进行解算，求得最佳匹配位置。重力辅助导航的主要研究内容包括动基座重力仪、重力梯度仪的设计与制造，重力场模型和重力数据处理，重力图匹配理论与匹配算法，以及各种系统误差的校正理论与方法。重力辅助导航方式之一是利用水下运载体上安装的测深仪和重力计为测量设备，根据实时获得的重力异常与载体上保存的重力异常海图进行匹配；之二是根据水下运载体单轴或三轴安装的重力梯度仪实时获取的重力梯度值与载体上保存的重力梯度图进行匹配，利用扩展卡尔曼滤波进行各种导航误差的估计。

美国新一代潜艇导航系统由惯性导航仪模块、重力传感器模块、精密导航仪模块和地形测量模块等组成。惯性导航仪向其他模块提供数据；电磁计程仪数据用于阻尼惯性平台回路；重力传感器和惯性导航仪一起可实现无源导航能力。重力传感器通过重力测量和以数字形式存储的重力分布图比较，可计算出惯性导航仪的误差，连续对惯性平台进行重调。上述的惯性导航仪模块、重力传感器模块和地形测量模块均是无源的，可以保证潜艇的长期隐蔽航行。

2.2 组合导航

2.2.1 惯性自主导航算法

捷联惯导系统(strap-down inertial navigation system, SINS)具有自主导航能力，不需要任何外界电磁信号就可以独立给出载体的姿态、速度和位置信息，抗外界干扰能力强，但是 SINS 定位误差随时间的延续不断增大，即误差积累、漂移增大。

惯导系统具有一定的互补性，由它们构成的组合导航系统能在一定程度上有效抑制惯导系统误差随时间的发散，因为惯导系统误差随着导航时间而增长，而多普勒速度仪测量误差一般随着运载体行驶距离而积累；利用惯导系统短时间导航的高精度特性，在机动条件下能够对多普勒速度仪测量误差进行一定的校正。此外，利用深度传感器能准确确定水下航行器的深度定位信息。因此水下航行器自主定位定向系统可以由以下几部分组成：捷联惯组、多普勒测速仪、深度传感器等。其中，捷联惯组包括三个陀螺和三个加速度计，是实现水下航行器自主定位导航功能的关键部件。

2.2.1.1　捷联惯导系统误差方程

1）捷联惯导系统中常用的坐标系

（1）地心惯性坐标系（i 系）。

用 $ox_iy_iz_i$ 表示；原点为地球中心；x_i、y_i 轴在地球赤道平面内；x_i 轴指向春分点（赤道面与黄道面的交线再与天球相交的交点之一），春分点是天文测量中确定恒星时的起始点；z_i 轴为地球自转轴，并指向北极。惯性器件（陀螺和加速度计）的输出就是以惯性坐标系为参考基准的。

（2）地球坐标系（e 系）。

用 $ox_ey_ez_e$ 表示；原点为地球中心；x_e、y_e 轴在地球赤道平面内；x_e 指向本初子午线；z_e 轴为地球自转轴，并指向北极。e 系与地球固连，地球坐标系相对于惯性坐标系的角运动就是地球的自转角速度 $\omega_{ie}=15°/\text{h}$。

（3）地理坐标系（g 系）。

用 $ox_gy_gz_g$ 表示；原点为载体重心；x_g 轴指向东，即 E；y_g 轴指向北，即 N；z_g 轴指向天，即 U。地理坐标系相对于地球坐标系的方位关系就是载体的地理位置（经度 λ 和纬度 L）。

（4）导航坐标系（n 系）。

用 $ox_ny_nz_n$ 表示；它是惯导系统在求解导航参数时所采用的坐标系，本书选取东—北—天（ENU）地理坐标系作为导航坐标系。

（5）载体坐标系（b 系）。

用 $ox_by_bz_b$ 表示；原点为载体的重心；x_b 轴沿载体横轴向右；y_b 轴沿载体纵轴向前；z_b 轴沿载体立轴向上。b 系与载体固连，载体坐标系相对于导航坐标系的方位关系可用载体的姿态矩阵表示。

2）捷联惯导系统误差方程

（1）姿态误差方程：

$$\dot{\boldsymbol{\varphi}}=-\boldsymbol{\omega}_{in}^{n}\times\boldsymbol{\varphi}+\delta\boldsymbol{\omega}_{in}^{n}-\delta\boldsymbol{\omega}_{ib}^{n} \tag{2-1}$$

（2）速度误差方程：

$$\boldsymbol{\delta}\dot{\boldsymbol{v}}^{n}=\boldsymbol{f}_{sf}^{n}\times\boldsymbol{\varphi}-(2\boldsymbol{\omega}_{ie}^{n}+\boldsymbol{\omega}_{en}^{n})\times\boldsymbol{\delta v}^{n}+\boldsymbol{v}^{n}\times(2\boldsymbol{\delta\omega}_{ie}^{n}+\boldsymbol{\delta\omega}_{en}^{n})+\boldsymbol{\delta f}_{sf}^{n} \tag{2-2}$$

（3）位置误差方程：

$$\delta\dot{L}=\frac{1}{R_M+h}\delta v_N^n-\frac{v_N^n}{(R_M+h)^2}\delta h \tag{2-3}$$

$$\delta\dot{\lambda}=\frac{\sec L}{R_N+h}\delta v_E^n+\frac{v_E^n\sec L\tan L}{R_N+h}\delta L-\frac{v_E^n\sec L}{(R_N+h)^2}\delta h \tag{2-4}$$

$$\delta\dot{h}=\delta v_U^n \tag{2-5}$$

将它们整理成：

$$\dot{\boldsymbol{\varphi}}=-\boldsymbol{\omega}_{in}^n\times\boldsymbol{\varphi}+\boldsymbol{M}_1\boldsymbol{\delta v}^n+\boldsymbol{M}_2\boldsymbol{\delta p}-\boldsymbol{C}_b^n\boldsymbol{\delta K}_G\boldsymbol{\omega}_{ib}^b-\boldsymbol{C}_b^n\boldsymbol{\varepsilon}^b \tag{2-6}$$

$$\boldsymbol{\delta\dot{v}}^n=\boldsymbol{f}_{sf}^n\times\boldsymbol{\varphi}+\boldsymbol{M}_3\boldsymbol{\delta v}^n+\boldsymbol{M}_4\boldsymbol{\delta p}+\boldsymbol{C}_b^n\boldsymbol{\delta K}_A\boldsymbol{f}_{sf}^b+\boldsymbol{C}_b^n\nabla^b \tag{2-7}$$

$$\boldsymbol{\delta\dot{p}}=\boldsymbol{M}_5\boldsymbol{\delta v}^n+\boldsymbol{M}_6\boldsymbol{\delta p} \tag{2-8}$$

其中：$\boldsymbol{\delta p}=[\delta L\quad\delta\lambda\quad\delta h]^{\mathrm{T}}$，$\boldsymbol{M}'=\begin{bmatrix}0&0&0\\-\omega_{ie}\sin L&0&0\\\omega_{ie}\cos L&0&0\end{bmatrix}$，

$$\boldsymbol{M}_1=\begin{bmatrix}0&-\dfrac{1}{R_M+h}&0\\\dfrac{1}{R_N+h}&0&0\\\dfrac{\tan L}{R_N+h}&0&0\end{bmatrix},\ \boldsymbol{M}''=\begin{bmatrix}0&0&\dfrac{v_N^n}{(R_M+h)^2}\\0&0&-\dfrac{v_E^n}{(R_N+h)^2}\\\dfrac{v_E^n\sec^2L}{R_N+h}&0&-\dfrac{v_E^n\tan L}{(R_N+h)^2}\end{bmatrix},\ \boldsymbol{M}_2=\boldsymbol{M}'+\boldsymbol{M}'',$$

$$\boldsymbol{M}_3=(\boldsymbol{v}^n\times)\boldsymbol{M}_1-((2\boldsymbol{\omega}_{ie}^n+\boldsymbol{\omega}_{en}^n)\times),\ \boldsymbol{M}_4=(\boldsymbol{v}^n\times)(2\boldsymbol{M}'+\boldsymbol{M}'');$$

$$\boldsymbol{M}_5=\begin{bmatrix}0&\dfrac{1}{R_M+h}&0\\\dfrac{\sec L}{R_N+h}&0&0\\0&0&1\end{bmatrix},\ \boldsymbol{M}_6=\begin{bmatrix}0&0&-\dfrac{v_N^n}{(R_M+h)^2}\\\dfrac{v_E^n\sec L\tan L}{R_N+h}&0&-\dfrac{v_E^n\sec L}{(R_N+h)^2}\\0&0&0\end{bmatrix}$$

假设捷联惯组经过严格标定以后陀螺标定误差矩阵 $\boldsymbol{\delta K}_G$ 和加速度计标定误差矩阵 $\boldsymbol{\delta K}_A$ 均很小，可以忽略它们的影响，并假设陀螺漂移误差为随机常值漂移、加速度计偏置误差为随机常值偏置，如下定义 15 维状态向量：

$$\boldsymbol{x}=[\boldsymbol{\varphi}^{\mathrm{T}}\quad\boldsymbol{\delta v}^{n^{\mathrm{T}}}\quad\boldsymbol{\delta p}^{\mathrm{T}}\quad\boldsymbol{\varepsilon}^{b^{\mathrm{T}}}\quad\nabla^{b^{\mathrm{T}}}]^{\mathrm{T}} \tag{2-9}$$

则捷联惯导系统误差方程可表示为：

$$\dot{\boldsymbol{x}}=\boldsymbol{F}_{\mathrm{SINS}}\boldsymbol{x} \tag{2-10}$$

式中，

$$\boldsymbol{F}_{\mathrm{SINS}}=\begin{bmatrix} -(\boldsymbol{\omega}_{in}^{n}\times) & \boldsymbol{M}_1 & \boldsymbol{M}_2 & -\boldsymbol{C}_b^n & \boldsymbol{0}_{3\times3} \\ (\boldsymbol{f}_{sf}^{n}\times) & \boldsymbol{M}_3 & \boldsymbol{M}_4 & \boldsymbol{0}_{3\times3} & \boldsymbol{C}_b^n \\ \boldsymbol{0}_{3\times3} & \boldsymbol{M}_5 & \boldsymbol{M}_6 & \boldsymbol{0}_{3\times3} & \boldsymbol{0}_{3\times3} \\ \multicolumn{5}{c}{\boldsymbol{0}_{6\times15}} \end{bmatrix}$$

2.2.1.2 航位推算误差方程

利用多普勒测速仪输出在导航坐标系(n 系)中进行定位解算,假设捷联惯组标定坐标系与载车坐标系重合安装,则多普勒测速仪的速度输出 $\boldsymbol{v}_D^m$ 在导航坐标系上可表示为:

$$\boldsymbol{v}_D^n=\boldsymbol{C}_b^n\boldsymbol{v}_D^m \tag{2-11}$$

和捷联惯导位置更新算法微分方程式一样,可得航位推算定位解算的微分方程:

$$\dot{L}_D=\frac{v_{DN}^n}{R_M+h_D} \tag{2-12}$$

$$\dot{\lambda}_D=\frac{v_{DE}^n\sec L_D}{R_N+h_D} \tag{2-13}$$

$$\dot{h}_D=v_{DU}^n \tag{2-14}$$

其中,L_D、λ_D 和 h_D 分别为航位推算定位解算的纬度、经度和高度,并且 $\boldsymbol{v}_D^n=[v_{DE}^n \quad v_{DN}^n \quad v_{DU}^n]^{\mathrm{T}}$。

假设多普勒测速仪的测量误差主要为刻度系数误差 δK_D,则多普勒测速仪测量的实际速度大小 $\tilde{\boldsymbol{v}}_D^m$ 和理论速度 $\boldsymbol{v}_D^m$ 之间的关系为:

$$\tilde{\boldsymbol{v}}_D^m=(1+\delta K_D)\boldsymbol{v}_D^m \tag{2-15}$$

所以,实际测量中多普勒测速仪测量的速度输出在导航坐标系上表示为:

$$\tilde{\boldsymbol{v}}_D^n=\tilde{\boldsymbol{C}}_b^n\tilde{\boldsymbol{v}}_D^m=[\boldsymbol{I}-\boldsymbol{\varphi}_D(\times)]\boldsymbol{C}_b^n(1+\delta K_D)\boldsymbol{v}_D^m \tag{2-16}$$

其中,$\boldsymbol{\varphi}_D$ 为水下航行器的姿态误差角,展开上式并略去关于 $\boldsymbol{\varphi}_D$ 和 δK_D 的高阶小量得:

$$\tilde{\boldsymbol{v}}_D^n\approx\boldsymbol{C}_b^n\boldsymbol{v}_D^m-(\boldsymbol{\varphi}_D\times)\boldsymbol{C}_b^n\boldsymbol{v}_D^m+\delta K_D\boldsymbol{C}_b^n\boldsymbol{v}_D^m \tag{2-17}$$

将式(2-16)代入式(2-11),得速度误差方程:

$$\boldsymbol{\delta v}_D^n=\tilde{\boldsymbol{v}}_D^n-\boldsymbol{v}_D^n=\boldsymbol{v}_D^n\times\boldsymbol{\varphi}_D+\boldsymbol{v}_D^n\delta K_D \tag{2-18}$$

类似于 SINS 位置误差方程,由航位推算位置微分方程式(2-12)、式(2-13)、式(2-14)可直接写出位置误差方程:

$$\delta\dot{L}_D=\frac{1}{R_M+h_D}\delta v_{DN}^n-\frac{v_{DN}^n}{(R_M+h_D)^2}\delta h_D \tag{2-19}$$

$$\delta\dot{\lambda}_D=\frac{\sec L_D}{R_N+h_D}\delta v_{DE}^n+\frac{v_{DE}^n\sec L_D\tan L_D}{R_N+h_D}\delta L_D-\frac{v_{DE}^n\sec L_D}{(R_N+h_D)^2}\delta h_D \tag{2-20}$$

$$\delta \dot{h}_D = \delta v_{DU}^n \tag{2-21}$$

上式写成矩阵形式记为：

$$\boldsymbol{\delta \dot{p}}_D = \boldsymbol{M}_{D5} \boldsymbol{\delta v}_D^n + \boldsymbol{M}_{D6} \boldsymbol{\delta p}_D \tag{2-22}$$

其中，$\boldsymbol{\delta v}_D^n = [\delta v_{DE}^n \quad \delta v_{DN}^n \quad \delta v_{DU}^n]^{\mathrm{T}}$，$\boldsymbol{\delta p}_D = [\delta L_D \quad \delta \lambda_D \quad \delta h_D]^{\mathrm{T}}$，

$$\boldsymbol{M}_{D5} = \begin{bmatrix} 0 & \dfrac{1}{R_M + h_D} & 0 \\ \dfrac{\sec L_D}{R_N + h_D} & 0 & 0 \\ 0 & 0 & 1 \end{bmatrix}, \boldsymbol{M}_{D6} = \begin{bmatrix} 0 & 0 & -\dfrac{v_{DN}^n}{(R_M + h_D)^2} \\ \dfrac{v_{DE}^n \sec L_D \tan L_D}{R_N + h_D} & 0 & -\dfrac{v_{DE}^n \sec L_D}{(R_N + h_D)^2} \\ 0 & 0 & 0 \end{bmatrix}$$

再将式(2-17)代入式(2-19)得航位推算位置误差方程：

$$\begin{aligned} \boldsymbol{\delta \dot{p}}_D &= \boldsymbol{M}_{D5}(\boldsymbol{v}_D^n \times \boldsymbol{\varphi}_D + \boldsymbol{v}_D^n \delta K_D) + \boldsymbol{M}_{D6} \boldsymbol{\delta p}_D \\ &= \boldsymbol{M}_{D5}(\boldsymbol{v}_D^n \times) \boldsymbol{\varphi}_D + \boldsymbol{M}_{D6} \boldsymbol{\delta p}_D + \boldsymbol{M}_{D5} \boldsymbol{v}_D^n \delta K_D \end{aligned} \tag{2-23}$$

2.2.2 捷联惯导系统/多普勒测速仪自主组合导航

由捷联惯组可单独构成 SINS，并利用捷联惯组中的姿态矩阵与水下航行器上的多普勒测速仪（DVL）可构成航位推算系统，再利用这两个子导航系统一起组成组合导航系统，结构框图如图 2-1 所示。

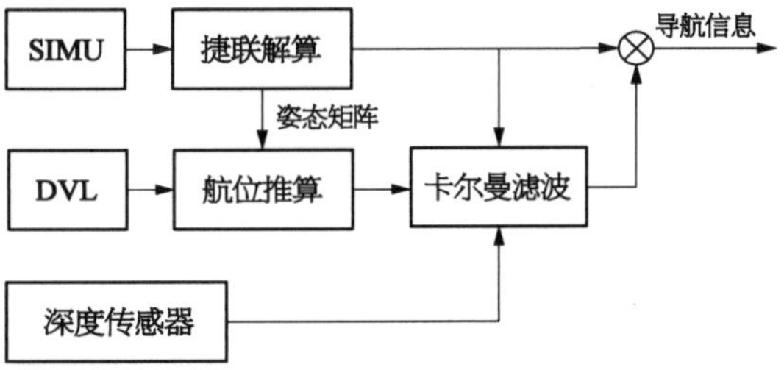

图 2-1　SINS/DVL 组合导航系统原理图

DVL 是用来测量水下航行器航行速度的仪器，它不能单独用于确定位置，但是可以从惯导系统中获得方位信息，进行航位推算，组成航位推算系统（dead reckoning，DR）。

SINS/DVL 组合导航系统的高度定位误差是发散的，因此有必要借助于深度传感器的阻尼作用，提高系统高度通道的定位精度。

假设捷联惯组中陀螺漂移误差为随机常值漂移 $\boldsymbol{\varepsilon}^b$、加速度计偏置误差为随机常值偏置 ∇^b，多普勒测速仪刻度系数误差为随机常值 δK_D，如下定义 19 维状态向量：

$$\boldsymbol{x} = [\boldsymbol{\varphi}^{\mathrm{T}} \quad \boldsymbol{\delta v}^{n\mathrm{T}} \quad \boldsymbol{\delta p}^{\mathrm{T}} \quad \boldsymbol{\varepsilon}^{b\mathrm{T}} \quad \nabla^{b\mathrm{T}} \quad \boldsymbol{\delta p}_D^{\mathrm{T}} \quad \delta K_D]^{\mathrm{T}} \tag{2-24}$$

其中，$\boldsymbol{\varphi}$ 为捷联惯导姿态误差角，$\boldsymbol{\delta v}^n$ 为捷联惯导速度误差，$\boldsymbol{\delta p}$ 为捷联惯导位置误差，$\boldsymbol{\delta p}_D$ 为航位推算位置误差；SINS/DVL 组合导航系统误差方程可以表示成：

$$\dot{\boldsymbol{x}} = \boldsymbol{F}_{\mathrm{SINS/DVL}} \boldsymbol{x} + \boldsymbol{G w} \tag{2-25}$$

式中，

$$
\boldsymbol{F}_{\text{SINS/DR}}=\begin{bmatrix}
-(\boldsymbol{\omega}_{in}^{n}\times) & \boldsymbol{M}_1 & \boldsymbol{M}_2 & -\boldsymbol{C}_b^n & \boldsymbol{0}_{3\times3} & \boldsymbol{0}_{3\times3} & \boldsymbol{0}_{3\times1}\\
(\boldsymbol{f}_{sf}^{n}\times) & \boldsymbol{M}_3 & \boldsymbol{M}_4 & \boldsymbol{0}_{3\times3} & \boldsymbol{C}_b^n & \boldsymbol{0}_{3\times3} & \boldsymbol{0}_{3\times1}\\
\boldsymbol{0}_{3\times3} & \boldsymbol{M}_5 & \boldsymbol{M}_6 & \boldsymbol{0}_{3\times3} & \boldsymbol{0}_{3\times3} & \boldsymbol{0}_{3\times3} & \boldsymbol{0}_{3\times1}\\
\boldsymbol{0}_{3\times3} & \boldsymbol{0}_{3\times3} & \boldsymbol{0}_{3\times3} & \boldsymbol{0}_{3\times3} & \boldsymbol{0}_{3\times3} & \boldsymbol{0}_{3\times3} & \boldsymbol{0}_{3\times1}\\
\boldsymbol{0}_{3\times3} & \boldsymbol{0}_{3\times3} & \boldsymbol{0}_{3\times3} & \boldsymbol{0}_{3\times3} & \boldsymbol{0}_{3\times3} & \boldsymbol{0}_{3\times3} & \boldsymbol{0}_{3\times1}\\
\boldsymbol{M}_5(\boldsymbol{v}^n\times) & \boldsymbol{0}_{3\times3} & \boldsymbol{0}_{3\times3} & \boldsymbol{0}_{3\times3} & \boldsymbol{0}_{3\times3} & \boldsymbol{M}_6 & \boldsymbol{M}_5\boldsymbol{v}^n\\
\boldsymbol{0}_{1\times3} & \boldsymbol{0}_{1\times3} & \boldsymbol{0}_{1\times3} & \boldsymbol{0}_{1\times3} & \boldsymbol{0}_{1\times3} & \boldsymbol{0}_{1\times3} & \boldsymbol{0}
\end{bmatrix} \tag{2-26}
$$

式中，$\boldsymbol{w}$ 为系统状态噪声，$\boldsymbol{G}$ 为噪声分配矩阵。

以捷联惯导解算位置 $\tilde{\boldsymbol{p}}$ 和航位推算位置 $\tilde{\boldsymbol{p}}_D$ 之差值作为卡尔曼滤波器的观测量，即定义观测量：

$$
\begin{aligned}
\boldsymbol{z}&=\tilde{\boldsymbol{p}}-\tilde{\boldsymbol{p}}_D\\
&=(\boldsymbol{p}+\boldsymbol{\delta p})-(\boldsymbol{p}+\boldsymbol{\delta p}_D)\\
&=\boldsymbol{\delta p}-\boldsymbol{\delta p}_D\\
&=\boldsymbol{Hx}+\boldsymbol{v}
\end{aligned} \tag{2-27}
$$

其中，$\boldsymbol{p}$ 表示载车的真实位置，是一个未知量，$\boldsymbol{H}=[\boldsymbol{0}_{3\times6} \quad \boldsymbol{I}_{3\times3} \quad \boldsymbol{0}_{3\times6} \quad -\boldsymbol{I}_{3\times3} \quad \boldsymbol{0}_{3\times1}]$，$\boldsymbol{v}$ 为测量误差。

式(2-25)和式(2-27)为 SINS/DR 组合导航系统卡尔曼滤波模型方程。

经过编制轨迹发生器，轨迹运行主要参数如图 2-2、图 2-3 所示，该轨迹机动主要包含航向转弯和水平加速度，轨迹最大速度为 20 m/s，总路程约 13 km，行驶时间 1 200 s。

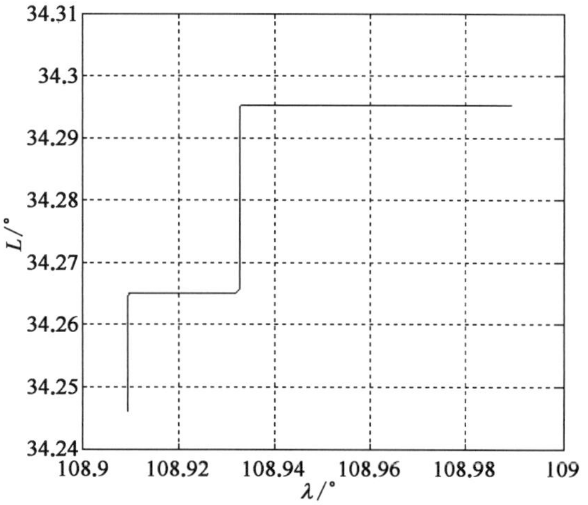

图 2-2 水下航行器行驶轨迹

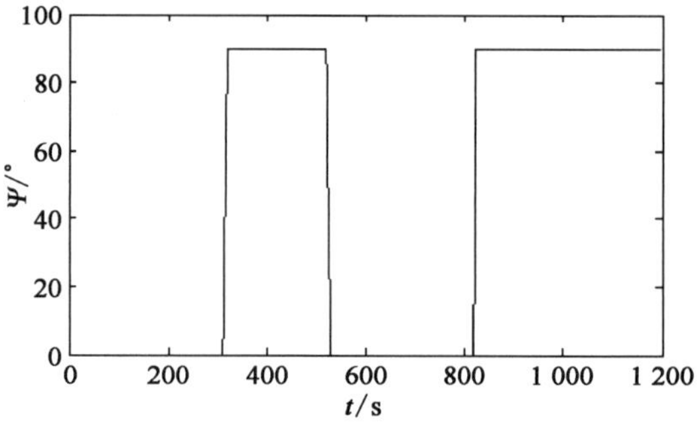

图 2-3 水下航行器航向角变化

SINS/DVL 组合导航系统有关误差源设定如下：

① 陀螺随机常值漂移 0.02°/h，噪声 0.01°/h；加速度计随机常值零偏 1×10^{-4} g，噪

声 1×10^{-5} g；DVL 刻度系数误差为 0.2%；

② 捷联惯导初始对准水平姿态误差角 1′、航向误差角 10′；初始经纬度和高度误差均为 10 m；

③ 经纬度测量噪声均方差均为 0.1 m/Re，高度测量噪声均方差为 0.1 m。

SINS/DR 组合导航系统仿真结果见图 2-4～图 2-11。为了便于比较，图 2-11 还给出了单独采用航位推算算法的仿真结果。从仿真中可以得出以下几点结论：

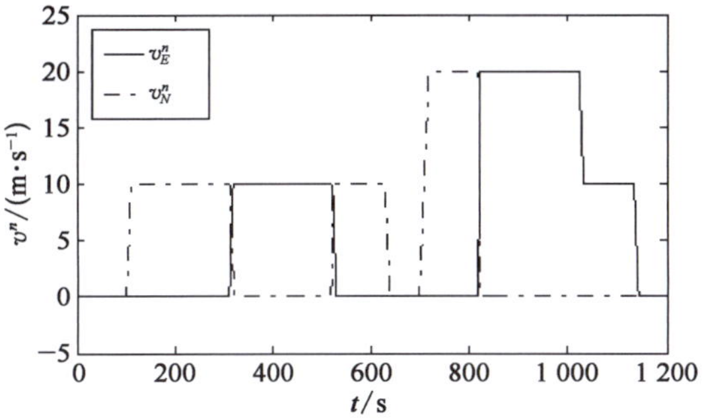

图 2-4　水下航行器水平行驶速度

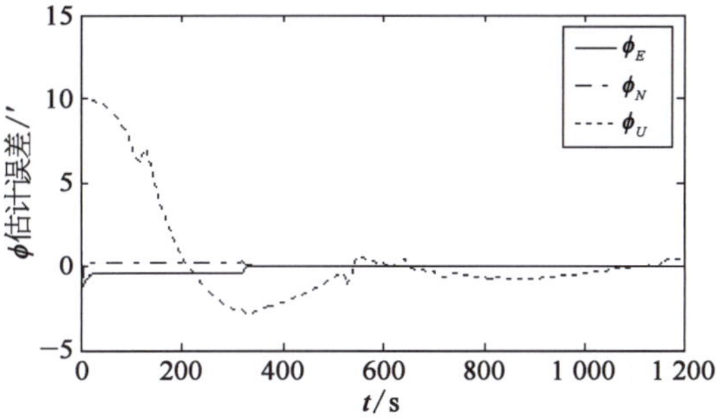

图 2-5　姿态误差角估计误差

① 比较图 2-6 和图 2-10，SINS/DR 组合导航系统位置误差小于单独的 DR 位置误差，1 200 s 时前者误差约 10 m，而后者误差大约 50 m。SINS/DR 组合导航位置误差小的原因主要在于：组合导航系统中航向误差角和 DVL 刻度系数误差能被较好地估计出来。图 2-10 表明，航向误差角在约 200 s 后得到比较充分的估计，估计误差为 1′～3′，小于初始航向误差角 10′，实现 SINS/DR 组合导航算法在运动条件下的精确对准。从图 2-11 中可以看出，在 100 s 航行器加速后，DVL 刻度系数误差获得了较好的估计效果，估计误差约为 0.01%。另外，图 2-7 显示了水平陀螺随机常值漂移估计效果不错，而天向陀螺漂移基本没有估计效果；图 2-8 显示了天向加速度计随机常值零偏很快就获得了准确估计，在 310 s 航行器转弯时水平加速度计零偏也得到了较好的估计。

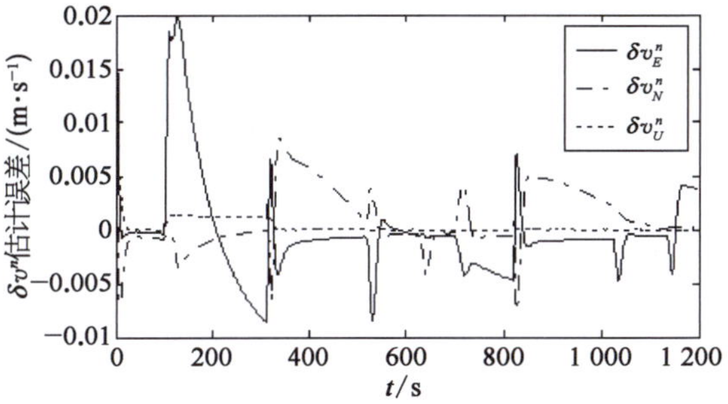

图 2-6　速度估计误差

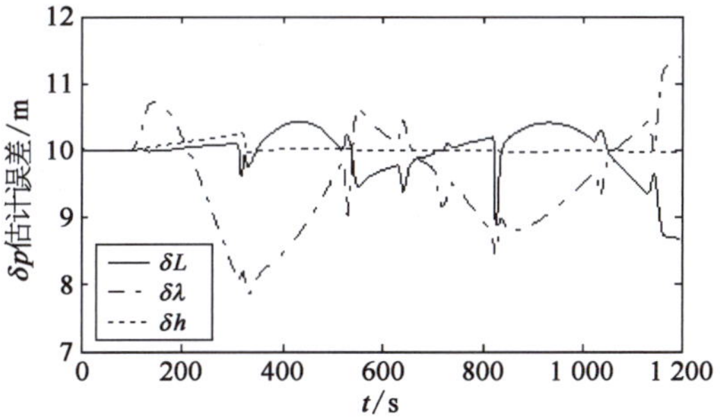

图 2-7　位置估计误差

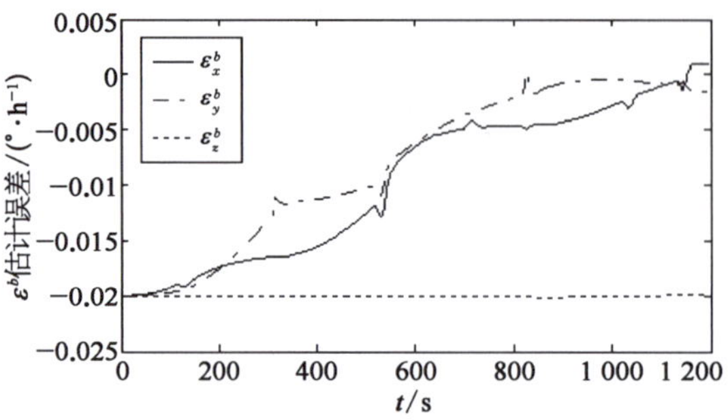

图 2-8　陀螺随机常值漂移估计误差

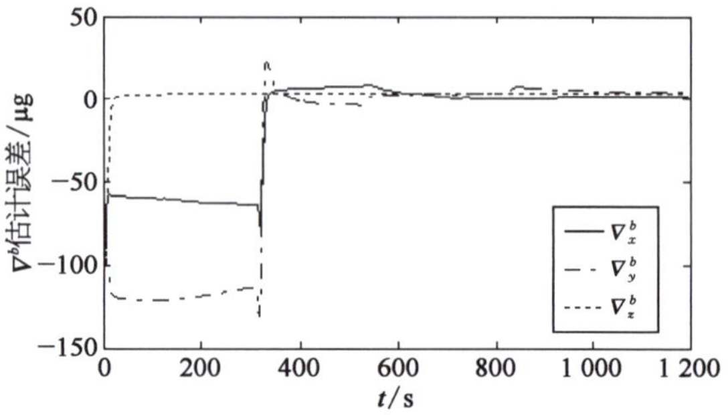

图 2-9　加速度计随机常值零偏估计误差

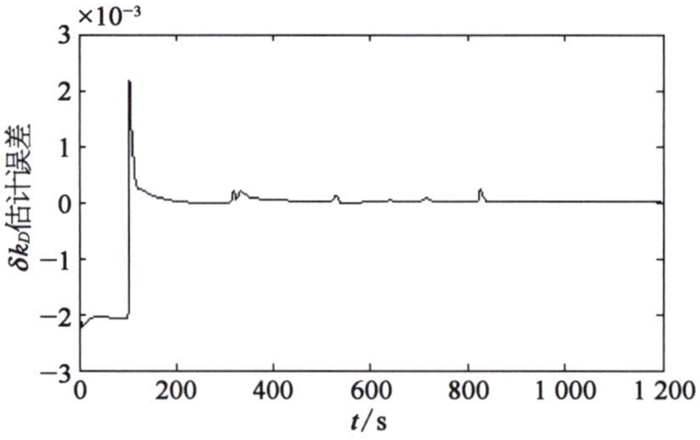

图 2-10　DVL 刻度系数误差的估计误差

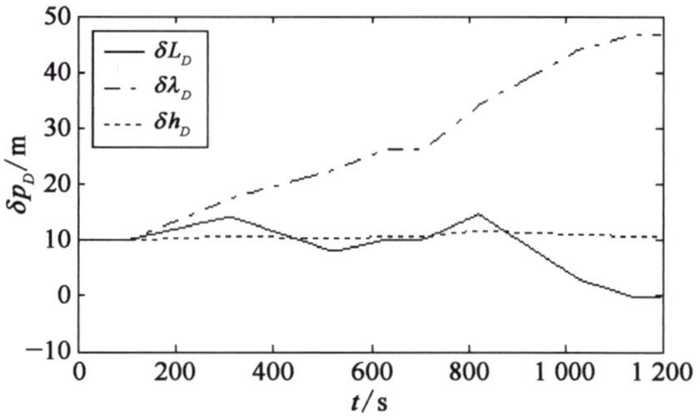

图 2-11　单独航位推算的位置误差

② 和 SINS/GPS 组合导航系统相比，SINS/DR 组合导航系统位置误差是有偏的。在 SINS/GPS 组合导航系统中，可以认为 GPS 定位误差是零均值的白噪声，GPS 在抑制 SINS 位置误差发散的同时，SINS 对 GPS 位置误差起着平滑作用，因此可以认为 SINS/GPS 组合导航系统的位置误差也是零均值的噪声，可谓该误差是无偏的。而在 SINS/DR 组合导航系统中，航位推算系统和 SINS 有相同的误差源(如姿态误差角和初始位置误差)，并且航位推算误差会随航行器航程不断累积，对于初始位置误差和在导航过程中产生的位置误差将是不可被估计和消除的，所以 SINS/DR 组合导航系统的定位误差是有偏的。图 2-6 显示了 SINS/DR 组合导航系统不能估计出初始位置误差。

③ 参见图 2-6 和图 2-10，航位推算和 SINS/DR 组合导航两种算法中高度误差发散都很小。在仿真算法中未考虑捷联惯组俯仰安装误差角的影响，认为捷联惯组标定坐标系和 DVL 坐标系始终重合，并且初始对准水平姿态误差角不大(远远小于航向误差角)，所以两种算法中高度误差变化都比较小。而实际系统中由于捷联惯组标定坐标系和 DVL 坐标系间存在俯仰安装误差角，高度通道误差可能较大，呈现发散趋势。

2.2.3　航位推算/深度传感器组合

在航位推算算法中，高度定位误差受捷联惯组在载车上的未补偿俯仰安装误差角 $\delta\alpha_\theta$ 的影响，所以航位推算高度定位精度不高。航位推算高度误差的微分方程模型近似为：

$$\delta\dot{h}_{\mathrm{D}}=v_{\mathrm{D}}\cdot\delta\alpha_{\theta} \tag{2-28}$$

由此可见，航位推算高度误差的变化率与水下航行器的行驶速率有关，速率越高则航行器的高度误差变化就越快。再假设 $\delta\alpha_{\theta}$ 的变化为一阶马尔可夫过程，相关时间为 τ_{θ}，成型噪声为 w_{θ}，即：

$$\delta\dot{\alpha}_{\theta}=-\frac{1}{\tau_{\theta}}\delta\alpha_{\theta}+w_{\theta} \tag{2-29}$$

如果深度传感器的测量输出为 h_{H}，假设其测量误差是高斯白噪声 v_{H}，则可得航位推算高度通道/深度传感器组合的测量方程：

$$z=h_{\mathrm{D}}-h_{\mathrm{H}}=\delta h_{\mathrm{D}}+v_{\mathrm{H}} \tag{2-30}$$

由式(2-29)和式(2-30)构成了航位推算高度通道/深度传感器组合卡尔曼滤波方程，对其进行滤波估计便可实时获得俯仰安装误差角 $\delta\alpha_{\theta}$ 和航位推算高度误差 δh_{D}。

2.2.4　水面状态有源校准信息融合及容错技术

设计联邦滤波结构，并在联邦滤波器的子滤波器中设计了故障检测模块，以提高系统的容错性能。采用状态 χ^2 检验法和残差 χ^2 检验法分别对系统硬故障和软故障的检测进行了仿真，分析了两者的检测性能。具体技术方案如下。

2.2.4.1　联邦滤波器的设计

选择惯导作为公共参考系统，与 DVL、GPS、磁航向仪、深度计分别两两组合，构成 4 个子滤波器，联邦滤波器的结构如图 2-12 所示。为了确保组合导航系统具有高容错性，联邦滤波器采用无复位结构。

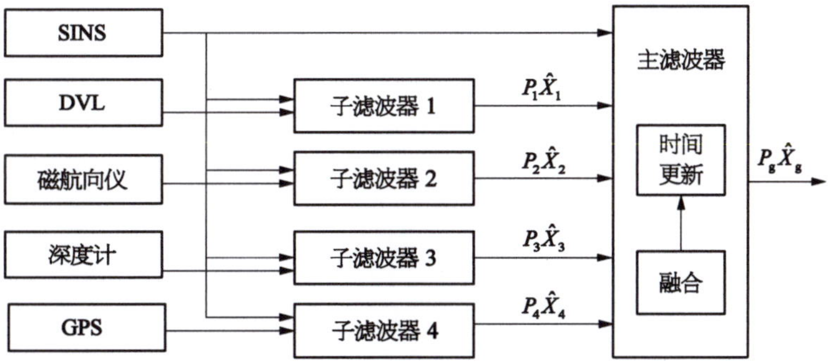

图 2-12　无复位联邦滤波器

(1) 各子滤波器的状态方程：

① 子滤波器 1：

$$\begin{bmatrix}\dot{X}_{\mathrm{INS}}\\ \dot{X}_{\mathrm{DVL}}\end{bmatrix}=\begin{bmatrix}F_{\mathrm{INS}} & 0\\ 0 & F_{\mathrm{DVL}}\end{bmatrix}\begin{bmatrix}X_{\mathrm{INS}}\\ X_{\mathrm{DVL}}\end{bmatrix}+\begin{bmatrix}G_{\mathrm{INS}} & 0\\ 0 & G_{\mathrm{DVL}}\end{bmatrix}\begin{bmatrix}W_{\mathrm{INS}}\\ W_{\mathrm{DVL}}\end{bmatrix} \tag{2-31}$$

$$Z_D=[H_1 \quad H_{\mathrm{DVL}}]\begin{bmatrix}X_{\mathrm{INS}}\\X_{\mathrm{DVL}}\end{bmatrix}+V_{\mathrm{DVL}} \tag{2-32}$$

② 子滤波器 2：

$$\begin{bmatrix}\dot{X}_{\mathrm{INS}}\\\dot{X}_M\end{bmatrix}=\begin{bmatrix}F_{\mathrm{INS}} & 0\\0 & F_M\end{bmatrix}\begin{bmatrix}X_{\mathrm{INS}}\\X_M\end{bmatrix}+\begin{bmatrix}G_{\mathrm{INS}} & 0\\0 & 1\end{bmatrix}\begin{bmatrix}W_{\mathrm{INS}}\\W_M\end{bmatrix} \tag{2-33}$$

$$Z_M=[H_2 \quad H_M]\begin{bmatrix}X_{\mathrm{INS}}\\X_M\end{bmatrix}+V_M \tag{2-34}$$

③ 子滤波器 3：

$$\begin{bmatrix}\dot{X}_{\mathrm{INS}}\\\dot{X}_H\end{bmatrix}=\begin{bmatrix}F_{\mathrm{INS}} & 0\\0 & F_H\end{bmatrix}\begin{bmatrix}X_{\mathrm{INS}}\\X_H\end{bmatrix}+\begin{bmatrix}G_{\mathrm{INS}} & 0\\0 & 1\end{bmatrix}\begin{bmatrix}W_{\mathrm{INS}}\\W_H\end{bmatrix} \tag{2-35}$$

$$Z_H=[H_3 \quad H_H]\begin{bmatrix}X_{\mathrm{INS}}\\X_H\end{bmatrix}+V_H \tag{2-36}$$

④ 子滤波器 4：

$$\begin{bmatrix}\dot{X}_{\mathrm{INS}}\\\dot{X}_{\mathrm{GPS}}\end{bmatrix}=\begin{bmatrix}F_{\mathrm{INS}} & 0\\0 & F_{\mathrm{GPS}}\end{bmatrix}\begin{bmatrix}X_{\mathrm{INS}}\\X_{\mathrm{GPS}}\end{bmatrix}+\begin{bmatrix}G_{\mathrm{INS}} & 0\\0 & I\end{bmatrix}\begin{bmatrix}W_{\mathrm{INS}}\\W_{\mathrm{GPS}}\end{bmatrix} \tag{2-37}$$

$$Z_G=[H_4 \quad H_{\mathrm{GPS}}]\begin{bmatrix}X_{\mathrm{INS}}\\X_{\mathrm{GPS}}\end{bmatrix}+V_{\mathrm{GPS}} \tag{2-38}$$

（2）信息分配：

$$\begin{cases}P_{ii}^{-1}=\beta_i P_{\mathrm{g}}^{-1}\\Q_i^{-1}-\beta_i Q^{-1}\\\sum\limits_{i=1}^{4}\beta_i=1\end{cases} \tag{2-39}$$

（3）融合算法：

$$\begin{cases}P_{\mathrm{m}}=(\sum\limits_{i=1}^{4}P_{ii}^{-1})^{-1}\\\hat{X}_{\mathrm{m}}=P_{\mathrm{m}}\sum\limits_{i=1}^{4}P_{ii}^{-1}\hat{X}_i\end{cases} \tag{2-40}$$

2.2.4.2 故障检测模块的设计

根据上述联邦滤波器结构，为每个局部滤波器设计一个故障检测模块，如图 2－13 所示。故障检测模块的功能是实时地对导航系统传感器进行故障检测和隔离，故障检测方法主要采用状态 χ^2 检验法和残差 χ^2 检验法。

假设 SINS 已经采用余度传感器结构来提高可靠性，不会发生故障，因此只要通过子系

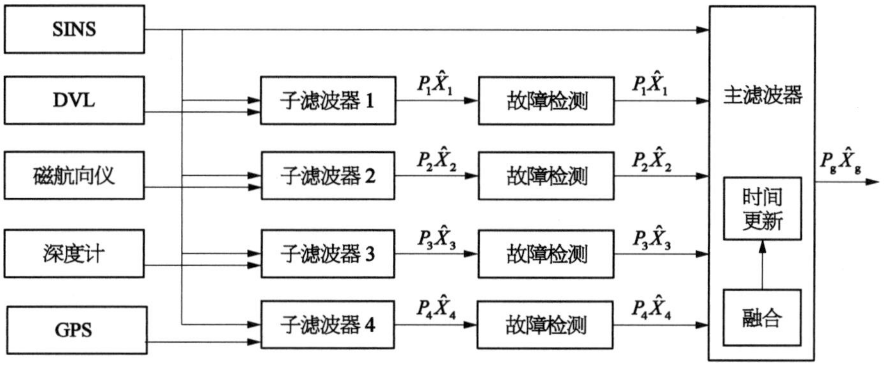

图 2-13　容错联邦滤波器结构

统的故障检测,就可确定是哪个导航系统发生了故障。具体的导航系统故障判定原则为:

① 若子系统 SINS/DVL 故障,判定 DVL 故障;

② 若子系统 SINS/磁航向仪故障,判定磁航向仪故障;

③ 若子系统 SINS/深度计故障,判定深度计故障;

④ 若子系统 SINS/GPS 故障,判定 GPS 故障。

一旦判定某子系统发生故障,则由该子系统得到的局部滤波器的状态估计是不正确的,因而不将其输入主滤波器。主滤波器就用剩余子系统的局部状态估计融合成全局估计,同时对发生故障的子系统进行修复或通道切换。如果故障子系统修复完毕,则该局部滤波器又能获得正确的局部状态估计值,并将其重新输入主滤波器。

虚警和漏警的风险存在于状态 χ^2 检验法和残差 χ^2 检验法的判决准则中。子系统无故障时统计量仍有可能超过门限值,其概率为 α。一旦故障检测统计量超过设定的门限值,这两种检验法的判决准则就判定子系统有故障,因此状态 χ^2 检验法和残差 χ^2 检验法的判决准则都存在概率为 α 的虚警。要减少虚警,α 的选取必须相对小,即设置的门限值应尽量大,但是如果门限值设置得太高,有可能出现子系统已经发生故障,故障检测统计量仍低于该门限值的情况,即漏检率会增大。因此,在容错组合导航系统设计中,必须对虚警和漏警作适当的权衡。这里状态 χ^2 检测中取误警率 $\alpha=0.005$,对应于各子系统的检测门限值为:

SINS/DVL:$\chi_\alpha^2(24)=45.6$;

SINS/磁航向仪:$\chi_\alpha^2(19)=38.6$;

SINS/深度计:$\chi_\alpha^2(19)=38.6$;

SINS/GPS:$\chi_\alpha^2(24)=45.6$。

参差 χ^2 检测中取误警率 $\alpha=0.05$,对应于各子系统的检测门限值为:

SINS/DVL:$\chi_\alpha^2(3)=7.81$;

SINS/磁航向仪:$\chi_\alpha^2(1)=3.84$;

SINS/深度计:$\chi_\alpha^2(1)=3.84$;

SINS/GPS：$\chi_{\alpha}^{2}(6)=12.6$。

2.2.4.3 故障检测数字仿真

为了检验状态 χ^2 检验法和残差 χ^2 检验法对系统故障的检测效果，在数字仿真中主要对系统设置两类故障：硬故障（突变故障）和软故障（慢变故障）。硬故障在仿真中用系统实际误差扩大 10～20 倍的值或给实际误差增加一个 10～20 倍的常值偏置表示；软故障在仿真中用实际误差加一个斜坡信号或将实际误差逐渐变大表示。

假设在航行器 0～2 000 s 的航行过程中，GPS 和 DVL 分别在不同时间段发生了故障。分别采用状态 χ^2 检验法和残差 χ^2 检验法对系统进行实时检测，其中 GPS 纬度信息和 DVL 速度信息的故障设置如表 2-1 和表 2-2 所示。

表 2-1　GPS 纬度故障设置情况

故障发生时间/s	故障类型	故障大小/′
500～550	硬故障	0.25
700～750	软故障	$0.002(t-800)$

表 2-2　DVL 速度故障设置情况

故障发生时间/s	故障类型	故障大小/(m·s^{-1})
300～340	硬故障	0.3
400～450	软故障	$0.02(t-400)$

1）无故障发生

假设系统无任何故障发生，状态 χ^2 检验法和残差 χ^2 检验法对 GPS 纬度、DVL 东向速度的检测结果如图 2-14 和图 2-15 所示。

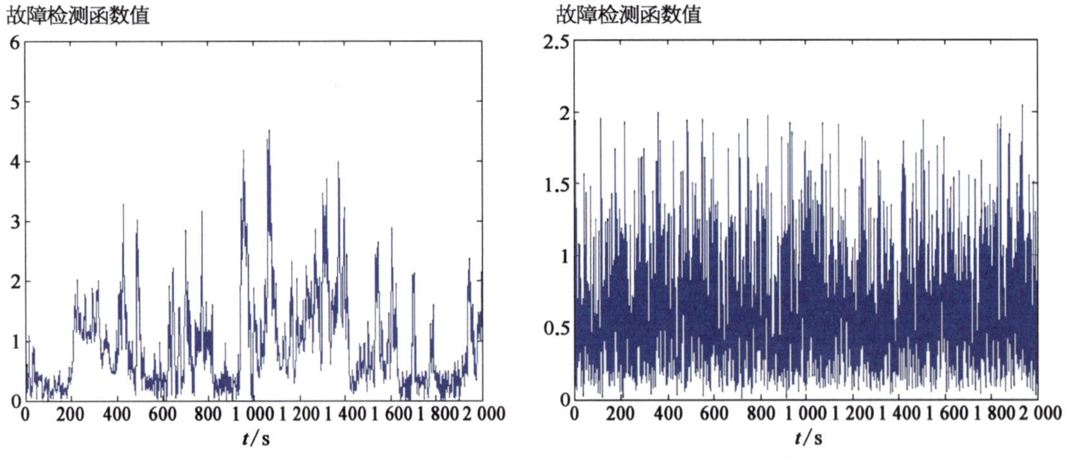

(a) 状态χ^2检验法　　(b) 残差χ^2检验法

图 2-14　无故障时 GPS 纬度故障检测函数值

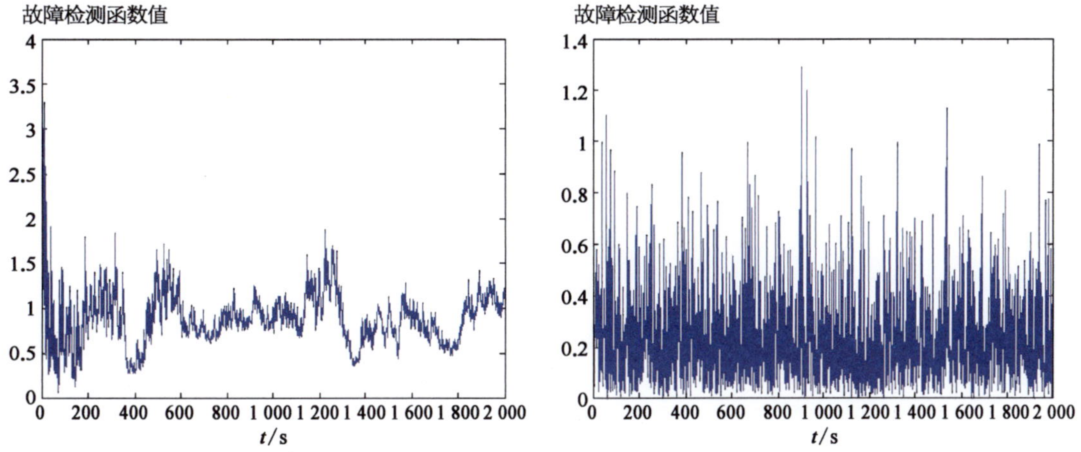

(a) 状态χ^2检验法　　(b) 残差χ^2检验法

图 2-15　无故障时 DVL 速度故障检测函数值

从图 2-14 和图 2-15 可以看到，状态 χ^2 检验法和残差 χ^2 检验法的故障检测函数 λ_k 在 0～2 000 s 内变化较剧烈，但都没有超过各自的门限值，所以认为此时的观测量正常，导航子系统没有发生故障。

2）硬故障发生

假设 GPS 和 DVL 发生了硬故障，故障设置大小和发生时间段依照表 2-14 与表 2-15 中的硬故障设置方法给出，状态 χ^2 检验法和残差 χ^2 检验法对 GPS 纬度、DVS 东向速度的检测结果如图 2-16 和图 2-17 所示。

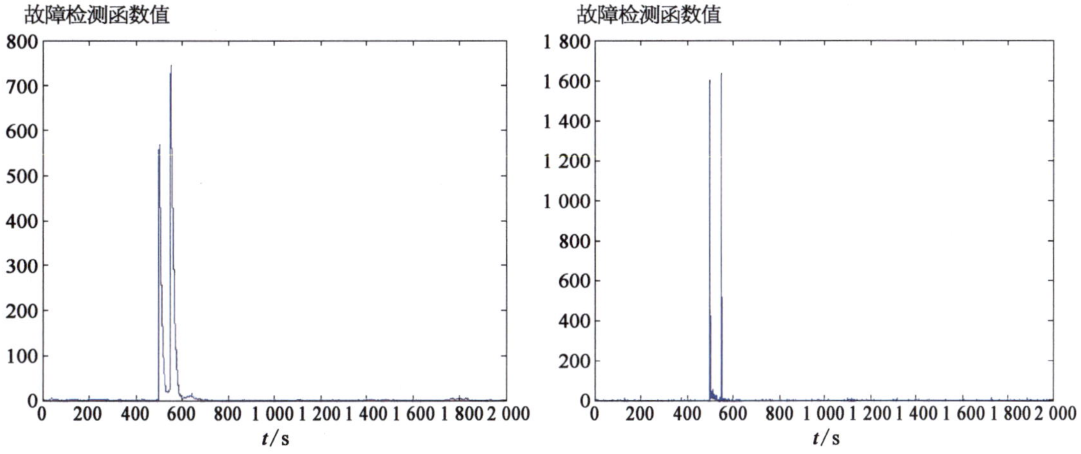

(a) 状态χ^2检验法　　(b) 残差χ^2检验法

图 2-16　硬故障时 GPS 纬度故障检测函数值

从图 2-16 可以看出，当 GPS 在 500～550 s 发生硬故障时，状态检测和残差检测的故障检测函数值都发生了突变，远远超过其门限值，即产生告警，认为 GPS 有故障发生，

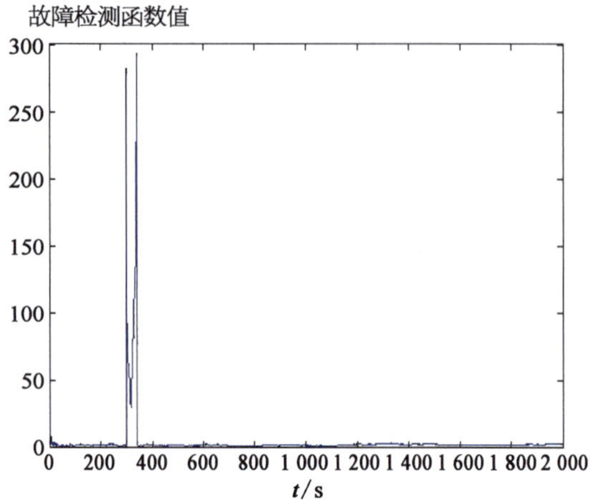

(a) 状态χ^2检验法

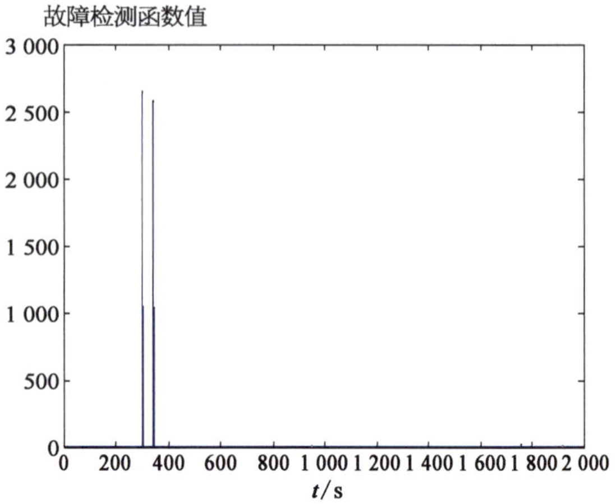

(b) 残差χ^2检验法

图 2－17　硬故障时 DVS 速度故障检测函数值

响应时间段分别为 502～579 s 和 500～553 s。同样由图 2－17 得到，当 DVL 在 300～340 s 发生硬故障时，状态 χ^2 检验法和残差 χ^2 检验法也都产生了告警，时间段分别为 301～346 s 和 300～343 s。

采用残差 χ^2 检验法时，故障检测函数值在故障发生时突然增大，随后却减小，甚至低于门限值，在故障结束时又再增大。根据残差 χ^2 检验法原理可知，残差 r_k 的方差 A_k 变化很小，故障检测函数 λ_k 主要受残差影响，当系统发生故障时，残差 r_k 发生突变，引起 λ_k 也发生剧烈变化，而随后卡尔曼滤波估计值跟踪上了量测量的变化，残差的变化也就减小，导致故障检测函数值减小。而在故障时间结束时，量测量相对有故障时又发生剧烈变化，所以故障检测函数值也再次增大。

3）软故障发生

假设 GPS 和 DVS 发生了软故障，故障设置大小和发生时间段依照表 2－1 与表 2－2 中的软故障设置方法给出，状态 χ^2 检验法和残差 χ^2 检验法对 GPS 纬度、DVS 东向速度的检测结果如图 2－18 和图 2－19 所示。

从图 2－18a 可以看到，当 GPS 在 700～750 s 发生软故障时，状态 χ^2 检验法告警时间为 721～779 s，存在很大的延时，而图 2－18b 显示残差 χ^2 检验法在故障发生到结束前一直没有产生告警，只在故障结束后几秒才出现告警（认为量测量的一次突变），可见其对软故障检测的灵敏度不高。同样从图 2－19 可以看到，当 DVS 在 400～450 s 发生软故障时，状态 χ^2 检验法和残差 χ^2 检验法都产生了告警，时间分别为 403～461 s 和 401～455 s。

从以上仿真结果可以看出残差 χ^2 检验法对故障的响应比状态 χ^2 检验法灵敏，即告警延迟量小，而且计算中用到的残差，在卡尔曼滤波过程就已产生，不必另外计算，但残差 χ^2 检验法存在漏检的情况；状态 χ^2 检验法对于变化缓慢的软故障，虽然存在告警延时，但效果要比残差 χ^2 检验法好；由于状态 χ^2 检验法的“状态递推器”中没有量测更新，所以

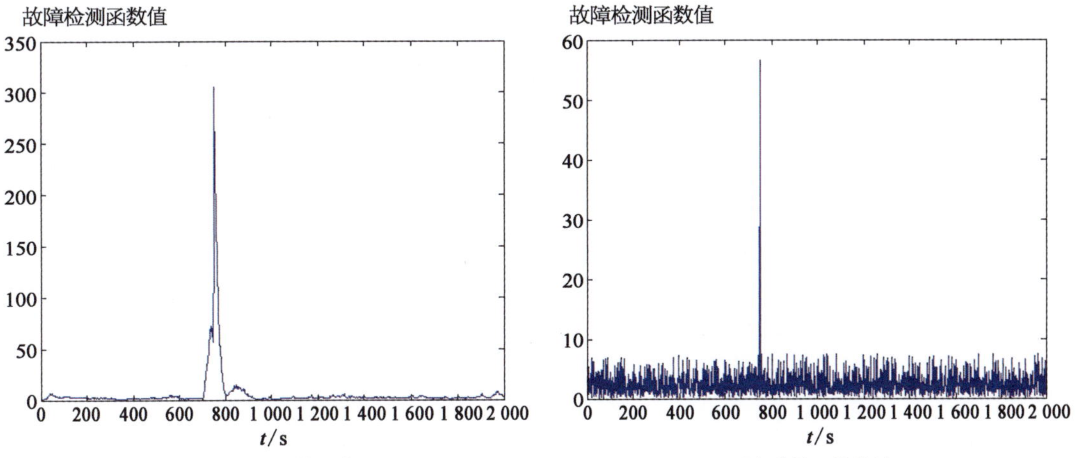

(a) 状态χ^2检验法　　(b) 残差χ^2检验法

图 2-18　软故障时 GPS 纬度故障检测函数值

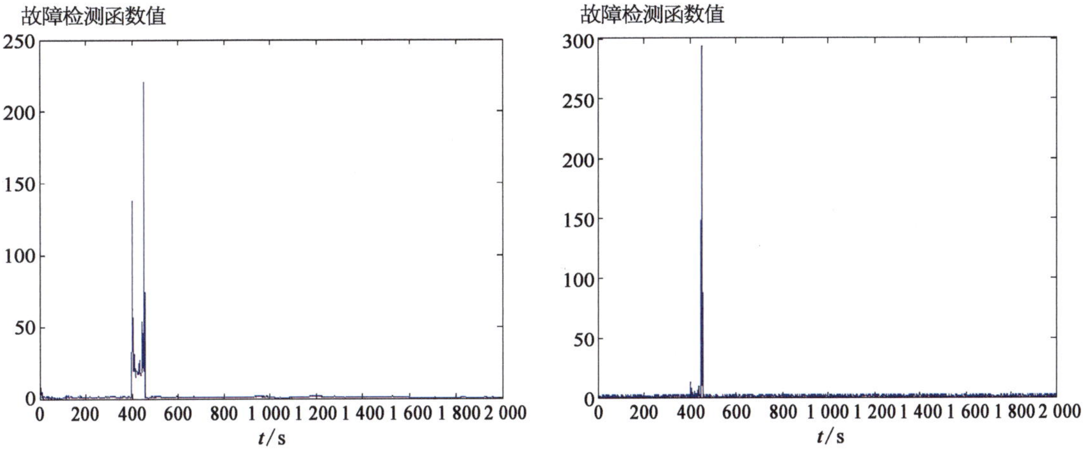

(a) 状态χ^2检验法　　(b) 残差χ^2检验法

图 2-19　软故障时 DVS 速度故障检测函数值

会导致误差会越来越偏离真实值，降低了故障检测的灵敏度，而且除了要用到卡尔曼滤波过程的输出量外，还需计算仅有时间更新确定的卡尔曼滤波值，这增加了检测过程的计算量。因此两种故障检测方法各有优缺点，有不同的适用范围，在实际应用时常常将两者结合起来使用。

在加入故障检测和隔离模块后，由于联邦滤波器采用两级数据处理结构，而且各子滤波器独立运行，其容错性能要比集中滤波器强很多，表现为：

① 主滤波器的融合周期比子滤波器的融合周期长。在融合之前，主滤波器需要较长的时间来检测灵敏度低的软故障；

② 每个子系统的误差状态估计都是独立的，在子滤波器的周期内不受其他子系统的影响，只有在较长的融合周期后才会有影响；

③ 当某一子系统发生故障，并被检测和隔离后，其他正常的子滤波器的输出还在，利用这些正常的子滤波器的输出经过融合后仍可以得到状态的全局估计，故障的恢复能力比较强。

2.2.5 动基座初始对准技术

惯导系统初始对准通常可分为两个阶段：粗对准阶段和精对准阶段。在粗对准阶段确定初始姿态矩阵的大致取值；在精对准阶段，利用导航误差作为观测量，通过失准角误差模型估计失准角，获得准确的姿态矩阵。

2.2.5.1 摇摆基座上粗对准

1）传统解析式粗对准方法

不考虑测量误差，粗对准时航行器静止，加速度计测量比力 $\boldsymbol{f}_{sf}^{b}$ 是重力加速度矢量 $\boldsymbol{g}$ 在 b 系上的投影 $\boldsymbol{g}^{b}$，且方向相反，即 $\boldsymbol{f}_{sf}^{b}=-\boldsymbol{g}^{b}$；陀螺测量的是地球自转角速度矢量 $\boldsymbol{\omega}_{ie}$ 在 b 系上的投影 $\boldsymbol{\omega}_{ie}^{b}$。由在对准地点的地理位置已知的前提下，矢量 $\boldsymbol{g}$ 和 $\boldsymbol{\omega}_{ie}$ 在 n 系中的投影 $\boldsymbol{g}^{n}$ 和 $\boldsymbol{\omega}_{ie}^{n}$ 也是已知的。姿态矩阵 $\boldsymbol{C}_{b}^{n}$ 可由 $\boldsymbol{g}$ 及 $\boldsymbol{\omega}_{ie}$ 在 b 系与 n 系之间的变换关系求得，即：

$$\boldsymbol{g}^{b}=\boldsymbol{C}_{n}^{b}\boldsymbol{g}^{n} \tag{2-41}$$

$$\boldsymbol{\omega}_{ie}^{b}=\boldsymbol{C}_{n}^{b}\boldsymbol{\omega}_{ie}^{n} \tag{2-42}$$

如果 $\boldsymbol{g}^{n}$ 和 $\boldsymbol{\omega}_{ie}^{n}$ 不平行，为了直接求解出 $\boldsymbol{C}_{b}^{n}$，可以通过构造新的向量方程来增加方程的数目，由式(2-41)与式(2-42)作叉乘，得：

$$\boldsymbol{g}^{b}\times\boldsymbol{\omega}_{ie}^{b}=\boldsymbol{C}_{n}^{b}(\boldsymbol{g}^{n}\times\boldsymbol{\omega}_{ie}^{n}) \tag{2-43}$$

将式(2-41)、式(2-42)和式(2-43)分别转置，再组合在一起写成矩阵形式为：

$$\begin{bmatrix}(\boldsymbol{g}^{b})^{\mathrm{T}}\\(\boldsymbol{\omega}_{ie}^{b})^{\mathrm{T}}\\(\boldsymbol{g}^{b}\times\boldsymbol{\omega}_{ie}^{b})^{\mathrm{T}}\end{bmatrix}=\begin{bmatrix}(\boldsymbol{g}^{n})^{\mathrm{T}}\\(\boldsymbol{\omega}_{ie}^{n})^{\mathrm{T}}\\(\boldsymbol{g}^{n}\times\boldsymbol{\omega}_{ie}^{n})^{\mathrm{T}}\end{bmatrix}\cdot\boldsymbol{C}_{b}^{n} \tag{2-44}$$

由式(2-44)直接得姿态矩阵：

$$\boldsymbol{C}_{b}^{n}=\begin{bmatrix}(\boldsymbol{g}^{n})^{\mathrm{T}}\\(\boldsymbol{\omega}_{ie}^{n})^{\mathrm{T}}\\(\boldsymbol{g}^{n}\times\boldsymbol{\omega}_{ie}^{n})^{\mathrm{T}}\end{bmatrix}^{-1}\begin{bmatrix}(\boldsymbol{g}^{b})^{\mathrm{T}}\\(\boldsymbol{\omega}_{ie}^{b})^{\mathrm{T}}\\(\boldsymbol{g}^{b}\times\boldsymbol{\omega}_{ie}^{b})^{\mathrm{T}}\end{bmatrix} \tag{2-45}$$

式(2-45)就是传统解析式粗对准方法的计算公式。由于存在干扰和噪声，加速度计和陀螺测量值 $\boldsymbol{g}^{b}$ 和 $\boldsymbol{\omega}_{ie}^{b}$ 带有一定误差，所以通常采取一段时间内测量值取平均的方法以减小干扰和噪声的影响。如果载车出现较大幅值的晃动干扰，上述粗对准方法可能产生很大误差。比如在低纬度地区，假设粗对准开始时 b 系与 n 系重合，即真实航向角 $\psi=0°$，取粗对准时间为 60 s，如果粗对准即将结束时出现绕载体 ox_{b} 轴转动 15′的晃动干扰，则

有 $\tilde{\boldsymbol{\omega}}_{ie}^{b}=[15' \quad 15' \quad 0]^{\mathrm{T}}/60\ \mathrm{s}$ 和 $\tilde{\boldsymbol{g}}^{b}=[0 \quad 0 \quad -g]^{\mathrm{T}}$，将其代入式(2-45)可求得到粗对准结果 $\tilde{\psi}=315°$，显然这个结果是错误的。

2) 摇摆基座对准算法

为了方便描述算法，这里定义一种新的坐标系——载体惯性坐标系（i_{b0} 系）：在粗对准开始时刻（t_0 时刻）将 b 系在惯性空间中固化成为 i_{b0} 系，即 i_{b0} 系的原点为在 t_0 时刻载体的重心，且不随载体重心的移动而移动，$ox_{i_{b0}}$、$oy_{i_{b0}}$、$oz_{i_{b0}}$ 轴分别与 t_0 时刻 b 系的同名坐标轴重合，且在惯性空间中保持指向不变。

初始对准姿态矩阵 $\boldsymbol{C}_b^n$ 可用如下矩阵连乘形式表述：

$$\boldsymbol{C}_b^n=\boldsymbol{C}_i^n\boldsymbol{C}_{i_{b0}}^{i}\boldsymbol{C}_b^{i_{b0}} \tag{2-46}$$

式中，$\boldsymbol{C}_i^n$ 为 t 时刻 i 系与 n 系之间的变换矩阵，可由载车所在点地理位置及粗对准时间 t 确定；$\boldsymbol{C}_b^{i_{b0}}$ 为 t 时刻 b 系与 i_{b0} 系之间的变换矩阵，利用陀螺输出的 b 系相对 i_{b0} 系的角运动信息，通过捷联惯导姿态更新算法可以求得该矩阵；$\boldsymbol{C}_{i_{b0}}^{i}$ 为 i_{b0} 系至 i 系之间的变化坐标矩阵，该矩阵是个常值阵，可由重力加速度与加速度计输出之间的转换关系求得，该矩阵的计算是求解姿态矩阵 $\boldsymbol{C}_b^n$ 的关键。以下详细介绍上述三个变换矩阵的求解算法。

(1) 求解变换矩阵 $\boldsymbol{C}_i^n$。

变换矩阵 $\boldsymbol{C}_i^n$ 可由 n 系相对于 e 系的位置矩阵 $\boldsymbol{C}_e^n$ 和 e 系相对于 i 系转过的角度 $\omega_{ie}t$ 求得，即：

$$\begin{aligned}
\boldsymbol{C}_i^n&=\boldsymbol{C}_e^n\boldsymbol{C}_i^e\\
&=\begin{bmatrix}-\sin\lambda & \cos\lambda & 0\\ -\sin L\cos\lambda & -\sin L\sin\lambda & \cos L\\ \cos L\cos\lambda & \cos L\sin\lambda & \sin L\end{bmatrix}\begin{bmatrix}\cos(\omega_{ie}t) & \sin(\omega_{ie}t) & 0\\ -\sin(\omega_{ie}t) & \cos(\omega_{ie}t) & 0\\ 0 & 0 & 1\end{bmatrix}\\
&=\begin{bmatrix}-\sin(\lambda+\omega_{ie}t) & \cos(\lambda+\omega_{ie}t) & 0\\ -\sin L\cos(\lambda+\omega_{ie}t) & -\sin L\sin(\lambda+\omega_{ie}t) & \cos L\\ \cos L\cos(\lambda+\omega_{ie}t) & \cos L\sin(\lambda+\omega_{ie}t) & \sin L\end{bmatrix}
\end{aligned} \tag{2-47}$$

(2) 求解变换矩阵 $\boldsymbol{C}_b^{i_{b0}}$。

变换矩阵 $\boldsymbol{C}_b^{i_{b0}}$ 可通过陀螺采样输出，结合捷联惯导姿态更新算法求得。设 t_k 时刻和 t_{k+1} 时刻的变换矩阵 $\boldsymbol{C}_b^{i_{b0}}$ 分别为 $\boldsymbol{C}_{b(k)}^{i_{b0}}$ 和 $\boldsymbol{C}_{b(k+1)}^{i_{b0}}$，其对应的变换四元数分别为 $\boldsymbol{q}_{b(k)}^{i_{b0}}$ 和 $\boldsymbol{q}_{b(k+1)}^{i_{b0}}$，显然有 $\boldsymbol{C}_{b(0)}^{i_{b0}}=\boldsymbol{I}$ 和 $\boldsymbol{q}_{b(0)}^{i_{b0}}=1$，再假设 t_k 时刻至 t_{k+1} 时刻陀螺输出的角增量为 $\Delta\boldsymbol{\theta}_k$，则利用等效旋转矢量单子样算法可得 b 系相对于 i_{b0} 系从 t_k 时刻至 t_{k+1} 时刻的变换四元数为：

$$\boldsymbol{q}_{b(k+1)}^{b(k)}=\cos\frac{|\Delta\boldsymbol{\theta}_k|}{2}+\frac{\Delta\boldsymbol{\theta}_k}{|\Delta\boldsymbol{\theta}_k|}\sin\frac{|\Delta\boldsymbol{\theta}_k|}{2} \tag{2-48}$$

从而可进行四元数更新解算：

$$\boldsymbol{q}_{b(k+1)}^{i_{b0}} = \boldsymbol{q}_{b(k)}^{i_{b0}} \boldsymbol{q}_{b(k+1)}^{b(k)} \tag{2-49}$$

最后，假设 $\boldsymbol{q}_{b(k)}^{i_{b0}} = q_0 + q_1 i + q_2 j + q_3 k$，则由变换四元数和变换矩阵之间的关系(2-47)式，可计算得 t_k 时刻的变换矩阵 $\boldsymbol{C}_{b(k)}^{i_{b0}}$。

$$\boldsymbol{C}_{b(k)}^{i_{b_0}} = \begin{bmatrix} q_0^2 + q_1^2 - q_2^2 - q_3^2 & 2(q_1 q_2 - q_0 q_3) & 2(q_1 q_3 + q_0 q_2) \\ 2(q_1 q_2 + q_0 q_3) & q_0^2 - q_1^2 + q_2^2 - q_3^2 & 2(q_2 q_3 - q_0 q_1) \\ 2(q_1 q_3 - q_0 q_2) & 2(q_2 q_3 + q_0 q_1) & q_0^2 - q_1^2 - q_2^2 + q_3^2 \end{bmatrix} \tag{2-50}$$

变换矩阵 $\boldsymbol{C}_{b(k)}^{i_{b0}}$ 的更新解算使得粗对准具有了跟踪载体角运动的功能，也就是说式(2-46)获得的是粗对准结束时刻的姿态矩阵。

(3) 求解变换矩阵 $\boldsymbol{C}_{i_{b0}}^{i}$。

变换矩阵 $\boldsymbol{C}_{i_{b0}}^{i}$ 是个常值矩阵，当载车静止时，该矩阵可由重力加速度在 i 系的投影 $\boldsymbol{g}^i$ 与加速度计输出在 i_{b0} 系的投影 $\boldsymbol{f}_{sf}^{i_{b0}}$ 之间的转换关系求得，即：

$$\boldsymbol{f}_{sf}^{i_{b0}} = -\boldsymbol{C}_{i}^{i_{b0}} \boldsymbol{g}^i \tag{2-51}$$

其中，

$$\boldsymbol{f}_{sf}^{i_{b0}} = \boldsymbol{C}_{b}^{i_{b0}} \boldsymbol{f}_{sf}^{b} \tag{2-52}$$

$$\boldsymbol{g}^i = \boldsymbol{C}_n^i \boldsymbol{g}^n \tag{2-53}$$

在式(2-51)中取两个不同的时间点，t_l 时刻和 t_m 时刻 ($l < m$) 的变换方程，并类似于式(2-41)—式(2-45)的方法可得：

$$\boldsymbol{C}_{i_{b0}}^{i} = \begin{bmatrix} \boldsymbol{g}_l^{i\,\mathrm{T}} \\ \boldsymbol{g}_m^{i\,\mathrm{T}} \\ (\boldsymbol{g}_l^i \times \boldsymbol{g}_m^i)^{\mathrm{T}} \end{bmatrix}^{-1} \begin{bmatrix} -\boldsymbol{f}_{sfl}^{i_{b0}\,\mathrm{T}} \\ -\boldsymbol{f}_{sfm}^{i_{b0}\,\mathrm{T}} \\ (\boldsymbol{f}_{sfl}^{i_{b0}} \times \boldsymbol{f}_{sfm}^{i_{b0}})^{\mathrm{T}} \end{bmatrix} \tag{2-54}$$

当 t_l 时刻与 t_m 时刻间隔较小时，上式中 $\boldsymbol{g}_l^i$ 和 $\boldsymbol{g}_m^i$ 几乎平行。为了降低计算误差应使 t_l 适当远离 t_m，例如可取 t_l 为粗对准起始时刻而 t_m 为结束时刻，但是，扩大 t_l 与 t_m 间隔就必然增长了粗对准时间。

由于惯性器件噪声等随机干扰的存在，应对式(2-51)在 t_l 时刻和 t_m 时刻附近积分，以降低干扰的影响。设 t_k 时刻至 t_{k+1} 时刻陀螺输出的角增量为 $\boldsymbol{\Delta\theta}_k$，加速度计输出的比力速度增量为 $\boldsymbol{\Delta v}_k$，类似于捷联惯导速度更新算法，利用速度单子样算法由式(2-41)可得在 i_{b0} 系上投影的速度更新算法

$$\boldsymbol{v}_{(r,\,k+1)}^{i_{b0}} = \boldsymbol{v}_{(r,\,k)}^{i_{b0}} + \boldsymbol{C}_{b(k)}^{i_{b0}} \left(\boldsymbol{\Delta v}_k + \frac{1}{2} \boldsymbol{\Delta\theta}_k \times \boldsymbol{\Delta v}_k \right) \tag{2-55}$$

其中，$\boldsymbol{v}_{(r,k)}^{i_{b0}}=\int_{t_r}^{t_k}\boldsymbol{f}_{sf}^{i_{b0}}dt$，$t_r\leqslant t_k$，并且有 $\boldsymbol{v}_{(r,r)}^{i_{b0}}=0$。

另外，将式(2-47)代入式(2-53)并从 t_r 时刻至 t_k 时刻积分可得：

$$\begin{aligned}\boldsymbol{v}_{(r,k)}^{i}&=\int_{t_r}^{t_k}\boldsymbol{g}^{i}dt=\int_{t_r}^{t_k}\boldsymbol{C}_n^{i}\boldsymbol{g}^{n}dt\\&=\begin{bmatrix}g\cdot\cos L\cdot[\sin(\lambda+\omega_{ie}t_k)-\sin(\lambda+\omega_{ie}t_r)]/\omega_{ie}\\g\cdot\cos L\cdot[(\cos\lambda+\omega_{ie}t_r)-\cos(\lambda+\omega_{ie}t_k)]/\omega_{ie}\\g\cdot\sin L\cdot(t_k-t_r)\end{bmatrix}\end{aligned}\tag{2-56}$$

取 $t_0<t_u\leqslant t_v<t_d$，其中 t_0 为粗对准开始时刻、t_d 为粗对准结束时刻，则将式(2-51)两边都积分可得：

$$\boldsymbol{v}_{(t_0,t_u)}^{i_{b0}}=\boldsymbol{C}_i^{i_{b0}}\boldsymbol{v}_{(t_0,t_u)}^{i}\tag{2-57}$$

$$\boldsymbol{v}_{(t_v,t_d)}^{i_{b0}}=\boldsymbol{C}_i^{i_{b0}}\boldsymbol{v}_{(t_v,t_d)}^{i}\tag{2-58}$$

式中，$\boldsymbol{v}_{(t_0,t_u)}^{i_{b0}}=\int_{t_0}^{t_u}\boldsymbol{f}_{sf}^{i_{b0}}dt$、$\boldsymbol{v}_{(t_v,t_d)}^{i_{b0}}=\int_{t_v}^{t_d}\boldsymbol{f}_{sf}^{i_{b0}}dt$、$\boldsymbol{v}_{(t_0,t_u)}^{i}=\int_{t_0}^{t_u}\boldsymbol{g}^{i}dt$ 和 $\boldsymbol{v}_{(t_v,t_d)}^{i}=\int_{t_v}^{t_d}\boldsymbol{g}^{i}dt$，并用类似于式(2-41)～式(2-45)的方法可得：

$$\boldsymbol{C}_{i_{b0}}^{i}=\begin{bmatrix}(\boldsymbol{v}_{(t_0,t_u)}^{i})^{\mathrm{T}}\\(\boldsymbol{v}_{(t_v,t_d)}^{i})^{\mathrm{T}}\\(\boldsymbol{v}_{(t_0,t_u)}^{i}\times\boldsymbol{v}_{(t_v,t_d)}^{i})^{\mathrm{T}}\end{bmatrix}^{-1}\begin{bmatrix}-(\boldsymbol{v}_{(t_0,t_u)}^{i_{b0}})^{\mathrm{T}}\\-(\boldsymbol{v}_{(t_v,t_d)}^{i_{b0}})^{\mathrm{T}}\\(\boldsymbol{v}_{(t_0,t_u)}^{i_{b0}}\times\boldsymbol{v}_{(t_v,t_d)}^{i_{b0}})^{\mathrm{T}}\end{bmatrix}\tag{2-59}$$

最后，将式(2-47)、式(2-50)和式(2-54)代入式(2-46)即可求得粗对准姿态矩阵 $\boldsymbol{C}_b^{n}$。

2.2.5.2　利用航位推算进行运动中精确对准

1) 几何方法对准基本原理

利用姿态传感器测量航行器的姿态，而航向角可以在水面上使用两个位置点进行测量，当两个位置点相距几公里时，可以忽略它们之间较小的纵向距离，把它们看作是在同一水平面上，例如，图 2-20 所示平面上有点 $P_0(x_0,\ y_0)$ 和 $P_1(x_1,\ y_1)$。

则由它们确定的基线与北向之间的夹角(主值)为：

$$\psi=\arctan\left(\frac{x_1-x_0}{y_1-y_0}\right)\tag{2-60}$$

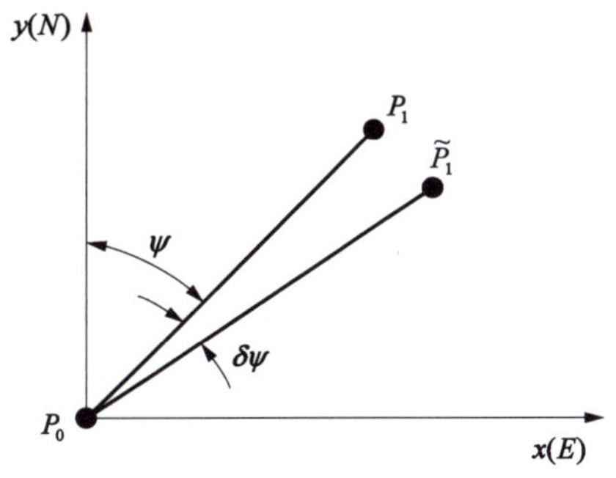

图 2-20　几何对准基本原理

在利用航位推算进行精细对准时，不是直接由已知两点的位置求取精确的航向角，而是利用航位推算位置 $\tilde{P}_1(\tilde{x}_1,\ \tilde{y}_1)$ 和已知位置 $P_1(x_1,\ y_1)$ 之间的误差求得航向误差角 $\delta\psi$，再对航向角进行修正。如果忽略其他误差，如陀螺漂移和 DVL 刻度系数误差等，仅考虑初始航向误差角，则由于航向误差角的影响，航行器航行一段距离后将出现位置误差。假设航行器沿直线航行并且初始航向误差角是小角，则可计算得初始航向误差角近似为：

$$\delta\psi \approx \pm \frac{|\widetilde{P}_1 P_1|}{|P_1 P_0|} \tag{2-61}$$

上式中正负号视具体情况而定。因为航向误差角在航行器 P_0P_1 航行过程中基本不变，所以利用该误差角实时修正 P_1 点处的航向角，而不是初始粗对准时 P_0 点处的航向角，就完成了航向角的精对准过程。

2）航位推算轨迹和真实轨迹相似法

和纯惯性导航算法相比，在航行器航位推算系统中速度和位置计算误差都比较小，如果陀螺漂移很小或者航行器行驶时间较短，可认为姿态误差角和 DVL 刻度系数误差在航行器行驶过程中为常值 $\boldsymbol{\varphi}$ 和 δK_D，则可得：

$$\delta\Delta\boldsymbol{S}^n = \Delta\boldsymbol{S}^n \times \boldsymbol{\varphi} + \Delta\boldsymbol{S}^n \delta K_D \tag{2-62}$$

其中 $\delta\Delta\boldsymbol{S}^n = \sum_{i=1}^{j} \delta\Delta\boldsymbol{S}_i^n$ 为航位推算累积位置误差，$\Delta\boldsymbol{S}^n = \sum_{i=1}^{j} \Delta\boldsymbol{S}_i^n$ 为位移。通常水平姿态误差角 φ_E 和 φ_N 都比较小，如果进一步忽略它们的影响得：

$$\delta\Delta\boldsymbol{S}^n = \Delta\boldsymbol{S}^n \times [\varphi_U]_3 + \Delta\boldsymbol{S}^n \delta K_D \tag{2-63}$$

其中，记 $[\cdot]_3 = [0 \quad 0 \quad \cdot]^{\mathrm{T}}$，$\varphi_U$ 为天向姿态误差角。

由式(2-63)在水平面上投影可得：

$$\delta\Delta\boldsymbol{S}^h = \Delta\boldsymbol{S}^h \times [\varphi_U]_3 + \Delta\boldsymbol{S}^h \delta K_D \tag{2-64}$$

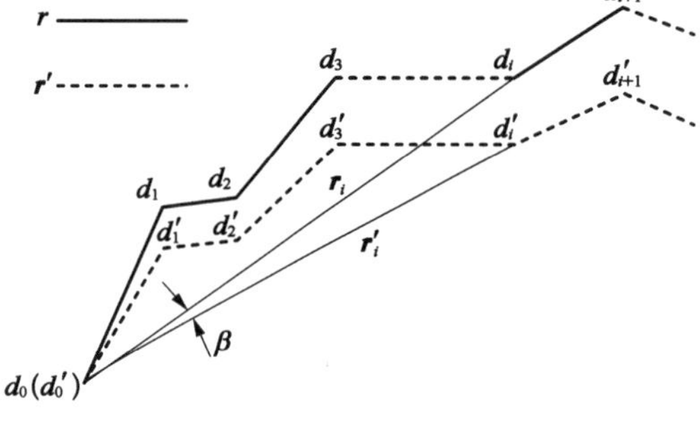

图 2-21 折线相似示意图

实际上，只要将式(2-63)中 $\delta\Delta\boldsymbol{S}^n$ 和 $\Delta\boldsymbol{S}^n$ 的第三分量都置为 0 并分别记为 $\delta\Delta\boldsymbol{S}^h$ 和 $\Delta\boldsymbol{S}^h$，即得式(2-64)。

为了方便说明问题，提出两折线相似概念：oxy 平面上两条折线 r 和 r' 分别由线段 d_id_{i+1} 和 $d_i'd_{i+1}'$ 首尾相连组成(其中 $i=0, 1, 2, \cdots$，下同)，并且 r 和 r' 具有共同的起始点，即 d_0 和 d_0' 重合，连接起始点到端点 d_i 和 d_i' 的矢量分别记为 $\boldsymbol{r}_i$ 和 $\boldsymbol{r}_i'$，如果长度之比 $|\boldsymbol{r}_i'|/|\boldsymbol{r}_i|=k$ 为常值，并且 $\boldsymbol{r}_i$ 到 $\boldsymbol{r}_i'$ 的转角 β 也是常值，则称这两条折线相似，如图 2-21 所示。换言之，如果折线 r' 和 r 相似，则可以由 r 构造出 r'，即由 $\boldsymbol{r}_i$ 绕 d_0 转动 β 角再乘以比例系数 k 则得 $\boldsymbol{r}_i'$。假设 d_0 为原点，$\boldsymbol{r}_i$ 和 $\boldsymbol{r}_i'$ 的坐标分别为 $(x_i, y_i, 0)$ 和 $(x_i', y_i', 0)$，且 β 角是小角，则两矢量 $\boldsymbol{r}_i$ 和 $\boldsymbol{r}_i'$ 之差为：

$$\delta \boldsymbol{r}_i = \boldsymbol{r}'_i - \boldsymbol{r}_i = \begin{bmatrix} x'_i \\ y'_i \\ 0 \end{bmatrix} - \begin{bmatrix} x_i \\ y_i \\ 0 \end{bmatrix} \approx \begin{bmatrix} 1 & \beta & 0 \\ -\beta & 1 & 0 \\ 0 & 0 & 1 \end{bmatrix} \cdot \begin{bmatrix} x_i \\ y_i \\ 0 \end{bmatrix} \cdot k - \begin{bmatrix} x_i \\ y_i \\ 0 \end{bmatrix}$$

$$= \begin{bmatrix} x_i \\ y_i \\ 0 \end{bmatrix} \times \begin{bmatrix} 0 \\ 0 \\ \beta k \end{bmatrix} + \begin{bmatrix} x_i \\ y_i \\ 0 \end{bmatrix} \cdot (k-1) = \boldsymbol{r}_i \times [\beta k]_3 + \boldsymbol{r}_i \cdot (k-1) \quad (2-65)$$

比较式(2－64)和式(2－65)可知，在水平面上投影时航位推算轨迹和航行其行驶过的真实轨迹是相似的，这就是航位推算轨迹和真实轨迹相似性原理。

3) 航向误差角的计算

利用航位推算轨迹和真实轨迹相似的特点，在航行器行驶过程中可实现航向误差角的修正，即进行精对准。由起始点和位置已知点间的矢量水平投影 $\Delta \boldsymbol{S}^h$ 和航位推算矢量水平投影 $\Delta \tilde{\boldsymbol{S}}^h$，利用简单的几何关系，可求得转角，即天向姿态误差角 φ_U：

$$|\Delta \boldsymbol{S}^h||\Delta \tilde{\boldsymbol{S}}^h| \sin(\varphi_U) = [\Delta \tilde{\boldsymbol{S}}^h \times \Delta \boldsymbol{S}^h]_3 \quad (2-66)$$

移项整理近似得：

$$\varphi_U \approx \operatorname{asin}(\varphi_U) = \frac{[\Delta \tilde{\boldsymbol{S}}^h \times \Delta \boldsymbol{S}^h]_3}{|\Delta \boldsymbol{S}^h||\Delta \tilde{\boldsymbol{S}}^h|} \quad (2-67)$$

由此可见当水下航行器航行到位置已知的位置点时(如露出水面接收 GPS 定位信息)，由航位推算位置误差和航行器位移可求得误差角 φ_U，因此在位置已知点估计出 φ_U 后，只要将计算航向角直接减去估计出的 φ_U 即可得到精对准航向角。这就是利用了航位推算进行精对准的方法。

2.2.6　捷联罗经动基座初始对准与导航

平台惯导系统罗经初始对准过程通常可分为两步：先是水平调平，后是方位对准。方位对准在水平调平的基础上进行，一般采样罗经方位对准方法如图 2－22 所示。方位罗经对准利用的是罗经效应，就是在正确的平台跟踪当地地理坐标系的角速率控制指令下，如果平台存在方位轴向的偏差角，平台将产生绕东向轴的倾斜，该倾斜能由北向加速度计感测到，利用北向加速度计的输出并设计适当的控制规律，控制平台方位轴朝减小方位偏差方向转动，实现平台自动寻北。在常规思路下，通常将 SINS 初始对准分为粗对准和精对准两个阶段：在粗对准阶段，利用地球自转角速度和重力加速度作为参考基准量，通过惯性器件的测量输出建立粗略的导航计算坐标系；在精对准阶段，通过现代控制理论最优估计方法估计出失准角，经修正后获得准确的姿态矩阵。

SINS 经典解析式粗对准方法难以适应晃动干扰环境，有不少文献研究了振动基座下的初始对准问题并且也出现一些应用实例，激光陀螺和光纤陀螺的发展和不断成熟为捷联罗经的研究注入了新的活力。从本质上说，捷联惯导系统与平台惯导系统是相同的，前

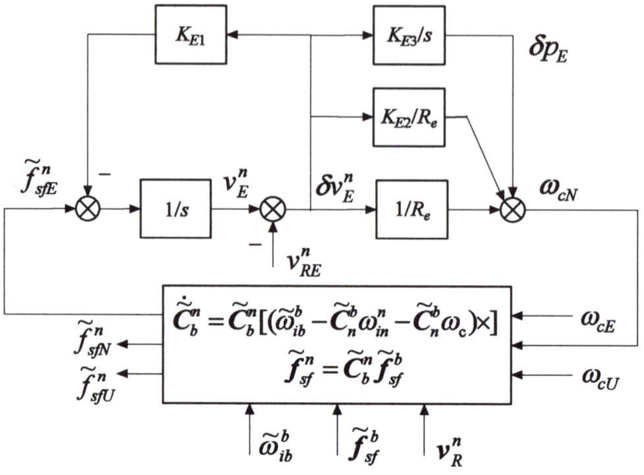

图 2-22 动基座捷联罗经水平对准东向通道

者以数学平台（利用姿态矩阵、四元数或欧拉角等数学工具）模拟后者的实体平台，描述 SINS 相对于给定参考坐标系的空间方位。平台惯导系统中实体平台具有隔离外界干扰的作用，因而平台罗经能够实现晃动基座下的初始对准；同理，在 SINS 初始对准中也可以根据平台罗经初始对准的特点，建立相应的数学平台隔离晃动影响。经典控制理论与现代最优估计方法相比，前者的优点之一是不需精确的数学模型与噪声模型。此外，应用经典控制理论进行罗经对准的设计方法已经非常成熟，为捷联罗经对准方案设计提供了大量的参考，然而初始对准时间长是平台罗经的一大缺点。快速初始对准是国内在捷联罗经对准方法研究中亟待解决的一个主要问题，该问题在某些西方国家已得到较好解决，例如法国 iXSea 公司的 Octans Ⅲ型光纤捷联陀螺罗经在动态环境下，能在 3 min 内完成初始对准，达到 0.2°×sec(L)的精度，成为捷联罗经研究与应用中的佼佼者，它也为我们的研究和工程开发目标提供了参考。

通过引入外界参考速度 $\boldsymbol{v}^n_R=[v^n_{RE}\quad v^n_{RN}\quad v^n_{RU}]^{\mathrm{T}}$，可将捷联罗经对准算法扩展至动基座情形，现以水平对准东向通道为例，有 $\boldsymbol{\omega}^n_{in}=\boldsymbol{\omega}^n_{ie}+\boldsymbol{\omega}^n_{en}$，在控制律中由惯导东向导航速度 v^n_E 与参考速度 v^n_{RE} 相减形成速度误差。

控制律的离散化算法：

$$\delta v^n_{Ek}=v^n_{Ek-1}-v^n_{REk} \tag{2-68}$$

$$v^n_{Ek}=v^n_{Ek-1}+(\tilde{f}^n_{sfEk}-K_{E1}\delta v^n_{Ek})T_s \tag{2-69}$$

$$\delta p_{Ek}=\delta p_{Ek-1}+K_{E3}\delta v^n_{Ek}T_s \tag{2-70}$$

$$\omega_{cNk}=\delta v^n_{Ek}(1+K_{E2})/R_e+\delta p_{Ek} \tag{2-71}$$

同理，可得动基座罗经对准的北向通道和方位通道原理框图 2-23、图 2-24 和离散算法式(2-72)～式(2-79)。

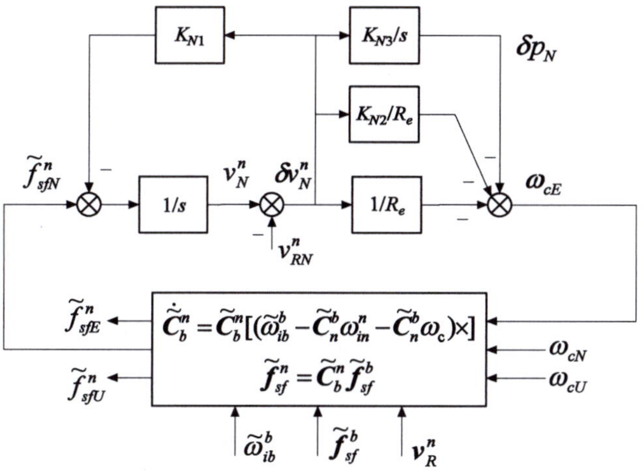

图 2－23　动基座捷联罗经水平对准北向通道

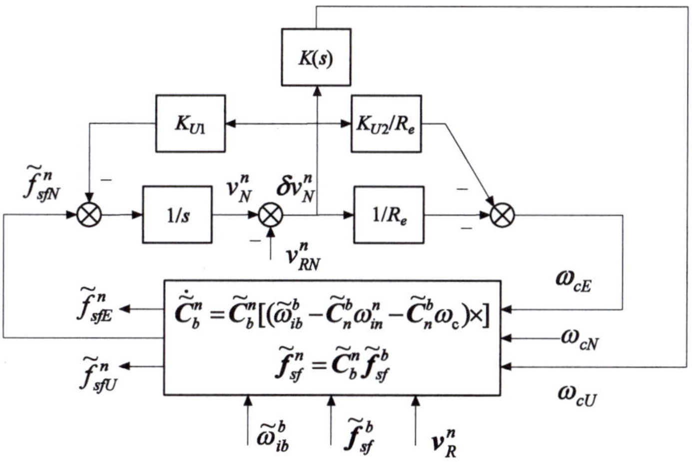

图 2－24　动基座捷联罗经方位对准

$$\delta v^n_{Nk} = v^n_{Nk-1} - v^n_{RNk} \tag{2-72}$$

$$v^n_{Nk} = v^n_{Nk-1} + (\tilde{f}^n_{sfNk} - K_{N1}\delta v^n_{Nk})T_s \tag{2-73}$$

$$\delta p_{Nk} = \delta p_{Nk-1} + K_{N3}\delta v^n_{Nk}T_s \tag{2-74}$$

$$\omega_{cEk} = -\delta v^n_{Nk}(1 + K_{N2})/R_e - \delta p_{Nk} \tag{2-75}$$

$$\delta v^n_{Nk} = v^n_{Nk-1} - v^n_{RNk} \tag{2-76}$$

$$v^n_{Nk} = v^n_{Nk-1} + (\tilde{f}^n_{sfNk} - K_{U1}\delta v^n_{Nk})T_s \tag{2-77}$$

$$\omega_{cEk} = -\delta v^n_{Nk}(1 + K_{U2})/R_e \tag{2-78}$$

$$\omega_{cUk} = (K_{U3}\delta v^n_{Nk}T_s/\omega_N + \omega_{cUk-1})/(1 + K_{U4}T_s) \tag{2-79}$$

2.3 声学导航算法

由于高频信号在水下衰减很快，致使卫星导航、无线电导航等无法使用。众所周知，声波在水下传播的距离较远，衰减小，因此水下信息最有效的传播载体是声波。目前声学定位系统有长基线、短基线和超短基线三种[12]，这些定位系统都有多个基元组成，按照基元间的长度来判定系统类别。水声定位系统分类如表 2-3 所示。

表 2-3 水声定位系统分类

定 位 类 型	基线长度/m
长基线(LBL)	100～600
短基线(SBL)	1～50
超短基线(USBL)	<1

2.3.1 长基线定位原理及导航应用分析

长基线定位系统在为 AUV 等水下航行器定位时，通常将长基线测距单元安装在 AUV 上，将多个声信标锚定在海床上[13]。测距单元通过周期性发送询问信号呼叫声信标，各声信标收到询问信号后回复不同的应答信号用于测距单元检测。测距单元完成对应答信号的检测后，可获得各个声信标与测距单元的声传播时间，进而求得各声信标与测距单元之间的距离，解算出载体与各个声信标之间的相对坐标。若已知各声信标的经纬度/大地坐标信息，则可以求得载体在地球上的绝对位置坐标[14]。

2.3.1.1 长基线定位基本原理

长基线定位系统具有多种解算模型，其中以球面交汇模型最为常用，其使用距离信息作为观测量，既适用于测距单元和声信标精确同步的同步工作模式，也适用于无需同步的应答工作模式[15]。本书以球面交汇解算模型为例，介绍长基线系统解算原理，图 2-25 为长基线定位系统工作原理的基本示意图。

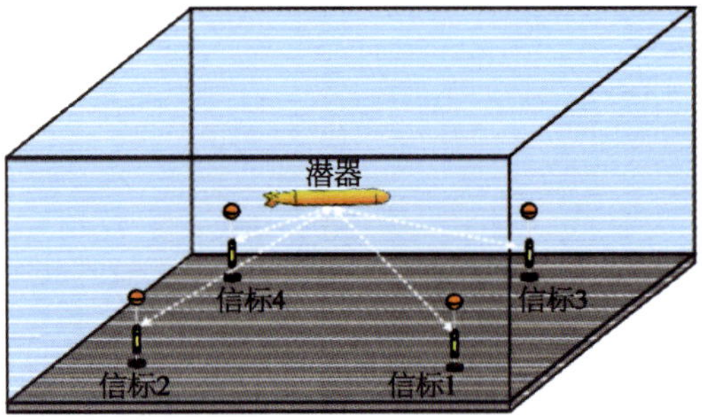

图 2-25 长基线定位基本原理

设已知声信标在水下的坐标为 (x, y, z)，$i=1, 2, 3, 4$，测距单元的坐标为 (x,

y, z)，假设水下声速为恒定值 c，声信标 i 与测距单元之间的单程传播时间为 t_i，若不考虑声线弯曲等因素的影响，可得到声信标 i 与测距单元之间的距离为 $r_i = c \cdot t_i$，$i=1, 2, 3, 4$。根据声信标和测距单元之间的几何关系，得到方程(2-80)：

$$\begin{cases} (x-x_1)^2+(y-y_1)^2+(z-z_1)^2=r_1^2 \\ (x-x_2)^2+(y-y_2)^2+(z-z_2)^2=r_2^2 \\ (x-x_3)^2+(y-y_3)^2+(z-z_3)^2=r_3^2 \\ (x-x_4)^2+(y-y_4)^2+(z-z_4)^2=r_4^2 \end{cases} \tag{2-80}$$

由于现有的潜器多搭载深度计等高精度深度测量装置，故可依照深度是否已知，按以下两种方法求解方程(2-80)。

若目标深度已知，$z=h$，则式(2-80)化简可得式(2-81)：

$$\begin{bmatrix} (x_2-x_1) & (y_2-y_1) \\ (x_3-x_2) & (y_3-y_2) \\ (x_4-x_3) & (y_4-y_3) \\ (x_1-x_4) & (y_1-y_4) \end{bmatrix} * \begin{bmatrix} x \\ y \end{bmatrix} = \begin{bmatrix} (r_1^2-r_2^2+d_2^2-d_1^2)/2-h(z_2-z_1) \\ (r_2^2-r_3^2+d_3^2-d_2^2)/2-h(z_3-z_2) \\ (r_3^2-r_4^2+d_4^2-d_3^2)/2-h(z_4-z_3) \\ (r_4^2-r_1^2+d_1^2-d_4^2)/2-h(z_1-z_4) \end{bmatrix} \tag{2-81}$$

其中，$d_i=\sqrt{x_i^2+y_i^2+z_i^2}$，$i=1, 2, 3, 4$。将方程组(2-81)写作矩阵形式 $AX=B$，当矩阵 AA^{T} 非奇异时，得到方程的最小二乘解为：

$$X=(A^{\mathrm{T}}A)^{-1}A^{\mathrm{T}}B \tag{2-82}$$

若目标深度未知，方程(2-80)化简可得式(2-82)：

$$\begin{bmatrix} (x_2-x_1) & (y_2-y_1) & (z_2-z_1) \\ (x_3-x_2) & (y_3-y_2) & (z_3-z_2) \\ (x_4-x_3) & (y_4-y_3) & (z_4-z_3) \\ (x_1-x_4) & (y_1-y_4) & (z_1-z_4) \end{bmatrix} * \begin{bmatrix} x \\ y \\ z \end{bmatrix} = \begin{bmatrix} (r_1^2-r_2^2+d_2^2-d_1^2)/2 \\ (r_2^2-r_3^2+d_3^2-d_2^2)/2 \\ (r_3^2-r_4^2+d_4^2-d_3^2)/2 \\ (r_4^2-r_1^2+d_1^2-d_4^2)/2 \end{bmatrix} \tag{2-83}$$

方程组(2-83)同样可记作 $AX=B$，若矩阵 A 非奇异，目标的坐标也可通过式(2-82)求得。当 4 只信标共面时，矩阵 A 奇异，式(2-83)无解。

2.3.1.2　长基线定位系统导航应用分析

对于 AUV 等水下潜器，通常由导航系统、机动系统、观测系统等多部分组成总系统，长基线定位系统是导航系统与声学系统的交联部分。声学系统由声通信机、ADCP/DVL、侧扫声呐等设备构成。定位系统使用的询问/应答信号，多是低频的宽带编码信号，在工作频率上和其他的声学设备通常具有部分重叠。在工作时，需要将相互影响的声学设备安排在不同的工作时刻，以避免各个子系统之间发生信号混叠。

以我国自行研制的某水下潜器为例，在作业时，系统总体的工作周期为 N s，在一个周期以内，各声学设备的工作情况如图 2-26 所示。

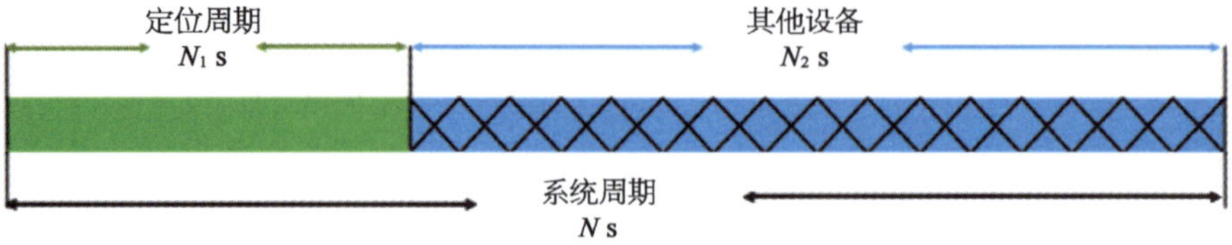

图 2-26 导航系统中各声学设备工作安排示意图

假设长基线测距单元在 0 s 时发送询问信号，在 N_1 s 内收到 3 个或更多的应答信号，即可以通过式(2-82)求得潜器的位置坐标，得到 1 次长基线的定位结果输出。但系统周期剩余的 N_2 s 长基线系统不工作，只能每隔 N s 得到一次定位结果输出，降低了长基线定位结果的输出、更新速率。

同时，由方程组(2-81)和式(2-83)可知，长基线的定位结果输出，即使在深度已知的情况下，也需要有 3 个及以上的声信标时延信息；在深度未知时，则需要多于 3 个声信标时延信息，这要求测距单元具有较强的信号检测能力，同时要求应答信号具有较强的测时分辨能力和抗噪声能力。如果目标处于某个声信标的作用范围之外或处于应答信号的强叠加区，也会降低长基线定位结果的更新速率。

另外，基于响应模式的长基线定位系统，为水下潜器提供定位时，由于潜器运动和声传播速度较慢引起的信号收发非共点、非共时的问题，也是影响长基线系统定位和导航精度的重要原因之一[16,17]。在长基线对潜器定位时，由安装在潜器上的测距单元周期性发送询问信号，在收到全部声信标的应答信号之后，根据双程传播时延，结合声速，求得测距单元与各声信标之间的距离，进而根据声信标的地理坐标解算出自身的位置。而水下潜器通常处于运动状态，如图 2-27 所示，潜器在信号“询问→应答”过程中，测距单元在信

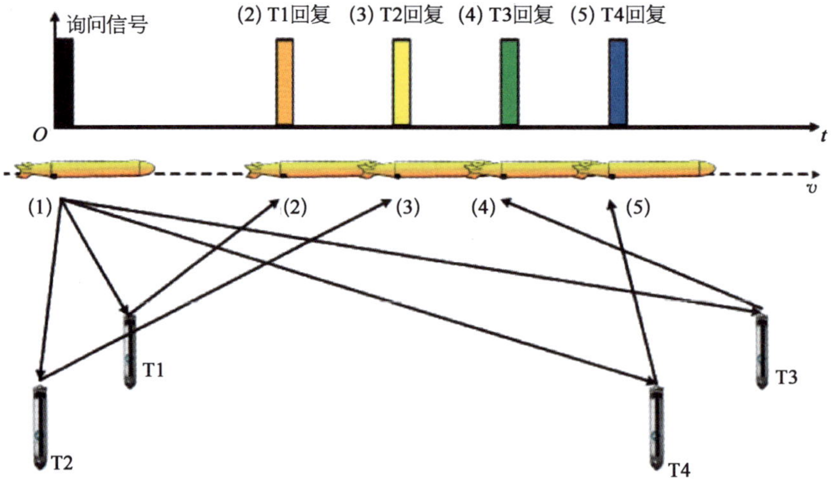

图 2-27 潜器运动对长基线定位的影响

号发射与接收时刻的坐标不同，因此“潜器→声信标”以及“声信标→潜器”对应的传播时间也并不相同；同时，由于目标与各声信标之间的距离不同，接收不同声信标应答信号的时刻与位置也不相同。常规的长基线定位模型通常忽略目标运动影响，直接将双程传播时延的一半对应的距离值作为距离信息的观测值，由此进行定位解算，得到目标实际坐标，实际是目标发送询问信号位置和接收到各个应答信号位置的加权平均。

针对该问题，学者 Detweiler C 和 Leonard J 在文献[18－20]中提出，通过对全局声信标进行联合时间同步替代应答模式，直接获得单程距离值，但长时间工作在深海时，电池寿命和声信标时钟偏移会影响系统工作的持续性和有效性。文献[10]中结合射线声学和贝叶斯反演理论，对声源运动对长基线定位误差的影响进行了仿真，仿真结果显示此时考虑动态时系统的定位误差是静态目标的 5 倍以上。之后，作者提出将测时残差作为修正量，提出结合目标运动轨迹及声信标基阵坐标进行联合反演的运动补偿算法，该算法要求系统有着至少 0.1 ms 级的测时精度。

卡尔曼滤波是解决以上问题的有效技术手段之一[21-24]，该方法可通过分析目标运动状态建立运动模型，将目标运动状态，如航速、航向、航姿等信息和声学定位数据进行融合，既可以提高定位结果的更新速率，也可以减小目标运动对定位系统的影响。2012 年，Bahr A 和 Leonard J 使用扩展卡尔曼滤波，成功地解决了水下多 AUV 协同导航时涉及的基线运动问题[25-27]。目前卡尔曼滤波已成为工程应用中跟踪目标运动的惯用方法，将多种外部传感器冗余信息有效融合，可以达到单一观测系统不能达到的优异性能。

2.3.2　超短基线系统导航基本原理

USBL 系统导航原理示意图如图 2－28 所示。声源发射器置于海底且绝对位置已知，一般为声学信标、应答器或响应器，利用 USBL 系统测得海底声源发射器在声学基阵坐标下的位置，结合 AUV 姿态信息进行坐标转换得到 AUV 在每个定位时刻与海底发射器的相对位置，即可实现 AUV 定位导航[28]。

USBL 系统导航原理可用下式表示：

$$P_{\mathrm{AUV}} = P_{\mathrm{s}} + P_{\mathrm{rp}} \tag{2-84}$$

式中，P_{AUV} 为所求的 AUV 绝对地理位置；P_{s} 为已知的海底声源发射器的绝对地理位置；P_{rp} 为测量得到的 AUV 相对于海底声源发射器在载体坐标系下的相对位置。

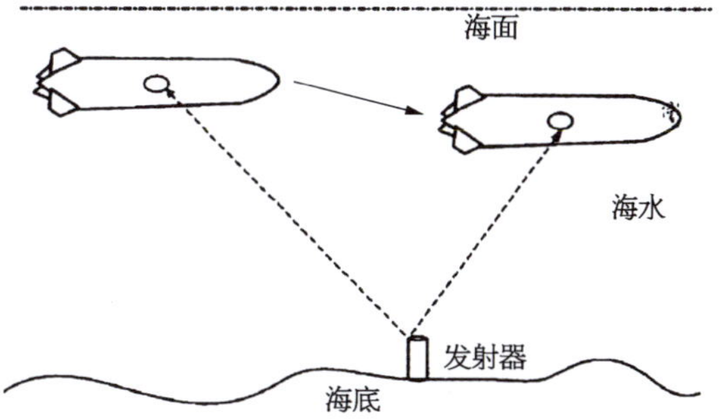

图 2－28　USBL 导航原理示意图

由式(2－84)右边的第二项可知，声学系统定出的相对位置要经过坐标转换计算，结合声源发射器的绝对位置坐标，才能得到 AUV 的绝对位置，涉及的坐标系有导航坐标系、载体坐标系和声学基阵坐标系。设导航坐标系为 n 系，一般取东北天坐标系，载体坐标系为 b 系，原点位于 AUV 质心，x 轴、y 轴、z 轴分别指向 AUV 右舷、AUV 前方和 AUV 水面方向向上，构成右手坐标系。声学基阵坐标系为 a 系，坐标系原点为声学基阵的中心，声学基阵坐标系三个轴的指向和载体坐标系指向一致。声源发射器的绝对地理坐标位置 P_s 已知，USBL 系统通过测量声源发射器到基阵的距离和方位角得到声源发射器在基阵坐标系下的位置为 $p^a(x, y, z)$，该位置为海底声源发射器相对于声学基阵参考坐标系的位置，我们需要将相对位置转换为绝对位置，此时需要进行坐标转换，在实际情况下，载体坐标系和声学基阵坐标系是不重合的，两个坐标系之间除了有安装误差以外，还存在平移误差，为了简单起见，本书假设声学基阵坐标系与载体坐标系完全一致，没有平移误差，只考虑安装误差的影响，由声学基阵坐标到载体坐标系的转换关系可得海底声源发射器在载体坐标系下的位置为：

$$p^a = C_a^b p^a + \delta\rho \tag{2-85}$$

式中，$\delta\rho$ 为基阵坐标系在载体坐标系的安装误差，C_a^b 为声学基阵坐标系到载体坐标系的变换矩阵。

由载体坐标系到导航坐标系的坐标变换关系可以计算得到 AUV 相对于声源发射器位置为：

$$p_{\rm rp} = -C_b^n p^b \tag{2-86}$$

式中，C_b^n 为 AUV 载体坐标系到导航坐标系的变换矩阵。

因此，AUV 的绝对地理位置为：

$$P_{\rm AUV} = P_s + P_{\rm rp} = P_s - C_b^n(C_a^b p^a + \delta\rho) \tag{2-87}$$

参考文献

[1] 彭富清，霍立业. 海洋地球物理导航[J]. 地球物理学进展，2007(03)：759-764.

[2] 胡小平. 导航技术基础[M]. 北京：国防工业出版社，2015.

[3] 辛廷慧. 水下地形辅助导航方法研究[D]. 西安：西北工业大学，2004.

[4] 李小鹏. 潜艇海底地形辅助导航技术研究[D]. 哈尔滨：哈尔滨工程大学，2001.

[5] 郑彤，边少锋，王志刚. 基于 ICCP 匹配算法的海底地形匹配辅助导航[J]. 海洋测绘，2008，28(2)：21-23.

[6] 丁永忠，王建平，徐枫. 地磁导航在水下航行体导航中的应用[J]. 鱼雷技术，2009，17(3)：47-51.

[7] 高永琪，黄文玲. 鱼雷导航与控制技术[M]. 北京：兵器工业出版社，2015.

[8] Yang Y, Xu T. An adaptive Kalman filter based on Sage windowing weights and variance components [J]. Journal of Navigation, 2003, 56: 231-240.

[9] Yang Y. Robust Bayesian estimation[J]. Bulletin Geodesique, 1991, 65(3): 145-150.

[10] Yang Y, He H, Xu G. A new adaptively robust filtering f or kinematic geodetic positioning[J]. Journal of Geodesy, 2001, 75(2): 109-116.

[11] Behzad K P, Behrooz K P. Vehicle Localization on Gravity Maps[A]. Proc. SPIE Conf. on Unmanned Vehicle Technology[C]. 1999.

[12] 田坦. 水下定位与导航技术[M]. 北京：国防工业出版社，2007.

[13] 朱磊.多信标辅助下的 AUV 声学组合导航算法研究与实现[D].哈尔滨：哈尔滨工程大学,2017.

[14] 王飞.基于多信标的深水机器人导航与同时定位方法研究[D].北京：中国科学院大学,2013.

[15] 高国青,叶湘滨,乔纯捷,等.水下声定位系统原理与误差分析[J].四川兵工学报,2010,31(6)：95-97.

[16] Kussat N H, Chadwell C D, Zimmerman R. Absolute positioning of an autonomous underwater vehicle using GPS and acoustic measurements[J]. IEEE Journal of Oceanic Engineering: A Journal Devoted to the Application of Electrical and Electronics Engineering to the Oceanic Environment, 2005,30(1): 153-164.

[17] 兰华林.深海水声应答器定位导航技术研究[D].哈尔滨：哈尔滨工程大学,2008.

[18] Detweiler C, Leonard J, Rus D, et al. Passive Mobile Robot Localization within a Fixed Beacon Field[J]. Proceedings of the International Workshop on the Algorithmic Foundations of Robotics, 1970,47: 425-440.

[19] Webster Sarah E, Eustice Ryan M, Singh Hanumant, et al. Advances in single-beacon one-way-travel-time acoustic navigation for underwater vehicles[J]. The International Journal of Robotics Research,2012,31(8): 935-950. DOI: 10.1177/0278364912446166.

[20] Webster S E, Whitcomb L L, Eustice R M. Advances in decentralized single-beacon acoustic navigation for underwater vehicles: Theory and simulation[C]. Autonomous Underwater Vehicles, IEEE/OES. IEEE, 2010.

[21] 李昭.贝叶斯反演在高精度水声定位中的应用研究[D].哈尔滨：哈尔滨工程大学,2016.

[22] Sabet M T, Sarhadi P, Zarini M. Extended and Unscented Kalman filters for parameter estimation of an autonomous underwater vehicle[J]. Ocean Engineering, 2014,91: 329-339.

[23] Chen L, Wang S, Mcdonald M K, et al. Towards autonomous localization and mapping of AUVs: a survey[J]. International Journal of Intelligent Unmanned Systems, 2013, 1(2): 97-120.

[24] Wynn R B, Huvenne V A I, Bas T P L, et al. Autonomous Underwater Vehicles (AUVs): Their past, present and future contributions to the advancement of marine geoscience[J]. Marine Geology, 2014, 352(2): 451-468.

[25] Bahr A, Leonard J J. Cooperative Localization for Autonomous Underwater Vehicles[J]. Proc International Symposium on Experimental Robotics Rio De, 2010, 28(6): 714-728.

[26] Bahr A, Walter M R, Leonard J J. Consistent Cooperative Localization[C]. Proceedings of the International Conference on Robotics and Automation (ICRA), 2009.

[27] Bahr A, Leonard J J, Martinoli A. Dynamic positioning of beacon vehicles for cooperative underwater navigation[C]. IEEE/RSJ International Conference on Intelligent Robots&Systems IEEE/RSJ International Conference on Intelligent Robots & Systems. Institute of Electrical and Electronics Engineers (IEEE), 2012.

[28] 胡贺庆.基于 USBL 辅助 SINS 的 AUV 导航技术研究[D].南京：东南大学,2017.

第 3 章　自主水下航行器控制技术

控制系统是 AUV 的核心模块，控制系统的稳定决定着所能完成任务的难度，控制系统大多是在特定体系结构和框架基础上建立的，针对一种体系和框架就需要特定的控制系统。AUV 在水下时，将会受到各种因素的影响，包括负载变化、重力浮力、流体力、静水压力、海流、海浪干扰，因此其动力学模型几乎无法确切表达，难以找到一种通用而且有效的控制方法，这就要求控制系统具有优越的自适应调节能力[1]。

本章首先介绍了研究无人水下航行器的将要用到的坐标系，定义了无人水下航行器的各运动参数，详细分析了无人水下航行器的受力情况；同时根据公式和角的定义，建立了无人水下航行器的运动学方程；并结合第二定律推导了无人水下航行器的动力学方程。本章还介绍了 AUV 的深度控制模型；讨论了关于航向控制的控制模型，得到航向控制的方向舵舵角的控制规律；并基于矢量运动控制进行了讨论。

3.1 自主水下航行器数学建模

3.1.1 数学坐标系

若要实现水下航行器的运动控制仿真研究，不管在研究过程中有无模型，都需要对 AUV 进行数学建模，运用模型来验证控制策略是非常有效的。AUV 的模型主要可以分为两种：运动学模型与动力学模型。

正确选取坐标系，在建模过程中会起到事半功倍的效果。由于水下航行器的运动过程是非常复杂的，而且根据研究目的的不同，坐标系的选取也不尽相同，所以要建立不同的坐标系。本节主要介绍几种比较常用的坐标系：地面坐标系、体坐标系和速度坐标系，见图 3-1。

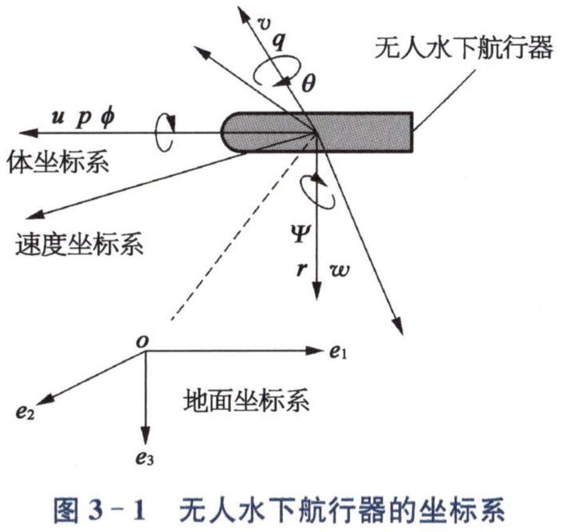

图 3-1　无人水下航行器的坐标系

(1) 地面坐标系。

确定重心运动，应选择与地球固连的坐标系 $oe_1e_2e_3$，该坐标系称为地面坐标系。坐标原点通常选在发射点或者入水点；oe_1 处于地平面内指向某一适当方向航行器发射方向；oe_3 垂直于地面并指向下方；oe_2 也处于地平面内垂直于 e_1oe_3 平面。按照右手法则确定坐标各轴的方向。地面坐标系描述无人水下航行器的轨迹最方便。确定重心的瞬时位置，函数 $e_1(t)$、$e_2(t)$、$e_3(t)$描述了重心空间运动的轨迹。

(2) 体坐标系。

描述无人水下航行器的转动可选用与航行器固连的坐标系 $ob_1b_2b_3$，坐标系的原点取在重心处假定重心在航行器的对称轴上三个坐标轴与无人水下航行器固连。ob_1 在无人水下航行器的对称面内，与无人水下航行器的几何对称轴一致，指向头部；ob_2 处于无人水下航行器的纵对称面内垂直于 ob_1，指向下方，此轴称为无人水下航行器的立轴；ob_3 垂直于 b_1ob_2 平面，从尾部观察 ob_3，指向右方，此轴称为无人水下航行器的横轴。

(3) 速度坐标系。

为确定作用在无人水下航行器上的流体动力，需要描述重心速度矢量 V 与航行器之间的相对位置，则可以选用速度坐标系来表示。速度坐标系原点取航行器重心处；u 与无人水下航行器的重心轨迹的切线一致，其正方向为重心运动瞬时速度矢量 V 的方向，此轴称为速度轴；一般情况下，矢量 V 不在航行器的对称平面内。w 轴在无人水下航行器的纵对称面内，且垂直于 u 轴，指向下方，称为升力轴；v 垂直于平面 u、w，称为侧力轴，侧力轴通常不在无人水下航行器升降舵平面内。

无人水下航行器作为一个刚体具有 6 个自由度，即无人水下航行器体坐标系在地面坐标系中的位置和体坐标系与地面坐标系之间的 3 个角度，即欧拉角。

(1) 坐标位置。

坐标位置 $(x_0,\ y_0,\ z_0)$ 表示无人水下航行器运动时其重心在地面坐标系中的三个坐标。$(x_0,\ y_0,\ z_0)$ 唯一确定了无人水下航行器在空间中的位置，同时也表示了无人水下航行器的水平位移、侧向位移和航行深度。

(2) 欧拉角。

描述体坐标系在地面坐标系中的姿态角，有偏航角 Ψ、俯仰角 θ 和横滚角 ϕ。

(3) 动力角。

无人水下航行器的动力角包括攻角 α 和侧滑角 β，见图 3－2。攻角和侧滑角描述了无人水下航行器运动过程中相对于水流的方位。攻角和侧滑角与速度在体坐标系中的三个速度分量之间的关系为：

$$\alpha = \arctan\left(\frac{w}{u}\right) \tag{3-1}$$

$$\beta = -\arctan\left(\frac{v}{\sqrt{u^2+w^2}}\right) \tag{3-2}$$

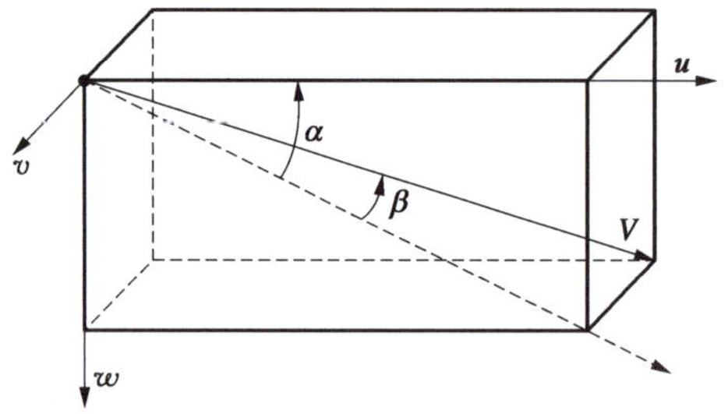

图 3－2　攻角和侧滑角示意图

图 3－2 所示为攻角和侧滑角示意图。

(4) 舵角：δ_e、δ_r、δ_d。

δ_e、δ_r、δ_d 分别表示无人水下航行器的升降舵角、方向舵角和差动舵角。δ_r 若为正，当升降舵角打下舵时，δ_e 为正。当方向舵角打右舵时（从尾部向头部看），δ_r 为正。当升降舵左右两片舵或方向舵上下两片舵具有不同的舵角时，便构成了差动舵，两片舵的舵角值为 δ_d。图 3－3 所示为水下航行器的舵配置。

$$\delta_e = \frac{(\delta_{e1} + \delta_{e2})}{2} \tag{3-3}$$

$$\delta_r = \frac{(\delta_{r1} + \delta_{r2})}{2} \tag{3-4}$$

$$\begin{cases} \delta_d = \dfrac{(\delta_{e2} - \delta_{e1})}{2} (\text{利用升降舵作差动时}) \\ \delta_d = \dfrac{(\delta_{r2} - \delta_{r1})}{2} (\text{利用方向舵作差动时}) \end{cases} \tag{3-5}$$

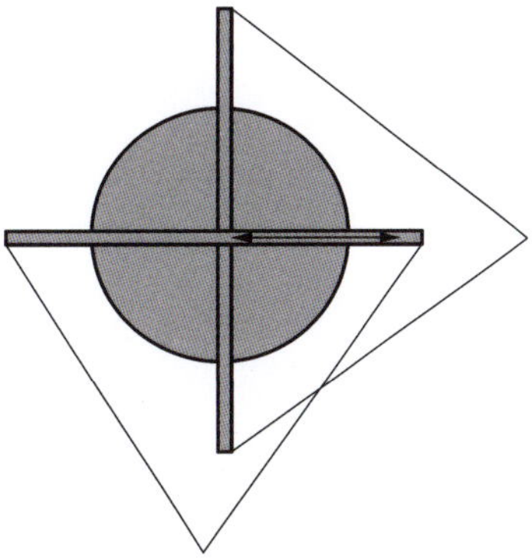

图 3-3 水下航行器的舵配置

从地面坐标系到体坐标系的转移矩阵可以通过三次旋转得到，旋转的顺序选为欧拉角旋转顺序：偏航角—俯仰角—横滚角。在旋转的过程中，引入两个中间参考坐标系，它们的基本向量为：(x_1，x_2，x_3)和(y_1，y_2，y_3)。旋转按照如下次序进行，如图 3-4 所示。

① 地面坐标系 E 绕 e_3 轴旋转一个偏航角 Ψ，得到坐标系(x_1，x_2，x_3)。

② 坐标系(x_1，x_2，x_3)绕 x_2 轴旋转一个俯仰角 Θ，得到坐标系(y_1，y_2，y_3)。

③ 坐标系(y_1，y_2，y_3)绕 y_1 轴旋转一个横滚角 Φ，得到坐标系 B。

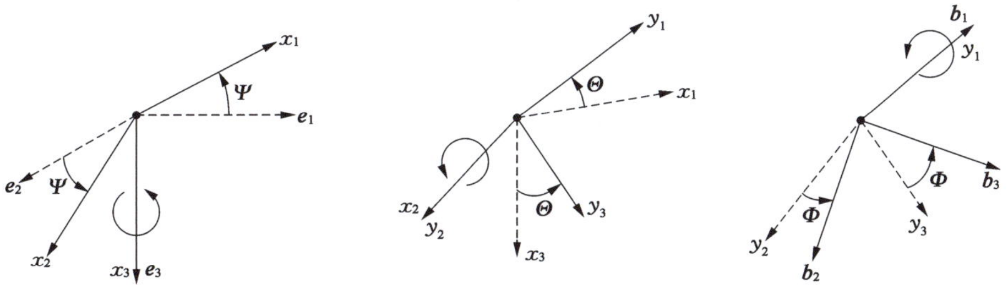

图 3-4 欧拉角的旋转顺序

$$\begin{Bmatrix} b_I \\ b_2 \\ b_3 \end{Bmatrix} = \begin{bmatrix} 1 & 0 & 0 \\ 0 & \cos\Phi & \sin\Phi \\ 0 & -\sin\Phi & \cos\Phi \end{bmatrix} \begin{bmatrix} \cos\Theta & 0 & -\sin\Theta \\ 0 & 1 & 0 \\ \sin\Theta & 0 & \cos\Theta \end{bmatrix} \begin{bmatrix} \cos\Psi & \sin\Psi & 0 \\ -\sin\Psi & \cos\Psi & 0 \\ 0 & 0 & 1 \end{bmatrix} \begin{Bmatrix} e_1 \\ e_2 \\ e_3 \end{Bmatrix}$$

$$= \begin{bmatrix} \cos\Theta\cos\Psi & \cos\Theta\sin\Psi & -\sin\Theta \\ \cos\Psi\sin\Theta\sin\Phi - \sin\Psi\cos\Phi & \sin\Psi\sin\Theta\sin\Phi + \cos\Psi\cos\Phi & \cos\Theta\sin\Phi \\ \cos\Psi\sin\Theta\cos\Phi + \sin\Psi\sin\Phi & \sin\Psi\sin\Theta\cos\Phi - \cos\Psi\sin\Phi & \cos\Theta\cos\Phi \end{bmatrix} \begin{Bmatrix} e_1 \\ e_2 \\ e_3 \end{Bmatrix}$$

$$= T_3 \cdot T_2 \cdot T_1 \begin{Bmatrix} e_1 \\ e_2 \\ e_3 \end{Bmatrix} = E\_B \begin{Bmatrix} e_1 \\ e_2 \\ e_3 \end{Bmatrix} \tag{3-6}$$

从文献[2,5]中可以得到无人水下航行器航行时受到的水动力，并且可以将水动力分解到速度坐标系，得到水动阻力和水动升力的计算公式：

$$L_{\text{fin}}=\frac{1}{2}\rho V^2 S_{\text{fin}} cl_{\text{fin}} \tag{3-7}$$

$$D_{\text{fin}}=\frac{1}{2}\rho V^2 S_{\text{fin}} cd_{\text{fin}} \tag{3-8}$$

其中，L_{fin} 为水动升力；D_{fin} 为水动阻力；ρ 为海水的密度；V 为航行器的速度；S_{fin} 为舵的粘湿面积；cl_{fin} 为升力系数；cd_{fin} 为阻力系数。

因此可以得到作用在舵上的力在体坐标系下的分量：

方向舵 1：

$$\begin{Bmatrix} F_{E1,x} \\ F_{E1,y} \\ F_{E1,z} \end{Bmatrix}=\begin{bmatrix} \cos\delta_{E1} & 0 & \sin\delta_{E1} \\ 0 & 1 & 0 \\ -\sin\delta_{E1} & 0 & \cos\delta_{E1} \end{bmatrix}$$

$$\begin{bmatrix} \cos\beta_{R1}\cos\alpha_{R1} & \sin\beta_{R1}\cos\alpha_{R1} & -\sin\alpha_{R1} \\ -\sin\beta_{R1} & \cos\beta_{R1} & 0 \\ \cos\beta_{R1}\sin\alpha_{R1} & \sin\beta_{R1}\sin\alpha_{R1} & \cos\alpha_{R1} \end{bmatrix}\begin{Bmatrix} -D_{R1} \\ 0 \\ -L_{R1} \end{Bmatrix} \tag{3-9}$$

方向舵 2：

$$\begin{Bmatrix} F_{R2,x} \\ F_{R2,y} \\ F_{R2,z} \end{Bmatrix}=\begin{Bmatrix} \cos\delta_{R2} & 0 & \sin\delta_{R2} \\ 0 & 1 & 0 \\ -\sin\delta_{R2} & 0 & \cos\delta_{R2} \end{Bmatrix}$$

$$\begin{bmatrix} \cos\beta_{R2}\cos\alpha_{R2} & \sin\beta_{R2}\cos\alpha_{R2} & -\sin\alpha_{R2} \\ -\sin\beta_{R2} & \cos\beta_{R2} & 0 \\ \cos\beta_{R2}\sin\alpha_{R2} & \sin\beta_{R2}\sin\alpha_{R2} & \cos\alpha_{R2} \end{bmatrix}\begin{Bmatrix} -D_{R2} \\ 0 \\ -L_{R2} \end{Bmatrix} \tag{3-10}$$

升降舵 1：

$$\begin{Bmatrix} F_{E1,x} \\ F_{E1,y} \\ F_{E1,z} \end{Bmatrix}=\begin{bmatrix} \cos\delta_{E1} & 0 & \sin\delta_{E1} \\ 0 & 1 & 0 \\ -\sin\delta_{E1} & 0 & \cos\delta_{E1} \end{bmatrix}$$

$$\begin{bmatrix} \cos\beta_{E1}\cos\alpha_{E1} & \sin\beta_{R1}\cos\alpha_{E1} & -\sin\alpha_{E1} \\ -\sin\beta_{E1} & \cos\beta_{E1} & 0 \\ \cos\beta_{E1}\sin\alpha_{E1} & \sin\beta_{R1}\sin\alpha_{E1} & \cos\alpha_{E1} \end{bmatrix}\begin{Bmatrix} -D_{E1} \\ 0 \\ -L_{E1} \end{Bmatrix} \tag{3-11}$$

升降舵 2：

$$\begin{Bmatrix} F_{E2,x} \\ F_{E2,y} \\ F_{E2,z} \end{Bmatrix} = \begin{Bmatrix} \cos\delta_{E2} & 0 & \sin\delta_{E2} \\ 0 & 1 & 0 \\ -\sin\delta_{E2} & 0 & \cos\delta_{E2} \end{Bmatrix}$$

$$\begin{Bmatrix} \cos\beta_{E2}\cos\alpha_{E2} & \sin\beta_{E2}\cos\alpha_{E2} & -\sin\alpha_{E2} \\ -\sin\beta_{E2} & \cos\beta_{E2} & 0 \\ \cos\beta_{E2}\sin\alpha_{E2} & \sin\beta_{E2}\sin\alpha_{E2} & \cos\alpha_{E2} \end{Bmatrix} \begin{Bmatrix} -D_{E2} \\ 0 \\ -L_{E2} \end{Bmatrix} \tag{3-12}$$

其中，δ_* 表示航行器的舵角；β_* 和 α_* 分别表示舵的攻角和侧滑角。

式(3-9)～式(3-12)给出了作用在舵上的水动力在体坐标下的表达式。需要求出作用在舵上的水动力相对于重心 CG 的力矩，水动力力矩可以通过式(3-13)求取：

$$M_{\mathrm{fin}} = r_{CG\text{-}CP}^{\mathrm{fin}} \times F_{\mathrm{fin}} \tag{3-13}$$

在这种情况下，舵是固定在无人水下航行器上，水动力的中心 CP 仅相对于固定点移动，因此可以得到水动力的中心 CP 的位置。

$$r_{CG\text{-}\mathrm{root}}^{\mathrm{fin}} = X_{\mathrm{root}}^{\mathrm{fin}} b_1 + Y_{\mathrm{root}}^{\mathrm{fin}} b_2 + Z_{ma}^{\mathrm{fin}} b_3 \tag{3-14}$$

$$r_{CG\text{-}\mathrm{root}}^{\mathrm{fin}} = \Delta x_{CP}^{\mathrm{fin}} f_1 + \Delta y_{CP}^{\mathrm{fin}} f_2 + \Delta z_{CP}^{\mathrm{fin}} f_3 \tag{3-15}$$

方程(3-16)～方程(3-19)给出了舵上的水动力压力中心到重心的距离：

$$\text{方向舵 1：}\begin{Bmatrix} X_{R1} \\ Y_{R1} \\ Z_{R1} \end{Bmatrix} = \begin{Bmatrix} X_{\mathrm{root}}^{R1} \\ Y_{\mathrm{root}}^{R1} \\ Z_{\mathrm{root}}^{R1} \end{Bmatrix} + \begin{bmatrix} \cos\delta_{R1} & 0 & \sin\delta_{R1} \\ 0 & 1 & 0 \\ -\sin\delta_{R1} & 0 & \cos\delta_{R1} \end{bmatrix} \begin{Bmatrix} \Delta x_{CP}^{R1} \\ \Delta y_{CP}^{R1} \\ \Delta z_{CP}^{R1} \end{Bmatrix} \tag{3-16}$$

$$\text{方向舵 2：}\begin{Bmatrix} X_{R2} \\ Y_{R2} \\ Z_{R2} \end{Bmatrix} = \begin{Bmatrix} X_{\mathrm{root}}^{R2} \\ Y_{\mathrm{root}}^{R2} \\ Z_{\mathrm{root}}^{R2} \end{Bmatrix} + \begin{bmatrix} \cos\delta_{R1} & 0 & \sin\delta_{R1} \\ 0 & 1 & 0 \\ -\sin\delta_{R1} & 0 & \cos\delta_{R1} \end{bmatrix} \begin{Bmatrix} \Delta x_{CP}^{R1} \\ \Delta y_{CP}^{R1} \\ \Delta z_{CP}^{R1} \end{Bmatrix} \tag{3-17}$$

$$\text{升降舵 1：}\begin{Bmatrix} X_{E1} \\ Y_{E1} \\ Z_{E1} \end{Bmatrix} = \begin{Bmatrix} X_{\mathrm{root}}^{E1} \\ Y_{\mathrm{root}}^{E1} \\ Z_{\mathrm{root}}^{E1} \end{Bmatrix} + \begin{bmatrix} \cos\delta_{E1} & 0 & \sin\delta_{E1} \\ 0 & 1 & 0 \\ -\sin\delta_{E1} & 0 & \cos\delta_{E1} \end{bmatrix} \begin{Bmatrix} \Delta x_{CP}^{R1} \\ \Delta y_{CP}^{R1} \\ \Delta z_{CP}^{R1} \end{Bmatrix} \tag{3-18}$$

$$\text{升降舵 2：}\begin{Bmatrix} X_{E2} \\ Y_{B2} \\ Z_{E2} \end{Bmatrix} \begin{Bmatrix} X_{\mathrm{root}}^{E2} \\ Y_{\mathrm{root}}^{E2} \\ Z_{\mathrm{root}}^{E2} \end{Bmatrix} + \begin{bmatrix} \cos\delta_{E1} & 0 & \sin\delta_{E1} \\ 0 & 1 & 0 \\ -\sin\delta_{E1} & 0 & \cos\delta_{E1} \end{bmatrix} \begin{Bmatrix} \Delta x_{CP}^{R1} \\ \Delta y_{CP}^{R1} \\ \Delta z_{CP}^{R1} \end{Bmatrix} \tag{3-19}$$

利用公式(3-20)，可以得到作用在舵上的水动力相对于重心的力矩：

$$M_{\mathrm{fin}} = \begin{vmatrix} b_1 & b_2 & b_3 \\ X_{\mathrm{fin}} & Y_{\mathrm{fin}} & Z_{\mathrm{fin}} \\ F_{\mathrm{fin},x} & F_{\mathrm{fin},y} & F_{\mathrm{fin},z} \end{vmatrix} \tag{3-20}$$

(1) AUV 受到的浮力：

$$B=\rho V \tag{3-21}$$

式中，ρ 为航行器的排水体积。

浮力的方向沿着地面坐标系 e_2 轴的反方向，其在体坐标系的各分量为：

$$\begin{Bmatrix}F_{B,x}\\F_{B,y}\\F_{B,z}\end{Bmatrix}=\begin{bmatrix}B\sin\theta\\B\cos\theta\cos\phi\\-B\cos\theta\sin\phi\end{bmatrix} \tag{3-22}$$

因为水下航行器的浮力通过重心，因此在体坐标系中，相对于重心不产生力矩。

(2) AUV 受到的推力：

$$\begin{Bmatrix}F_{T,x}\\F_{T,y}\\F_{T,z}\end{Bmatrix}=\begin{bmatrix}T\\0\\0\end{bmatrix} \tag{3-23}$$

因为无人水下航行器的推力通过重心，因此在体坐标系中，相对于重心不产生力矩。

(3) 无人水下航行器受到的重力：

$$G=mg \tag{3-24}$$

重力的方向沿着地面坐标系 e_2 轴的方向，其在体坐标系中的各分量为：

$$\begin{Bmatrix}F_{G,1}\\F_{G,2}\\F_{G,3}\end{Bmatrix}=mg\begin{bmatrix}-\sin\Theta\\\sin\Phi\cos\Theta\\\cos\Phi\cos\Theta\end{bmatrix} \tag{3-25}$$

因为无人水下航行器的重力通过重心，因此在体坐标系中，相对于重心不产生力矩。

3.1.2 动力学模型

根据文献[3]，通过公式可以得到无人水下航行器上各部分的加速度：

$$\frac{\mathrm{d}}{\mathrm{d}t}(V)\mid_E=\frac{\mathrm{d}}{\mathrm{d}t}(V)\mid_B+{}^E\omega^B\times V_B \tag{3-26}$$

因此，可以应用牛顿第二定律和动量定理来推导无人水下航行器的动态运动方程：

$$\sum F={}^-\dot{F}=ma \tag{3-27}$$

$$m\begin{Bmatrix}\dot{u}+qw-vr\\\dot{v}+ur-pw\\1\dot{t}+pv-uq\end{Bmatrix}=F_B \tag{3-28}$$

其中，F_B 为作用在无人水下航行器上的合力。

类似的，应用动量矩定理可得：

$$\sum M = \dot{H} = I_{CG}{}^{E}\dot{\omega}^{B} + {}^{E}\dot{\omega}^{B} \times H \tag{3-29}$$

其中，$\dot{H} = I_{CG}{}^{E}\omega^{B}$ 是航行器的角动量；I_{CG} 是航行器的转动惯量矩阵；M 是作用在航行器上的所有力矩之和。

$$\begin{bmatrix} I_1 & 0 & 0 \\ 0 & I_2 & 0 \\ 0 & 0 & I_3 \end{bmatrix} \begin{Bmatrix} \dot{p} \\ \dot{q} \\ \dot{r} \end{Bmatrix} + \begin{vmatrix} b_1 & b_2 & b_3 \\ p & q & r \\ I_1 p & I_2 q & I_3 r \end{vmatrix} = M \tag{3-30}$$

3.1.3 运动学模型

无人水下航行器的运动可以看作是刚体的运动[2]，因此无人水下航行器的运动可以分解为无人水下航行器中心的线运动和绕坐标轴的转动。

在体坐标系内，无人水下航行器转动的角速度可以分解为 p、q、r：

$${}^{E}\omega^{B} = pb_1 + qb_2 + rb_3 \tag{3-31}$$

又因为坐标转移矩阵已经通过欧拉角定义，因此在体坐标系中，无人水下航行器转动的角速度可以通过欧拉角的微分表示：

$${}^{E}\omega^{B} = \dot{\Psi} e_3 + \dot{\Theta} x_2 + \dot{\Phi} b_1 \tag{3-32}$$

将坐标转移矩阵(3-1)代入可得

$$\begin{aligned} {}^{E}w^{B} &= [T_1 \cdot T_2 \Psi_1 + T_1 \dot{\theta} + \dot{\phi}] \cdot [b_1\ b_1\ b_3]^{\mathrm{T}} \\ &= (\dot{\phi} - \sin\theta\dot{\psi})b_1 + (\dot{\Psi}\cos\theta\sin\Phi + \dot{\theta}\cos\Phi)b_2 + (\dot{\Psi}\cos\theta\cos\Phi + \dot{\theta}\sin\Phi)b_3 \end{aligned} \tag{3-33}$$

联立以上三式得：

$$\begin{Bmatrix} p \\ q \\ r \end{Bmatrix} = \begin{Bmatrix} -\sin\Theta & 0 & 1 \\ \cos\Theta\sin\Phi & \cos\Phi & 0 \\ \cos\Theta\cos\Phi & -\sin\Phi & 0 \end{Bmatrix} \begin{Bmatrix} \dot{\Psi} \\ \dot{\Theta} \\ \dot{\Phi} \end{Bmatrix} \tag{3-34}$$

为了应用牛顿第二定律进而推导无人水下航行器的运动学方程，首先需要知道重心的加速度，在体坐标系中，无人水下航行器的角加速度为 $\dot{p}$、$\dot{q}$、$\dot{r}$。

无人水下航行器运动的绝对加速度，参见式(3-26)：

$$\frac{\mathrm{d}}{\mathrm{d}t}(V)\,|_E = \frac{\mathrm{d}}{\mathrm{d}t}(V)\,|_B + {}^{E}\omega^{B} \times \dot{V}_B$$

其中，下标 E 代表其为惯性坐标系，B 代表体坐标系；${}^{E}\omega^{B}$ 体坐标系在惯性坐标系中的角速度；V_B 是无人水下航行器在速度坐标系中的速度。

因此,在惯性坐标系中,无人水下航行器重心的加速度可以由如下方程得到

$$
{}^{E}a^{CG}=\begin{Bmatrix}\dot{u}\\ \dot{v}\\ \dot{w}\end{Bmatrix}+\begin{vmatrix}b_1 & b_2 & b_3\\ p & q & r\\ u & v & w\end{vmatrix}=\begin{Bmatrix}\dot{u}+qw-vr\\ \dot{v}+ur-pw\\ \dot{w}+pv-uq\end{Bmatrix} \tag{3-35}
$$

类似的,在惯性坐标系中,无人水下航行器的角加速度可以表示为

$$
{}^{E}\dot{\omega}^{CG}=\begin{Bmatrix}\dot{p}\\ \dot{q}\\ \dot{r}\end{Bmatrix}+\begin{vmatrix}b_1 & b_2 & b_3\\ p & q & r\\ p & q & r\end{vmatrix}=\begin{Bmatrix}\dot{p}\\ \dot{q}\\ \dot{r}\end{Bmatrix} \tag{3-36}
$$

通过对速度进行积分,可以得到无人水下航行器的位置坐标,无人水下航行器重心在惯性坐标系中的位置坐标用 $(x,\ y,\ z)$ 表示,通过对时间 t 的微分可以得到无人水下航行器在惯性坐标系中的速度,如果在体坐标系中对位置坐标进行微分,可以得到无人水下航行器在体坐标系中的速度,它将等于无人水下航行器的速度在体坐标系各轴上的分量:

$$
\begin{Bmatrix}\dot{x}\\ \dot{y}\\ \dot{z}\end{Bmatrix}=\begin{Bmatrix}u\\ v\\ w\end{Bmatrix} \tag{3-37}
$$

将体坐标系到惯性坐标系的坐标转移矩阵代入上述方程可得:

$$
\begin{Bmatrix}\dot{x}\\ \dot{y}\\ \dot{z}\end{Bmatrix}=\begin{Bmatrix}\cos\Theta\cos\Psi & \cos\Theta\sin\Psi & -\sin\Theta\\ \cos\Psi\sin\Theta\sin\Phi-\sin\Psi\cos\Phi & \sin\Psi\sin\Theta\sin\Phi+\cos\Psi\cos\Phi & \cos\Theta\sin\Phi\\ \cos\Psi\sin\Theta\cos\Phi+\sin\Psi\sin\Phi & \sin\Psi\sin\Theta\cos\Phi-\cos\Psi\sin\Phi & \cos\Theta\cos\Phi\end{Bmatrix}\begin{Bmatrix}u\\ v\\ w\end{Bmatrix} \tag{3-38}
$$

3.2 深度控制

在 AUV 下潜深度变深时,主要考虑其纵摇运动,可忽略其 3 个自由度的直线运动、横摇以及艏摇[6]。结合 AUV 的运动学方程与动力学方程,并考虑其坐标变换关系与外界扰动,当 AUV 的直航速度(轴向速度)为 u_0 时的深度控制模型为:

$$
\dot{z}=-u_0\dot{\theta} \tag{3-39}
$$

$$
\dot{\theta}=q \tag{3-40}
$$

$$q=\frac{1}{m_q}d_q+\frac{1}{m_q}\tau_s+\frac{d_q}{m_q} \tag{3-41}$$

其中，

$$\begin{cases}d_q=M_{uq}u_0q+z_BB\theta \\ m_q=I_y-M_q\end{cases} \tag{3-42}$$

式中，z 为 AUV 的实际深度；θ 为 AUV 的纵倾角度；q 为 AUV 的纵倾角速度；τ_s 为由 AUV 艉舵所产生的纵倾力矩；d_q 为外界海流的干扰，并已知其上界和下界；M_{uq} 为 AUV 的耦合水动力系数；z_B 为 AUV 所受浮力的等效作用点位置；B 为 AUV 所受的浮力；I_y 为 AUV 的转动惯量；M_q 为 AUV 的角加速度水动力系数。

为方便后续设计过程，此处将式(3-39)～式(3-42)的形式改写为：

$$\begin{cases}\dot{x}_1=-u_0x_2 \\ \dot{x}_2=x_3 \\ \dot{x}_3=-ax_3-bx_2-cu+d_q\end{cases} \tag{3-43}$$

3.3 航 向 控 制

水下航行器一般是操纵方向舵控制航向，控制器根据实时传输的航向角与航向角指令值计算出方向舵舵角值。

在进行航向滑模控制器设计时，为了控制器设计的方便性，需要对水下航行器模型进行简化，如式(3-44)所示，简化的偏航方程为：

$$I_z\dot{r}=N'_{\dot{r}}\dot{r}+N'_{\dot{v}}\dot{v}+N'_rur+N'_{v|r|}\left|(v^2+w^2)^{\frac{1}{2}}\right|r+N'_vuv+N'_{\delta_r}u^2\delta_r \tag{3-44}$$

根据简化的偏航方程，取 $r=\psi$ 将式(3-44)变为：

$$L^2(I'_z-N'_{\dot{r}})\ddot{\psi}=LN'_ru\dot{\psi}+LN'_{\dot{v}}\dot{v}+LN'_{v|r|}\left|(v^2+w^2)^{\frac{1}{2}}\right|r+N'_vuv+N'_{\delta_r}u^2\delta_r \tag{3-45}$$

将式(3-46)改写为：

$$\ddot{\psi}=\frac{1}{L^2(I'_z-N'_{\dot{r}})}[LN'_ru\dot{\psi}+\delta_1(t)+D_1(t)] \tag{3-46}$$

其中，

$$D_1(t)=LN'_{\dot{v}}\dot{v}+LN'_{v|r|}\left|(v^2+w^2)^{\frac{1}{2}}\right|r+N'_{v}uv \tag{3-47}$$

$$\delta_1(t)=N'_{\delta_r}u^2\delta_r \tag{3-48}$$

在上式中，将其他自由度对偏航运动的耦合影响，偏航运动本身的非线性特性对偏航的影响，都按作干扰 $D_1(t)$ 来处理[7]，定义：

$$e_1(t)=\psi_d(t)-\psi(t) \tag{3-49}$$

$$\dot{e}_1(t)=\dot{\psi}_d(t)-\dot{\psi}(t) \tag{3-50}$$

式中，$\psi_d(t)$ 为指令航向角；$e_1(t)$ 为航向角偏差变量。选取切换面：

$$S_1=\dot{e}_1+C_1e_1 \tag{3-51}$$

选取指数趋近率：

$$\dot{S}_1=-\varepsilon_1\operatorname{sgn}S_1-k_1S_1 \quad \varepsilon_1>0 \quad k_1>0 \tag{3-52}$$

为了减少抖动，可以增大 k，减小 ε，这样趋近过程就会加速：

$$\dot{S}_1=\ddot{e}_1+C_1\dot{e}_1=\ddot{\psi}_d(t)-\ddot{\psi}(t)+C_1(\dot{\psi}_d(t)-\dot{\psi}(t)) \tag{3-53}$$

将式(3-46)代入上式，得：

$$\dot{S}_1=\ddot{\psi}_d-\frac{1}{L^2(I'_z-N'_{\dot{r}})}[LN'_r u\dot{\psi}+\delta_1(t)+D_1(t)]+C_1(\dot{\psi}_d(t)-\dot{\psi}(t)) \tag{3-54}$$

由式(3-53)、式(3-54)可以得到航向控制的方向舵舵角控制规律为：

$$\delta_r=\frac{L^2[I'_z-N'_{\dot{r}}][\ddot{\psi}_d(t)+\varepsilon_1\operatorname{sgn}s_1+k_1s_1+C_1(\psi_d(t)-\psi(t))]-LN'_r u\dot{\psi}-D_1(t)}{N'_{\delta_r}u^2} \tag{3-55}$$

3.4 矢量运动控制

矢量推进运动控制单元主要功能是，根据控制系统主控制单元发出的如任务航行、抛载、避障等控制指令，以及主控单元发来的AUV状态信息如AUV目前的航向角度值、深度高度值、AUV运行速度等，然后进行解析和运算，控制转向电机、俯仰电机和螺旋桨主推电机运动，从而可以控制 AUV 当前的运行状态。为了满足实际工程需求，又不使程序复杂化，采用工程上常用的比例—积分—微分（PID）单闭环控制。本节先对 PID 控制原理进行介绍，然后将从航向、深度高度及航速三方面介绍其控制策略。

AUV 运动控制算法应满足以下要求：

① 运动控制算法应具备很强的鲁棒性，对海洋环境变化以及海洋洋流、鱼碰等具有稳定适应性；

② 算法应具有很强的实用性，算法中应设定具有明确的实际意义、便于实验测试的参数。

大量 AUV 研究者提出了如 PID 闭环算法、模糊理论算法、神经网络算法、非线性控制算法等 AUV 运动控制算法，但因 AUV 建模复杂性及传递函数等计算不准确性，而控制算法又不能过于复杂而导致程序发生爆炸、系统崩溃，非线性控制算法、模糊理论、神经网络控制等算法只能做出理论仿真，工程上广泛使用的是 PID 控制方法。

由于常规 PID 控制器的比例、积分及微分控制参数提前已经设定完成，而 AUV 会在海底不同的任务环境中运行，在某种航迹范围内，航行环境会发生很大的变化，一成不变的控制方法很难控制特殊环境下 AUV 按照目标航迹行驶[8]。如当 AUV 直线行驶时，由于矢量推进器水平摆角动作幅度较小，传统采用的航向闭环控制器可以达到偏差控制要求。但当 AUV 保持既定的高任务目标速度航行转向时，由于需要调节的偏航角较大，而矢量推进器水平最大摆角有限，笔者课题组通过近些年实验发现传统采用的航向闭环 PID 控制方法不足以控制 AUV 较好的转向，会导致转向偏差 d 偏大，转向时间 t 偏长，超出了最大允许范围。

参考文献

[1] 贾鹤鸣，何东旭，林荣鹏，等. 基于反步滑模的 AUV 深度控制研究[J]. 科技创新与生产力，2018(06)：21－24＋27.

[2] 严卫生. 鱼雷航行力学[M]. 西安：西北工业大学出版社，2005.

[3] 同济大学基础力学教学研究部. 理论力学[M]. 上海：同济大学出版社，2005.

[4] 王其申. 经典力学[M]. 合肥：中国科学技术大学出版社，2005.

[5] Prestero T. Development of a six-degree of freedom simulation model for the REMUS autonomous underwater vehicle[J]. OCEANS，2001. MTS/IEEE Conference and Exhibition，2001，1：450－455.

[6] 杨建华，王敏平. 基于滑模理论的水下航行器航向控制算法研究[J]. 电子产品世界，2017，24(Z1)：27－29＋22.

[7] 马元. 自主式水下航行器运动控制系统的设计[D]. 青岛：中国海洋大学，2014.

[8] 卫民. 基于矢量推进器的 AUV 运动控制系统研究[D]. 天津：天津大学，2012.

自主水下航行器导航与控制技术

第 4 章　水下航行器导航与控制仿真技术

水下航行器是一个十分复杂的系统，由于其特殊的工作环境（水下），水下航行器的设计涉及机械、电子、流体力学等多个方面，水下航行器仿真的意义在于快速、低成本、高安全性地验证包括航行器结构设计、运动控制、轨迹规划与高层次逻辑 AI 等工作的原理层面的有效性。同时，在这样的验证过程中，快速、实时地得到期望性能与实际（仿真）性能间差距的反馈，用以更好地反哺先前的工作。可以说，仿真是水下航行器设计过程中必不可少的一环。

计算机仿真在水下航行器研制过程中，特别是初期阶段具有重要地位。MATLAB 软件中的 Simulink 仿真环境具有强大的模块化和图形化建模与仿真能力，是当前水下航行器运动和控制系统仿真的重要工具。由于水下航行器空间运动方程的复杂性，如果完全利用 Simulink 的基础模块构建仿真模型将使模型结构复杂、可读性差，且不易修改，而基于简化的线性模型搭建仿真模型虽然实现简单，但会损失模型的耦合和非线性特性，难以获得精确的仿真结果。因此，本章作者在矢量化数学模型的基础上，以 Simulink 为平台，结合 S 函数建立了结构清晰、通用性强的水下航行器的模块化仿真模型，给出了详细的建模过程和仿真结果。

4.1 常用仿真工具和仿真平台

4.1.1 CATIA

CATIA 是英文 computer aided tri-dimensional interface application 的缩写。20 世纪 70 年代 Dassault Aviation 成为 CATIA 的第一个用户，CATIA 也应运而生。1982—1988 年 CATIA 相继发布了 V1、V2、V3，并于 1993 年发布了功能强大的 V4。现在的 CATIA 软件分为 V4 和 V5 两个系列，V4 应用于 UNIX 平台，V5 应用于 UNIX 和 Windows 两种平台。V5 的开发开始于 1994 年，界面相比前几个版本更加友好，功能也日趋强大，并创建了一种 CAD/CAE/CAM 集成软件。CATIA 是法国 Dassault System 公司的 CAD/CAE/CAM 集成软件，居世界 CAD/CAE/CAM 领域的领先地位，被广泛应用于航空航天、汽车制造、造船、机械制造、电子\电器、消费品行业，它的集成解决方案覆盖所有的产品设计与制造领域，其独特的 DMU 电子样机模块功能及混合建模技术更是推动着企业竞争力和生产力的提高。CATIA 满足各个工业领域的大、中、小型企业需求，为企业提供合适的解决方案，在世界上有超过 13 000 的用户选择了 CATIA。

CATIA 源于航空航天业，但其强大的功能以得到各行业的认可。在欧洲汽车工业中，CATIA 已成为事实上的标准。波音飞机公司使用 CATIA 完成了整个波音 777 的电子装配，创造了业界的一个奇迹，从而也确定了 CATIA 在 CAD/CAE/CAM 行业内的领先地位。

在水下航行器的仿真中，CATIA 可以对航行器整体外形结构进行建模，并分析相关的流体力学特征，有助于在设计早期发现航行器外形、结构上的设计缺陷，分析设计指标是否达到工作要求[1]。

4.1.2 ANSYS

ANSYS 软件是美国 ANSYS 公司研制的大型通用有限元分析(FEA)软件，是世界范围内增长最快的计算机辅助工程(CAE)软件，能与多数计算机辅助设计(CAD)软件如 Creo、NASTRAN、Algor、I - DEAS、AutoCAD 等接口，实现数据的共享和交换，是融结构、流体、电场、磁场、声场分析于一体的大型通用有限元分析软件。ANSYS 软件在核工业、铁道、石油化工、航空航天、机械制造、能源、汽车交通、国防军工、电子、土木工程、造船、生物医学、轻工、地矿、水利、日用家电等领域有着广泛的应用。ANSYS 功能强大，操作简单方便，现在已成为国际最流行的有限元分析软件，在历年的 FEA 评比中都名列第一。目前，中国 100 多所理工院校采用 ANSYS 软件进行有限元分析或者作为标准教学软件。

ANSYS 软件主要包括三个部分：前处理模块、分析计算模块和后处理模块。

① 前处理模块提供了一个强大的实体建模及网格划分工具，用户可以方便地构造有限元模型；

② 分析计算模块包括结构分析(可进行线性分析、非线性分析和高度非线性分析)、流体动力学分析、电磁场分析、声场分析、压电分析以及多物理场的耦合分析，可模拟多种物理介质的相互作用，具有灵敏度分析及优化分析能力；

③ 后处理模块可将计算结果以彩色等值线显示、梯度显示、矢量显示、粒子流迹显示、立体切片显示、透明及半透明显示(可看到结构内部)等图形方式显示出来，也可将计算结果以图表、曲线形式显示或输出。

ANSYS 软件提供了 100 种以上的单元类型，用来模拟工程中的各种结构和材料。该软件有多种不同版本，可以运行在从个人机到大型机的多种计算机设备上，如 PC、SGI、HP、SUN、DEC、IBM、CRAY 等。

ANSYS 软件可以进行的仿真包括：结构静力分析、结构动力学分析、结构非线性分析、动力学分析、热分析、电磁场分析、流体动力学分析、声场分析、压电分析。

ANSYS 软件功能强大，在水下航行器的仿真中，可以对航行器的外形设计进行流体力学分析，还可以对制造航行器的材料进行力学分析。由于水下航行器工作在深水中，航行器是否能够耐受巨大的水压是一个很重要的指标。

4.1.3 OpenGL

OpenGL 为开放的图形程序接口，其前身为 SGI 公司开发的 IRISGL，SGI 公司在 IRISGL 基础上于 1992 年 7 月发布了 OpenGL 的 1.0 版本。后来 OpenGL 的 1.0 版本成为工业标准，OpenGL 作为业界 2D 和 3D 图形接口标准，应用在成千上千万的计算机程序中，从初期的崭露头角到与 Direct3D 激烈竞争，中途经历波折发展了 20 多年，最后被 Khronos 接收后发扬光大，OpenGL 已经发展到了目前的 OpenGL4.4 版本。OpenGL 是一种底层图形库，是一个完全可移植并且速度很快的 3D 图形和建模库。OpenGL 不是一种编程语言，它是一个 3D 图形软件包，具有开放性，OpenGL 可以与 Visual C++紧密接口，OpenGL 能够对 3D 建模进行渲染着色，从而绘制出逼真的 3D 景象，是一款非常适合做可视化仿真系统的工具。

OpenGL 在水下航行器的仿真中可以用来实现仿真实验的可视化，方便地对航行器进行 3D 建模[2]。

4.1.4 Multisim

Multisim 是美国国家仪器有限公司推出的以 Windows 为基础的仿真工具，适用于板级的模拟/数字电路板的设计工作。它包含了电路原理图的图形输入、电路硬件描述语言输入方式，具有丰富的仿真分析能力。

工程师们可以使用 Multisim 交互式地搭建电路原理图，并对电路进行仿真。Multisim 提炼了 SPICE 仿真的复杂内容，这样工程师无需懂得深入的 SPICE 技术就可以很快地进行捕获、仿真和分析新的设计，这也使其更适合电子学教育。通过 Multisim 和虚拟仪器技术，PCB 设计工程师和电子学教育工作者可以完成从理论到原理图捕获与仿真再到原型设计和测试这样一个完整的综合设计流程。

电子设计自动化(electronic design automation, EDA)技术已经在电子设计领域得到广泛应用，发达国家目前已经基本上不存在电子产品的手工设计，一台电子产品的设计过程，从概念的确立到包括电路原理、PCB 版图、单片机程序、机内结构、FPGA 的构建及仿真、外观界面、热稳定分析、电磁兼容分析在内的物理级设计，再到 PCB 钻孔图、自动贴片、焊膏漏印、元器件清单、总装配图等生产所需资料等全部在计算机上完成。EDA 技术借助计算机存储量大、运行速度快的特点，可对设计方案进行人工难以完成的模拟评估、设计检验、设计优化和数据处理等工作。EDA 已经成为集成电路、印制电路板、电子整机系统设计的主要技术手段。美国国家仪器公司的 Multisim 9 软件就是这方面很好的一个工具，而且 Multisim 9 计算机仿真与虚拟仪器技术可以很好地解决理论教学与实际动手实验相脱节的这一老大难问题，学员可以很方便地把刚刚学到的理论知识用计算机仿真真实再现出来，并且可以用虚拟仪器技术创造出真正属于自己的仪表，能极大地提高学员的学习热情和积极性，真正做到变被动学习为主动学习。同时，计算机仿真与虚拟仪器对教员的教学也是一个很好的提高和促进。

水下航行器同样包含电子部件，不乏复杂的数字电路、模拟电路、传感器、计算机等，Multisim 可以对电路原理进行早期验证，发现电路设计上的缺陷。

4.1.5 MATLAB/Simulink

Simulink 是 MathWorks 公司开发的用于动态系统和嵌入式系统的多领域模拟和基于模型的设计工具，常集成于 MathWorks 公司的另一产品 MATLAB 中与之配合使用。

Simulink 提供一个交互式的图形化环境及可定制模块库，可对各种时变系统，例如通信、控制、信号处理、影像处理和图像处理系统等进行设计、模拟、执行和测试，也可以进行基于模型的设计。

与 MATLAB 类似，Simulink 的功能可以通过购买或自定义的工具箱不断扩展(例如 Stateflow)。另外，Simulink 与 MATLAB 紧密集成，可以直接访问 MATLAB 大量的工具来进行算法研发、仿真的分析和可视化、批处理脚本的创建、建模环境的定制以及信号参数和测试数据的定义。

Simulink 的主要特点如下[3]：

① 丰富的可扩充的预定义模块库；

② 交互式的图形编辑器来组合和管理直观的模块图；

③ 以设计功能的层次性来分割模型，实现对复杂设计的管理；

④ 通过 Model Explorer 导航、创建、配置、搜索模型中的任意信号、参数、属性，生成模型代码；

⑤ 提供 API 用于与其他仿真程序的连接或与手写代码集成；

⑥ 使用 Embedded MATLAB 模块在 Simulink 和嵌入式系统执行中调用 MATLAB 算法；

⑦ 使用定步长或变步长运行仿真，根据仿真模式(accelerator rapid accelerator, Normal)来决定以解释性的方式运行或以编译 C 代码的形式来运行模型；

⑧ 图形化的调试器和剖析器用来检查仿真结果，诊断设计的性能和异常行为；

⑨ 可访问 MATLAB 从而对结果进行分析与可视化，定制建模环境，定义信号参数和测试数据；

⑩ 模型分析和诊断工具用来保证模型的一致性，确定模型中的错误。

MATHLAB/Simulink 可以用来完成多种仿真任务，包括控制仿真、导航仿真等，由于本章主要讲述水下航行器的导航与控制仿真技术，所以之后的仿真工具都为 MATHLAB/Simulink。

4.2 导航与控制一体化模型

水下航向器在空间运动一般有 6 个自由度，其中包括重心空间运动的 3 个自由度和无人水下航行器绕重心转动的 3 个自由度。6 个自由度的运动可归为纵向运动和侧向运动。纵向运动包括前进运动、爬潜运动和俯仰运动。侧向运动包括侧移运动、偏航运动和横滚运动。描述航行器空间运动的独立变量称为无人水下航行器的运动参数。无人水下航行器自动控制系统的作用是对这些参数的一部分或全部进行自动控制，按照所控制的参数不同，分为航向控制系统、横滚控制系统、深度控制系统和纵倾控制系统等[4]。

水下航行器自动控制系统原理如图 4-1 所示。

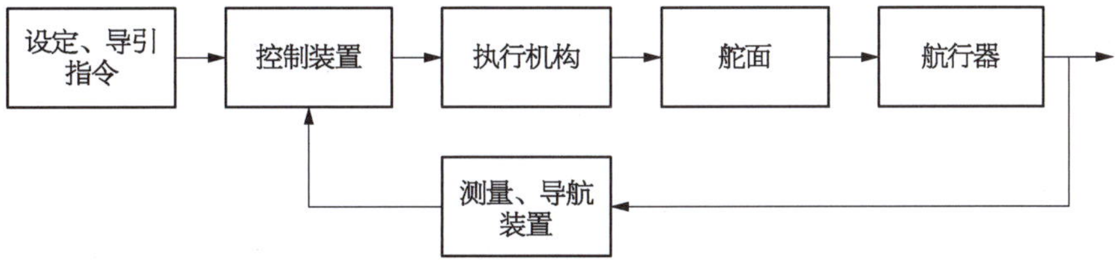

图 4-1　水下航行器控制原理系统框图

无人水下航行器的自动控制系统包括控制装置和被控对象——航行器两部分。虽然不同的控制子系统控制的参数不同，结构复杂程度也存在很大差异，但基本工作原理是相同的。

无人水下航行器自动控制系统的工作原理是测量装置测量无人水下航行器的实际运动参数并输出相应信号，同运动参数的设定值进行比较，当无人水下航行器偏离规定的基准轨迹时，产生偏差信号，经信号处理装置处理后，成为符合控制规律的信号，操纵执行机构推动舵面产生偏转，操纵无人水下航行器返回到所规定的航行状态。

由此可见，无人水下航行器的控制装置都由以下 4 部分组成。

(1) 设定或指令装置。

设定或指令装置用以确定无人水下航行器的运动参数，一般是在无人水下航行器发射前设定，或者在航行过程中给出。设定信号的物理特征可以是电量、非电量、模拟量和数字量。

(2) 测量、导航装置。

测量装置主要由敏感无人水下航行器运动参数的传感器组成，如陀螺仪、压力传感器和速率陀螺等，用于测量无人水下航行器运动参数的实际值，并将运动参数转换成便于同设定信号比较的物理量。例如在机械式定深器中，用摆锤测量纵倾角并转换成位移信号，在电子式深控装置中用压力传感器测量无人水下航行器的航行深度并转换成电信号等。早期多用机械式传感器，现代无人水下航行器所用传感器一般是非电量电测元件。导航装置主要由导航计算机构成，为了获得稳定、准确的导航信息(姿态、位置、速度等)，往往需要对不同传感器测量得到的信息进行融合，常用的算法如卡尔曼滤波。

(3) 信息处理机构。

信号处理装置用于对设定信号和测量装置输出的信号进行综合处理，输出符合控制规律要求的控制信号。例如对设定信号与测量信号进行比较，得出偏差信号，再对偏差信号再进行微分、积分和放大处理等。

(4) 执行机构。

执行机构把信号处理装置输出的控制信号进行功率放大，推动舵面转动，控制航行器按预定的轨迹运动。因为执行机构推动舵面转动，一般称为舵机，用于操纵升降舵的叫做升降舵机，用于操纵方向舵的叫做方向舵机。目前常用的舵机有气动舵机和电动舵机等。气动舵机由气动放大器和执行器组成，是用一定压力的气体作为动力推动舵机运动从而推动舵面转动的。电动舵机是由功率放大器及伺服电机组成，经功率放大后的电信号控制电机转动，并通过机械传动装置推动舵面转动。

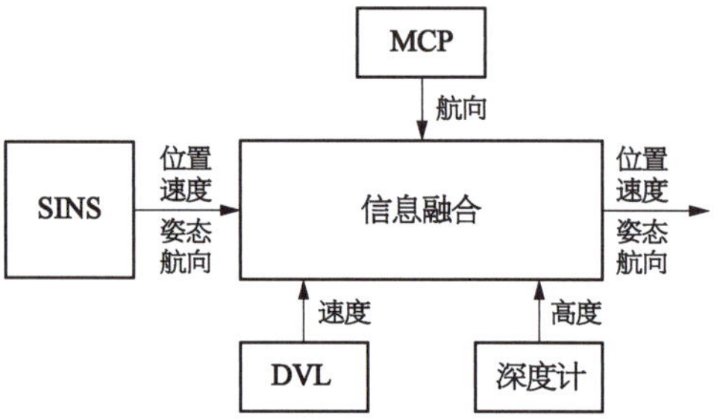

图 4-2　水下航行器导航原理系统框图

水下航行器自动控制系统原理框图中的测量、导航装置组成如图 4-2 所示[5]。

SINS 具有强自主性，且可以连续提供输出姿态、速度和位置导航信息，选用它作为系统的关键部分。惯性器件误差使得 SINS 定位误差随时间积累，因此单一的 SINS 难满足 SUV 远程、长时间、高精度的定位要求，需要组合其他导航技术来抑制 SINS 的导航误差发散。

由于水下声学定位导航需要在特定的海域布置应答器阵，地球物理导航要求预先得到准确的环境测绘图，这两种导航方式都限制了 AUV 的作业范围，而且成本高，考虑选用其他的导航设备。为了改善 SINS 定位误差发散的问题，利用 DVL 连续的高精度速度信息修正 SINS 速度误差，从而提高定位精度。由于 DVL 垂直方向的速度精度较低，SINS 的航向可观测低、垂直方向高度信息输出不稳定等问题，引入 DM 传感器保证高度信息的精度，增加 MCP 修正 SINS 的航向误差，而且利用高度、航向信息与经纬度的强耦合关系，可在一定程度上修正 SINS 经纬度误差。将 SINS、MCP、DVL、DM 这四种导航系统或设备相结合构成了水下组合导航系统，该系统可优势互补，能够满足水下航行器的高性能导航要求。要使组合导航系统实现高性能导航，离不开信息融合滤波器卡尔曼滤波。作为一种最优估计方法，卡尔曼滤波器由于设计简单、计算量小，在组合导航中有着广泛的应用；但若将集中式卡尔曼滤波器滤波技术用于处理多传感器导航系统的信息融合，则会降低组合导航系统的实时性和容错能力。联邦滤波算法由于具有计算量少、结构简单、容错性能好等优点，被广泛应用于多传感器组合导航系统。

4.3　Simulink 模型搭建

4.3.1　坐标系和运动参数

定义如图 4-3 所示坐标系[6]。

地面坐标系和地球固连，原点 E 选在发射点对应的水平面处，E_{xe} 轴在指向北，E_{ye}

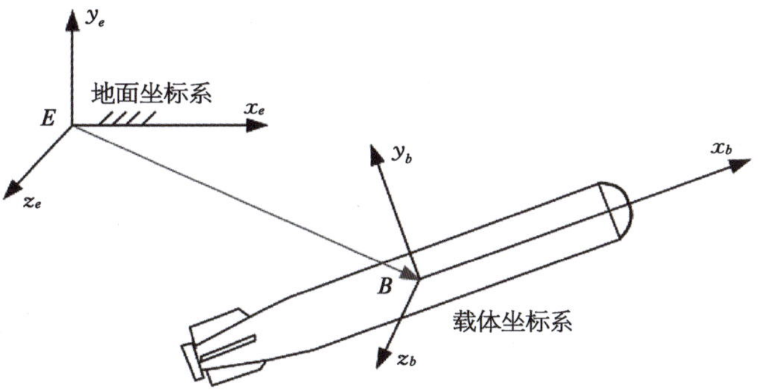

图 4 - 3　坐标系定义

轴铅直向上，E_{ze} 指向东，在忽略地球运动的情况下可视为惯性坐标系。载体坐标系原点 B 为航行器的浮心，B_{xb} 轴沿纵轴指向头部，B_{yb} 轴位于航行器纵对称平面内指向上方，B_{zb} 轴与 B_{xb} 轴、B_{yb} 轴构成右手坐标系。

运动参数如下：

① 航行器在地面坐标系中的位置向量和姿态向量 $R=[x_e,\ y_e,\ z_e]^{\mathrm{T}}$，$A=[\varphi,\ \phi,\ \theta]^{\mathrm{T}}$；

② 载体坐标系下的航行器速度向量和角速度向量 $v=[u,\ v,\ w]^{\mathrm{T}}$，$W=[p,\ q,\ r]^{\mathrm{T}}$；

③ 航行器速度 U 和速度的流体动力角 α、β 与载体坐标系下速度有如下关系：

$$\begin{cases} U=\sqrt{u^2+v^2+w^2} \\ \alpha=\arctan(-v/u) \\ \beta=\arcsin(w/v) \end{cases} \tag{4-1}$$

4.3.2　Simulink 模型结构

根据水下航行器运动数学模型，在 Simulink 环境下构建仿真模型，总体结构如图 4 - 4 所示。

仿真模型的 4 个输入参数为：差动舵角 d_d、直舵角 d_r、横舵角 d_e 和螺旋桨推力 T，并预留了波浪力等环境扰动输入接口。

15 个输出参数包括：航行器的 3 个线速度分量（u，v，w）、3 个角速度分量（p，q，r）、3 个位置分量（x_e，y_e，z_e）、3 个姿态角分量（φ，ψ，θ），以及合速度和流体动力角（U，α，β）。

如图 4 - 4 所示，处理航行器运动学方程的 Vehicle_Plant 由 S 函数编写，主要包括：

(1) 主函数。

```
function[sys, x0, str, ts]=Vehicle_Plant(t, x, u, flag)
```

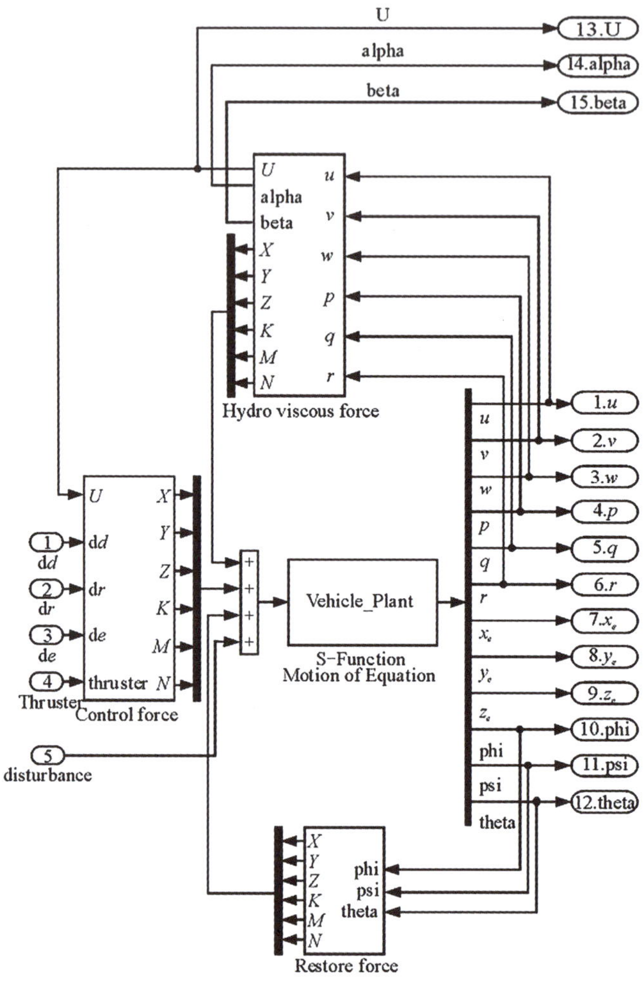

图 4-4 Simulink 仿真总体结构

功能：设置标志位 flag 和对应的函数返回值。

(2) 初始化函数。

function[sys, x0, str, ts]=mdlInitializeSizes

功能：设置系统相关维数、采样时间，和状态向量 $x=[u, v, w, p, q, r, x_e, y_e, z_e, \varphi, \Psi, \theta]$ 的初始值。

(3) 求导函数。

function sys=mdlDerivatives(t, x, u)

功能：求取状态变量的导数，根据运动方程可求得状态的导数 $\dot{x}$。

(4) 输出函数。

function sys=mdlOutputs(t, x, u)

功能：计算 S 函数的输出，文中输出取状态向量 x。

仿真模型中计算航行器所受外力的模块由 Hydro viscous force 子系统(Subsystem)、Restore force 子系统和 Control force 子系统组成。

各子系统的结构如图 4-5、图 4-6 和图 4-7 所示，通过 Simulink 中的 Fcn(Function)模块，以 Vehicle_Plant 模块反馈的运动参数为输入计算航行器的外力。流体动力中的惯性力项以附加质量矩阵的形式体现在动力学方程中，可以减少对反馈状态的求导运算、加快仿真速度和简化模型结构。黏性类流体动力中由操舵产生的部分和推力作为航行器的控制输入单独构建一个子系统。

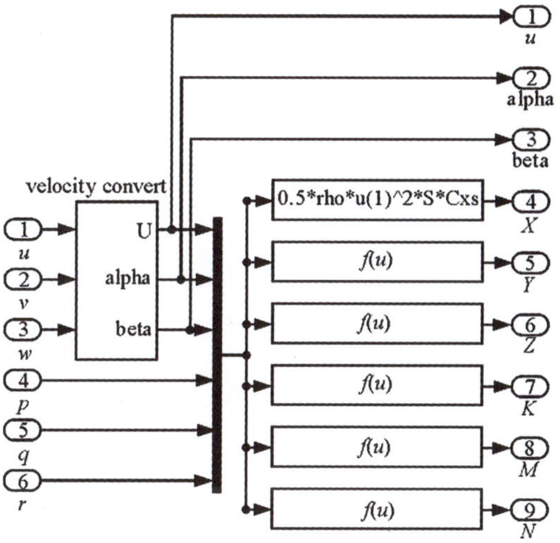

图 4-5　流体动力子系统结构

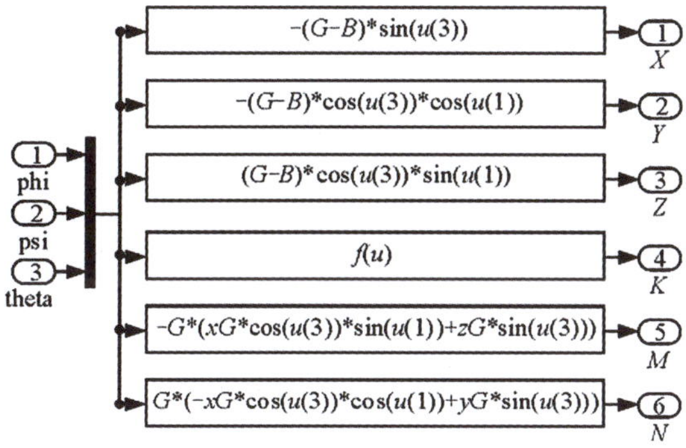

图 4-6　恢复力子系统结构

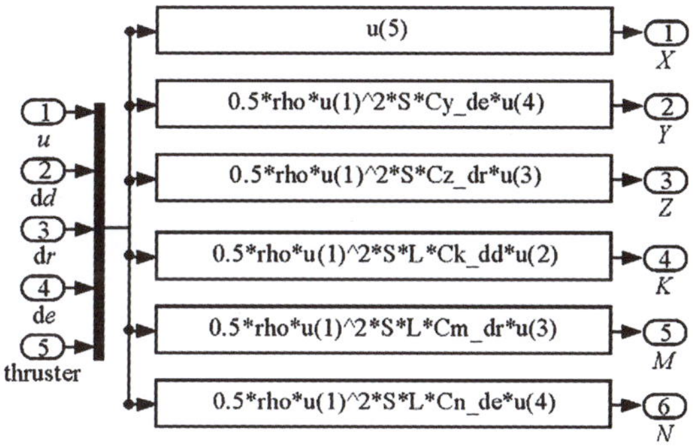

图 4-7　推力子系统结构

4.3.3　仿真分析

设水下航行器初始速度为 2 m/s、初始深度为 3 m，即初始状态 $x0=[2\ 000\ 000-30\ 000]$，推力为固定值 $T=500$ N。从图 4-8 航行器在水平面内的旋回运动仿真结果可以看出：一定舵角范围内旋回半径随舵角增大而明显减小，且由于横滚通道和偏航通道的耦合，水平旋回时将引发航行器的横滚运动。图 4-9 给出了水下航行器纵平面内 Z 形操舵下的俯仰角和弹道响应曲线，符合实际操纵性规律。图 4-9 为航行器在 5～15 m 定深控制的仿真结果，采用 PID 控制的双环三参数方程：

$$K_{31}(\theta-\theta_c)+K_{32}r+K_{33}(y_e-y_c)=T_\delta\dot{\delta}+\delta_e \tag{4-2}$$

在不考虑外部扰动和系统不确定性的情况下，PID 控制可以取得良好的控制效果。

以上仿真结果表明：该模型符合水下航行器的实际运动规律，可以作为后续操纵性

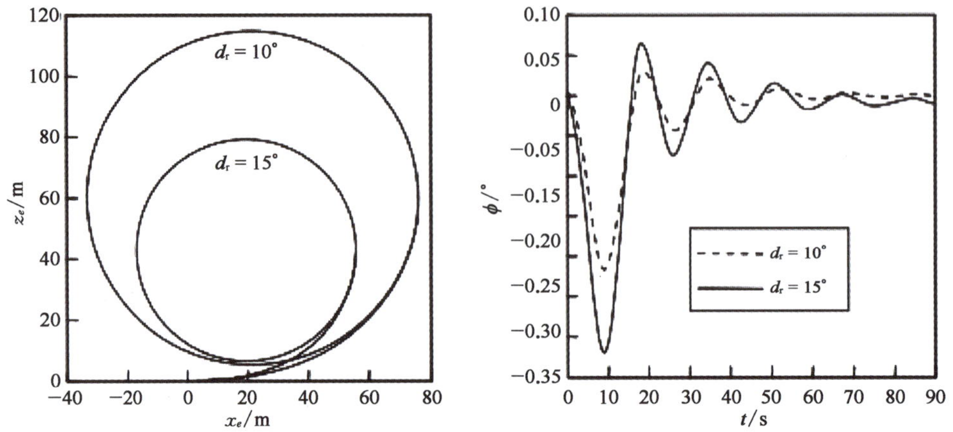

(a) 水平旋回弹道　　(b) 横滚角响应

图 4-8　水平定常旋回仿真结果

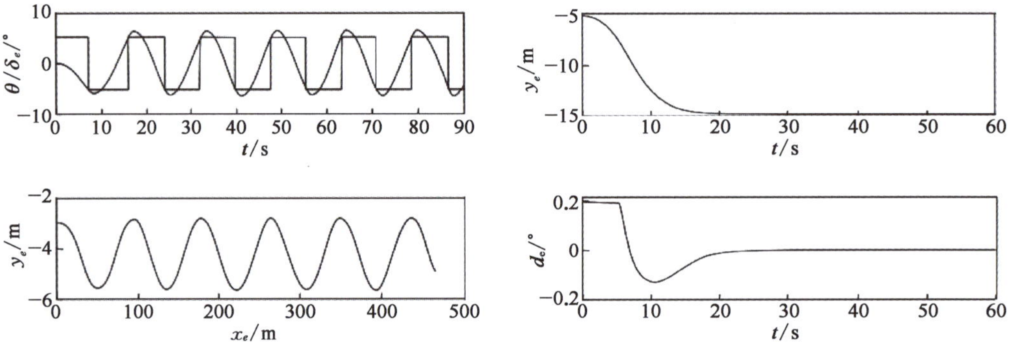

图 4-9　纵平面 Z 形操舵仿真结果(左)及深度 PID 控制仿真结果(右)

分析和控制器性能仿真的工具。下一步将考虑添加波浪等环境扰动模块，以便进行复杂环境下的水下航行器运动仿真。

参考文献

[1] 于李洋，周李姜. 水下航行器附体线型及布局对流噪声影响研究[J]. 中国水运(下半月)，2019，19(11)：9-11.

[2] 李建宾，任华丽. 基于 OpenGL 平台示教机器人运动控制及仿真实现[J]. 装备制造技术，2019(05)：199-202.

[3] MathWorks 中国[EB/OL]. (2010-05-09)[2020-08-18]. http：//www. mathworks. cn/products/simulink/description1. html.

[4] 王茂励. 无人水下航行器的运动建模与控制策略研究[D]. 哈尔滨：哈尔滨工程大学，2007.

[5] 刘志鹏. 水下航行器组合导航系统关键技术的研究[D]. 南京：东南大学，2015.

[6] 沈建森，朱书平，周徐昌. 基于 Matlab/Simulink 的水下航行器建模与仿真[D]. 绵阳：中国兵器工业第五八研究所，2012.

第 5 章　自主水下航行器协同导航技术

单一的自主水下航行器往往不具备单独完成水下多任务的能力，而多个水下航行器的协同工作会带来 1+1>2 的效果[1]。在集群 AUV 协同导航中，需要对每个 AUV 进行定位，作为导航领域最具研究前途的方向之一，协同导航在无线电网络、卫星导航、无人车、无人水下航行器等方面越来越受到人们的关注。将协同导航方法应用于自主水下航行器可以凸显出水下导航的定位优势，主流协同导航为主从式导航，在概念上需要领航 AUV 装备高精度的自主定位系统如惯导系统，跟从 AUV 装备低精度的定位系统，这样不仅可以降低 AUV 的制造成本，而且执行任务时只需要对领航 AUV 实现精准定位，然后通过水声测距和水声通信系统推算出其他同伴的位置信息与姿态信息，这与单一 AUV 导航相比，在节约成本及简化设备复杂度的前提下极大提高了定位精度。

5.1 协同导航

5.1.1 协同的概念

协同导航的概念来源于 Hermann Haken 在 1969 首次提出的协同学概念，协同是自然界和人类社会的各种事物普遍存在有序、无序的现象，在一定条件下有序和无序之间会相互转化，无序就是混沌，有序就是协同，这是一个普遍规律。协同现象在宇宙间一切领域中都普遍存在，没有协同，人类就不能生存，生产就不能发展，社会就不能前进。在一个系统内，若各种子系统(要素)不能很好协同，甚至互相拆台，这样的系统必然呈现无序状态，发挥不了整体性功能而终致瓦解。相反，若系统中各子系统(要素)能很好配合、协同，多种力量就能集聚成一个总力量，形成大大超越原各自功能总和的新功能。Andrew 等于 2000 年在《战略协同》中形容："协同就是'搭便车'，当企业的其他部分可同时、无成本利用另一部分积累资源的时候，协同效应就会发生。"另外，关于协同效应和互补效应，他从资源形态和资产特性的视角进行分析，解释说明了两者异同点，可以简单概括为"协同效应的实现主要是通过使用隐性资产，而互补效应的实现是通过使用可见资源"。2004 年，Tim Hindle 总结了 Andrew 和其他人等关于实现企业之间相互协同的方法，提出企业可以通过对资源共享、垂直整合、与供应商谈判、协调策略和其他的方法来实现业务协同。

水下导航不同于陆空导航，陆空导航可利用陆标、无线电、卫星、光学等导航信息源，但是水下导航可利用的信息源就非常少。在水介质下，电磁波传播能量损失较高，导致无线电导航、卫星导航基本无法使用；由于水下环境复杂、光线条件恶劣，可视距离短，光学导航在很大程度上受到了限制，难以利用。惯性导航是一种不依赖于外部信息的自主导航系统，具有隐蔽性好、抗干扰能力强、数据更新率高、短期精度较高、稳定性好等优点，并且能够提供导航需要的参数，较为适合水下导航。但是随着时间的增加，会因系统漂移造成误差积累,从而难以满足远航程的要求。不管是单 AUV 还是多 AUV 协同系统,对自身位置的精确估计都是极为重要的环节,尤其是在多 AUV 协同系统中,有效的任务规划和分配、避障处理、行为控制等所有群决策实现的前提都是 AUV 的高精度导航定位,因此 AUV 的导航定位系统必须具有远距离、长时间、高精度的定位能力。只有具有这样的定位能力,才能够有效地实现多 AUV 协同系统的高度自主化和智能化,以完成精确目标搜索、大范围警戒等复杂任务。此外,精确的定位能力也是多 AUV 系统安全回收的一个关键技术。随着科技的发展以及海洋战略的提出,仅通过惯导系统将难以满足水下导航高精度和高可靠性的要求,所以需要通过其他方法对导航误差进行修正。

组网 AUV 协同导航是基于水声通信网络和水声探测网络的多网合作定位形式,可通过水声通信技术,共享各个 AUV 的自主定位信息以及各个 AUV 所携带传感器采集到的信息,并将获取到的量测信息进行融合处理,可有效抑制导航过程中随时间推移引起的定位误差,从而提高导航系统的定位精度。协同导航系统的显著优势在于无需配置高精度、高成本的导航传感器,也可实现高精度的定位,以及由多 AUV 天然冗余性所带来的单 AUV 无法比拟的可靠性。

组网 AUV 协同不仅引入了新的导航方式(组网 AUV 协同导航),也带来了执行任务能力和执行任务效率上的显著优势。多 AUV 的有机联合可大大提高 AUV 在未知环境中协同执行目标搜索、地形建模、海洋资源开发等任务的能力。随着海洋工程任务越来越复杂,组网 AUV 协同作业已成为当前海洋工程和军事海洋领域的热点问题。对于大范围的复杂海洋观测、监测任务,单个 AUV 需要花费大量的时间,作业效率低。例如,2014 年,利用“蓝鳍金枪鱼”(Bluefin-21)搜索失踪航班 MH370 过程中,搜索宽度约 200 m,单次下潜 6 h,仅能搜索约 5 km 的距离,搜索范围十分有限。多 AUV 的协同观测,可以扩展单 AUV 平台的感知范围,提高执行任务的效率,在国际上得到广泛重视。由多个 AUV 携带观测传感器组成“组网 AUV 水下协同观测系统”如图 5-1 所示,可实现对较深水域的大范围移动观测,可更快地覆盖目标区域,减少使用母船的成本,减少定位、通信的成本和复杂度,当使用多个专用的航行器时还可以降低整个系统的成本。协同合作系统不仅可以令各个平台分工合作节省整体运作时间,还可以建立一个庞大的容错系统,增

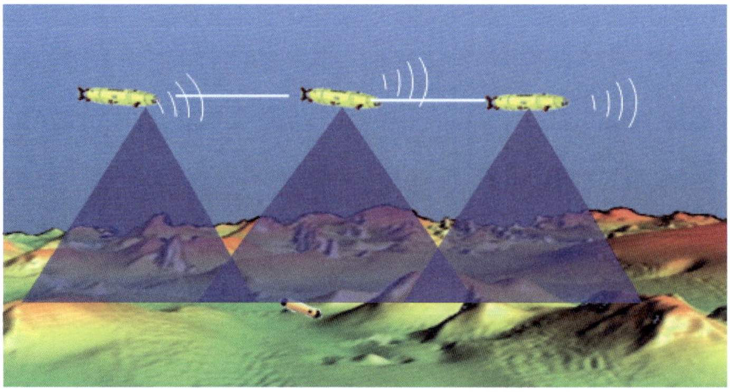

图 5-1　组网 AUV 水下协同观测系统

加系统的稳固性。当某些航行器遭遇突发原因丧失独立导航能力时,可以通过协同导航在一定程度上恢复这些航行器的导航定位能力。

组网是一个跨学科的概念,组网 AUV 的概念最初来源于多学科交叉而成的多 AUV 系统,多 AUV 是在单 AUV 的基础上发展起来的,组网 AUV 研究的核心问题之一就是如何在现有 AUV 的基础上,通过多 AUV 的协同来执行大型或者复杂的任务,组网 AUV 在综合能力、工作效率、并发操作等方面都具有单机器人所无法比拟的优势。组网 AUV 协同最基本的要求就是各个 AUV 之间的通信,协同导航是建立在 AUV 间数据信息共享基础上的。组网 AUV 的理论研究尚处在初级阶段,在具体实现过程中还有很多挑战和很多值得研究的问题。组网 AUV 的使用所面临的技术是相关的协同导航技术、水声通信网络技术、时间同步技术、组合通信技术、智能软件技术等。

5.1.2　协同导航机理

在浅海区域,AUV 可以在出水时利用卫星和陆基无线电进行导航校准;在近海底区域,AUV 可以利用多普勒声呐计程仪或者海底地形地貌匹配进行导航校准;在深海区域,当 AUV 距离水面和海底都较远时,既接收不到卫星和陆基无线电信号,也无法获取海底地形地貌和 AUV 相对海底的绝对速度,同时水声定位也会因时延而无法较好地提高导航精度,此时协同导航将是提高组网 AUV 导航精度的重要方法。AUV 通常采取的导航方式是:以自主导航为主,以外部信息校正为辅。

精确的导航定位能力是 AUV 成功执行任务的前提。最常用且应用最早的导航方法是航位推算法,该方法是根据已知的航行器的位姿、航向、速度和时间将 AUV 的速度对时间进行积分来推算出新的位置信息。推算过程中不需要借助其他的参考基准,可以独立地完成导航任务,但是测速仪等有着较大的测速误差并且容易受到洋流的干扰,使得航位推算的误差随时间不断累积增加。当采用高精度的惯性导航设备时,也会由于 AUV 作业时间的增加而引起惯性导航误差的累积,导致导航精度偏低。此时,如果让 AUV 频繁地浮出水面使用卫星定位进行误差修正,不仅会暴露 AUV 的位置,也会因为上下往返而减少执行任务的有效时间。但是组网 AUV 协同导航是利用水声通信技术将各个 AUV 携带导航传感器的量测信息进行共享,通过 AUV 之间的相对位置关系进行融合能够有效抑制航位推算的自主导航误差对协同导航的影响。

组网 AUV 的协同导航主要有两种方式:并行式和主从式[2]。

(1) 主从式。

如图 5-2 所示,在组网 AUV 协同导航定位过程中,主从 AUV 携带不同精度的导航传感器,主从 AUV 之间通过水声探测和通信装置建立联系,达到协同导航的目的。主 AUV 装备高精度惯性导航设备、多普勒测速仪、差分 GPS、水声通信设备等,其导航系统以捷联惯导设备为主,初始位置通过差分 GPS 获得,以多普勒测速仪测量的绝对速度作为捷联惯导外部输入,进一步提高导航精度。从 AUV 装备低精度航位推算导航设备、GPS、水声通信设备等。主 AUV、从 AUV 在执行任务前,均通过 GPS 进行时间校正,以保证时间同步。在协同导航定位过程中,主 AUV 按照预先约定的时间间隔向外发射固定频率的声脉冲信号，间隔一段时间后，通过水声通信装置广播主 AUV 的自身位置。从 AUV 接收到声脉冲信号和主 AUV 的位置后，由声脉冲信号解算出相对距离，再根据获取到的主 AUV 位置完成自身位置的更新。

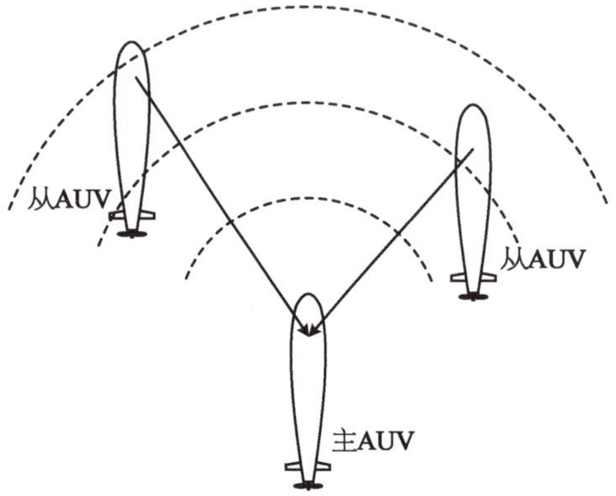

图 5-2 主从式

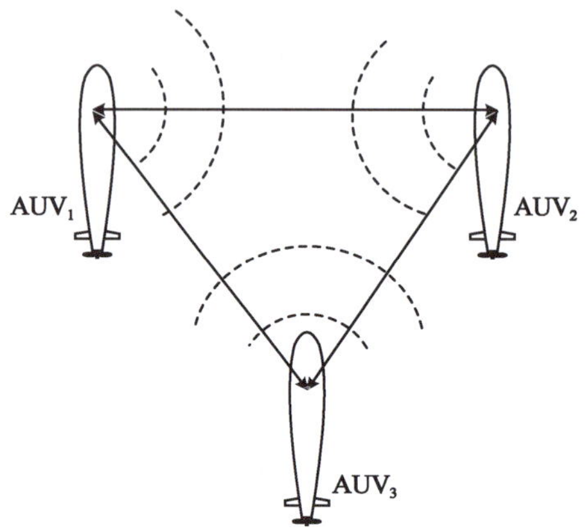

图 5-3 并行式

(2) 并行式。

如图 5-3 所示，在组网 AUV 协同导航过程中，群体中的每个 AUV 具有同等的地位，通常是由多个配置相同的 AUV 组成，要求 AUV 通过水声通信或探测等方法与多个邻近的 AUV 通信，进行信息交互，实现导航信息共享，利用配置的分布式非线性滤波器实现对自身位置的更新。各 AUV 在执行任务前，均通过 GPS 进行时间校正，在协同导航定位过程中，各 AUV 按照预先约定的时间间隔向外发射固定频率的声脉冲信号，间隔一段时间后，通过水声通信装置各 AUV 广播自身的位置信息。各 AUV 接收到声脉冲信号和其他 AUV 的位置后，由声脉冲信号解算出相对距离，再根据获取到的其他 AUV 位置完成自身位置的更新。

5.1.3 协同导航系统的感知传感器

AUV 利用自身所携带的各种传感器，对 AUV 的运动状态和环境信息进行主动或者被动的采集、融合处理，以实现导航。为满足航行的隐蔽性，AUV 导航系统主要采用自主导航(不依赖外界信息源，仅靠自己导航设备产生的信息就能够实现导航定位)，由于 AUV 内部传感器的更新速率远远大于外部传感器的更新速率，所以基于内部传感器的自主导航仍然是导航基础，但是如需满足长时间、远航程条件下的导航精度要求则需要通过其他外部导航设备提供的信息进行校正。航行器的感知系统分为内部感知系统和外部感知系统，在协同导航系统中内部感知系统主要是用于观测航行器自身参数信息，外部感知系统主要是观测邻近航行器的相关信息。

(1) 内部感知传感器。

内部感知传感器可以用来测量航行器的姿态、速度以及加速度等自身运动参数。主要参数包括：时间、绝对位置、三轴角速度、三轴角度、三轴加速度、三轴速度、航行深度，航行高度等。航行器可以根据已知的开始位置坐标进行自主导航。

① 惯性测量系统。

惯性测量系统以陀螺和加速度计为敏感器件，加速度计检测物体在载体坐标系中独立三轴的加速度信号，而陀螺仪检测载体相对于导航坐标系的角速度信号。通过测量物体在三维空间中的角速度和加速度，并以此解算出物体的姿态。

② 速度测量系统。

多普勒声呐计程仪的主要原理是通过计算收发信号和海底之间存在相对运动所产生的多普勒效应来测量航行器相对海底的绝对速度或相对海水的相对速度。声相关计程仪的主要原理是垂直向水下发射和接收水声信号，并对回波信号进行相关处理，获得航行器相对海底的绝对速度或相对海水的相对速度。

③ 航向测量系统。

磁罗经利用自由支撑的磁针在地球磁场的作用下能指向磁北的特性而制成的指向仪器，精度较低，在磁极区或者磁暴区不能用于指向。陀螺罗经根据陀螺仪的定轴性和进动性，利用地球自转矢量和重力矢量，借助阻尼设备和控制设备，使陀螺主轴能自动指北的导航仪器。

④ 深度、高度测量系统。

深度传感器是根据海水压力与深度成正比的关系，通过传感器敏感 AUV 的航行深度进行测定。测高仪是利用声波传播特性和反射原理，测量 AUV 自身距离海底的高度。

⑤ 时间、绝对位置测量系统。

通过接收 GPS/北斗卫星向地面发射的载频无线电测距信号，解算出 AUV 的所在位置以及完成精确授时。

(2) 外部感知传感器。

外部感知传感器可以使 AUV 能够感知外部信息，例如相对距离、相对方位等。水下载体基本上无法通过无线电进行导航定位，但是声波在频率非常低时却可以在海水中传播至几百千米，所以海洋中探测、导航、定位和通信主要是通过声波，AUV 的一些外部传感器也主要是指 AUV 所携带的各种声呐传感器。协同导航中，AUV 间也主要是通过水声通信、水声探测实现的信息交互。

① 主动声呐。

有目的地主动从系统中发射某种形式的声信号，利用信号在水下传播途中的障碍物或者目标反射的回波进行探测获取目标参数。主动声呐常用来探测水下目标，测定目标的航速、航向以及相对距离、相对方位等运动要素。主动声呐可通过回波信号与发射信号间的时延可推知目标的距离，由回波波前法线方向可推知目标的方向，由回波信号与发射信号之间的频移可推知目标的径向速度，由回波的幅度、相位及变化规律可识别出目标的外形、大小、性质和运动状态。

② 被动声呐。

通过接受和处理水中目标发出的辐射噪声或声呐信号，从而获取目标相关参数。被动声呐利用接收换能器基阵接收目标自身发出的噪声或者信号来探测目标。由于被动声呐本身不发射信号，所以目标将不会察觉声呐的存在及意图。

③ 换能器。

根据需要完成声振荡和电振荡相互转换的声电转换器，相当于水声天线，为发射和接收信号服务。

④ 水听器。

通过换能器将接收到的声信号转换成电信号，再输入到信号接收机中，水听器只进行信号的接收，不进行信号的发送。

⑤ 应答器。

置于海底或者安装在水下载体上的发射/接收器。应答器接收问答机的询问信号，并发回与接收频率不同的回答信号。它收发换能器的指向性一般是半球形或者无指向性。在未收到信号时，应答器处于安静状态，是不发回答信号的。通常每个应答器以不同的频率进行回答，从而加以区分。

5.2 协同导航模型

5.2.1 导航概述

惯性导航系统所采用的坐标系可以分为惯性坐标系和非惯性坐标系。惯性导航区别于其他类型导航方法的根本区别在于其导航原理是建立在惯性定律基础上的。对载体进行导航的目的就是要实时地确定导航参数（姿态、位置、速度等），载体的导航参数就是通过各个坐标系之间的关系进行转换的。这些坐标系是区别于惯性坐标系并根据导航的需要进行选取的，将其称为非惯性坐标系。针对导航定位问题主要使用的坐标系有地面坐标系、载体坐标系、平移坐标系。航行器作为一个刚体有六个自由度，可以通过载体坐标系和地面坐标系的六个关系来确定航行器的相对位置和相对姿态。

5.2.2 自主水下航行器协同导航运动学模型

运动学模型用于描述在一定坐标系下位移、姿态角、角速度等运动学参数之间的几何关系；动力学模型用于描述外力对 AUV 的作用。由于组网 AUV 协同导航系统的研究不涉及动力学模型，故只对 AUV 的运动学模型进行分析。

在建立 AUV 运动学模型之前做以下基本假设：AUV 是刚体，在运动模型中不考虑其形体的影响，仅作为质点看待；不考虑地球自转等，近似认为地面坐标系为惯性坐标系。AUV 在导航坐标系下的位置状态包括水平面位置和深度，由于深度信息可由深度传感器直接测得，无需进行运动学模型解算，为了简化运动学模型以及减少递推的状态维数，假设 AUV 是以固定深度平稳运动，此时俯仰角 θ 较小，近似认为 $\cos\theta \approx 1$，从而将模型简化为二维运动学模型。

定义 AUV 的水平面 运动状态量 $X(k)=[x(k) \quad y(k) \quad \psi(k)]^{\mathrm{T}}$，$x(k)$、$y(k)$ 表示 k 时刻 AUV 在导航坐标系下的水平位置坐标，$\psi(k)$ 表示 k 时刻 AUV 的偏航角，可以得出 AUV 的二维离散运动学模型：

$$\begin{cases} x(k+1)=x(k)+T\cdot V(k)\cdot \cos(\psi(k)) \\ y(k+1)=y(k)+T\cdot V(k)\cdot \sin(\psi(k)) \\ \psi(k+1)=\psi(k)+T\cdot \omega(k) \end{cases} \tag{5-1}$$

可以简写为：

$$X(k+1)=X(k)+\Phi(k)\cdot u(k)=f[X(k),\ u(k),\ \tilde{\omega}(k)] \tag{5-2}$$

其中，

$$u(k)=u_m(k)+\tilde{\omega}(k)=\begin{bmatrix} V(k) \\ \omega(k) \end{bmatrix}=\begin{bmatrix} V_m(k)+\tilde{\omega}_V(k) \\ \omega_m(k)+\tilde{\omega}_\omega(k) \end{bmatrix} \tag{5-3}$$

$$\Phi(k)=\begin{bmatrix} T\cdot \cos(\psi(k)) & 0 \\ T\cdot \sin(\psi(k)) & 0 \\ 0 & T \end{bmatrix} \tag{5-4}$$

$$\tilde{\omega}(k)=[\tilde{\omega}_V(k) \quad \tilde{\omega}_\omega(k)]^{\mathrm{T}} \tag{5-5}$$

其中，$V(k)$ 和 $\omega(k)$ 分别是 AUV 的前向速度和偏航角速度；T 为 AUV 内部传感器采样周期；f 为关于状态量和输入量的非线性函数；$u(k)$ 为真实输入量；$\tilde{\omega}(k)$ 为内部传感器量测噪声；$u_m(k)$ 为量测输入量；$\tilde{\omega}_V(k)$ 为速度量测噪声；$\tilde{\omega}_\omega(k)$ 为角速度量测噪声。

假设实际模型中内部传感器的输入均受到高斯白噪声干扰，则系统过程噪声协方差矩阵 $Q(k)$ 为：

$$Q(k)=E\{\tilde{\omega}\cdot\tilde{\omega}^T\}=\begin{bmatrix} \sigma_v^2(k) & 0 \\ 0 & \sigma_\omega^2(k) \end{bmatrix} \tag{5-6}$$

5.2.3　自主水下水声测量模型

海水具有良好的导电性，电磁波在海水中的传播衰减迅速，从而限制了无线电在水下导航方面的应用。声波在水中的衰减相对较小，因此 AUV 在海洋环境中的探测、导航、定位、通信是通过水声探测声呐、水声通信声呐来实现的。

声呐系统的重要任务之一就是测定目标的位置（相对于目标的方位角和相对于目标的距离）。由于组网 AUV 中各 AUV 的深度信息均可以由传感器直接测得，因此为简化起见，将量测模型投影到二维水平面上进行分析。

相对距离的测量，既可以通过主动声呐完成，也可以通过被动声呐完成。使用主动声呐测量时，测定目标的距离要利用目标的回波或者应答信号，主要的方法有脉冲测距法、调频信号测距法、相位测距法；使用被动声呐测量时，目标距离的测定只能利用目标声源发出的信号或者噪声，主要的方法有方位法和时差法。测距的本质都是利用距离不同引起的信号的各种变化来进行间接测量。

协同导航定位的关键是相对距离的确定，组网中任意 AUV 可以利用其他 AUV 的位置和与其的距离进行信息融合，从而提高导航精度。AUV 获取与其他 AUV 距离的方法可以分为主动探测和被动探测。主动探测中，探测 AUV 与被探测 AUV 不要求时间同步，探测 AUV 发出一声信号，并接收目标反射的回波信号，通过声信号在水中传播的双向时间差计算出相对距离。被动探测中，探测 AUV 与被探测 AUV 需要时间同步，探测 AUV 通过接收带发射时间或者预知发射时间的声信号，通过声信号在水中传播的单向时间差计算出相对距离。水声测距如图 5-4 所示。

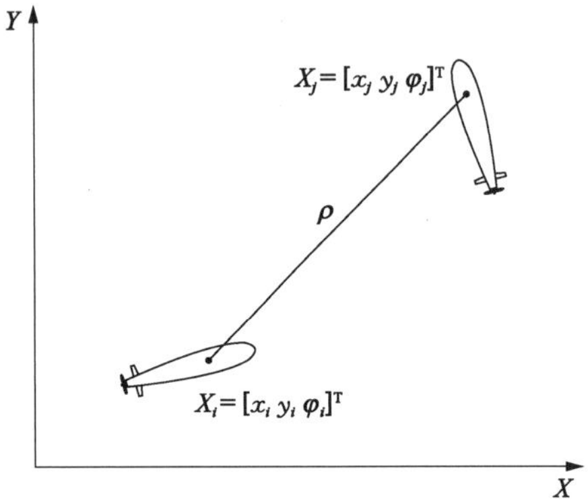

图 5-4　水声测距

$$
\begin{aligned}
Z_{ij}^{\rho}(k) &= \| X_i(k) - X_j(k) \| + \omega_\rho(k) \\
&= \sqrt{(x_i(k) - x_i(k))^2 + (y_i(k) - y_i(k))^2} + \tilde{\omega}_\rho(k) \\
&= h[X_i(k),\ X_j(k)] + \tilde{\omega}_\rho(k)
\end{aligned} \tag{5-7}
$$

其中，$Z_{ij}^{\rho}(k)$ 为 k 时刻 AUV_i 探测到与 AUV_j 的相对距离；$\omega_\rho(k)$ 为高斯白噪声分布的量测噪声；h 为关于 $X_i(k)$ 和 $X_j(k)$ 的非线性函数。

假设实际模型中外部传感器的输入均受到高斯白噪声干扰，则系统观测噪声协方差矩阵 $R^\rho(k)$ 为：

$$
R^\rho(k) = E\{\tilde{\omega}_\rho \cdot \tilde{\omega}_\rho{}^T\} = \sigma_\rho^2 \tag{5-8}
$$

测距信息可以有效抑制 AUV 的航位推算误差对协同导航精度的影响，使其不再具有累积效应，从而确保了协同导航误差的有界性。

水声测向的主要方法有：最大值测向、相位法测向、振幅差值测向法、相幅法测向、正交相关测向法[3]。测向的本质都是利用声波到达水听器系统的声程差和相位差来进行。以二元基阵为例进行简要说明，如图 5-5 所示。

平面波到达两阵元的声程差为：

$$
\tau = \frac{\xi_\alpha}{c} = \frac{d}{c}\sin\alpha \tag{5-9}
$$

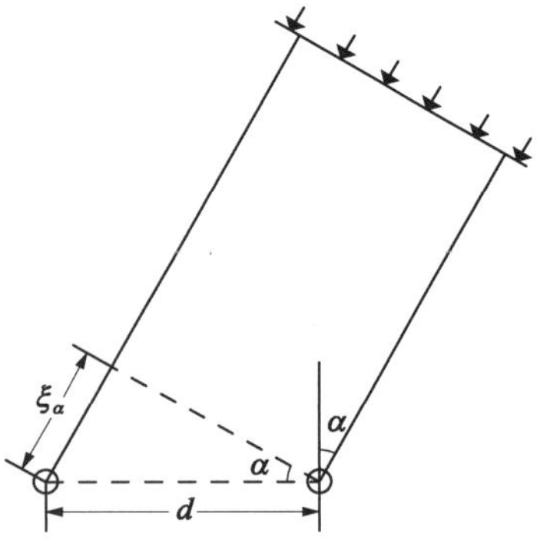

图 5-5　二元阵列测向

平面波到达两阵元的相位差为：

$$\varphi=\frac{2\pi}{\tau}=\frac{2\pi f\xi_a}{c}=2\pi f\ \frac{d}{c}\sin\alpha=2\pi\ \frac{d}{\lambda}\sin\alpha \tag{5-10}$$

上两式中，α 为目标的方位角；d 为两阵元间距；c 为声波在水中传播速度；f 为信号频率；$\lambda=c/f$ 为波长；两阵元信号的时间差和相位差与目标的方位角一一对应。

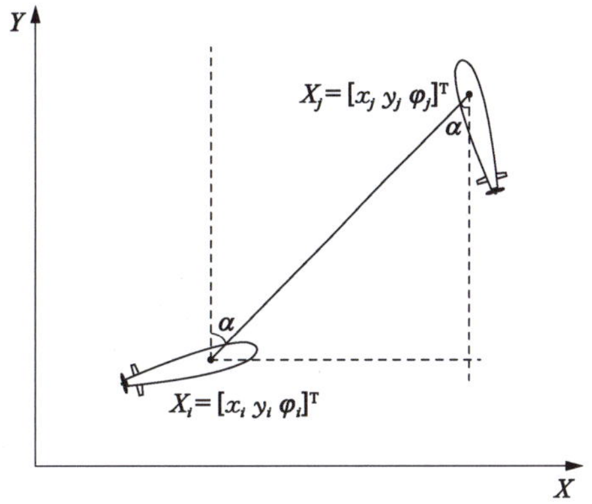

图 5-6　水声测向

组网中任意 AUV 可以利用其他 AUV 的位置和与其的角度进行信息融合，从而提高导航精度。AUV 获取与其他 AUV 角度的方法可以分为主动探测和被动探测。主动探测、被动探测中，探测 AUV 与被探测 AUV 不要求时间同步，探测 AUV 通过声呐不同阵元接收到声信号的时间差、相位差，解算出相对于被探测 AUV 的角度，如图 5-6 所示。

$$Z_{ij}^{\alpha}(k)=\arctan\left(\frac{x_j(k)-x_i(k)}{y_j(k)-y_i(k)}\right)+\tilde{\omega}_{\alpha}(k) \tag{5-11}$$

其中，$Z_{ij}^{\alpha}(k)$ 为 k 时刻 AUV_i 探测到与 AUV_j 的相对角度；$\tilde{\omega}_{\alpha}(k)$ 为高斯白噪声分布的量测噪声。

假设实际模型中外部传感器的输入均受到高斯白噪声干扰，则系统观测噪声协方差矩阵 $R^{\alpha}(k)$ 为：

$$R^{\alpha}(k)=E\{\tilde{\omega}_{\alpha}\cdot\tilde{\omega}_{\alpha}{}^{T}\}=\sigma_{\alpha}^{2} \tag{5-12}$$

5.3　常规组网自主水下航行器协同导航方法

将协同导航按数据融合算法进行分类，大致可以分为基于几何学的协同导航和基于概率学的协同导航，下面将统一以三主模式为例进行讨论分析。

5.3.1　基于几何学的协同导航

几何学的协同导航主要通过测量 AUV 间的相对位置关系，进行几何解算从而确定 AUV 的位置信息。几何学协同导航中多 AUV 主要是主从式结构分布，系统中有少量装备高精度导航设备的主 AUV，大量装备低精度导航设备的从 AUV。从 AUV 通过水声通信、探测的方式获得主 AUV 的位置信息和相对于主 AUV 的位置关系，通过几何关系确定自身在系统中的位置，提高自身导航精度。根据主 AUV 个数的不同，主要模式分为单主模式、双主模式、三个主模式及四个以上主模式。如果从 AUV 可以获取三个及以上主 AUV 的信息，便可以确定自身在系统中的位置，反之则需要先前时刻的位置信息或者相对方位信息等其他量测才可以确定自身在系统中的位置。

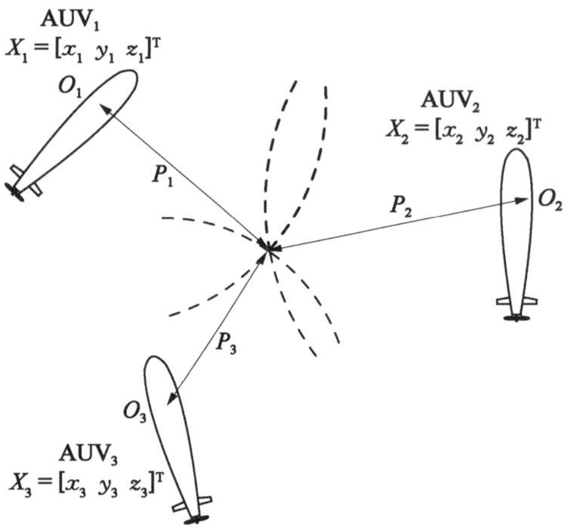

图 5-7　几何学定位

以三主模式为例简要分析几何学方法在协同导航中的应用过程。三主 AUV 领航模式下，从 AUV 可以利用与三个主 AUV 的相对距离确定自身位置。如图 5-7 所示，圆 O_1 以主 AUV_1 为圆心，以相对距离 P_1 为半径；圆 O_2 以主 AUV_2 为圆心，以相对距离 P_2 为半径；圆 O_3 以主 AUV_3 为圆心，以相对距离 P_3 为半径。

从 AUV 在三个圆的交点处，假设从 AUV_i 的平面位置坐标为 $(x,\ y)$，深度为 z；主 AUV_1 的平面位置坐标为 $(x_1,\ y_1)$，深度为 z_1，与从 AUV_i 的水平投影距离为 ρ_1；主 AUV_2 的平面位置坐标为 $(x_2,\ y_2)$，深度为 z_2，与从 AUV_i 的水平投影距离为 ρ_2；主 AUV_3 的平面位置坐标为 $(x_3,\ y_3)$，深度为 z_3，与从 AUV_i 的水平投影距离为 ρ_3，根据几何关系有：

$$\begin{cases}(x-x_1)^2+(y-y_1)^2=P_1^2\\(x-x_2)^2+(y-y_2)^2=P_2^2\\(x-x_3)^2+(y-y_3)^2=P_3^2\end{cases}\tag{5-13}$$

化简后得：

$$\begin{cases}a_1x+b_1y=c_1\\a_2x+b_2y=c_2\end{cases}\tag{5-14}$$

两个线性不相关方程求解二元一次方程可得到唯一解：

$$\begin{cases}x=\dfrac{b_2c_1-b_1c_2}{a_1b_2-a_2b_1}\\[2ex]y=\dfrac{c_2a_1-c_1a_2}{a_1b_2-a_2b_1}\end{cases}\tag{5-15}$$

其中，

$$\begin{cases}\rho_1^2=P_1^2-(z-z_1)^2\\\rho_2^2=P_2^2-(z-z_2)^2\\\rho_3^2=P_3^2-(z-z_3)^2\end{cases}\tag{5-16a}$$

$$\begin{cases} a_1 = 2(x_1 - x_2) \\ b_1 = 2(y_1 - y_2) \\ c_1 = (x_1^2 - x_2^2) + (y_1^2 - y_2^2) + (\rho_1^2 - \rho_2^2) \\ a_2 = 2(x_1 - x_3) \\ b_2 = 2(y_1 - y_3) \\ c_2 = (x_1^2 - x_3^2) + (y_1^2 - y_3^2) + (\rho_1^2 - \rho_3^2) \end{cases} \tag{5-16b}$$

5.3.2 基于概率学的协同导航

概率学的协同导航方法是将概率学的数据处理模型引入到协同导航模型中，对 AUV 的内部传感器数据、外部传感器数据和 AUV 运动过程中的随机性加以描述和处理，获取最优或者次优的估计值。相比于几何学协同导航方法，概率学导航方法由于考虑了 AUV 运动中的过程噪声和量测噪声，因而具有更高的导航精度。基于概率学的协同导航方法主要有：最小二乘算法、极大似然估计算法、基于贝叶斯的估计算法。

5.3.2.1 基于泰勒展开的最小二乘法

在三主模式中，将协同导航方程进行线性化处理时，利用方程两两相减的方法消去了二次项，这种单纯的方程相减会造成一定程度上的信息丢失，这里尝试利用泰勒展开方法对二次方程进行线性化。令：

$$f(x, y) = \sqrt{(x - x_i)^2 + (y - y_i)^2} \tag{5-17}$$

对式(5 - 17)在 (x_0, y_0) 点进行泰勒展开得：

$$\begin{aligned} f(x, y) &= f(x_0 + h, y_0 + k) \\ &= \sqrt{(x_0 - x_i)^2 + (y_0 - y_i)^2} + \frac{x_0 - x_i}{\sqrt{(x_0 - x_i)^2 + (y_0 - y_i)^2}} h \\ &\quad + \frac{y_0 - y_i}{\sqrt{(x_0 - x_i)^2 + (y_0 - y_i)^2}} k \end{aligned} \tag{5-18}$$

将式(5 - 18)代入式(5 - 17)中，得：

$$\begin{cases} \dfrac{x_0 - x_1}{\sqrt{(x_0 - x_1)^2 + (y_0 - y_1)^2}} h + \dfrac{y_0 - y_1}{\sqrt{(x_0 - x_1)^2 + (y_0 - y_1)^2}} k = \rho_1^2 - \sqrt{(x_0 - x_1)^2 + (y_0 - y_1)^2} \\ \dfrac{x_0 - x_2}{\sqrt{(x_0 - x_2)^2 + (y_0 - y_2)^2}} h + \dfrac{y_0 - y_2}{\sqrt{(x_0 - x_2)^2 + (y_0 - y_2)^2}} k = \rho_2^2 - \sqrt{(x_0 - x_2)^2 + (y_0 - y_2)^2} \\ \dfrac{x_0 - x_3}{\sqrt{(x_0 - x_3)^2 + (y_0 - y_3)^2}} h + \dfrac{y_0 - y_3}{\sqrt{(x_0 - x_3)^2 + (y_0 - y_3)^2}} k = \rho_3^2 - \sqrt{(x_0 - x_3)^2 + (y_0 - y_3)^2} \end{cases} \tag{5-19}$$

令 $\theta = [h, k]^{\mathrm{T}}$，可以将式(5 - 19)改写为矩阵形式

$$H\theta = Z \tag{5-20}$$

采用最小二乘方法可以解得：

$$\theta = (H^{\mathrm{T}}H)^{-1}(H^{\mathrm{T}}Z) \tag{5-21}$$

取(x_0，y_0)初始值为从 AUV 推算导航估计位置，采用最小二乘法求解此方程组。解得 h、k 后，设置门限，判断式(5-22)是否成立：

$$\sqrt{h^2 + k^2} < \varepsilon_{\text{threshold}} \tag{5-22}$$

若成立，停止计算；否则，将初值 (x_0，y_0) 增加步长 ($h/2$，$k/2$) 后代入式(5-22)中重新计算，直到条件式中满足。解得的 (x_0，y_0) 即为从 AUV 的位置估计。

5.3.2.2 极大似然估计算法

极大似然估计是以观测值出现的概率最大作为准则的，是一种常用的参数估计方法。

在三主模式中，假设 AUV_1 的位置坐标为 X_1，与从 AUV_i 的距离为 P_1，观测噪声为 σ_{ρ_1}；AUV_2 的位置坐标为 X_2，与从 AUV_i 的距离为 P_2，观测噪声为 σ_{ρ_2}；AUV_3 的位置坐标为 X_3，与从 AUV_i 的距离为 P_3，观测噪声为 σ_{ρ_3}；从 AUV 的位置坐标为 X。根据最大似然估计准则，对从 AUV_i 的最佳估计为使观测样本的似然函数取得最大值的估计。即：

$$\hat{X} = \arg\max L(X) = \arg\max p(Z \mid X, X_1, X_2, X_3) \tag{5-23}$$

假设测量噪声为均值为零的高斯噪声：

$$L(Z, X) = p(Z - \hat{Z}) = c \cdot \exp\left[-\frac{1}{2}(Z - \hat{Z})^{\mathrm{T}}R^{-1}(Z - \hat{Z})\right] \tag{5-24}$$

其中，

$$c = \frac{1}{(\sqrt{2\pi})^1 \mid R \mid^{1/2}} \tag{5-25}$$

求出 X，使得 $L(Z, X)$ 为最大，也就是：

$$J = (Z - \hat{Z})^{\mathrm{T}}R^{-1}(Z - \hat{Z}) = \min \tag{5-26}$$

其中，

$$\hat{Z} = \begin{bmatrix} \| X(k) - X_1(k) \| \\ \| X(k) - X_2(k) \| \\ \| X(k) - X_3(k) \| \end{bmatrix},\ R^{\ 1} = \begin{bmatrix} \sigma_{\rho_1}^2 & 0 & 0 \\ 0 & \sigma_{\rho_2}^2 & 0 \\ 0 & 0 & \sigma_{\rho_3}^2 \end{bmatrix},\ Z = \begin{bmatrix} \rho_1 \\ \rho_2 \\ \rho_3 \end{bmatrix}$$

5.3.2.3 基于贝叶斯的估计算法

先验分布反映了在随机变量试验观察前关于样本的知识，当有了新的样本观测信息后，这个知识会发生改变，其结果必然会反映在后验分布中，即后验分布整合了先验分布和样本信息。如果将前一时刻的后验分布作为求解后一时刻先验分布的依据，并依次迭代递推，便构成了递推贝叶斯估计。卡尔曼滤波方法是在回归假设下由测量信息根据模型递推得到状态估计的最优解析解。粒子滤波是依据采样思想由状态预测和量测信息根据贝叶斯估计递推得到状态估计的后验概率。

最优贝叶斯滤波算法的基本思想是：若已知状态的初始概率密度函数 $p(x_0)$，则可以利用所有的量测信息 $Z_{1:k}$ 构造状态的后验概率密度 $p(x_k \mid Z_{1:k})$，从而可以得到在任何准则下的理论最优估计和滤波值。

已知非线性系统模型中，

状态方程为：

$$x_t = f_t(x_{t-1}, \omega_t) \tag{5-27}$$

观测方程为：

$$z_t = h_t(x_t, \nu_t) \tag{5-28}$$

其中，f_t、h_t 分别是非线性函数；ω_t、ν_t 分别是过程噪声和观测噪声。

从贝叶斯估计的角度来看，状态估计问题就是从所有得到的观测信息 $z_{1:t}=\{z_1 \cdots z_t\}$ 中推理出 t 时刻状态变量 x_t 的值，即估计 $p(x_t \mid z_{1:t})$。假设状态变量初始概率密度函数 $p(x_0)$ 作为先验知识已知，那么 $p(x_t \mid z_{1:t})$ 可以通过下面的递推得到。

预测方程：

$$p(x_t \mid z_{1:t-1}) = \int p(x_t \mid x_{t-1}) p(x_{t-1} \mid z_{1:t-1}) \mathrm{d}x_{t-1} \tag{5-29}$$

更新方程：

$$p(x_t \mid z_{1:t}) = \frac{p(z_t \mid x_t) p(x_t \mid z_{1:t-1})}{p(z_t \mid z_{1:t-1})} \tag{5-30}$$

其中，$p(x_t \mid x_{t-1})$ 由运动模型定义；$p(z_t \mid x_t)$ 由观测模型定义；$p(z_t \mid z_{1:t-1}) = \int p(z_t \mid x_t) p(x_t \mid z_{1:t-1}) \mathrm{d}x_t$ 是归一化常数。

得到 $p(x_t \mid z_{1:t})$ 后可以计算出最小均方差意义下的最优估计和估计方差，

最优估计：

$$\hat{x}_t = \int x_t p(x_t \mid z_{1:t}) \mathrm{d}x_t \tag{5-31}$$

估计方差：

$$P_{xx^{\mathrm{T}}} = \mathrm{E}((x_t - \hat{x}_t)(x_t - \hat{x}_t)^{\mathrm{T}}) = \int (x_t - \hat{x}_t)(x_t - \hat{x}_t)^{\mathrm{T}} p(x_t \mid y_{1:t}) \mathrm{d}x_t \tag{5-32}$$

从中可以看出，贝叶斯方法通过状态递推协方差和量测误差的方差给出了具体的加权状态计算公式，并通过对估计协方差的计算评价了估计的质量，将内部量测、外部量测融合在一起，充分利用了全部的信息量。

5.4 协同导航系统可观测性分析

5.4.1 协同导航系统介绍

基于相对方位的组网 AUV 协同导航精度要高于基于相对距离的组网 AUV 协同导航精度，这是因为相对方位量测所包含的信息量要多于相对距离量测所包含的信息量，主要是由于相对方位量测中不仅包含了角度信息，还包含了方向信息，而相对距离量测中仅包含距离信息。但是水声测向在实际中存在探测角度误差较大的问题，使得基于相对方位的协同导航效果不是很好，所以对于 AUV 的协同导航大都是利用相对距离信息。本书在协同导航中也是利用相对距离信息进行协同导航定位解算，后文将不再赘述。

主从式分布中从 AUV 仅仅通过与主 AUV 进行探测、通信实现对自身位置的更新，对主 AUV 的依赖程度较高，当主 AUV 丧失精准定位能力后将会对整个 AUV 网络直接产生不可估计的影响。虽然通过增加主 AUV 的数量可以在一定程度上提高 AUV 网络的可靠性，但是这样不仅大幅提高了 AUV 网络的成本，同时也增加了系统的耦合度和复杂度。并行式相比于主从式由于没有导航精度相对较高的 AUV，因此整体的导航定位效果相比于主从式稍低。本书所研究的协同导航定位算法的主要思想是 AUV_i 可以同时获得其他 AUV_j $(j \neq i)$ 的量测信息，AUV_i 根据性能函数完成对量测的筛选后进行协同导航滤波。值得注意的是，本书所研究的主从式分布仅指组网 AUV 中既存在携带高精度导航设备的 AUV，也存在携带低精度导航设备的 AUV，从 AUV 并不是仅仅利用主 AUV 的量测信息，而是根据一定的选取准则选取较优的量测进行协同解算，从而在一定程度上减小了对主 AUV 的依赖程度。

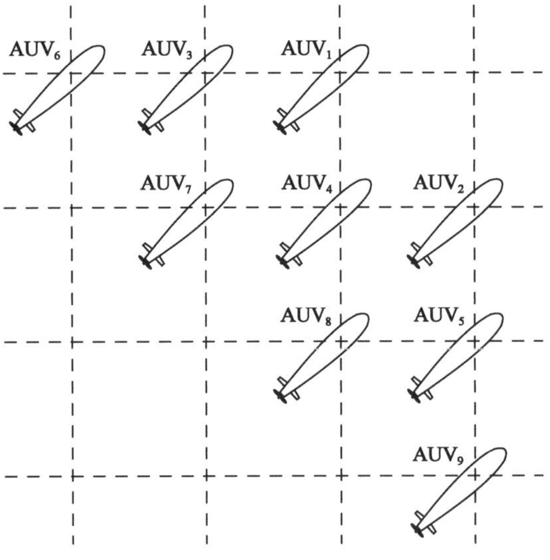

图 5-8　AUV 分布

本书所研究的组网 AUV 由 9 个 AUV 组成，分别编号为 AUV_i $(i = 1 \sim 9)$，各 AUV 分布如图 5-8 所示。各 AUV 在执

行任务前，均通过 GPS 进行时间校正，在协同导航定位过程中，各 AUV 按照预先约定的时间间隔向外发射固定频率的声脉冲信号，间隔一段时间后，通过水声通信装置各 AUV 广播自身的位置信息。

5.4.2　系统导航系统可观测性分析

导航系统的可观测性是指 AUV 在各采样时刻对系统状态量的估计能否通过 AUV 与信标之间的相对观测量进行解算。如果导航系统不可观测，那么采用协同导航算法将无法实现对 AUV 位置的解算，所以导航系统的可观测性是研究 AUV 协同导航的关键问题之一。通常采用的方法是 AUV 相对信标做频繁转向机动或者回避特殊的不可观测路径来确保系统的可观测性。回避不可观测路径的方法可以在 AUV 运动中实时检验导航系统的可观测性，但是对于某些近似不可观测路径缺乏鉴别能力。

组网 AUV 协同运动时，AUV 间不同特性的运动路径将会对系统导航系统的可观测性产生重要的影响，为此，本节将对组网 AUV 的运动路径进行系统可观测性分析。

已知某协同系统运动学模型为：

$$\begin{cases} x(k+1)=x(k)+T\cdot V(k)\cdot\cos(\psi(k)) \\ y(k+1)=y(k)+T\cdot V(k)\cdot\sin(\psi(k)) \\ \psi(k+1)=\psi(k)+T\cdot\omega(k) \end{cases} \tag{5-33}$$

可以简写为：

$$X(k+1)=X(k)+\Phi(k)\cdot u(k)=f[X(k),\ u(k),\ \tilde{\omega}(k)] \tag{5-34}$$

观测模型为：

$$\begin{aligned} Z_{ij}^{\rho}(k) &= \| X_i(k)-X_j(k) \| +\omega_{\rho}(k) \\ &= \sqrt{(x_i(k)-x_i(k))^2+(y_i(k)-y_i(k))^2}+\tilde{\omega}_{\rho}(k) \\ &= h[X_i(k),\ X_j(k)]+\tilde{\omega}_{\rho}(k) \end{aligned} \tag{5-35}$$

可求得：

$$F_x(k)=\frac{\partial f}{\partial X(k)}=\begin{bmatrix} 1 & 0 & -T\cdot V(k)\cdot\sin(\psi(k)) \\ 0 & 1 & T\cdot V(k)\cdot\cos(\psi(k)) \\ 0 & 0 & 1 \end{bmatrix} \tag{5-36}$$

$$H(k+1)=\frac{\partial h}{\partial X(k+1)}=\begin{bmatrix} \frac{\Delta x_{k+1}}{D_k} & \frac{\Delta y_{k+1}}{D_k} & 0 \end{bmatrix} \tag{5-37}$$

$$\begin{cases} \Delta x_k = x_i(k)-x_j(k) \\ \Delta y_k = y_i(k)-y_j(k) \\ D_k = \sqrt{(\Delta x_k)^2+(\Delta y_k)^2} \end{cases} \tag{5-38}$$

利用非线性时变系统的可观测性理论，可以得出导航系统的局部可观测性矩阵为：

$$O_{x_k}=\begin{bmatrix}\dfrac{\partial h}{\partial x}(x_k)\\ \dfrac{\partial h}{\partial x}(x_{k+1})\dfrac{\partial f}{\partial x}(x_k,u_k)\\ \dfrac{\partial h}{\partial x}(x_{k+2})\dfrac{\partial f}{\partial x}(x_{k+1},u_{k+1})\dfrac{\partial f}{\partial x}(x_k,u_k)\end{bmatrix}=\begin{bmatrix}o_{11} & o_{12} & o_{13}\\ o_{21} & o_{22} & o_{23}\\ o_{31} & o_{32} & o_{33}\end{bmatrix}=[o_1 \quad o_2 \quad o_3] \tag{5-39}$$

其中，

$$o_{11}=\frac{\Delta x_k}{D_k};\ o_{12}=\frac{\Delta y_k}{D_k};\ o_{13}=0$$

$$o_{21}=\frac{\Delta x_{k+1}}{D_{k+1}};\ o_{22}=\frac{\Delta y_{k+1}}{D_{k+1}};$$

$$o_{23}=TV_k\left(\frac{\cos(\psi_k)\cdot\Delta y_{k+1}-\sin(\psi_k)\cdot\Delta x_{k+1}}{D_{k+1}}\right);$$

$$o_{31}=\frac{\Delta x_{k+2}}{D_{k+2}};\ o_{32}=\frac{\Delta y_{k+2}}{D_{k+2}};$$

$$o_{33}=TV_k\left(\frac{\cos(\psi_k)\cdot\Delta y_{k+2}-\sin(\psi_k)\cdot\Delta x_{k+2}}{D_{k+2}}\right)-TV_{k+1}\left(\frac{\cos(\psi_{k+1})\cdot\Delta y_{k+2}-\sin(\psi_{k+1})\cdot\Delta x_{k+2}}{D_{k+2}}\right)$$

因此，如果 $rank(Ox_k)<3$，导航系统将不可观测。通过分析可观测矩阵得出以下不可观测路径：

① 当观测矩阵前两列成比例时，系统将不可观测。此时 $\dfrac{\Delta x_i}{\Delta y_i}=k$，AUV 以相同的速度沿着相互平行的直线路径航行，或者 AUV 沿着同一条直线航行；

② 当观测矩阵第一列或者第二列为零时，此时 $\Delta x_i=0$ 或者 $\Delta y_i=0$，AUV 沿着与 X 轴或者 Y 轴平行的路径航行；

③ 当观测第三列为零时，$V_i=0$ 或者 $\psi_k=\psi_{k+1}=\arctan\left(\dfrac{\Delta x_{k+1}}{\Delta y_{k+1}}\right)=\arctan\left(\dfrac{\Delta x_{k+2}}{\Delta y_{k+2}}\right)$。

5.5 滤 波 理 论

滤波理论就是在对系统可观测信号进行测量的基础上，根据一定的滤波准则，采用某种统计量最优的方法，对系统状态进行估计的理论和方法。常用的线性滤波方法为维纳滤波、卡尔曼滤波，非线性滤波方法为扩展卡尔曼滤波、无迹卡尔曼滤波，粒子滤波。

5.5.1 卡尔曼滤波算法

维纳滤波属于整段滤波，是把整个一段时间内所获取到的量测数据储存起来，然后同时进行处理，估计出系统的状态[4]；卡尔曼滤波属于递推滤波，是由递推方程随时间给出新的状态估计，相对来说计算量和存储量较小，工程实践较容易。卡尔曼滤波适用于线性系统，其基本思想是线性最小方差估计，通过对系统输入输出数据的观测，完成对系统状态的最优估计。由于观测数据中存在系统噪声和干扰的影响，所以最优估计过程也可看作是滤波过程。

假设 AUV 导航系统为线性系统，

状态方程为：

$$X(k+1)=\Phi(k+1,\ k)X(k)+\Gamma(k+1,\ k)W(k) \tag{5-40}$$

观测方程为：

$$Z(k)=H(k)X(k)+V(k) \tag{5-41}$$

其中，$X(k)$ 为系统在 k 时刻的状态量；Φ 为状态转移矩阵；Γ 为噪声驱动矩阵；$W(k)$ 为输入噪声；$Z(k)$ 为 k 时刻对应状态的输出量；H 为观测矩阵；$V(k)$ 为观测噪声。

假设 $W(k)$ 和 $V(k)$ 是均值为零的不相关白噪声，方差分别为 Q_k 和 R_k，且初始状态 $X(0)$ 不相关于 $W(k)$ 和 $V(k)$：

$$E[W(k)]=0,\ E[V(k)]=0,$$

$$E[W(k)\cdot W^{\mathrm{T}}(j)]=Q\delta_{kj},\ E[V(k)\cdot V^{\mathrm{T}}(j)]=R\delta_{kj},$$

$$E[W(k)\cdot V^{\mathrm{T}}(j)]=0,\ \delta_{kj}=0,\ \delta_{kk}=1,$$

$$E[X(0)]=\mu_0,\ E[(X(0)-\mu_0)\cdot(X(0)-\mu_0)^{\mathrm{T}}]=P_0$$

初始值：

$$\hat{X}(0\mid 0)=\mu_0,\ P(0\mid 0)=P_0 \tag{5-42}$$

状态的一步预测为：

$$\hat{X}(k+1 \mid k)=\Phi(k+1, k)\hat{X}(k \mid k) \tag{5-43}$$

一步预测协方差为：

$$P(k+1 \mid k)=\Phi(k+1, k)P(k \mid k)\Phi(k+1, k)^{\mathrm{T}}+\Gamma(k+1, k)Q_k\Gamma(k+1, k)^{\mathrm{T}} \tag{5-44}$$

滤波增益矩阵为：

$$K(k+1)=P(k+1 \mid k)H^{\mathrm{T}}(k+1)[H(k+1)P(k+1 \mid k)H(k+1)^{\mathrm{T}}+R_{k+1}]^{-1} \tag{5-45}$$

状态更新为：

$$\hat{X}(k+1 \mid k+1)=\hat{X}(k+1 \mid k)+K(k+1)\cdot[Z(k+1)-H(k+1)\hat{X}(k+1 \mid k)] \tag{5-46}$$

协方差更新：

$$P(k+1 \mid k+1)=[I_3-K(k+1)H(k+1)]P(k+1 \mid k) \tag{5-47}$$

在一个滤波周期内，卡尔曼滤波完成了时间更新过程和观测更新过程，完成了对系统状态的预测和修正。首先，根据 k 时刻的最优状态估计 $\hat{X}_k$ 为准，依据状态方程递推，预测 $k+1$ 时刻的状态 $\hat{X}_{k+1|k}$，并对这种预测的质量做了定量描述 $P(k+1 \mid k)$；其次，针对预测的质量完成对最优增益矩阵的更新 $K(k+1)$；再次，对状态进行观测，当 $k+1$ 时刻量测到来时，根据新息、增益矩阵，依靠数学方法自动定量分析在预测和量测之间进行折中，或者说是根据量测对预测进行修正从而得到 $k+1$ 时刻的最优状态估计 $\hat{X}_{k+1}$ 完成对状态预测的修正；最后，完成 $k+1$ 时刻预测质量的更新 $P(k+1 \mid k+1)$。

5.5.2 扩展卡尔曼滤波

扩展卡尔曼滤波是以线性卡尔曼滤波理论为基础的非线性滤波方法，核心思想是对一般的非线性系统，在滤波值附近将模型的非线性函数展开成泰勒级数并略去二阶及以上项，用一个等价于常规卡尔曼滤波方程的近似矩阵代替非线性函数，得到一个近似的线性化模型，然后应用卡尔曼滤波完成对目标的滤波估计等。

以 AUV 导航系统为例，该非线性系统，

状态方程为，

$$X(k+1)=f[X(k), u(k), \tilde{\omega}(k)] \tag{5-48}$$

观测方程为：

$$Z(k)=h[X_i(k), X_j(k)]+\tilde{\omega}_\rho(k) \tag{5-48}$$

将非线性函数围绕状态滤波值 $\hat{X}(k \mid k)$ 进行泰勒展开，并略去二次及以上高阶项后

得到非线性系统的线性化模型。

初始化：滤波初值 $X(0)=E[X(0)]$；滤波误差方差矩阵 $P(0)=\mathrm{var}[X(0)]$

状态的一步预测为：

$$\hat{X}(k+1 \mid k)=f[\hat{X}(k),\ u(k),\ 0] \tag{5-49}$$

一步预测协方差为：

$$P(k+1 \mid k)=F_x(k)P(k \mid k)F_x^{\mathrm{T}}(k)+F_u(k)Q_kF_u^{\mathrm{T}}(k) \tag{5-50}$$

滤波增益矩阵为：

$$K(k+1)=P(k+1 \mid k)H^{\mathrm{T}}(k+1)[H(k+1)P(k+1 \mid k)H^{\mathrm{T}}(k+1)+R_{k+1}]^{-1} \tag{5-51}$$

状态更新为：

$$\hat{X}(k+1 \mid k+1)=\hat{X}(k+1 \mid k)+K(k+1)\cdot\{Z(k+1)-h[\hat{X}(k+1 \mid k)]\} \tag{5-52}$$

协方差更新：

$$P(k+1 \mid k+1)=[I_3-K(k+1)H(k+1)]P(k+1 \mid k) \tag{5-53}$$

其中，

$$F_x(k)=\frac{\partial f}{\partial X(k)}=\begin{bmatrix}1 & 0 & -T\cdot V(k)\cdot\sin(\psi(k))\\ 0 & 1 & T\cdot V(k)\cdot\cos(\psi(k))\\ 0 & 0 & 1\end{bmatrix} \tag{5-54}$$

$$F_u(k)=\frac{\partial f}{\partial u(k)}=\begin{bmatrix}T\cdot\cos(\psi(k)) & 0\\ T\cdot\sin(\psi(k)) & 0\\ 0 & 1\end{bmatrix} \tag{5-55}$$

$$H(k+1)=\frac{\partial h}{\partial X(k+1)}=\begin{bmatrix}\dfrac{\Delta x_{k+1}}{D_k} & \dfrac{\Delta y_{k+1}}{D_k} & 0\end{bmatrix} \tag{5-56}$$

$$\begin{cases}\Delta x_k=x_i(k)-x_j(k)\\ \Delta y_k=y_i(k)-y_j(k)\\ D_k=\sqrt{(\Delta x_k)^2+(\Delta y_k)^2}\end{cases} \tag{5-57}$$

$$Q_k=\begin{bmatrix}\sigma_v^2 & 0\\ 0 & \sigma_\omega^2\end{bmatrix},\ R_k=[\sigma_\rho^2] \tag{5-58}$$

$F_x(k)$ 是 f 关于 $X(k)$ 的雅各比矩阵，$F_u(k)$ 是 f 关于 $u(k)$ 的雅各比矩阵，$H(k+1)$ 是 h 关于 $X(k)$ 的雅各比矩阵。

在一个滤波周期内，扩展卡尔曼滤波主要完成了对系统状态的估计和修正以及对估计协方差的估计和修正。与线性卡尔曼滤波最大的不同是扩展卡尔曼滤波方法预测状态的均值和方差需要计算雅各比矩阵，而求取雅各比矩阵在很多情况下是不容易的。值得注意的是，EKF 方法只有在滤波误差 $\tilde{X}(k \mid k)=X(k)-\hat{X}(k \mid k)$ 和一步预测误差 $\tilde{X}(k+1 \mid k)=X(k+1)-\hat{X}(k+1 \mid k)$ 较小时才可以使用，由于在线性化的过程保留了泰勒级数展开的一阶分量忽略了二阶以上的分量，所以滤波精度上存在着较大的误差同时有可能因线性化的处理而产生极不稳定的滤波。

5.5.3 无迹卡尔曼滤波

UKF 的核心思想是 UT 变换。UT 变换理论是用固定数量的参数去近似一个高斯分布，因为这比近似任意的非线性函数或者变换更容易。具体实现原理是：在原状态分布中按照某一规则选取一些点，每个样本点都有自己的状态值和相应的加权值，使这些点的均值和方差近似等于原状态分布的数学期望和方差；将这些点映射到非线性函数中，得到相应的非线性函数值点集，并将映射的样本值加权求和得到非线性映射后点集的均值和方差。

对于任意非线性函数 $y=f(x)$ 状态向量 x 为 n 维随机变量，已知函数均值为 $\bar{X}$ 和反差为 P，可以通过 UT 变换得到 $2n+1$ 个 sigma 点和相应的权值来计算 y 的统计特征：

Ⅰ　$2n+1$ 个 sigma 点：

$$\begin{cases}X^{(0)}=\bar{X},\ i=0\\ X^{(i)}=\bar{X}+(\sqrt{(n+\lambda)P})_i,\ i=1\sim n\\ X^{(i)}=\bar{X}-(\sqrt{(n+\lambda)P})_i,\ i=n+1\sim 2n\end{cases} \tag{5-59}$$

Ⅱ　sigma 点的相应权值为：

$$\begin{cases}\omega_m^{(0)}-\dfrac{\lambda}{n+\lambda}\\ \omega_c^{(0)}=\dfrac{\lambda}{n+\lambda}+(1-\alpha^2+\beta)\\ \omega_m^{(i)}=\omega_c^{(i)}=\dfrac{1}{2(n+\lambda)},\ i=1\sim 2n\end{cases} \tag{5-60}$$

其中，下标为 m 的是均值权值，下标为 c 的是协方差权值，上标为采样点标号；$\lambda=a^2(n+\kappa)-n$ 是缩放比例参数，可以降低总的预测误差；α 决定 $\bar{X}$ 周围 sigma 点的分布状态，调节 α 可以使高阶项的影响达到最小通常选取为 $0\leqslant\alpha\leqslant 1$。$\kappa$ 为待选参数，具体取值虽然没有界限，但是通常应该确保矩阵 $(n+\lambda)P$ 为半正定矩阵，对于高斯分布的情况，当状态变量为单变量时 $\kappa=2$，但状态变量为多变量时 $\kappa=3-n$；待选参数 $\beta\geqslant 0$ 是一个非负的权系数，它可以合并方程中的高阶项的动差，可以把高阶项的影响包括在内；n 为状态的维数。

以 AUV 导航系统为例，该非线性系统，状态方程为：

$$X(k+1)=f[X(k),\ u(k),\ \tilde{\omega}(k)] \tag{5-61}$$

观测方程为：

$$Z(k)=h[X_i(k),\ X_j(k)]+\tilde{\omega}_\rho(k) \tag{5-62}$$

其中，

$$u(k)=u_m(k)+\tilde{\omega}(k)=\begin{bmatrix}V(k)\\ \omega(k)\end{bmatrix}=\begin{bmatrix}V_m(k)+\tilde{\omega}_V(k)\\ \omega_m(k)+\tilde{\omega}_\omega(k)\end{bmatrix} \tag{5-63}$$

由于过程噪声是隐含在系统中的，所以需要对状态变量进行扩展，可以得到增广状态变量：

$$X^a(k)=[X^{\mathrm{T}}(k)\quad \tilde{\omega}^{\mathrm{T}}(k)]^{\mathrm{T}}=[x(k)\quad y(k)\quad \psi(k)\quad \tilde{\omega}_V(k)\quad \tilde{\omega}_\omega(k)]^{\mathrm{T}} \tag{5-64}$$

初始化：

$$\hat{X}(0)=E[X(0)],\ P(0)=E[(X(0)-\hat{X}(0))(X(0)-\hat{X}(0))^{\mathrm{T}}],$$

$$\hat{X}^a(0)=[\hat{X}^{\mathrm{T}}(0)\quad 0]^{\mathrm{T}},\ P^a(0)=\begin{bmatrix}P(0) & 0\\ 0 & \boldsymbol{Q}_0\end{bmatrix}$$

利用Ⅰ、Ⅱ可以获得一组 sigma 点集及其对应的权值：

$$\chi^{(i)a}(k-1)=\begin{bmatrix}\hat{X}^{(i)a}(k-1)\\ \hat{X}^{(i)a}(k-1)+\sqrt{(n+\lambda)P^{(i)a}(k-1)}\\ \hat{X}^{(i)a}(k-1)-\sqrt{(n+\lambda)P^{(i)a}(k-1)}\end{bmatrix}^{\mathrm{T}} \tag{5-65}$$

$2n+1$ 个 sigma 点集的一步预测：

$$\chi^{(i)x}(k\mid k-1)=f[\chi^{(i)x}(k-1),\ u(k-1),\ \chi^{(i)\tilde{\omega}}(k-1)] \tag{5-66}$$

系统状态量的一步预测为：

$$\hat{X}(k\mid k-1)=\sum_{i=0}^{2n}\omega_m{}^{(i)}\chi^{(i)x}(k\mid k-1) \tag{5-67}$$

协方差矩阵为：

$$P(k\mid k-1)=\sum_{i=0}^{2n}\omega_c^{(i)}[\chi^{(i)x}(k\mid k-1)-\hat{X}(k\mid k-1)][\chi^{(i)x}(k\mid k-1)-\hat{X}(k\mid k-1)]^{\mathrm{T}} \tag{5-68}$$

将 $2n+1$ 个 sigma 点集代入观测方程，可以得到预测的观测量：

$$Z^{(i)}(k\mid k-1)=h[\chi^{(i)x}(k\mid k-1)] \tag{5-69}$$

加权求和得到系统预测均值：

$$\bar{Z}(k \mid k-1)=\sum_{i=0}^{2n}\omega_m{}^{(i)}Z^{(i)}(k \mid k-1) \tag{5-70}$$

加权求和得到系统预测协方差：

$$\begin{aligned}P_{z_k z_k}=&\sum_{i=0}^{2n}\omega_c^{(i)}[Z^{(i)}(k \mid k-1)-\bar{Z}(k \mid k-1)][Z^{(i)}(k \mid k-1)\\&-\bar{Z}(k \mid k-1)]^{\mathrm{T}}+R\end{aligned} \tag{5-71}$$

$$\begin{aligned}P_{x_k z_k}=&\sum_{i=0}^{2n}\omega_c^{(i)}[X^{(i)}(k \mid k-1)-\bar{Z}(k \mid k-1)][Z^{(i)}(k \mid k-1)\\&-\bar{Z}(k \mid k-1)]^{\mathrm{T}}+R\end{aligned} \tag{5-72}$$

增益矩阵为：

$$K(k)=P_{x_k z_k}P_{z_k z_k}^{-1} \tag{5-73}$$

状态更新为：

$$\hat{X}(k \mid k)=\hat{X}(k \mid k-1)+K(k)[Z(k)-\hat{Z}(k \mid k-1)] \tag{5-74}$$

协方差更新为：

$$P(k \mid k)=P(k \mid k-1)-K(k)P_{z_k z_k}K^{\mathrm{T}}(k) \tag{5-75}$$

其中，$\chi^{(i)a}=[(\chi^{(i)x})^{\mathrm{T}} \quad (\chi^{(i)\tilde{\omega}})^{\mathrm{T}}]^{\mathrm{T}}$。

协方差矩阵 Q，R 为：

$$Q=\begin{bmatrix}\sigma_v^2 & 0\\0 & \sigma_\omega^2\end{bmatrix},\ R=[\sigma_\rho^2]$$

无迹卡尔曼滤波不将非线性函数进行线性化，采用卡尔曼线性滤波框架，对一步预测方程使用无迹变换来处理均值和均方差的非线性传递问题，主要思路是对非线性函数的概率密度函数分布进行近似，用一系列确定样本来逼近状态的后验概率密度，而不是对非线性函数进行近似。在一个滤波周期内，无迹卡尔曼滤波利用确定的采样方法获得了一系列具有不同权值的样本，将这些样本进行映射后再利用卡尔曼滤波体系完成时间更新和量测更新。因为没有把高阶项忽略并且可以通过适当选取 κ 来减小系统的高阶误差，所以对于非线性分布的统计量有较高的计算精度。

5.5.4 粒子滤波理论

粒子滤波作为抽样贝叶斯估计算法，随着抽样粒子数的不断增大，估计逐渐趋向状态的后验概率密度，就理论基础而言，粒子滤波算法和其他非线性滤波方法一样也是次优的滤波算法。扩展卡尔曼滤波和无迹卡尔曼滤波都依赖于高斯近似，然而实际中的很多问题都是强非线性的，状态分布往往具有多个峰值，此时的高斯近似将不能准确地表示出状态的真实分布。粒子滤波是基于蒙特卡罗采样方法和贝叶斯最优估计理论提出利用状态空间的一组加权随机样本逼近状态变量后验概率分布的滤波算法，不受模型线性程度和高斯假设的约束。

粒子滤波是指通过寻找一组在状态空间中传播的随机样本，对概率密度函数进行近似，以样本均值代替积分运算，从而获得状态最小方差估计的过程。基本粒子滤波器包括样本重要性采样和再采样，结合贝叶斯滤波体系的时间更新和观测更新两步骤进行。针对平稳的动态时变系统，假定 $k-1$ 时刻系统的后验概率密度为 $p(x_{k-1} \mid z_{k-1})$，依据一定原则选取 n 个随机样本点，k 时刻获得量测信息后，经过状态更新和时间更新过程，n 个粒子的后验概率密度近似为 $p(x_k \mid z_k)$，随着了粒子数目的增加，粒子的概率密度函数就逐渐逼近状态的概率密度函数，粒子滤波就达到了最优贝叶斯估计的效果。

在实际应用中，随着时间的增加，重要性权值很可能集中到少数的粒子上，从而产生粒子匮乏现象，为了降低影响，最有效的方法是选择重要性函数和采用重采样方法而不是持续增加采样粒子数。选择重要性函数方面，工程上大都采用了次优的 $p(x_k \mid x_{k-1})$ 作为重要性函数；重采样方法方面，根据粒子和相应权表示的概率密度函数进行重新采样，减少权值小的粒子数，增加权值大的粒子数，最常用的重抽样方法是随机抽样方法，重采样过程增加了计算量、降低了鲁棒性、降低了粒子数的匮乏。

重要性函数选取的最优原则就是使得重要性权重的方差最小，文献[5]证明了最优重要性函数为 $q(x_k \mid x_{0:k-1},\ z_{1:k})=p(x_k \mid x_{0:k-1},\ z_{1:k})$，但是采用最优重要性函数需要从函数 $p(x_k \mid x_{0:k-1},\ z_{1:k})$ 抽样并计算积分，由于 $p(x_k \mid x_{0:k-1},\ z_{1:k})$ 是多变量的、非标准的，通常很难直接从中抽样得到粒子，常规有效的解决方法就是引入一个容易采样的已知概率密度分布，并从该概率密度上采样粒子。所以在应用的角度上，多数重要性函数都采用了次优的 $q(x_k \mid x_{0:k-1},\ z_{1:k})=p(x_k \mid x_{k-1})$，由于未能利用最新的测量信息，以该函数为重要性函数进行抽样所产生的方差比后验概率 $q(x_k \mid x_{0:k-1},\ z_{1:k})$ 产生的方差要大，但是由于工程上容易实现，因此在粒子滤波算法中得到了广泛的应用[6]。

UKF 递推得到的状态分布的高斯近似均值和协方差比 EKF 得到的更加准确，并且可以更好地估计状态协方差，与 EKF 估计相比 UKF 可以更好地逼近后验分布[7]。EKF 只能用一阶泰勒展开式进行逼近，UKF 后验协方差的精度可以精确到高斯先验分布的三阶泰勒展开式。因此在粒子滤波框架下使用 UKF 来产生更加准确的重要性分布。

以 AUV 导航系统为例，该非线性系统，

状态方程为：

$$X(k+1)=f[X(k),\ u(k),\ \tilde{\omega}(k)] \tag{5-76}$$

观测方程为：

$$Z(k)=h[X_i(k),\ X_j(k)]+\tilde{\omega}_\rho(k) \tag{5-77}$$

$$X^a(k)=[X^{\mathrm{T}}(k)\quad \tilde{\omega}^{\mathrm{T}}(k)]^{\mathrm{T}}=[x(k)\quad y(k)\quad \psi(k)\quad \tilde{\omega}_V(k)\quad \tilde{\omega}_\omega(k)]^{\mathrm{T}} \tag{5-78}$$

初始化：

$$\hat{X}(0)=E[X(0)],\ P(0)=E[(X(0)-\hat{X}(0))(X(0)-\hat{X}(0))^{\mathrm{T}}] \tag{5-79}$$

$$\hat{X}^a(0)=[\hat{X}^{\mathrm{T}}(0)\quad 0]^{\mathrm{T}},\ P^a(0)=\begin{bmatrix}P(0) & 0\\ 0 & Q_0\end{bmatrix} \tag{5-80}$$

利用Ⅰ、Ⅱ可以获得一组 sigma 点集及其对应的权值：

$$\chi^{(i)a}(k-1)=\begin{bmatrix}\hat{X}^{(i)a}(k-1)\\ \hat{X}^{(i)a}(k-1)+\sqrt{(n+\lambda)P^{(i)a}(k-1)}\\ \hat{X}^{(i)a}(k-1)-\sqrt{(n+\lambda)P^{(i)a}(k-1)}\end{bmatrix}^{\mathrm{T}} \tag{5-81}$$

$2n+1$ 个 sigma 点集的一步预测：

$$\chi^{(i)x}(k\mid k-1)=f[\chi^{(i)x}(k-1),\ u(k-1),\ \chi^{(i)\tilde{\omega}}(k-1)] \tag{5-82}$$

系统状态量的一步预测为：

$$\hat{X}(k\mid k-1)=\sum_{i=0}^{2n}\omega_m{}^{(i)}\chi^{(i)x}(k\mid k-1) \tag{5-83}$$

协方差矩阵为：

$$P(k\mid k-1)=\sum_{i=0}^{2n}\omega_c^{(i)}[\chi^{(i)x}(k\mid k-1)-\hat{X}(k\mid k-1)][\chi^{(i)x}(k\mid k-1)-\hat{X}(k\mid k-1)]^{\mathrm{T}} \tag{5-84}$$

将 $2n+1$ 个 sigma 点集带入观测方程，可以得到预测的观测量：

$$Z^{(i)}(k\mid k-1)=h[\chi^{(i)x}(k\mid k-1)] \tag{5-85}$$

加权求和得到系统预测均值：

$$\bar{Z}(k\mid k-1)=\sum_{i=0}^{2n}\omega_m{}^{(i)}Z^{(i)}(k\mid k-1) \tag{5-86}$$

加权求和得到系统预测协方差：

$$P_{z_kz_k}=\sum_{i=0}^{2n}\omega_c^{(i)}[Z^{(i)}(k\mid k-1)-\bar{Z}(k\mid k-1)][Z^{(i)}(k\mid k-1)-\bar{Z}(k\mid k-1)]^{\mathrm{T}}+R \tag{5-87}$$

$$P_{x_kz_k}=\sum_{i=0}^{2n}\omega_c^{(i)}[X^{(i)}(k\mid k-1)-\bar{Z}(k\mid k-1)][Z^{(i)}(k\mid k-1)-\bar{Z}(k\mid k-1)]^{\mathrm{T}}+R \tag{5-88}$$

增益矩阵为：

$$K(k)=P_{x_kz_k}P_{z_kz_k}^{-1} \tag{5-89}$$

状态更新为：

$$\hat{X}(k \mid k)=\hat{X}(k \mid k-1)+K(k)[Z(k)-\hat{Z}(k \mid k-1)] \tag{5-90}$$

协方差更新为：

$$P(k \mid k)=P(k \mid k-1)-K(k)P_{z_k z_k}K^{\mathrm{T}}(k) \tag{5-91}$$

估计重要性权值系数：

$$\omega^{(i)}(k)=\omega^{(i)}(k-1)\cdot\frac{1}{\sqrt{2\pi\sigma_\rho^2}}e^{\frac{-[Z(k)-\hat{Z}(k \mid k-1)]^2}{2\sigma_\rho^2}},\ i=1\sim n \tag{5-92}$$

其中，$Z(k)$ 为量测值；$\hat{Z}(k)$ 为预测量测；σ_ρ^2 为距离量测方差。

归一化重要性权值：

$$\omega^{(i)}(k)=\frac{\omega^{(i)}(k)}{\sum_{i=1}^{n}\omega^{(i)}(k)} \tag{5-93}$$

根据权值，进行重抽样，复制高权值的粒子，抛弃低权值粒子，归一化重要性权值，产生新的 n 个粒子集：

$$\chi^{(i)x}(k \mid k),\ i=1\sim n,\ \omega^{(i)}(k)=\frac{1}{n},\ i=1\sim n \tag{5-94}$$

由等权样本集得到后验均值估计、后验方差估计：

$$\hat{X}(k \mid k)=\sum_{i=1}^{n}\omega^{(i)}(k)\chi^{(i)x}(k \mid k)=\frac{1}{n}\sum_{i=1}^{n}\chi^{(i)x}(k \mid k) \tag{5-95}$$

$$P(k \mid k)=\sum_{i=1}^{n}\omega^{(i)}(k)(\chi^{(i)x}(k \mid k)-\hat{X}(k \mid k))^2=\frac{1}{n}\sum_{i=1}^{n}(\chi^{(i)x}(k \mid k)-\hat{X}(k \mid k))^2 \tag{5-96}$$

在一个滤波周期内，无迹粒子滤波同时经历了无迹卡尔曼滤波和粒子滤波过程。首先，按照 UT 变换中的确定采样规则获取有相应权值的样本集；然后，按照 UKF 算法完成对预测状态均值和方差的估计；最后，根据 UKF 算法得到的均值和方差进行采样并完成粒子滤波。可见，无迹粒子滤波算法不仅利用了粒子滤波对状态变量后验概率分布较好的逼近效果，也引入了 UKF 来产生更加准确的重要性分布，从而可以在一定程度上达到更好的估计精度。

参考文献

[1]　徐博，白金磊，郝燕玲，等. 多 AUV 协同导航问题的研究现状与进展[J]. 自动化学报，2015，41

(3)：445 - 461.

[2] 张立川，刘明雍，徐德民，等. 基于水声传播延迟的主从式多无人水下航行器协同导航定位研究[J]. 兵工学报，2009，30(12)：1674 - 1678.

[3] 田坦. 声呐技术[M]. 哈尔滨：哈尔滨工程大学出版社，2010.

[4] 周凤歧. 最优估计理论[M]. 北京：高等教育出版社，2009.

[5] Liu Jun-S，Chen Rong. Blind Deconvolution via Sequential Imputations[J]. Journal of the American Statistical Association，1995，90(430)：567.

[6] 胡士强，敬忠良. 粒子滤波原理及其应用[M]. 北京：科学出版社，2010.

[7] 梁昊姣. 基于信息熵的组网 AUV 协同导航算法研究[D]. 西安：西北工业大学，2017.

第 6 章　基于信息熵的协同导航算法研究

仅仅通过增加观测量数量的方法来提高导航精度所花费的代价较高，并且已有研究表明协同导航的精度并不随着观测量数量的增加而成比例的提高，当观测量数量达到一定程度时，进一步增加观测量数量并不能显著地提高协同导航精度，所以观测量的选择将是解决问题的关键。本章以协同导航理论为基础，研究信息熵理论与非线性滤波方法相结合的协同导航算法，一方面减少协同导航解算的观测量数量，另一方面提高协同导航解算的质量。

6.1 信息熵的计算和应用

6.1.1 信息熵的概念

信息熵是随机变量不确定性的量度，可以表征变量的随机性，信息熵的大小反映的是随机变量不确定性的大小，随机变量的不确定程度越高，从试验中获取到的信息越多，信息熵就越大。信息熵是自信息的数学期望，是随机变量的平均自信息量，是变量的平均不确定性。

连续信源的信息熵为：

$$H(X)=E\left[\log\frac{1}{p(x)}\right]=-\int p(x)\log p(x)\mathrm{d}x \tag{6-1}$$

离散信源的信息熵为：

$$H(X)=E\left[\log\frac{1}{p(x_i)}\right]=-\sum p(x_i)\log p(x_i) \tag{6-2}$$

条件熵是在已知一随机变量的情况下，对另一随机变量不确定性的量度，在一般情况下条件熵总是小于无条件熵。这是由于事物是普遍联系的，因此两个随机变量 X 和 Y，它们之间在某种程度上也是相互联系的。于是在获知一随机变量的取值条件下的条件熵总是不大于另一随机变量的无条件熵。条件熵表示了已知 Y 后 X“残留”的不确定度。条件熵是条件自信息的概率加权平均值：

连续信源的条件熵为：

$$E(X\mid Y)=\iint p(xy)\log p(x\mid y)\mathrm{d}x\mathrm{d}y=\iint p(y)p(x\mid y)\log p(x\mid y)\mathrm{d}x\mathrm{d}y \tag{6-3}$$

离散信源的条件熵为：

$$H(X \mid Y)=-\sum\sum p(x_i, y_i)\log p(x_i \mid y_i)$$
$$=-\sum\sum p(y_i)p(x_i \mid y_i)\log p(x_i \mid y_i) \tag{6-4}$$

两个随机变量 X 和 Y，了解 Y 以后，X 的不确定性的减少量 $H(X)-H(X \mid Y)$，这个差值实际上也是已知 Y 的取值后所提供的有关 X 的信息，这个差值也就是互信息[3]。

互信息为：

$$I(X;Y)=H(X)-H(X \mid Y) \tag{6-5}$$

互信息≡先验的平均不确定性－观察到 Y 后 X 保留的平均不确定性
≡平均不确定性的消除程度

6.1.2 信息熵的计算

一维随机变量 X 的概率密度分布是正态分布，即：

$$p(x)=\frac{1}{\sqrt{2\pi\sigma^2}}\exp\left(-\frac{(x-\mu)^2}{2\sigma^2}\right) \tag{6-6}$$

其中，μ 是 X 的均值；σ^2 是 X 的方差。

于是，该连续信源的熵为：

$$\begin{aligned}
h(x)&=-\int_{-\infty}^{\infty} p(x)\log p(x)\mathrm{d}x\\
&=-\int_{-\infty}^{\infty} p(x)\log\left[\frac{1}{\sqrt{2\pi\sigma^2}}\exp\left(-\frac{(x-\mu)^2}{2\sigma^2}\right)\right]\mathrm{d}x\\
&=-\int_{-\infty}^{\infty} p(x)(-\log\sqrt{2\pi\sigma^2})\mathrm{d}x+\int_{-\infty}^{\infty} p(x)\left[\frac{(x-\mu)^2}{2\sigma^2}\right]\mathrm{d}x\cdot\log e\\
&=\log\sqrt{2\pi\sigma^2}+\frac{1}{2}\log e\\
&=\frac{1}{2}\log 2\pi e\sigma^2
\end{aligned} \tag{6-7}$$

其中，$\int_{-\infty}^{\infty} p(x)\mathrm{d}x=1$；$\int_{-\infty}^{\infty}(x-\mu)^2 p(x)\mathrm{d}x=\sigma^2$。

从中可以看出，正态分布的连续信源的熵与数学期望无关，只与其方差有关。这里分析的是一维随机变量熵的计算，协同导航中的状态量是三维及以上的，下面将分析多维随机变量熵的计算。

N 维连续随机变量 $X=(X_1, X_2, \cdots, X_N)$ 是正态分布，此信源为 N 维高斯信源。令每一个变量 X_i 的均值为 m_i，各变量之间的联合二阶中心距为 $\mu_{ij}=E[(X_i-m_i)(X_j-m_j)]$ $(i, j=1, 2, \cdots, N)$，则 $N\times N$ 阶协方差矩阵 R。

$$R=\begin{bmatrix}\mu_{11} & \mu_{12} & \cdots & \mu_{1N}\\ \mu_{21} & \mu_{22} & \cdots & \mu_{2N}\\ \vdots & \vdots & \vdots & \vdots\\ \mu_{N1} & \mu_{N2} & \cdots & \mu_{NN}\end{bmatrix} \tag{6-8}$$

$|R|$ 表示矩阵的行列式，$|R|_{ij}$ 表示代数余子式，随机矢量 X 的概率密度是：

$$p(x)=\frac{1}{(2\pi)^{1/2}|R|^{1/2}}\exp\left[-\frac{1}{2|R|}\sum_{i=1}^{N}\sum_{j=1}^{N}|R|_{ij}(x_i-m_i)(x_j-m_j)\right] \tag{6-9}$$

于是，N 维高斯随机序列信源的信息熵为

$$h(X)=-\int_{-\infty}^{\infty}p(x)\log p(x)\mathrm{d}x \tag{6-10}$$

$$=-\int_{-\infty}^{\infty}p(x)\log\left\{\frac{1}{(2\pi)^{1/2}|R|^{1/2}}\exp\left[-\frac{1}{2|R|}\sum_{i=1}^{N}\sum_{j=1}^{N}|R|_{ij}(x_i-m_i)(x_j-m_j)\right]\right\}\mathrm{d}x_1\cdots\mathrm{d}x_N$$

$$=\log(2\pi)^{N/2}|R|^{1/2}+\frac{N}{2}\log e$$

$$=\log[(2\pi e)^{N/2}\cdot|R|^{1/2}]$$

$$=\frac{1}{2}\log(2\pi e)^N|R| \tag{6-11}$$

6.2 信息熵在自主水下航行器协同导航中的应用

在实际的协同导航工程应用中，仅通过改进滤波算法来提高协同导航精度的作用是有限的，应该同时结合观测量的选取来提高导航精度。根据信息论的理论可知，信息熵表示新量测更新前状态 $X(k)$ 的不确定性，互信息表示新量测带来的信息量。某个量测对应的互信息越大，也就意味着该量测带来的信息量越大、量测越优，经过量测融合后状态的不确定性越小，协同导航精度越高，即该量测是最大信息量意义上的最优量测。

利用信息熵反应组网中 AUV[4] 可用的周围观测数据的质量，通过计算信息熵，得到用于协同导航观测数据的互信息，量测的互信息越大，量测越优，即 AUV 定位的准确度越高，进而建立性能函数用以度量某个量测的价值，就能计算出来组网 AUV 系统的整个量测的价值，得到一种组网 AUV 协同导航算法。

卡尔曼滤波算法的思想中对随机变量的描述使用的是概率密度函数，而信息熵正是对随机变量的概率密度函数进行积分计算得到的。协同导航就是需要根据观测量完成对状态量的估计，进行多 AUV 的协同导航就是要使得状态量估计的不确定性的减小量最大，也就是需要信息熵的减少量达到最大，就是互信息达到最大。可以通过建立一定的性能函数对所获取的观测量进行筛选，挑选一定数量性能较高的量测进行协同导航解算。

在 n 个 AUV 组成的组网中，对于任意 AUV_i，$i=1\sim n$，由信息熵定义可知，在 k 时刻新息到来之前，其信息熵为：

$$H(X_{k|k-1},\ Z_{k-1})=-\int p(X_{k|k-1}\mid Z_{k-1})\ln p(X_{k|k-1}\mid Z_{k-1})\mathrm{d}x \tag{6-12}$$

在新息到来后，其信息熵为：

$$H(X_{k|k-1},\ Z_k)=-\int p(X_{k|k-1}\mid Z_k)\ln p(X_{k|k-1}\mid Z_k)\mathrm{d}x \tag{6-13}$$

其互信息为：

$$I(X_k,\ Z_k)=H(X_{k|k-1},\ Z_{k-1})-H(X_{k|k-1},\ Z_k) \tag{6-14}$$

由式可知 N 维高斯随机序列信源的信息熵为：

$$h(X)=-\int_{-\infty}^{\infty}p(x)\log p(x)\mathrm{d}x=\frac{1}{2}\log(2\pi e)^N\mid R\mid$$

假设 AUV 的状态变量服从高斯分布，则 AUV 的互信息为：

$$\begin{aligned}I(X_k,\ Z_k)&=H(X_{k|k-1},\ Z_{k-1})-H(X_{k|k-1},\ Z_k)\\&=\frac{1}{2}\log(2\pi e)^N\mid P_{k|k-1}\mid-\frac{1}{2}\log(2\pi e)^N\mid P_k\mid\\&=\frac{1}{2}\log\frac{\mid P_{k|k-1}\mid}{\mid P_k\mid}\\&=\frac{1}{2}\log(2\pi e)^N\mid P_{k|k-1}\mid-\frac{1}{2}\log(2\pi e)^N\mid P_k\mid\\&=\frac{1}{2}\log\frac{\mid P_{k|k-1}\mid}{\mid P_k\mid}\end{aligned} \tag{6-15}$$

6.2.1 性能函数的理论分析

根据信息论中互信息的意义，可以利用互信息实现对观测量的选择。王玲使用互信息进行仿真实验，研究结果表明使用互信息可以较好地完成对观测量的筛选。姚尧使用互信息结合时间消耗建立目标函数进行了仿真实验，实验结果验证了算法的有效性。考虑到滤波中的估计协方差在一定程度上表征着估计质量的优劣，估计协方差越小表示估计的质量越高，反之估计的质量越低，因此本书在建立性能函数时同时考虑估计协方差的大小。多 AUV 信息交互不可避免地需要进行水声通信和探测，在通信和探测的过程中随着距离的增加节点消耗的能量也将增加；在水声通信工程中，不可避免地存在通信延迟，多 AUV 协同导航的位置是实时更新的，因此应该尽量减小通信延迟对协同导航产生的影响。通信延迟主要包含通信传输延时和通信处理延时，通信处理延时受到水声设备条件的限制，在使用中将尽量减小通信传输延迟，通信传输延迟与 AUV 的相对距离成正比，相对距离越远节点消耗能量越多通信传输延迟越大，反之节点消耗能量越少通信传输延迟越小，因此本书在建立性能函数时考虑距离的大小，当某 AUV 的距离大于一定的阈值后将放弃对该 AUV 量测的选取。

6.2.2　性能函数的仿真分析

综合互信息、距离、估计协方差建立观测量选择的性能函数。考虑到各因素的单位不一致，进行归一化处理。以 AUV_4 为例进行说明，假设 k 时刻 AUV_4 观测到 AUV_i 的互信息为 I_i，相互距离为 ρ_i，估计协方差为 P_i，其中 $i=1, \cdots, 9, i \neq 4$。

则 AUV_4 对 AUV_i 的性能评价值为：

$$\boldsymbol{\Psi}^{(i)} = \omega_I^{(i)} \cdot \omega_P^{(i)} \cdot \omega_\rho^{(i)} \tag{6-16}$$

其中，

$$\omega_I^{(i)} = I_i \Big/ \sum_{i=1, \cdots, 9, i\neq 4}^{9} I_i$$

$$\omega_P^{(i)} = \frac{1}{|P_i|} \Big/ \sum_{i=1, \cdots, 9, i\neq 4}^{9} \frac{1}{|P_i|}$$

$$\omega_\rho^{(i)} = \frac{1}{|\rho_i|} \Big/ \sum_{i=1, \cdots, 9, i\neq 4}^{9} \frac{1}{|\rho_i|}$$

为了验证综合互信息、相对距离、估计协方差建立的性能函数优于其他方式建立的性能函数，进行以下仿真。仿真中引入另外两种性能函数 $\boldsymbol{\Psi}_1^{(i)}$ 和 $\boldsymbol{\Psi}_2^{(i)}$，分别为基于互信息和距离的性能函数、基于估计协方差和距离的性能函数。同时将基于互信息、估计协方差和距离的性能函数标记为 $\boldsymbol{\Psi}_3^{(i)}$。由于组网 AUV 采用主从式结构分布时，可以根据从 AUV 对主 AUV 量测的选取数量更加直观地表现出性能函数在选取观测量方面的优劣，基于此该仿真中采用主从式结构分布。仿真中统一选取 3 组观测量进行协同导航处理。

$$\boldsymbol{\Psi}_1^{(i)} = \omega_I^{(i)} \cdot \omega_\rho^{(i)}$$

$$\boldsymbol{\Psi}_2^{(i)} = \omega_P^{(i)} \cdot \omega_\rho^{(i)}$$

$$\boldsymbol{\Psi}_3^{(i)} = \omega_I^{(i)} \cdot \omega_P^{(i)} \cdot \omega_\rho^{(i)}$$

在试验中组网 AUV 由 9 个 AUV 组成，其中有 2 个装备高精度传感器，其余 7 个装备低精度传感器。航速为 6 节，初始航向角为 85°，角速度为 −0.3°/s。高精度 AUV_i，$i=3, 5$ 的定位传感器精度为 $\sigma_v^2=(0.5\ \text{kn})^2 \sigma_\omega^2=(0.2°/\text{s})^2$，低精度 AUV_i，$i=1\sim 9$，$i\neq$

3、5 的定位传感器精度为 $\sigma_v^2=(1.8\ \mathrm{kn})^2\sigma_\omega^2=(0.8°/\mathrm{s})^2$。自主定位传感器更新频率为 1 Hz，水声测量更新频率为 0.1 Hz，水声测量精度 $\sigma_\rho^2=(8\ \mathrm{m})^2$。单次仿真 250 s，蒙特卡洛仿真 100 次。

由于各个 AUV 的定位结果是类似的，将以 AUV_4 的仿真结果为例进行说明。图 6-1 为 AUV_4 的 100 次蒙特卡洛仿真误差统计平均值，由上到下依次为无量测、熵 1 选取量测、熵 2 选取量测、熵 3 选取量测，从图中可以看出根据性能函数 $\boldsymbol{\Psi}_3^{(i)}$ 进行量测选取的定位误差要低于根据性能函数 $\boldsymbol{\Psi}_1^{(i)}$ 和 $\boldsymbol{\Psi}_2^{(i)}$ 的定位误差。图 6-2 为 AUV_4 的轨迹图，从中可以 AUV_4 的运动轨迹为一曲线。从图 6-3 中可以较明显地看出性能函数 $\boldsymbol{\Psi}_3^{(i)}$ 对主 AUV 的选择性更高，可以较好地从已获取的观测量中选择出较优的观测量进行协同导航，完成对自身位置的更新。同时也可以看出 AUV_4 并没有选取距离最远的 AUV_6 和 AUV_9 的量测而是选取了较近的一些观测量进行数据融合，充分体现出了性能函数中距离因素起到的效果。从图 6-3 中可以看出 X 方向误差 $\boldsymbol{\Psi}_2^{(i)}$ 和 $\boldsymbol{\Psi}_3^{(i)}$ 相差并不太明显，总体上 $\boldsymbol{\Psi}_3^{(i)}$ 的误差更小一些，但是 $\boldsymbol{\Psi}_1^{(i)}$ 的误差相比两者较大一些。从图 6-4 中可以看出 Y 方向误差 $\boldsymbol{\Psi}_1^{(i)}$ 和 $\boldsymbol{\Psi}_2^{(i)}$ 接近，$\boldsymbol{\Psi}_3^{(i)}$ 的误差相比较小。仿真实验体现出了基于互信息、相对距离、估计协方差的性能函数的有效性和优越性。

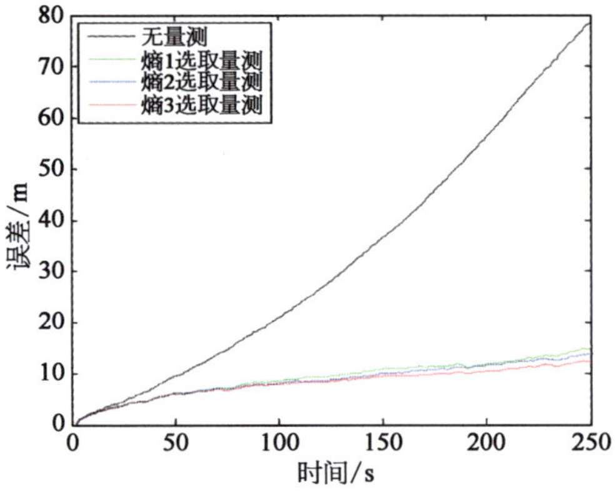

图 6-1　AUV_4误差图

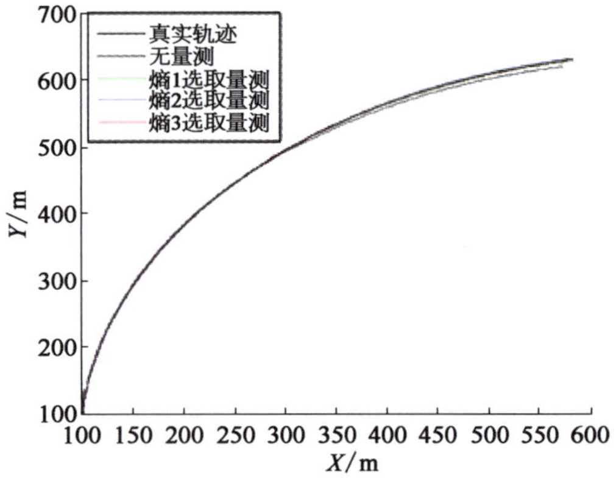

图 6-2　AUV_4 轨迹图

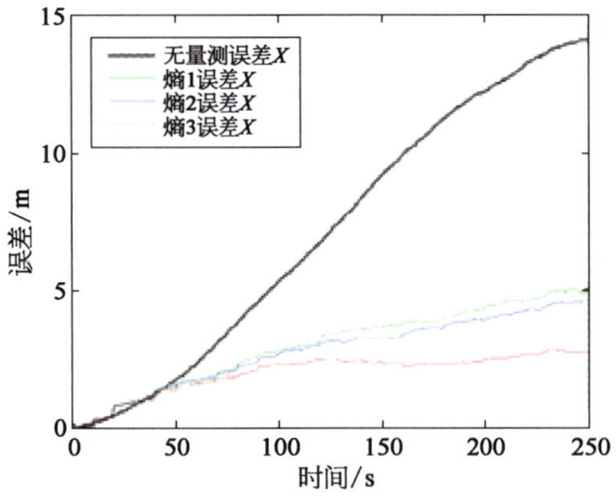

图 6-3　AUV_4X 定位误差图

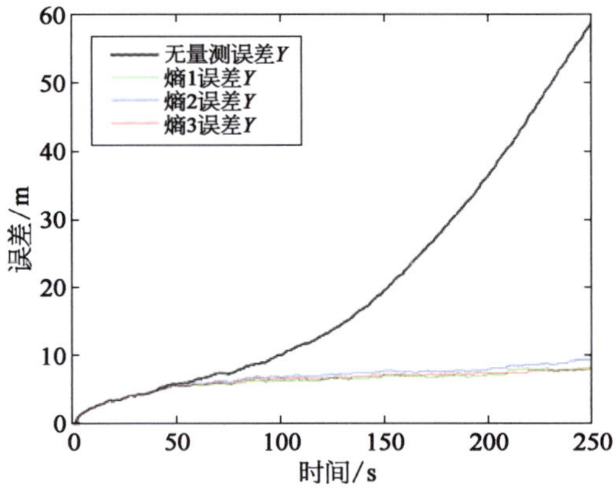

图 6-4　AUV_4Y 定位误差图

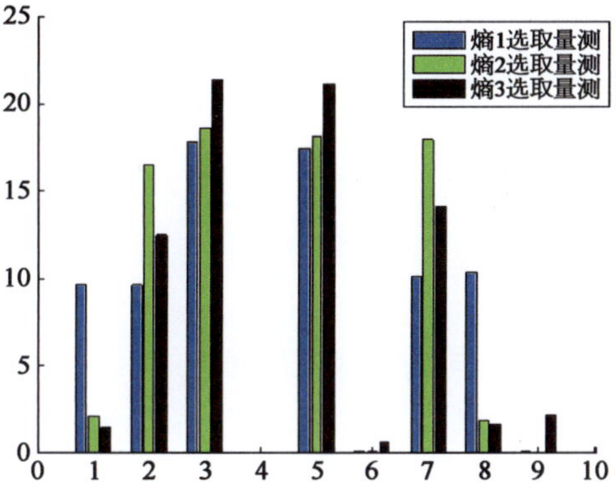

图 6-5　AUV$_4$ 选取的量测个数

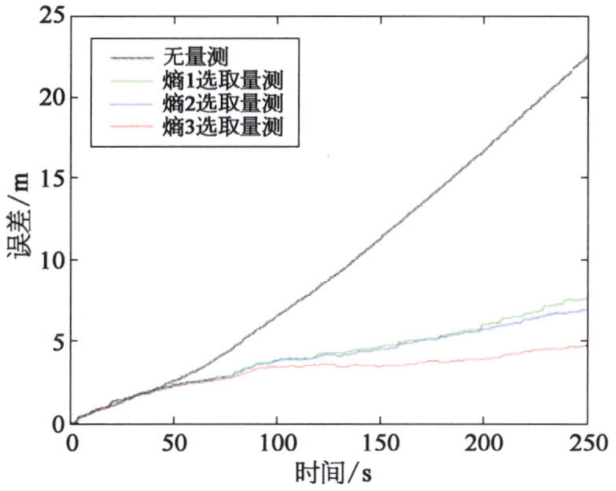

图 6-6　AUV$_3$ 误差图

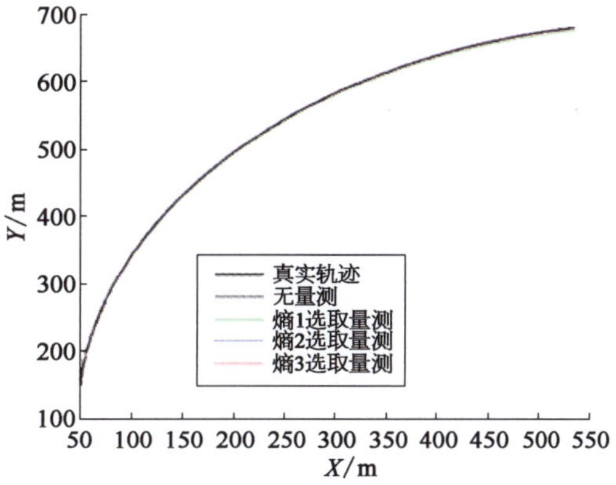

图 6-7　AUV$_3$ 轨迹图

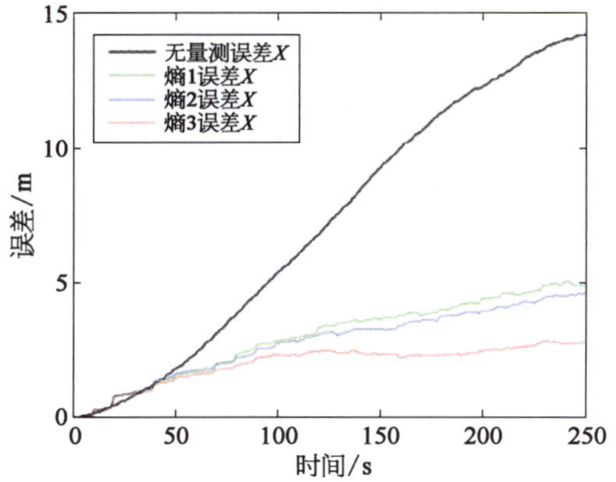

图 6-8　AUV$_3X$ 定位误差图

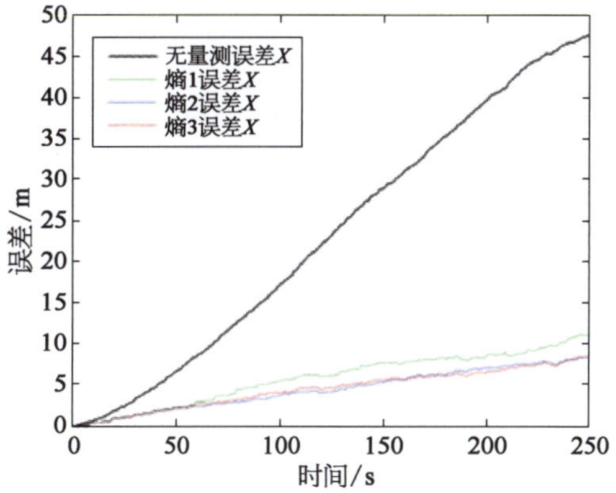

图 6-9　AUV$_3Y$ 定位误差图

6.3 基于信息熵的协同导航算法流程

6.3.1 信息熵在 EKF 中的协同导航算法流程

初始化；
设定 AUV_i 的初始状态 $X(0)$、设定采样时间、仿真步长；
设定 EKF 滤波器估计的初始状态 EKF(0)；
设定 EKF 滤波器估计的状态协方差矩阵 $P(0)$；
设定过程噪声方差和观测噪声方差；
循环 for
　根据系统运动学模型进行状态预测；
　根据状态预测值进行系统观测预测；
　状态方程非线性函数雅各比矩阵更新、观测方程非线性函数雅各比矩阵更新；
　协方差矩阵预测；
　先验概率模型的信息熵；
　卡尔曼滤波增益更新；
　协方差矩阵更新；
　后验概率模型的信息熵；
　互信息计算，按性能函数进行排序，选择最优量测；
　系统状态更新；
循环 end

6.3.2 信息熵在 UKF 中的协同导航算法流程

初始化；
设定 AUV_i 的初始状态 $X(0)$、设定采样时间、仿真步长；
设定 UKF 滤波器估计的初始状态 UKF(0)；
设定 UKF 滤波器估计的状态协方差矩阵 $P(0)$；
设定过程噪声方差和观测噪声方差；
循环 for
　获取一组采样点及其对应的权值；
　计算采样点集的一步状态预测；
　计算系统状态的预测值以及状态预测协方差；

利用预测状态和状态预测协方差 UT 变换，产生新的采样点集；
根据新采样点集得到观测的一步预测；
计算观测预测值、观测预测协方差、状态观测预测协方差；
先验概率模型的信息熵；
卡尔曼滤波增益更新；
协方差矩阵更新；
后验概率模型的信息熵；
互信息计算，按性能函数进行排序，选择最优量测；
系统状态更新；
循环 end

6.3.3　信息熵在 UPF 中的协同导航算法流程

初始化；
设定的初始状态、设定采样时间、仿真步长；
设定 UPF 滤波器估计的初始状态；
设定 UKF 滤波器估计的状态协方差矩阵；
设定过程噪声方差和观测噪声方差；
根据先验概率密度函数随机产生初始粒子集；
循环 for
计算粒子集的一步状态预测；
根据一步状态预测集计算系统的观测预测值；
根据观测预测值进行粒子权值的计算，并进行归一化；
计算先验概率模型的信息熵
根据不同的再采样方法，复制权值较大的粒子，舍弃权值较小的粒子，产生新的粒子集和相应的权值；
计算后验概率模型的信息熵；
互信息计算，按性能函数进行排序，选择最优量测；
系统状态更新；
重采样
循环 end

参考文献

[1] 王秋滢，尹娟. UUV 协同导航下 MEMS 陀螺仪协同标定[J]. 水下无人系统学报，2019，27(03)：305 - 312.
[2] 项长生，李凌云，周宇，原子. 基于模态曲率效用信息熵的梁结构损伤识别[J]. 振动与冲击，2020，39(17)：234 - 244.

[3] Wenjie Li, Yao Li. Entropy, mutual information, and systematic measures of structured spiking neural networks[J]. Journal of Theoretical Biology, 2020, 501.
[4] 李红,刘明雍,刘坤.基于信息熵的 AUV 地磁仿生导航方法[J].系统工程与电子技术,2016,38(06):1390-1394.

第 7 章 滚动时域估计的多自主水下航行器协同定位算法研究

本章介绍基于模型预测控制滚动优化原理的系统状态估计方法：滚动时域估计。滚动时域估计是一种利用一连串量测的信号进行最优化的作法，量测的信号中包括噪声(随机变异)以及其他的不准确性，根据这些信号产生未知参数或是变数的估计值。滚动时域估计和确定性的作法不同，滚动时域估计需要递回式的求解法，利用线性规划或非线性规划来找到对应的解。

MHE 在线求解优化估计问题时，能够方便地处理非线性特性和充分利用以时域约束形式出现的关于系统干扰和状态的已知信息，提高估计的合理性和准确性，有别于其他优化估计方法，例如卡尔曼滤波。

7.1 滚动时域估计的基本原理

状态估计问题可以描述为：给定 T 时刻之前的所有量测集 $Z_{1:T-1}=\{Z_k,\ k=1,\ \cdots,\ T-1\}$ 及其概率分布，寻找系统状态 $\{X_0,\ X_1,\ \cdots,\ X_T\}$ 的概率分布，以获得最大可能的估计状态 $\{\hat{X}_{0|T-1},\ \hat{X}_{1|T-1},\ \cdots,\ \hat{X}_{T|T-1}\}$，其中 $\hat{X}_{k|T-1}(k=0,\ 1,\ \cdots,\ T)$ 表示在 $T-1$ 时刻对 k 时刻的状态估计，即保证条件概率密度函数：

$$p(X_0,\ X_1,\ \cdots,\ X_{T-1}\mid Z_0,\ Z_1,\ \cdots,\ Z_{T-1}) \tag{7-1}$$

达到最大。

记 $L_T(\cdot)$ 为式(7-1)的条件概率密度函数，则状态估计问题可表示为：

$$\{\hat{X}_{0|T-1},\ \hat{X}_{1|T-1},\ \cdots,\ \hat{X}_{T|T-1}\}=L_T(p(X_0,\ X_1,\ \cdots,\ X_{T-1}\mid Z_0,\ Z_1,\ \cdots,\ Z_{T-1})) \tag{7-2}$$

通常情况下，函数 $L_T(\cdot)$ 可选择为后验贝叶斯估计的最大值或期望，即：

$$\{\hat{X}_{0|T-1},\ \hat{X}_{1|T-1},\ \cdots,\ \hat{X}_{k|T-1}\}\in \arg\max_{\{X_0,\ X_1,\ \cdots,\ X_T\}}(p(X_0,\ X_1,\ \cdots,\ X_{T-1}\mid Z_0,\ Z_1,\ \cdots,\ Z_{T-1})) \tag{7-3}$$

考虑非线性随机滤波系统(7-2)，假设 $\boldsymbol{X}_k=\boldsymbol{f}_k(\boldsymbol{X}_{k-1},\ \boldsymbol{u}_{k-1},\ \boldsymbol{\omega}_{k-1})=\boldsymbol{f}_k(\boldsymbol{X}_{k-1},\ \boldsymbol{u}_{k-1})+\boldsymbol{\omega}_{k-1}$，$\boldsymbol{Z}_k=\boldsymbol{H}_k(\boldsymbol{X}_k,\ \boldsymbol{\upsilon}_k)=\boldsymbol{H}_k\boldsymbol{X}_k+\boldsymbol{\upsilon}_k$，$\boldsymbol{\omega}_k$ 为系统噪声，$\boldsymbol{\upsilon}_k$ 为量测噪声，系统噪声与量测噪声相互独立。依据马尔科夫性质和对数性质，式(7-3)可以转变成

$$\arg\max_{\{X_0,\ X_1,\ \cdots,\ X_T\}}\sum_{k=0}^{T-1}[\ln p_{\upsilon_k}(\boldsymbol{Z}_k-\boldsymbol{H}_k\boldsymbol{X}_k)+\ln p_{w_k}(\boldsymbol{X}_k-\boldsymbol{f}_k(\boldsymbol{X}_{k-1},\ \boldsymbol{u}_{k-1}))]+\ln p_{\boldsymbol{X}_0}(\boldsymbol{X}_0) \tag{7-4}$$

如果初始状态 $\boldsymbol{X}_0$ 的先验估计服从 $\boldsymbol{X}_0\sim N(\bar{\boldsymbol{X}}_0,\ \boldsymbol{P}_0^2)$；系统噪声 $\boldsymbol{\omega}_k$ 服从 $\boldsymbol{\omega}_k\sim N(0,$

$\boldsymbol{Q}^2$)，量测噪声 $\boldsymbol{v}_k$ 服从 $\boldsymbol{v}_k \sim N(0, \boldsymbol{R}^2)$，则：

$$
\begin{aligned}
&\arg\max_{\{X_0, X_1, \cdots, X_T\}} (p(X_0, X_1, \cdots, X_{T-1} \mid Z_0, Z_1, \cdots, Z_{T-1})) \\
=&\arg\min_{\{X_0, X_1, \cdots, X_T\}} \| \boldsymbol{X}_0 - \bar{\boldsymbol{X}}_0 \|_{\boldsymbol{P}_0}^2 + \sum_{k=0}^{T-1} \| \boldsymbol{X}_k - \boldsymbol{f}_k(\boldsymbol{X}_{k-1}, \boldsymbol{u}_{k-1}) \|_{\boldsymbol{Q}}^2 + \\
&\sum_{k=0}^{T-1} \| \boldsymbol{Z}_k - \boldsymbol{H}_k(\boldsymbol{X}_k) \|_{\boldsymbol{R}}^2 \\
=&\arg\min_{\{X_0, X_1, \cdots, X_T\}} \| \boldsymbol{X}_0 - \bar{\boldsymbol{X}}_0 \|_{\boldsymbol{P}_0}^2 + \sum_{k=0}^{T-1} \| \boldsymbol{w}_k \|_{\boldsymbol{Q}}^2 + \sum_{k=0}^{T-1} \| \boldsymbol{v}_k \|_{\boldsymbol{R}}^2
\end{aligned}
\tag{7-5}
$$

其中，$\| \boldsymbol{z} \|_{\boldsymbol{A}}^2 = \boldsymbol{z}^T \boldsymbol{A}^{-1} \boldsymbol{z}$。

因此，如果系统初始状态 $\boldsymbol{X}_0$ 的先验估计状态服从 $\boldsymbol{X}_0 \sim N(\bar{\boldsymbol{X}}_0, \boldsymbol{P}_0^2)$，则在 T 时刻由式(7-3)所描述的状态估计问题等价于下面的约束优化估计问题。

<u>问题 7.1</u>

$$
\phi_T^* = \min_{X_0, \{w_k\}_0^{T-1}} \phi_T(\boldsymbol{X}_0, \{\boldsymbol{w}_k\}) \tag{7-6}
$$

满足系统：

$$
\boldsymbol{X}_k = \boldsymbol{f}_k(\boldsymbol{X}_{k-1}, \boldsymbol{\omega}_k) \tag{7-7}
$$

$$
\boldsymbol{Z}_k = \boldsymbol{H}_k(\boldsymbol{X}_k, \boldsymbol{v}_k) \tag{7-8}
$$

和时域约束条件：

$$
\boldsymbol{X}_k \in \mathrm{X}_k, \boldsymbol{w}_k \in \mathrm{W}_k, \boldsymbol{v}_k \in \mathrm{V}_k \tag{7-9}
$$

其中目标函数为：

$$
\phi_k(\boldsymbol{X}_0, \{\boldsymbol{w}_k\}) = \arg\min_{\{\boldsymbol{X}_0, \boldsymbol{X}_1, \cdots, \boldsymbol{X}_T\}} \| \boldsymbol{X}_0 - \bar{\boldsymbol{X}}_0 \|_{\boldsymbol{P}_0}^2 + \sum_{k=0}^{T-1} \| \boldsymbol{w}_k \|_{\boldsymbol{Q}}^2 + \sum_{k=0}^{T-1} \| \boldsymbol{v}_k \|_{\boldsymbol{R}}^2 \tag{7-10}
$$

其中，X_k，W_k，V_k 通常选择为有限维数的多面体凸集；$\boldsymbol{X}_k$ 和 $\boldsymbol{Z}_k$ 分别为系统状态和量测输出；$\boldsymbol{\omega}_k$ 为系统噪声，$\boldsymbol{v}_k$ 为量测噪声，服从均值为零，协方差分别为 $\boldsymbol{Q}$，$\boldsymbol{R}$ 的正态分布，且相互独立。

从统计学意义上进行解释：$\bar{\boldsymbol{X}}_0$ 是系统初始状态 $\boldsymbol{X}_0$ 的一个先验估计，矩阵 $\boldsymbol{P}_0$ 反映了对这个先验估计的信心。如果 $\boldsymbol{P}_0$ 大，则最小化的结果将使 $\boldsymbol{X}_0$ 更加接近 $\bar{\boldsymbol{X}}_0$，这表示设计者认为先验估计值可靠。如果 $\boldsymbol{P}_0$ 取零，那么则该项对目标函数的贡献为零，也就是说 $\bar{\boldsymbol{X}}_0$ 将不会影响求解，表示设计者认为先验估计值不可信，从而不予采纳。矩阵 $\boldsymbol{Q}$ 反映了对系统模型精度的信心，而矩阵 $\boldsymbol{R}$ 反映了对传感器量测结果的信心。因此，如果 $\boldsymbol{Q} > \boldsymbol{R}$，那么对传感器量测精度的信心要强于系统模型的信心，反之则表示对系统模型精度更有信心。

求解问题 7.1 主要是通过极小化目标函数 $\phi_k(\boldsymbol{X}_0, \{\boldsymbol{w}_k\})$ 得到优化解，记为 $(\boldsymbol{X}_0^*, \{\boldsymbol{w}_k^*\}_{k=0}^{T-1})$，即系统初始状态和系统噪声，将优化解代入系统方程(7-7)，则可以求得 k 时刻下系统状态的估计值。在下一时刻，将最新量测值推入量测数据序列，根据模型预测控制的滚动优化原理，令 $T=T+1$，重新求解约束估计问题 7.1。

问题 7.1 利用了全部的量测数据来估计系统状态和系统噪声，故称之为全信息滚动时域估计(full information estimation, FIE)。显然，随着时间的增大，问题 7.1 处理的数据越来越多，计算负荷越来越大，尤其是存在约束(7-9)时。当时间 $T\to\infty$ 时，就产生了所谓的“数据爆炸”问题。因此限制优化估计问题的维数是必要的。

为了在实际问题中避免“数据爆炸”问题，Rao 等人提出了滚动时域的方法，即通过引入固定的数据时域 N，将问题 7.1 中的计算时域分为两部分，即 $\{k: 0\leqslant k\leqslant T-N-1\}$ 和 $\{k: T-N\leqslant k\leqslant T-1\}$。目标函数(7-10)可以重新表示为：

$$\begin{aligned}\arg\min_{\boldsymbol{X}_0, \boldsymbol{X}_1, \cdots, \boldsymbol{X}_T} \phi_k(\boldsymbol{X}_{0:T}) = \| \boldsymbol{X}_0 - \bar{\boldsymbol{X}}_0 \|_{\boldsymbol{P}_0}^2 + \sum_{k=0}^{T-N-1} \| \boldsymbol{w}_k \|_{\boldsymbol{Q}}^2 + \sum_{k=0}^{T-N-1} \| \boldsymbol{v}_k \|_{\boldsymbol{R}}^2 \\ + \sum_{k=T-N}^{T-1} \| \boldsymbol{w}_k \|_{\boldsymbol{Q}}^2 + \sum_{k=T-N}^{T-1} \| \boldsymbol{v}_k \|_{\boldsymbol{R}}^2\end{aligned} \tag{7-11}$$

根据系统(7-7)、(7-8)的马尔可夫特性，式(7-11)的后面两项：

$$\sum_{k=T-N}^{T-1} \| \boldsymbol{w}_k \|_{\boldsymbol{Q}}^2 + \sum_{k=T-N}^{T-1} \| \boldsymbol{v}_k \|_{\boldsymbol{R}}^2$$

的值仅与状态 $\boldsymbol{X}_{T-N}$、系统噪声 $\{\boldsymbol{\omega}_k\}_{T-N}^{T-1}$ 和量测集 $\{\boldsymbol{Z}_k\}_{T-N}^{T-1}$ 相关。利用前向动态规划原理，可以建立起全信息估计问题与固定时域估计问题之间的等价关系，则估计问题 7.1 与如下问题等价。

问题 7.2

$$\phi_T^* = \underset{\boldsymbol{x}_{T-N}, \{\boldsymbol{\omega}_k\}_{T-N}^{T-1}}{\operatorname{argmin}} \phi_T(\boldsymbol{X}_{T-N}, \boldsymbol{\omega}_k)$$

满足系统(7-7)、(7-8)和时域约束条件(7-9)；

其中目标函数为：

$$\phi_k(\boldsymbol{X}_{T-N}, \{\boldsymbol{w}_k\}) = \operatorname{argmin} \sum_{k=T-N}^{T-1} \| \boldsymbol{w}_k \|_{\boldsymbol{Q}}^2 + \sum_{k=T-N}^{T-1} \| \boldsymbol{v}_k \|_{\boldsymbol{R}}^2 + \boldsymbol{\Theta}_{T-N}(\boldsymbol{X}_{T-N}) \tag{7-12}$$

其中到达代价(arrival cost)可定义为：

$$\boldsymbol{\Theta}_T(z) = \min_{\boldsymbol{X}_0, \{\boldsymbol{\omega}_k\}_0^{t-1}} \{\phi_t(\boldsymbol{X}_0, \{\boldsymbol{\omega}_k\}_0^{t-1}) : X(t; \boldsymbol{X}_0, \{\boldsymbol{\omega}_k\}) = z\} \tag{7-13}$$

满足系统(7-7)、(7-8)和时域约束条件(7-9)。

上述估计问题中，N 是滚动时域窗口长度，$\boldsymbol{\Theta}_{T-N}(\boldsymbol{X}_{T-N})$ 是到达代价，求解步骤同问题 7.1。不同的是，求解问题 7.2 时，只利用了当前时刻前的最新的 N 个数据，其余量测数据对估计的影响压缩进了到达代价函数 $\boldsymbol{\Theta}_{T-N}(\boldsymbol{X}_{T-N})$。根据滚动优化原理，在下一时刻将最新量测值推入数据序列，丢掉最旧的那个数据，维持 N 个量测数据不变，因此称为滚动时域估计，如图 7-1 所示。

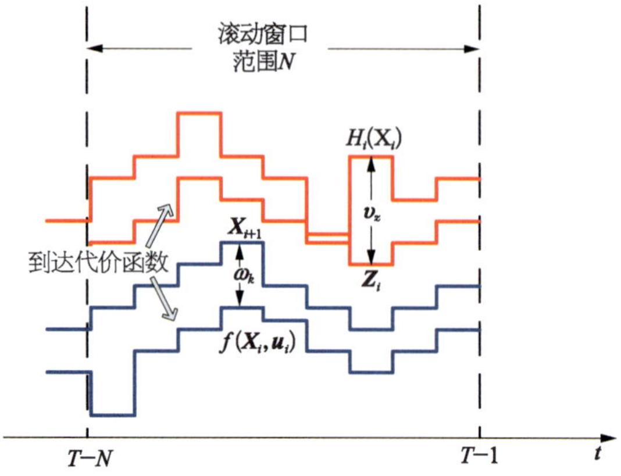

图 7-1　滚动时域估计原理图

时域长度 N 是有限时域滚动时域估计的一个参数。如果 N 取值过大，求解的速度就会下降，但估计效果会随着 N 的增大而得到增强。所以选择时域长度 N 时，需要综合考虑估计精度和计算速度两个方面。通常选择 N 的取值为两倍于系统阶次的正整数，在实际应用需要视具体情况来进行调整。

7.2　卡尔曼滤波与滚动时域估计之间的关系

在多传感器信息融合问题上，优化估计方法和卡尔曼滤波方法都被广泛使用，在同一个问题框架下，对它们之间的联系与区别进行研究有助于更好的应用。为了方便起见，假设线性系统模型，并且 $N=1$：

$$\begin{cases}\boldsymbol{X}_{k+1}=\boldsymbol{F}\boldsymbol{X}_k+\boldsymbol{w}_k\\ \boldsymbol{Z}_k=\boldsymbol{H}\boldsymbol{X}_k+\boldsymbol{v}_k\end{cases} \tag{7-14}$$

那么，优化估计问题 7.1 就转变为二次型优化问题：

$$\arg\min_{\{\boldsymbol{X}_0,\boldsymbol{X}_1,\cdots,\boldsymbol{X}_k\}}=\arg\min_{\{\boldsymbol{X}_0,\boldsymbol{X}_1,\cdots,\boldsymbol{X}_k\}}\|\boldsymbol{X}_0-\hat{\boldsymbol{X}}_0\|^2_{\boldsymbol{P}_0}+\sum_{i=0}^{k-1}\|\boldsymbol{X}_{i+1}-\boldsymbol{F}\boldsymbol{X}_i\|^2_{\boldsymbol{Q}}+\sum_{i=0}^{k}\|\boldsymbol{Z}_i-\boldsymbol{H}\boldsymbol{X}_i\|^2_{\boldsymbol{R}} \tag{7-15}$$

那么在 $k=0$ 时刻，可以写为带有等式约束的优化估计问题：

$$\begin{aligned}&\arg\min_{\boldsymbol{X}_0}\|\boldsymbol{X}_0-\hat{\boldsymbol{X}}_0\|^2_{\boldsymbol{P}_0}+\sum_{i=0}^{k}\|\boldsymbol{v}_0\|^2_{\boldsymbol{R}}\\ &s.t.\ \boldsymbol{Z}_0-\boldsymbol{H}\boldsymbol{X}_0-\boldsymbol{v}_0=0\end{aligned} \tag{7-16}$$

利用拉格朗日乘子法或者是 KKT 条件[1]，λ_0 是拉格朗日乘子，可以得到：

$$\begin{bmatrix} \boldsymbol{P}_0^{-1} & \boldsymbol{H}^T & 0 \\ \boldsymbol{H} & 0 & \boldsymbol{I} \\ 0 & \boldsymbol{I} & \boldsymbol{R}^{-1} \end{bmatrix} \begin{bmatrix} \boldsymbol{X}_0 \\ -\dfrac{1}{2}\lambda_0 \\ \boldsymbol{v}_0 \end{bmatrix} = \begin{bmatrix} \boldsymbol{P}_0^{-1}\hat{\boldsymbol{X}}_0 \\ \boldsymbol{Z}_0 \\ 0 \end{bmatrix} \tag{7-17}$$

利用矩阵舒尔补，可以得到：

$$\begin{cases} \boldsymbol{P}_0^{-1}\boldsymbol{X}_0 - \dfrac{1}{2}\lambda_0 \boldsymbol{H}^{\mathrm{T}} = \boldsymbol{P}_0^{-1}\hat{\boldsymbol{X}}_0 \\ \boldsymbol{R}^{-1}\boldsymbol{v}_0 - \dfrac{1}{2}\lambda_0 = 0 \\ \boldsymbol{Z}_0 = \boldsymbol{H}\boldsymbol{X}_0 + \boldsymbol{v}_0 \end{cases} \tag{7-18}$$

整理可得：

$$\boldsymbol{X}_0 = \underbrace{\hat{\boldsymbol{X}}_0}_{\text{状态预测}} + \underbrace{\boldsymbol{P}_0\boldsymbol{H}^{\mathrm{T}}(\boldsymbol{R} + \boldsymbol{H}\boldsymbol{P}_0\boldsymbol{H}^{\mathrm{T}})^{-1}}_{KF\text{增益}}(\boldsymbol{Z}_0 - \underbrace{\boldsymbol{H}\hat{\boldsymbol{X}}_0}_{\text{量测预测}}) \tag{7-19}$$

这与卡尔曼滤波的状态更新方程是一致的，当然，需要对是否可以递推进行进一步推导验证。

在下一个时刻 $k=1$，相应的拉格朗日函数为：

$$\begin{aligned} L(\boldsymbol{X}, \lambda) = {} & \| \boldsymbol{X}_0 - \bar{\boldsymbol{X}}_0 \|_{\boldsymbol{P}_0}^2 + \| \boldsymbol{w}_0 \|_{\boldsymbol{Q}}^2 + \| \boldsymbol{v}_0 \|_{\boldsymbol{R}}^2 + \| \boldsymbol{v}_1 \|_{\boldsymbol{R}}^2 \\ & + \lambda_0(\boldsymbol{Z}_0 - \boldsymbol{H}\boldsymbol{X}_0 - \boldsymbol{v}_0) \\ & + \lambda_1(\boldsymbol{Z}_1 - \boldsymbol{H}(\boldsymbol{F}\boldsymbol{X}_0 + \boldsymbol{w}_0) - \boldsymbol{v}_0) \end{aligned} \tag{7-20}$$

继续利用 KKT 条件，整理得：

$$\begin{bmatrix} 0 & \boldsymbol{I} & 0 & \boldsymbol{H} & 0 & 0 \\ I & \boldsymbol{R}^{-1} & 0 & 0 & 0 & 0 \\ 0 & 0 & \boldsymbol{Q}^{-1} & 0 & \boldsymbol{H}^{\mathrm{T}} & 0 \\ \boldsymbol{H}^{\mathrm{T}} & 0 & 0 & \boldsymbol{P}_0^{-1} & \boldsymbol{F}^{\mathrm{T}}\boldsymbol{H}^{\mathrm{T}} & 0 \\ 0 & 0 & \boldsymbol{H} & \boldsymbol{H}\boldsymbol{F} & 0 & I \\ 0 & 0 & 0 & 0 & \boldsymbol{I} & \boldsymbol{R}^{-1} \end{bmatrix} \begin{bmatrix} -\dfrac{1}{2}\lambda_0 \\ \boldsymbol{v}_0 \\ \boldsymbol{w}_0 \\ \boldsymbol{X}_0 \\ -\dfrac{1}{2}\lambda_1 \\ \boldsymbol{v}_1 \end{bmatrix} = \begin{bmatrix} \boldsymbol{Z}_0 \\ 0 \\ 0 \\ \boldsymbol{P}_0^{-1}\hat{\boldsymbol{X}}_0 \\ \boldsymbol{Z}_1 \\ 0 \end{bmatrix} \tag{7-21}$$

利用矩阵 Schur 补，整理为：

$$\begin{bmatrix} \boldsymbol{P}_0^{-1} + \boldsymbol{H}^{\mathrm{T}}\boldsymbol{R}^{-1}\boldsymbol{H} & \boldsymbol{F}^{\mathrm{T}}\boldsymbol{H}^{\mathrm{T}} & 0 \\ \boldsymbol{H}\boldsymbol{F} & -\boldsymbol{H}\boldsymbol{Q}\boldsymbol{H}^{\mathrm{T}} & \boldsymbol{I} \\ 0 & \boldsymbol{I} & \boldsymbol{R}^{-1} \end{bmatrix} \begin{bmatrix} \boldsymbol{X}_0 \\ -\dfrac{1}{2}\lambda_1 \\ \boldsymbol{v}_1 \end{bmatrix} = \begin{bmatrix} \boldsymbol{P}_0^{-1}\hat{\boldsymbol{X}}_0 + \boldsymbol{H}^{\mathrm{T}}\boldsymbol{R}^{-1}\boldsymbol{Z}_0 \\ \boldsymbol{Z}_1 \\ 0 \end{bmatrix} \tag{7-22}$$

定义 $\boldsymbol{X}_1$ 和 $\boldsymbol{P}_1$ 为：

$$\begin{cases}\boldsymbol{X}_1=\boldsymbol{F}\boldsymbol{X}_0-\boldsymbol{Q}\boldsymbol{H}^{\mathrm{T}}\left(-\dfrac{1}{2}\lambda_1\right)\\ \boldsymbol{P}_1=\underbrace{\boldsymbol{F}\underbrace{(\boldsymbol{P}_0^{-1}+\boldsymbol{H}^{\mathrm{T}}\boldsymbol{R}^{-1}\boldsymbol{H})}_{KF\text{前一时刻}P\text{更新}}\boldsymbol{F}+\boldsymbol{Q}}_{KF\text{该时刻}P\text{预测}}\end{cases}\tag{7-23}$$

那么，式(7－22)可以改写为：

$$\begin{aligned}&\begin{bmatrix}\boldsymbol{P}_1^{-1} & \boldsymbol{H}^{\mathrm{T}} & 0\\ \boldsymbol{H} & 0 & \boldsymbol{I}\\ 0 & \boldsymbol{I} & \boldsymbol{R}^{-1}\end{bmatrix}\begin{bmatrix}\boldsymbol{X}_1\\ -\dfrac{1}{2}\lambda_1\\ \boldsymbol{v}_1\end{bmatrix}\\ =&\begin{bmatrix}\boldsymbol{P}_1^{-1}\boldsymbol{F}(\boldsymbol{P}_0^{-1}+\boldsymbol{H}^{\mathrm{T}}\boldsymbol{R}^{-1}\boldsymbol{H})^{-1}(\boldsymbol{P}_0^{-1}\hat{\boldsymbol{X}}_0+\boldsymbol{H}^{\mathrm{T}}\boldsymbol{R}^{-1}\boldsymbol{Z}_0)\\ \boldsymbol{Z}_1\\ 0\end{bmatrix}\\ =&\begin{bmatrix}\boldsymbol{P}_1^{-1}\boldsymbol{F}\boldsymbol{X}_0\\ \boldsymbol{Z}_1\\ 0\end{bmatrix}\end{aligned}\tag{7-24}$$

通过与式(7－17)相对比，可以看出式(7－24)与之结构相类似。利用矩阵舒尔补，可以得到

$$\boldsymbol{X}_1=\underbrace{\boldsymbol{F}\boldsymbol{X}_0}_{\text{状态预测}}+\underbrace{\boldsymbol{P}_1\boldsymbol{H}^{\mathrm{T}}(\boldsymbol{R}+\boldsymbol{H}^{\mathrm{T}}\boldsymbol{P}_1\boldsymbol{H})^{-1}}_{KF\text{增益}}\underbrace{(\boldsymbol{Z}_1-\boldsymbol{H}\boldsymbol{F}\boldsymbol{X}_0)}_{\text{量测预测}}\tag{7-25}$$

可以看出状态更新方程与卡尔曼滤波是一致的，由式(7－23)给出的协方差矩阵 $\boldsymbol{P}_1$ 同卡尔曼滤波也是一致的，式(7－23)显然是卡尔曼滤波的递推估计方程。因此，滚动时域估计方法，对于无约束线性系统，当取滚动时域窗口长度 $N=1$，并将上一时刻的状态优化估计值作为当前时刻对起始状态的先验估计，其与卡尔曼滤波算法等价。

相比于优化估计随着时间推移信息量变大导致计算复杂度上升，卡尔曼滤波通过利用前一时刻信息进行递推计算，计算简便。但是引入滚动时域窗口限制了计算维数，同时在处理非线性系统以及考虑系统状态和噪声的约束时，滚动时域优化估计方法完成的状态估计更精确，更符合实际情况。

7.3　到达代价的计算

到达代价是指系统在满足约束条件的情况下从初始状态 $\boldsymbol{X}_0$ 到达给定状态 z 所需要付出的代价。到达代价函数是滚动时域估计中一个基本的概念，它提供了一种融缩量测数据的方法，表达了固定时域外的其余测量数据对当前时刻估计的影响，在全信息估计问题与固定时域估计问题之间建立了联系，将无限维数全信息估计问题 7.1 等价转变为有限维数的滚动时域估计问题 7.2，从而保证了求解问题的可行性。

对于约束系统而言，一般来说，到达代价函数很难直接得到其表达式，但是二次型无约束线性系统往往可以求得解析表达式。因此，往往采用无约束线性系统到达代价函数近似地替代有约束系统的到达代价函数。

基于上一小节的推导，对优化估计问题 7.2 中系统模型采用线性系统模型(7-14)，那么对于无约束线性系统，MHE 的优化估计问题 7.2 可以简化为：

$$\underbrace{\min}_{\boldsymbol{X}_{T-N},\ \{\boldsymbol{w}_k\}_{T-N}^{T-1}} \quad \phi_T(\boldsymbol{X}_{T-N},\ \{\boldsymbol{w}_k\}_{T-N}^{T-1})$$

其中，

$$\phi_T(\boldsymbol{X}_{T-N},\ \{\boldsymbol{w}_k\}_{T-N}^{T-1}) = \sum_{k=T-N}^{T-1} \|\boldsymbol{w}_k\|_{\boldsymbol{Q}}^2 + \sum_{k=T-N}^{T-1} \|\boldsymbol{v}_k\|_{\boldsymbol{R}}^2 + \boldsymbol{\Theta}_{T-N}(\boldsymbol{X}_{T-N}) \tag{7-26}$$

根据滚动时域估计的基本原理我们将基于最新的一个测量数据重复求解上述优化问题，得到状态估计值。当满足 $\boldsymbol{P}=\boldsymbol{P}_0$，并且采用卡尔曼滤波的协方差更新，目标函数中的到达代价由前一时刻得到，到达代价函数可以表示为：

$$\boldsymbol{\Theta}_{T-N}(\boldsymbol{X}) = ||\boldsymbol{X} - \bar{\boldsymbol{X}}_{T-N}||_{\boldsymbol{P}_{T-N}}^2 + \boldsymbol{\Phi}_{T-N}^* \tag{7-27}$$

其中，$\boldsymbol{\Phi}_{T-N}^*$ 表示 $T-N$ 时刻的最优到达代价函数，$\boldsymbol{P}_{T-N}$ 满足 KF 的协方差更新：

$$\boldsymbol{P}_{k+1} = \boldsymbol{F}(\boldsymbol{P}_k - \boldsymbol{P}_k\boldsymbol{H}^{\mathrm{T}}(\boldsymbol{R} + \boldsymbol{H}\boldsymbol{P}_k\boldsymbol{H}^{\mathrm{T}})^{-1}\boldsymbol{H}\boldsymbol{P}_k)\boldsymbol{F}^{\mathrm{T}} + \boldsymbol{Q} \tag{7-28}$$

若取 $N=1$，基于上一小节的推导，此时无约束线性优化估计问题同卡尔曼滤波等价。令 $\bar{\boldsymbol{X}}_T$ 是对 T 时刻起始状态 $\boldsymbol{X}_T$ 的先验估计，取其等于前一个时刻的状态估计值，即：

$$\begin{aligned}
&\bar{\boldsymbol{X}}_{T-1} = \hat{\boldsymbol{X}}_{T-1}, \\
&\hat{\boldsymbol{X}}_T = \boldsymbol{F}\hat{\boldsymbol{X}}_{T-1} + \boldsymbol{F}\boldsymbol{P}_{T-1}\boldsymbol{H}^{\mathrm{T}}(\boldsymbol{R} + \boldsymbol{H}^{\mathrm{T}}\boldsymbol{P}_{T-1}\boldsymbol{H})^{-1}(\boldsymbol{Z}_{T-1} - \boldsymbol{H}\hat{\boldsymbol{X}}_{T-1})
\end{aligned}$$

当系统为非线性且存在约束条件时，在非线性约束系统到达代价函数无法计算的时候下，我们希望近似的到达代价函数尽可能准确地表示滚动时域外过去的数据对估计的影响。利用 $\hat{\boldsymbol{\Theta}}_T(X)=||\boldsymbol{X}-\hat{\boldsymbol{X}}_T||^2_{\boldsymbol{P}_T}$ 近似表示到达代价[2]。

因此，约束优化估计问题 7.2 变为如下问题：

问题 7.3

$$\phi_T^* = \underset{\boldsymbol{X}_{T-N},\ \{\boldsymbol{\omega}_k\}_{T-N}^{T-1}}{\operatorname{argmin}} \phi_T(\boldsymbol{X}_{T-N},\ \boldsymbol{\omega}_k)$$

满足系统(7－7)、(7－8)和时域约束条件(7－9)；

其中目标函数为：

$$\phi_T(\boldsymbol{X}_{T-N},\ \{\boldsymbol{w}_k\})=\sum_{k=T-N}^{T-1}\|\boldsymbol{w}_k\|_{\boldsymbol{Q}}^2+\sum_{k=T-N}^{T-1}\|\boldsymbol{v}_k\|_{\boldsymbol{R}}^2+||\boldsymbol{X}_{T-N}-\bar{\boldsymbol{X}}_{T-N}||^2_{\boldsymbol{P}_{T-N}} \tag{7-29}$$

当系统为非线性系统或者系统存在约束条件，一般很难求得到达代价的解析表达式。因此，如上述问题 7.3 可以采用无约束线性系统的到达代价函数近似地代替有约束系统的到达代价函数。近似到达代价函数可以通过将系统模型围绕估计状态轨迹泰勒展开，也就是利用 EKF 协方差更新近似到达代价函数[3]；也可以将 EKF 中统计特性传播方式的线性化近似用 UT 变换方法代替，即利用 UKF 协方差更新近似到达代价函数。因此，给出滚动时域估计算法的计算步骤和流程图如下：

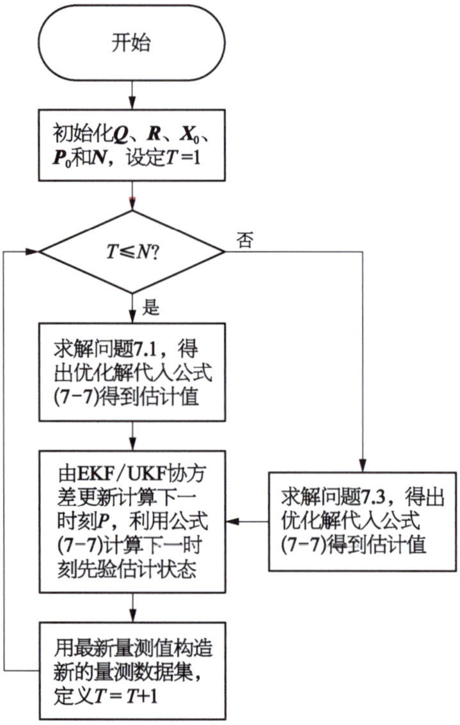

图 7－2　滚动时域估计算法流程图

① 给定 $\boldsymbol{Q}$、$\boldsymbol{R}$，初始位置状态的先验估计 $\hat{\boldsymbol{X}}_0$ 和 $\boldsymbol{P}_0$ 以及滚动时域窗口长度 N；设定 $T=1$。

② 当 $T\leqslant N$ 时，求解带有约束的全信息优化问题 7.1，得优化解为 $(\boldsymbol{X}_0^*,\ \{\boldsymbol{\omega}_k^*\}_0^{T-1})$，并由系统模型(7－7)计算出当前时刻状态的估计值。

③ 当 $T>N$ 时，求解带有约束的有限时域优化问题 7.3，得到优化解 $(\boldsymbol{X}_{T-N}^*,\ \{\boldsymbol{\omega}_k^*\}_{T-N}^{T-1})$，并由系统模型(7－7)计算出当前时刻状态的估计值。

④ 根据需要，选择 UKF 或者 EKF 协方差更新计算下一时刻的误差协方差矩阵 $\boldsymbol{P}_{T-N+1}$，并用系统模型(7－7)或 EKF 和 UKF 中一步预测方程计算下一时刻的先验估计状态 $\hat{\boldsymbol{X}}_{T-N+1}$。

⑤ 在下一时刻，用最新的量测值 $\boldsymbol{Z}_T$ 构造新的量测数据集，定义 $T=T+1$ 返回第②步。

7.4　数值实例分析

在实际系统中，以概率学的观点来看，系统中状态物理量有界和干扰分布存在截断是十分常见的。将这些先验知识利用等式或者不等式表达引入本章所描述的算法中能够提高估计精度。本节以线性系统为例，引入约束条件，比较 MHE 和 KF 算法的估计效果。

考虑线性离散系统：

$$\begin{cases} \begin{bmatrix} X_{1,k+1} \\ X_{2,k+1} \end{bmatrix} = \begin{bmatrix} 1.1 & 0.2 \\ -0.15 & 0.5 \end{bmatrix} \begin{bmatrix} X_{1,k+1} \\ X_{2,k+1} \end{bmatrix} + \begin{bmatrix} 0 \\ 2 \end{bmatrix} \omega_k \\ Y_k = \begin{bmatrix} 1.6 & -5 \end{bmatrix} \begin{bmatrix} X_{1,k+1} \\ X_{2,k+1} \end{bmatrix} + \upsilon_k \end{cases} \tag{7-30}$$

其中，$\omega_k \sim N(0, 1)$，$\upsilon_k \sim N(0, 0.01)$。假设 $X_{1,k}$ 和 ω_k 是非负的，将这两个约束条件引入 MHE 算法中，卡尔曼滤波不能引入这两个条件，ω_k 只能使用其正常的高斯分布的白噪声进行滤波计算。滚动窗口长度 $N=10$。估计问题初值为：

$$\begin{bmatrix} X_{1,0} \\ X_{2,0} \end{bmatrix} = \begin{bmatrix} 0 \\ 0 \end{bmatrix},\ P_0 = \begin{bmatrix} 1 & 0 \\ 0 & 1 \end{bmatrix}$$

利用 KF 误差协方差更新计算到达代价函数，求解优化估计问题 7.3，仿真结果如图 7-3 所示。

从图 7-3 中可以看出，当存在约束条件时，卡尔曼滤波估计误差大，$X_{1,k}$ 部分估计结果为负值，超出预设约束条件，而 MHE 算法考虑了约束条件，估计结果更精确。

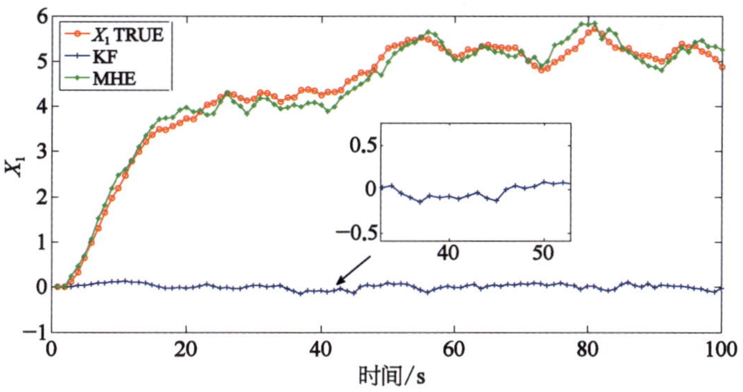

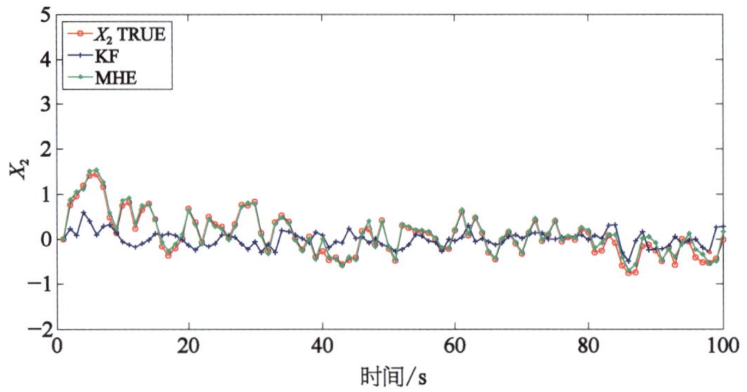

图 7-3　MHE 和 KF 算法对存在约束条件的线性系统的估计

因此，当实际系统运行过程中存在不可避免的物理约束时，如 AUV 在固定宽度水道航行或是传感器量测噪声的统计特性等，也就是说被估计系统存在有用的先验知识时，卡尔曼滤波难以将等式约束或者不等式约束引入滤波算法中，导致估计精度下降，部分估计结果不符合实际情况。MHE 算法可以利用这些先验知识，将其作为约束条件引入算法中，改善估计性能。

7.5　滚动时域估计的多自主水下航行器协同定位算法

相比于其他状态估计方法，比如卡尔曼滤波，滚动时域估计充分考虑了在传统滤波方法中很难被引入的实际系统中存在的各种约束条件，提高了估计精度，并且利用有限大小的滚动时域窗口限制了计算复杂度。基于前一章对滚动时域估计算法的叙述分析，本章对分别利用 EKF 和 UKF 来计算到达代价的滚动时域估计的多 AUV 协同定位算法进行了研究。

7.5.1　基于 EKF 的滚动时域估计协同定位算法

基于 EKF 近似到达代价的滚动时域估计协同定位算法分为两步：第一步是航位推算，它预测了从 AUV 的位置并且运用 EKF 算法来对其姿态进行更新；第二步是运用 MHE 算法来对有限时域内的量测数据以及约束条件加以考虑后进行位置估计误差的优化。

假设系统初始位置状态的先验估计为 $\hat{\boldsymbol{X}}_0$，初始协方差阵为 $\boldsymbol{P}_0$，系统噪声协方差阵为

$\boldsymbol{Q}_k$，量测噪声协方差阵为 $\boldsymbol{R}$，且三者均可逆。那么，设定滚动时域窗口长度 N，根据式(7-5)计算近似到达代价函数 $\boldsymbol{\Theta}_T(X)$ 中的协方差矩阵，进而按照 7.3 小节中问题 7.3 给出的 MHE 计算步骤求解进行多 AUV 协同定位的状态估计。

利用 MATLAB 对上一小节所设计算法进行数值实例仿真，以检验算法的可行性与实用性。在数值实例仿真中，主、从 AUV 航行轨迹如图 7-4 所示。主 AUV(图中 AUV_1)从起点(0 m, 0 m)出发，以航速 2.5 m/s、航向角 22.5°沿直线匀速航行，每间隔 500 s 进行一次转向机动。从 AUV(图中 AUV_2)从起点(0 m, 100 m)出发，以航速 2 m/s 沿与 X 轴平行的直线匀速航行。从 AUV 上装备低精度 IMU 获取速度信息和航向角信息，测量噪声分别取 $\sigma_V^2=(0.5\ \text{kn})^2$、$\sigma_\phi^2=(0.3°)^2$ 的零均值高斯白噪声，并且两者独立不相关。根据量测方程，引入量测噪声为 $\sigma_{r_k^2}^2=\sigma_{r_{k+1}^2}^2=(10\ \text{m})^2$，式中 r_k^2 和 r_{k+1}^2 均为水平距离的平方，二者独立不相关。考虑到水声传播速度低以及水下环境的复杂性，OWTT 方式获得的量测信息频率设为 0.1 Hz。MHE 算法中滚动时域窗口长度 $N=5$。规定从 AUV 任务执行区域范围为宽度为 10 m 的海底区域，对协同定位系统引入约束条件，即仿真中对从 AUV 的在 Y 方向的航行范围限定为±5 m。定位误差的计算采用蒙特卡洛法，重复仿真计算 100 次，取统计平均值。

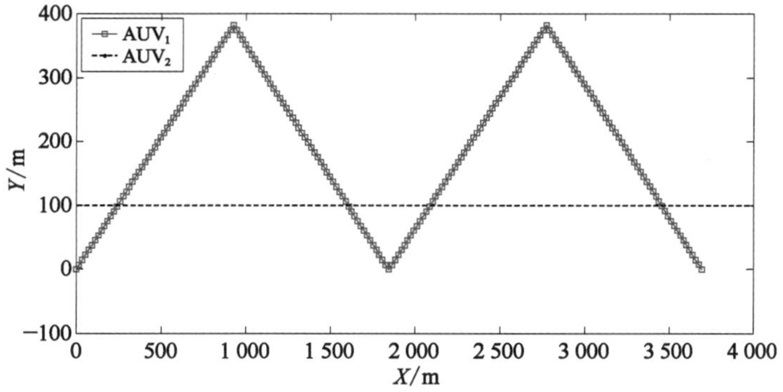

图 7-4　主、从 AUV 航行路线

AUV_2 分别使用 DR,EKF 和 EKF-MHE 协同定位算法进行定位，其航行轨迹由图 7-5 所示。AUV_2 使用航位推算算法进行定位的轨迹随着时间推移逐渐偏离真实轨迹，而 EKF 和 EKF-MHE 协同定位算法下的轨迹同真实轨迹偏差较小，基本吻合，达到比较好的定位效果。当从 AUV 只依赖内部传感器进行航位推算导航时，其定位误差是随着时间推移不断增大并最终发散，导致定位失败；当引入水声测距所获得的量测信息并利用 EKF 和 EKF-MHE 算法设计的协同定位算法对定位结果进行修正后，导航定位误差显著减小。

EKF 和 EKF-MHE 两种算法对应的航行轨迹以及图 7-6、图 7-7 中 EKF 和 EKF-MHE 两种算法的定位误差加以比较可以发现，EKF 算法的估计结果在航行某些阶段中超出了预设的任务限定区域 $\Delta y \leqslant \pm 5$ m，若限定区域为河道或者海底峡谷，EKF

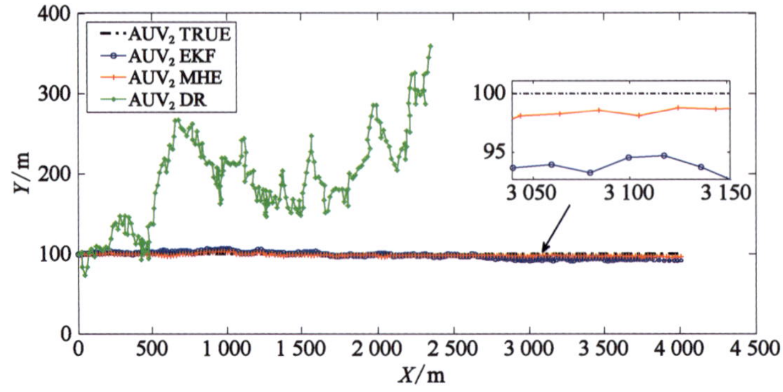

图 7-5　AUV$_2$ 协同定位算法仿真轨迹

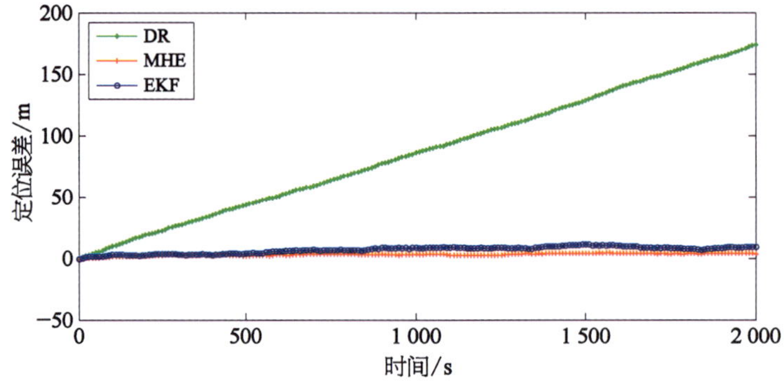

图 7-6　协同定位算法与航位推算定位误差比较

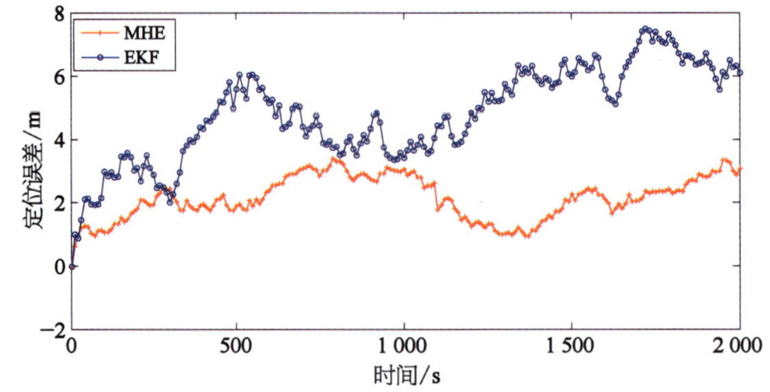

图 7-7　协同定位算法定位误差

的定位结果是不符合实际情况的。而 EKF-MHE 算法定位误差较单独使用 EKF 进行协同定位要小,定位精度更高,其估计的航行轨迹没有超过预设的任务限制区域,符合实际情况。这是由于 MHE 算法较 EKF 算法可以更好地处理系统非线性特性,同时能够引入实际系统中存在的约束,并且有限度地考虑了过去的有效信息,达到了更好的估计效果。

在实际航行中，由于水下环境复杂，整个多 AUV 协同系统以及 AUV 之间通过水声测距所获得的量测信息都有可能遇到突发的干扰，这可能会造成短时间内协同定位的误差急剧增大甚至是定位失败。在仿真实验中，初始条件与本节前述仿真相同。假设在航行过程中，AUV_1 和 AUV_2 之间的水声测距突然受到噪声干扰，如图 7－8、图 7－9 所示，从 AUV 基于内部传感器的航位推算系统没有受到干扰，但是随时间累积的误差导致定位结果逐渐偏离。相比于基于 EKF 算法进行协同定位，基于 MHE 算法进行协同定位的 AUV 的航行轨迹基本没有受到影响，具有很强的鲁棒性。这是因为 EKF 算法在进行估计时仅使用当前时刻所获得的量测信息，而 MHE 算法能够利用系统的约束条件来防止估计结果偏离，并在位置估计中充分考虑 AUV 过去和当前的位置信息，得到更好的估计效果。

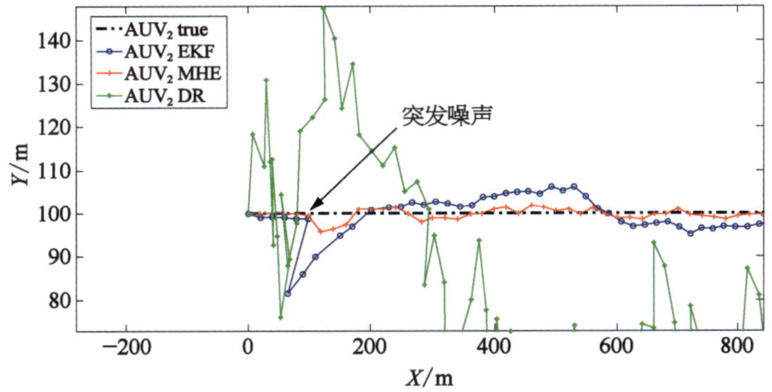

图 7－8　噪声干扰下协同定位算法轨迹

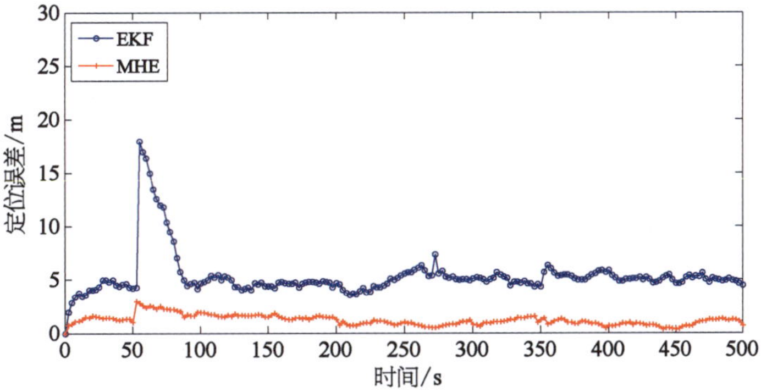

图 7－9　噪声干扰下协同定位算法定位误差

7.5.2　基于 UKF 的滚动时域估计协同定位算法

前叙述的 EKF－MHE 协同定位算法在多 AUV 协同定位的应用中具有较高的计算效率，但是由于利用了 EKF 算法对非线性部分线性化的方法近似求得到达代价函数，这会造成状态估计精度的下降。特别是当非线性系统中量测方程的泰勒展开式中的高阶项不能忽略时，会导致比较大的误差。此外，若系统中雅克比矩阵推导过于复杂，也会导致EKF失效。因此，本节将利用无迹卡尔曼滤波进行到达代价函数的计算，将EKF中统计特性传播方式的线性化近似用Unscented变换方法代替，研究UKF-MHE协同定位算法，降低线性化损失。

基于前文描述，可先利用UT变换求取k时刻对AUV的位置估计预测$\hat{\boldsymbol{X}}_{k+1,k}$和误差的协方差矩阵的一步预测$\boldsymbol{P}_{k+1,k}$。对其对应的$\sigma$点集，当存在界限时，其分布应该在可行域内。假设$d_{k,i}=\pm\sqrt{\boldsymbol{P}_{k|k}}$，$i=1,\cdots,n$表示$\sigma$点的趋势方向，$step_{k,i}$表示$\sigma$点在这些方向上的步长。那么在UKF中，$step_{k,i}=\sqrt{n+\kappa}$，这表示UKF所选$\sigma$点对于当前状态估计呈对称分布。这时，需要考虑有无约束的两种情况：

第一种情况，约束不起作用时，MHE算法通过上述UKF方法求取σ点集；

第二种情况，当约束起作用时，在计算近似到达代价函数时，需要考虑约束条件。那么，第一种情况中的σ点集的选择是不合适的。这时，取σ点的步长为：

$$step_{k,i}=\min(\sqrt{n+\kappa},(\boldsymbol{X}_{U,i}-\boldsymbol{X}_{k|k,i}/d_{k,i}),(\boldsymbol{X}_{L,i}-\boldsymbol{X}_{k|k,i}/d_{k,i}))$$

其中，$\boldsymbol{X}_{U,i}$和$\boldsymbol{X}_{L,i}$分别表示约束在σ点集在$d_{k,i}$方向上的上界和下界；$\boldsymbol{X}_{k|k,0}$表示中心点，其含义与UKF中定义相同。

由于存在约束条件，σ点集对于中心点，也就是当前状态估计，不是呈对称分布的，但是这样选择更加符合状态的约束条件。

带约束的权系数计算参考Vachhani对于不同目标的权系数计算推导，考虑到：

$$\sum_{i=0}^{2n}\omega_i=1$$

对σ点的权系数进行如下计算：

$$\omega_i=\begin{cases}\dfrac{\kappa}{2(n+\kappa)},\ i=1\\ a\cdot step_i+b,\ i\neq 1\end{cases}\tag{7-31}$$

其中，

$$a=\frac{2\kappa-1}{2(n+\kappa)(S_{step}-(2n+1)(\sqrt{n+\kappa}))}$$

$$b=\frac{1}{2(n+\kappa)}-\frac{2\kappa-1}{2(n+\kappa)(S_{step}-(2n+1)(\sqrt{n+\kappa}))}$$

$$S_{step}=\sum_{i=1}^{2n}step_i$$

求取权系数后，按照式(7-31)计算σ点$\xi_{k|k,i}$。

通过系统状态方程(7－1)传播，计算得到状态预测采样点：

$$\boldsymbol{\xi}_{k+1,\,i}=\boldsymbol{f}(\boldsymbol{\xi}_{k|k,\,i}),\ i=0,\ 1,\ \cdots,\ 2n \tag{7-32}$$

利用 $\xi_{k+1,\,i}$ 和 ω_i 计算位置估计预测 $\hat{\boldsymbol{X}}_{k+1,\,k}$ 和误差的协方差矩阵的一步预测 $\boldsymbol{P}_{k+1,\,k}$：

$$\hat{\boldsymbol{X}}_{k+1,\,k}=\sum_{i=0}^{2n}\omega_i^m\boldsymbol{\xi}_{k+1,\,i} \tag{7-33}$$

$$\boldsymbol{P}_{k+1|k}=\sum_{i=0}^{2n}\omega_i^c(\boldsymbol{\xi}_{k+1,\,i}-\hat{\boldsymbol{X}}_{k+1,\,k})(\boldsymbol{\xi}_{k+1,\,i}-\hat{\boldsymbol{X}}_{k+1,\,k})^{\mathrm{T}} \tag{7-34}$$

利用一步预测结果，通过量测方程(7－10)传播，计算量测预测采样点 $\gamma_{k+1,\,i}$：

$$\gamma_{k+1,\,i}=\boldsymbol{H}(\xi_{k+1|k+1,\,i}) \tag{7-35}$$

对计算对量测的一步预测：

$$\hat{\boldsymbol{Z}}_{k+1}=\sum_{i=0}^{2n}\omega_i^m\boldsymbol{\gamma}_{k+1,\,i} \tag{7-36}$$

$$\boldsymbol{P}_{k+1,\,Z}=\sum_{i=0}^{2n}\omega_i^c(\gamma_{k+1,\,i}-\hat{\boldsymbol{Z}}_{k+1})(\gamma_{k+1,\,i}-\hat{\boldsymbol{Z}}_{k+1})^{\mathrm{T}} \tag{7-37}$$

$$\boldsymbol{P}_{k+1,\,\boldsymbol{XZ}}=\sum_{i=0}^{2n}\omega_i^c(\boldsymbol{\xi}_{k+1,\,i}-\hat{\boldsymbol{X}}_{k+1,\,k})(\gamma_{k+1,\,i}-\hat{\boldsymbol{Z}}_{k+1})^{\mathrm{T}} \tag{7-38}$$

在获得最新的量测量 $\boldsymbol{Z}_{k+1}$ 之后，计算滤波增益矩阵 $\boldsymbol{K}$，并对状态和协方差阵进行更新：

$$\boldsymbol{K}_{k+1}=\boldsymbol{P}_{k+1,\,\boldsymbol{XZ}}\boldsymbol{P}_{k+1,\,Z}^{-1} \tag{7-39}$$

$$\hat{\boldsymbol{X}}_{k+1|k+1}=\hat{\boldsymbol{X}}_{k+1|k}+\boldsymbol{K}_{k+1}(\boldsymbol{Z}_{k+1}-\hat{\boldsymbol{Z}}_{k+1}) \tag{7-40}$$

$$\boldsymbol{P}_{k+1|k+1}=\boldsymbol{P}_{k+1|k}-\boldsymbol{K}_{k+1}\boldsymbol{P}_{k+1|k,\,Z}\boldsymbol{K}_{k+1}^{\mathrm{T}} \tag{7-41}$$

UKF 进行之后利用得到的协方差阵更新 $\boldsymbol{P}_{k+1|k+1}$，再根据式(7－27)计算近似到达代价函数，同 EKF－MHE 算法相似，进而按照 7.3 小节中问题 7.3 给出的 MHE 计算步骤进行多 AUV 协同定位的状态估计，但是却避免了系统状态方程和量测方程的线性化。

对所设计的算法进行仿真验证，为便于对 UKF－MHE 算法和 EKF－MHE 算法进行比较，仿真初始条件与前文中相同。

如图 7－10 所示，利用 EKF－MHE 与 UKF－MHE 协同定位算法得到的 AUV 航行轨迹同理想轨迹偏差较小，基本吻合。UKF－MHE 算法估计的轨迹较 EKF－MHE 算法估计的轨迹更加平滑，接近理想轨迹。UKF－MHE 算法定位精度高于 EKF－MHE，其定位误差基本被限定在 1 m 以内。这是由于 UKF 算法利用 UT 变换处理系统非线性特性，排除了 EKF 算法中线性化的误差，提高了估计精度。

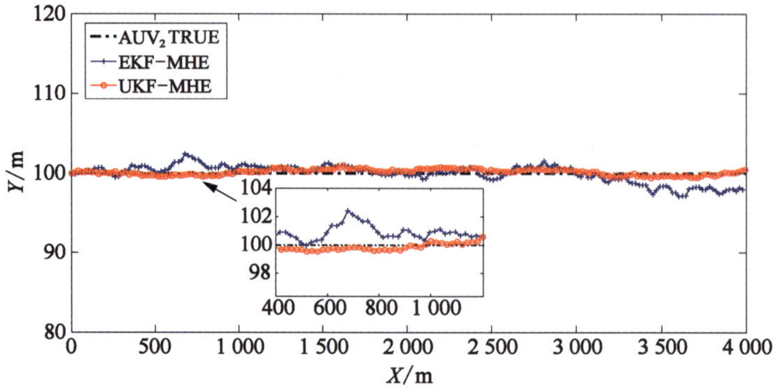

图 7-10 利用 EKF-MHE 与 UKF-MHE 协同定位算法得到的 AUV 航行轨迹

7.6 协同定位算法计算复杂度

滚动时域估计的多 AUV 协同定位算法本质上是一个优化估计问题，那么在实际应用中必然要考虑到算法的计算速度能否满足实时估计的要求，需要对算法的计算复杂度进行分析，寻求降低计算复杂度的方法。此外，在协同定位系统中，需要对整个系统的可观测性进行分析，以验证算法的可行性。

7.6.1 计算复杂度分析

基于卡尔曼滤波(包括 EKF 和 UKF)作为滤波器的状态估计方法以递归的方式更新状态估计值，计算简便，非常适合实时估计的要求，但是在处理系统中强非线性特性以及考虑实际系统运行中存在的约束条件时力有不逮。基于二次型的优化估计问题可以将非线性特性和约束条件引入状态估计中，从而达到更精确的估计结果。但是由于需要处理的历史信息随着时间推移越来越多，造成计算复杂度不断变大，难以满足实时估计的要求。随着计算机硬件的发展，计算能力更强的芯片的出现使实时在线优化估计成为可能。这里主要对我们所设计的滚动时域估计的协同定位算法进行分析，使其兼顾考虑估计精度的准确性和实时在线估计计算要求。

一种方法就是构建混合式结构的算法。在 AUV 所携带的传感器中，惯性测量单元(inertial measurement unit, IMU)和压力深度传感器获得的姿态、深度等数据用来进行航位推算，水声通信设备用来完成主从 AUV 相对距离的测量。由于水声传播特性以及多 AUV 协作系统中 AUV 之间距离较远，姿态和深度数据的获取频率远远高于相对距离的获取频率。因此，通过 EKF、UKF 来对航位推算进行滤波，通过 MHE 利用相对距离测量值来校正更新航位推算所获得的位置估计。

求解优化估计问题的核心是计算一系列线性方程组。高效求解的关键就是降低计算维数，这也正是 MHE 算法的优势所在。利用到达代价表征历史信息对当前估计的影响，通过滚动时域窗口长度 N 在每一步计算中选择最有价值的信息，降低了计算维数，限制了计算复杂度。下面从两个方面进行分析：滚动时域窗口长度的选择和在实际计算中利用系数矩阵的特殊结构来加快计算速度。

7.6.2　时域窗口长度的选择

时域窗口长度 N 是滚动时域估计的一个重要的可调参数，它的大小直接影响到 MHE 算法的估计精度和计算时间。使用配置为 Inter(R) Core(TM)2 T6600@2.2 GHz CPU、4 GB 内存的电脑运行 MATLAB2012a 进行仿真。在仿真计算中，N 分别取 5、10、20、50，比较 EKF - MHE 算法和 UKF - MHE 算法的计算时间。定位误差利用蒙特卡洛法重复计算 50 次，比较两种算法的平均估计精度。其他仿真初始条件相同。

表 7 - 1 列出了不同滚动窗口时域长度下 EKF - MHE 和 UKF - MHE 的平均估计精度。表 7 - 2 列出了不同时域长度下 EKF - MHE 和 UKF - MHE 算法的计算时间比，其计算基准为 $N=5$ 时 EKF - MHE 的计算时间。通过对比分析可以看出，随着滚动时域窗口长度 N 的增加，优化估计时考虑的过去的信息越多，算法估计结果越来越精确，但是计算所耗费的时间越长。在相同窗口长度下，UKF - MHE 的估计精度略优于 EKF - MHE 的估计精度，计算时间大部分长于 EKF - MHE，但是不能确定的说 UKF - MHE 算法计算速度一定低于 EKF - MHE 算法。

表 7 - 1　不同滚动窗口时域长度下 EKF - MHE 和 UKF - MHE 的平均估计精度

平均精度/m	$N=5$	$N=10$	$N=20$	$N=50$
EKF - MHE	1.97	1.12	1.03	0.98
UKF - MHE	0.89	0.54	0.52	0.50

表 7 - 2　不同滚动窗口时域长度下 EKF - MHE 和 UKF - MHE 的计算时间比

计算时间比	$N=5$	$N=10$	$N=20$	$N=50$
EKF - MHE	1	1.86	10.29	47.26
UKF - MHE	1.07	2.02	10.30	46.78

表 7 - 3 列出了不同时域长度下 EKF - MHE 算法的计算时间，其中频率是以计算时间内 AUV 状态更新的次数 201 次计算的。当算法的状态更新频率要大于量测信息获取的频率时，算法能够较好地利用量测信息对位置状态进行修正，满足实时估计的要求。获取量测信息的频率是 0.1 Hz。对比表 7 - 3，可以看出各个时域长度对应的频率都大于 0.1 Hz，但是当 $N=50$ 时，计算时间过长，且频率只是略高于状态更新频率，不

适合应用于实际情况。当时域长度 N 不超过 20 时，算法可以较好地满足实时在线估计的要求。

表 7-3　不同时域长度下 EKF-MHE 算法的计算时间

时域长度 N	计算时间/s	频率/Hz
5	33.58	5.985 5
10	62.77	3.202 1
20	345.78	0.581 3
50	1 587.24	0.126 6

综上所述，基于 EKF、UKF 近似到达代价的滚动时域估计算法能够应用于实时在线估计中。在实际情况中，对滚动时域窗口长度 N 的选择，需要综合考虑对估计精度和实时估计中计算时间的要求。上述对算法的计算时间分析全部采用的是 MATLAB 实时仿真分析，若采用类似 C++等编译语言，或者性能更高的计算芯片的出现，那么在真正的实际应用中，滚动时域估计算法的计算速度会得到进一步提升，更好地应用于实时在线估计问题。

7.6.3　系数矩阵的特殊结构

滚动时域优化估计问题可以被看作为一个非线性最小二乘问题。在仿真计算中，MATLAB 求解问题时是利用非线性优化工具箱。但是在真实系统的解算中，需要用计算机语言编程来求解方程组，实现优化估计计算。那么可以将系数矩阵转换为一些特殊的结构，简化计算，可以达到降低计算复杂度的效果。

为方便分析，先以无约束非线性优化估计问题为例，非线性系统方程为：

$$\arg\min \phi_k(\boldsymbol{X}_{0:k}) = \arg \min_{\{X_0, X_1, \cdots, X_k\}} \| \boldsymbol{X}_0 - \bar{\boldsymbol{X}}_0 \|^2_{\boldsymbol{P}_0} + \sum_{i=0}^{k-1} \| \boldsymbol{w}_k \|^2_{\boldsymbol{Q}} + \sum_{i=0}^{k} \| \boldsymbol{v}_k \|^2_{\boldsymbol{R}} \tag{7-42}$$

在每一个迭代步长 j 中，通过：

$$\boldsymbol{X}^j_{0:k} = \boldsymbol{X}^{j-1}_{0:k} + \Delta \boldsymbol{X}^{j-1}_{0:k}$$

更新 $\boldsymbol{X}^j_{0:k}$，使目标函数 ϕ_k 满足：

$$\phi_k(\boldsymbol{X}^j_{0:k}) < \phi_k(\boldsymbol{X}^{j-1}_{0:k})$$

其中，在每一个迭代步长中，将 $\boldsymbol{f}(\cdot)$ 和 $\boldsymbol{H}(\cdot)$ 进行线性化：

$$\boldsymbol{X}^j_{i+1} - \boldsymbol{f}(\boldsymbol{X}^j_i) \approx (\boldsymbol{X}^{j-1}_{i+1} + \Delta \boldsymbol{X}^{j-1}_{i+1}) - (\boldsymbol{f}(\boldsymbol{X}^{j-1}_i) + \boldsymbol{F}^{j-1}_i \Delta \boldsymbol{X}^{j-1}_i)$$

$$i = 0, \cdots, k-1$$

$$\boldsymbol{Z}_i - \boldsymbol{H}(\boldsymbol{X}^j_i) \approx \boldsymbol{Z}_i - (\boldsymbol{H}(\boldsymbol{X}^{j-1}_i) + \boldsymbol{H}^{j-1}_i \Delta \boldsymbol{X}^{j-1}_i)$$

$$i = 0, \cdots, k$$

其中，

$$\boldsymbol{F}_i^{j-1}=\frac{\partial \boldsymbol{f}(\boldsymbol{X}_i)}{\partial \boldsymbol{X}_i}\bigg|_{\boldsymbol{X}_i=\boldsymbol{X}_i^{j-1}}$$

$$\boldsymbol{H}_i^{j-1}=\frac{\partial \boldsymbol{H}(\boldsymbol{X}_i)}{\partial \boldsymbol{X}_i}\bigg|_{\boldsymbol{X}_i=\boldsymbol{X}_i^{j-1}}$$

那么，无约束优化估计问题 7.1 在每一个迭代步长 j 里通过线性化转变为线性最小二乘优化：

$$\begin{aligned}\Delta\boldsymbol{X}_{0:k}^{*j-1}=&\underset{\Delta\boldsymbol{X}_{0:k}^{j-1}}{\arg\min}\ \|\Delta\boldsymbol{X}_0^{j-1}-\boldsymbol{a}_0^{j-1}\|_{P_0}^2\\&+\sum_{i=0}^{k-1}\|\Delta\boldsymbol{X}_{i+1}^{j-1}-\boldsymbol{F}_i^{j-1}\Delta\boldsymbol{X}_i^{j-1}-\boldsymbol{a}_{i+1}^{j-1}\|_Q^2\\&+\sum_{i=0}^{k}\|\boldsymbol{c}_i^{j-1}-\boldsymbol{H}_i^{j-1}\Delta\boldsymbol{X}_i^{j-1}\|_R^2\end{aligned}\tag{7-43}$$

其中，

$$\boldsymbol{a}_0^{j-1}=\hat{\boldsymbol{X}}_0-\boldsymbol{X}_0^{j-1}$$

$$\boldsymbol{a}_{i+1}^{j-1}=\boldsymbol{f}(\boldsymbol{X}_i^{j-1})-\boldsymbol{X}_{i+1}^{j-1}$$

$$\boldsymbol{c}_i^{j-1}=\boldsymbol{Z}_i-\boldsymbol{H}(\boldsymbol{X}_i^{j-1})$$

利用对称正定矩阵性质 $\boldsymbol{P}^{-1}=(\boldsymbol{P}^{-\frac{1}{2}})(\boldsymbol{P}^{-\frac{1}{2}})^{\mathrm{T}}$，将上面的问题写成矩阵形式：

$$\Delta\boldsymbol{X}_{0:k}^{*}=\underset{\Delta\boldsymbol{X}_{0:k}}{\arg\min}\ \|\boldsymbol{A}\Delta\boldsymbol{X}_0-\boldsymbol{b}\|_2^2\tag{7-44}$$

其中，对矩阵进行分块：

$$\boldsymbol{A}=\begin{bmatrix}\boldsymbol{Q}^{-\frac{1}{2}}&\\&\boldsymbol{R}^{-\frac{1}{2}}\end{bmatrix}\begin{bmatrix}\boldsymbol{F}\\\boldsymbol{H}\end{bmatrix}\tag{7-45}$$

$$\boldsymbol{Q}^{-\frac{1}{2}}=\left[\begin{array}{c:ccc}\boldsymbol{P}_0^{-\frac{1}{2}}&&&\\\hdashline&\boldsymbol{Q}_0^{-\frac{1}{2}}&&\\&&\ddots&\\&&&\boldsymbol{Q}_{k-1}^{-\frac{1}{2}}\end{array}\right],\ \boldsymbol{R}^{-\frac{1}{2}}=\begin{bmatrix}\boldsymbol{R}^{-\frac{1}{2}}&&\\&\ddots&\\&&\boldsymbol{R}^{-\frac{1}{2}}\end{bmatrix}$$

$$\boldsymbol{F}=\left[\begin{array}{ccccc}\boldsymbol{I}&&&&\\\hdashline-\boldsymbol{F}_0&\boldsymbol{I}&&&\\&-\boldsymbol{F}_1&\boldsymbol{I}&&\\&&\ddots&\ddots&\\&&&-\boldsymbol{F}_{k-1}&\boldsymbol{I}\end{array}\right],\ \boldsymbol{H}=\begin{bmatrix}\boldsymbol{H}_0&&&\\&\boldsymbol{H}_1&&\\&&\ddots&\\&&&\ddots&\\&&&&\boldsymbol{H}_k\end{bmatrix}$$

$$\boldsymbol{b}=\begin{bmatrix}\boldsymbol{Q}^{-\frac{1}{2}} & \\ & \boldsymbol{R}^{-\frac{1}{2}}\end{bmatrix}\begin{bmatrix}\boldsymbol{a}\\ \boldsymbol{c}\end{bmatrix} \tag{7-46}$$

$$\boldsymbol{a}=\begin{bmatrix}\boldsymbol{a}_0\\ \boldsymbol{a}_1\\ \vdots\\ \boldsymbol{a}_k\end{bmatrix},\ \boldsymbol{c}=\begin{bmatrix}\boldsymbol{c}_0\\ \vdots\\ \vdots\\ \boldsymbol{c}_k\end{bmatrix}$$

那么问题 7.3 的优化问题的优化解转变为如下线性方程的解：

$$(\boldsymbol{A}^{\mathrm{T}}\boldsymbol{A})\Delta\boldsymbol{X}_{0:k}^{*}=\boldsymbol{A}^{\mathrm{T}}\boldsymbol{b} \tag{7-47}$$

对线性方程(7-6)中的系数进行详细分析如下：

$$\begin{aligned}\boldsymbol{A}^{\mathrm{T}}\boldsymbol{A}&=[\boldsymbol{F}^{\mathrm{T}}\quad \boldsymbol{H}^{\mathrm{T}}]\begin{bmatrix}(\boldsymbol{Q}^{-\frac{1}{2}})^{\mathrm{T}} & \\ & (\boldsymbol{R}^{-\frac{1}{2}})^{\mathrm{T}}\end{bmatrix}\begin{bmatrix}\boldsymbol{Q}^{-\frac{1}{2}} & \\ & \boldsymbol{R}^{-\frac{1}{2}}\end{bmatrix}\begin{bmatrix}\boldsymbol{F}\\ \boldsymbol{H}\end{bmatrix}\\ &=\boldsymbol{F}^{\mathrm{T}}(\boldsymbol{Q}^{-\frac{1}{2}})^{\mathrm{T}}\boldsymbol{Q}^{-\frac{1}{2}}\boldsymbol{F}+\boldsymbol{H}^{\mathrm{T}}(\boldsymbol{R}^{-\frac{1}{2}})^{\mathrm{T}}\boldsymbol{R}^{-\frac{1}{2}}\boldsymbol{H}\end{aligned} \tag{7-48}$$

将 $\boldsymbol{A}^{\mathrm{T}}\boldsymbol{A}$ 中分块矩阵的具体元素代入：

$$\boldsymbol{A}^{\mathrm{T}}\boldsymbol{A}=\left[\begin{array}{c|cccccc}M_{11} & M_{12} & & & & \\ \hline M_{21} & M_{22} & M_{23} & & & \\ & M_{32} & M_{33} & M_{34} & & \\ & & \ddots & \ddots & \ddots & \\ & & & & & M_{k-1,k}\\ & & & & M_{k,k-1} & M_{kk}\end{array}\right] \tag{7-49}$$

其中，

$$M_{11}=(\boldsymbol{P}_0^{-\frac{1}{2}})^{\mathrm{T}}\boldsymbol{P}_0^{-\frac{1}{2}}+(-\boldsymbol{F}_0)^{\mathrm{T}}(\boldsymbol{Q}_0^{-\frac{1}{2}})^{\mathrm{T}}\boldsymbol{Q}_0^{-\frac{1}{2}}(-\boldsymbol{F}_0)+\boldsymbol{H}_0^{\mathrm{T}}(\boldsymbol{R}^{-\frac{1}{2}})^{\mathrm{T}}\boldsymbol{R}^{-\frac{1}{2}}\boldsymbol{H}_0$$

$$M_{12}=(-\boldsymbol{F}_0)^{\mathrm{T}}(\boldsymbol{Q}_0^{-\frac{1}{2}})^{\mathrm{T}}\boldsymbol{Q}_0^{-\frac{1}{2}}$$

$$M_{21}=(\boldsymbol{Q}_0^{-\frac{1}{2}})^{\mathrm{T}}\boldsymbol{Q}_0^{-\frac{1}{2}}(-\boldsymbol{F}_0)$$

$$M_{22}=(\boldsymbol{Q}_0^{-\frac{1}{2}})^{\mathrm{T}}\boldsymbol{Q}_0^{-\frac{1}{2}}+(-\boldsymbol{F}_1)^{\mathrm{T}}(\boldsymbol{Q}_1^{-\frac{1}{2}})^{\mathrm{T}}\boldsymbol{Q}_1^{-\frac{1}{2}}(-\boldsymbol{F}_1)+\boldsymbol{H}_1^{\mathrm{T}}(\boldsymbol{R}^{-\frac{1}{2}})^{\mathrm{T}}\boldsymbol{R}^{-\frac{1}{2}}\boldsymbol{H}_1$$

$$M_{23}=(-\boldsymbol{F}_1)^{\mathrm{T}}(\boldsymbol{Q}_1^{-\frac{1}{2}})^{\mathrm{T}}\boldsymbol{Q}_1^{-\frac{1}{2}}$$

$$M_{32}=(\boldsymbol{Q}_1^{-\frac{1}{2}})^{\mathrm{T}}\boldsymbol{Q}_1^{-\frac{1}{2}}(-\boldsymbol{F}_1)$$

$$M_{33}=(\boldsymbol{Q}_1^{-\frac{1}{2}})^{\mathrm{T}}\boldsymbol{Q}_1^{-\frac{1}{2}}+(-\boldsymbol{F}_2)^{\mathrm{T}}(\boldsymbol{Q}_2^{-\frac{1}{2}})^{\mathrm{T}}\boldsymbol{Q}_2^{-\frac{1}{2}}(-\boldsymbol{F}_2)+\boldsymbol{H}_2^{\mathrm{T}}(\boldsymbol{R}^{-\frac{1}{2}})^{\mathrm{T}}\boldsymbol{R}^{-\frac{1}{2}}\boldsymbol{H}_2$$

$$M_{34}=(-\boldsymbol{F}_2)^{\mathrm{T}}(\boldsymbol{Q}_2^{-\frac{1}{2}})^{\mathrm{T}}\boldsymbol{Q}_2^{-\frac{1}{2}}$$

$$M_{k-1,\,k}=(-\boldsymbol{F}_{k-1})^{\mathrm{T}}(\boldsymbol{Q}_{k-1}^{-\frac{1}{2}})^{\mathrm{T}}\boldsymbol{Q}_{k-1}^{-\frac{1}{2}}$$

$$M_{k,\,k}=(\boldsymbol{Q}_{k-1}^{-\frac{1}{2}})^{\mathrm{T}}\boldsymbol{Q}_{k-1}^{-\frac{1}{2}}+\boldsymbol{H}_k^{\mathrm{T}}(\boldsymbol{R}^{-\frac{1}{2}})^{\mathrm{T}}\boldsymbol{R}^{-\frac{1}{2}}\boldsymbol{H}_k$$

$$M_{k,\,k-1}=(\boldsymbol{Q}_{k-1}^{-\frac{1}{2}})^{\mathrm{T}}\boldsymbol{Q}_{k-1}^{-\frac{1}{2}}(-\boldsymbol{F}_{k-1})$$

另一方面，线性方程(7－49)的等号右边：

$$\begin{aligned}\boldsymbol{A}^{\mathrm{T}}\boldsymbol{b}&=\begin{bmatrix}\boldsymbol{Q}^{-\frac{1}{2}}\boldsymbol{F} & \boldsymbol{R}^{-\frac{1}{2}}\boldsymbol{H}\end{bmatrix}\begin{bmatrix}\boldsymbol{Q}^{-\frac{1}{2}}\boldsymbol{a}\\ \boldsymbol{R}^{-\frac{1}{2}}\boldsymbol{c}\end{bmatrix}\\ &=\boldsymbol{Q}^{-\frac{1}{2}}\boldsymbol{F}\boldsymbol{Q}^{-\frac{1}{2}}\begin{bmatrix}\boldsymbol{a}_0\\ --\\ \boldsymbol{a}_1\\ \vdots\\ \boldsymbol{a}_k\end{bmatrix}+\boldsymbol{R}^{-\frac{1}{2}}\boldsymbol{H}\boldsymbol{R}^{-\frac{1}{2}}\begin{bmatrix}\boldsymbol{c}_0\\ \vdots\\ \vdots\\ \boldsymbol{c}_k\end{bmatrix}\\ &=\begin{bmatrix}\boldsymbol{r}_0\\ \boldsymbol{r}_1\\ \vdots\\ \boldsymbol{r}_k\end{bmatrix}\\ &=\boldsymbol{r}\end{aligned}\tag{7-50}$$

通过观察式(7－50)，可以发现 $\boldsymbol{A}^{\mathrm{T}}\boldsymbol{A}$ 是带状对角矩阵结构，那么方程(7－6)就可以采用 **LU** 分解和向前替换及回代的方法来高效率地计算求解：

$$\boldsymbol{L}=\begin{bmatrix}L_{11} & 0 & & & \\ L_{21} & L_{22} & & & \\ 0 & L_{32} & L_{33} & & \\ & & & \ddots & \\ & & & & L_{nn}\end{bmatrix},\ \boldsymbol{U}=\begin{bmatrix}U_{11} & U_{12} & & & \\ 0 & U_{22} & U_{23} & & \\ & & U_{33} & & \\ & & & \ddots & \\ & & & & U_{nn}\end{bmatrix}\tag{7-51}$$

$$\begin{aligned}\boldsymbol{L}\boldsymbol{y}&=\boldsymbol{r}\\ \boldsymbol{U}\Delta\boldsymbol{X}_{0:k}^{*}&=\boldsymbol{y}\end{aligned}\tag{7-52}$$

由式(7－51)的第一个方程先解出中间变量 $\boldsymbol{y}$，在回代其第二个方程解出线性方程的解 $\Delta\boldsymbol{X}_{0:k}^{*}$，即得到优化估计问题的最优化解。

在实际应用中，系统往往是约束非线性系统。针对考虑带约束条件(7-46)的非线性优化估计问题，基于上文所述的无约束非线性优化估计问题，类似式(7-52)，对带约束非线性估计问题目标函数线性化后可得：

$$\begin{aligned}\Delta\boldsymbol{X}_{0:k}^{*j-1} &= \underset{\Delta\boldsymbol{X}_{0:k}^{j-1}}{\arg\min} \|\Delta\boldsymbol{X}_0^{j-1}-\boldsymbol{a}_0^{j-1}\|_{\boldsymbol{P}_0}^2 \\ &+\sum_{i=0}^{k-1}\|\Delta\boldsymbol{X}_{i+1}^{j-1}-\boldsymbol{F}_i^{j-1}\Delta\boldsymbol{X}_i^{j-1}-\boldsymbol{a}_{i+1}^{j-1}\|_{\boldsymbol{Q}}^2 \\ &+\sum_{i=0}^{k}\|\boldsymbol{c}_i^{j-1}-\boldsymbol{H}_i^{j-1}\Delta\boldsymbol{X}_i^{j-1}\|_{\boldsymbol{R}}^2 \\ &s.t.\ g_i(\boldsymbol{X}_i)+\nabla g_i(\boldsymbol{X}_i)^{\mathrm{T}}\leqslant\boldsymbol{d}_i\end{aligned} \tag{7-53}$$

约束条件表达式可以改写为：

$$\boldsymbol{G}\Delta\boldsymbol{X}_{0:k}\leqslant\boldsymbol{d} \tag{7-54}$$

其中，

$$\boldsymbol{G}=\mathbf{diag}\left(\begin{bmatrix}\nabla g_0(\boldsymbol{X}_0)^{\mathrm{T}}\\ \nabla g_1(\boldsymbol{X}_1)^{\mathrm{T}}\\ \vdots\\ \nabla g_k(\boldsymbol{X}_k)^{\mathrm{T}}\end{bmatrix}\right)$$

$$\boldsymbol{d}=\begin{bmatrix}\boldsymbol{d}_0-g_0(\boldsymbol{X}_0)\\ \boldsymbol{d}_1-g_1(\boldsymbol{X}_1)\\ \vdots\\ \boldsymbol{d}_k-g_k(\boldsymbol{X}_k)\end{bmatrix}$$

一般应用原始对偶内点法来求解带约束优化估计问题。约束条件表达式(7-20)的拉格朗日函数表示为：

$$\begin{aligned}L(\Delta\boldsymbol{X}_{0:k},\boldsymbol{\lambda}) &= \frac{1}{2}\|\Delta\boldsymbol{X}_0-\boldsymbol{a}_0\|_{\boldsymbol{P}_0}^2 \\ &+\sum_{i=0}^{k-1}\|\Delta\boldsymbol{X}_{i+1}-\boldsymbol{F}_i\Delta\boldsymbol{X}_i-\boldsymbol{a}_{i+1}\|_{\boldsymbol{Q}}^2 \\ &+\sum_{i=0}^{k}\|\boldsymbol{c}_i-\boldsymbol{H}_i\Delta\boldsymbol{X}_i\|_{\boldsymbol{R}}^2 \\ &+\boldsymbol{\lambda}(\boldsymbol{G}\Delta\boldsymbol{X}_{0:k}-\boldsymbol{d})\end{aligned}$$

其中，$\boldsymbol{\lambda}$ 是拉格朗日算子矢量。

由于约束条件包含等式和不等式，利用式(7-4)和式(7-5)的矩阵分块，带约束非线性优化估计问题的 KKT 条件用下式给出：

$$\nabla_{\Delta \boldsymbol{X}_{0:k}} L=(\boldsymbol{F}^{\mathrm{T}}\boldsymbol{Q}^{-1}\boldsymbol{F}+\boldsymbol{H}^{\mathrm{T}}\boldsymbol{R}^{-1}\boldsymbol{H})\Delta\boldsymbol{X}_{0:k}-(\boldsymbol{H}^{\mathrm{T}}\boldsymbol{R}^{-1}\boldsymbol{c}+\boldsymbol{F}^{\mathrm{T}}\boldsymbol{Q}^{-1}\boldsymbol{a})+\boldsymbol{G}^{\mathrm{T}}\boldsymbol{\lambda}=\boldsymbol{0}$$
$$\mathbf{diag}(\boldsymbol{\lambda})(\boldsymbol{G}\Delta\boldsymbol{X}_{0:k}-\boldsymbol{d})=0 \tag{7-55}$$

在原始对偶内点法中，可以利用牛顿方程来解决 KKT 条件。假设递推过程中当前点和迭代步长分别是 $(\Delta\boldsymbol{X}_{0:k},\boldsymbol{\lambda})$ 和 $(\delta\boldsymbol{X}_{0:k},\delta\boldsymbol{\lambda})$，因此式(7-14)的牛顿迭代的每一步用下式表示：

$$\begin{bmatrix}(\boldsymbol{F}^{\mathrm{T}}\boldsymbol{Q}^{-1}\boldsymbol{F}+\boldsymbol{H}^{\mathrm{T}}\boldsymbol{R}^{-1}\boldsymbol{H}) & \boldsymbol{G}^{\mathrm{T}}\\ \mathbf{diag}(\boldsymbol{G}) & -\mathbf{diag}(\boldsymbol{d}-\boldsymbol{G}\Delta\boldsymbol{X}_{0:k})\end{bmatrix}\begin{bmatrix}\delta\boldsymbol{X}_{0:k}\\ \delta\boldsymbol{\lambda}\end{bmatrix}$$
$$=\begin{bmatrix}-(\boldsymbol{F}^{\mathrm{T}}\boldsymbol{Q}^{-1}\boldsymbol{F}+\boldsymbol{H}^{\mathrm{T}}\boldsymbol{R}^{-1}\boldsymbol{H})\Delta\boldsymbol{X}_{0:k}+(\boldsymbol{H}^{\mathrm{T}}\boldsymbol{R}^{-1}\boldsymbol{c}+\boldsymbol{F}^{\mathrm{T}}\boldsymbol{Q}^{-1}\boldsymbol{a})-\boldsymbol{G}^{\mathrm{T}}\boldsymbol{\lambda}\\ -\mathbf{diag}(\boldsymbol{\lambda})(\boldsymbol{G}\Delta\boldsymbol{X}_{0:k}-\boldsymbol{d})\end{bmatrix} \tag{7-56}$$

对式(7-15)利用矩阵舒尔补，$\delta\boldsymbol{X}_{0:k}$ 的系数表示为：

$$\begin{aligned}\boldsymbol{A}_{\delta\boldsymbol{X}_{0:k}}&=(\boldsymbol{F}^{\mathrm{T}}\boldsymbol{Q}^{-1}\boldsymbol{F}+\boldsymbol{H}^{\mathrm{T}}\boldsymbol{R}^{-1}\boldsymbol{H})+\boldsymbol{G}^{\mathrm{T}}(\mathbf{diag}(\boldsymbol{d}-\boldsymbol{G}\Delta\boldsymbol{X}_{0:k}))^{-1}\mathbf{diag}(\boldsymbol{\lambda})\boldsymbol{G}\\ &=\boldsymbol{F}^{\mathrm{T}}\boldsymbol{Q}^{-1}\boldsymbol{F}+\begin{bmatrix}\boldsymbol{H}\\ \boldsymbol{G}\end{bmatrix}^{\mathrm{T}}\begin{bmatrix}\boldsymbol{R}^{-1} & 0\\ 0 & (\mathbf{diag}(\boldsymbol{d}-\boldsymbol{G}\Delta\boldsymbol{X}_{0:k}))^{-1}\mathbf{diag}(\boldsymbol{\lambda})\end{bmatrix}\begin{bmatrix}\boldsymbol{H}\\ \boldsymbol{G}\end{bmatrix}\\ &=\boldsymbol{F}^{\mathrm{T}}\boldsymbol{Q}^{-1}\boldsymbol{F}+\widetilde{\boldsymbol{H}}^{\mathrm{T}}\widetilde{\boldsymbol{R}}^{-1}\widetilde{\boldsymbol{H}}\end{aligned} \tag{7-57}$$

根据式(7-13)，有 $\boldsymbol{d}-\boldsymbol{G}\Delta\boldsymbol{X}_{0:k}\geqslant 0$。由 KKT 条件可以得知 $\boldsymbol{\lambda}\geqslant 0$，且矩阵分块 $\boldsymbol{R}$ 是正定的，所以 $\widetilde{\boldsymbol{R}}$ 也是正定的。那么通过比较上述约束优化估计问题系数矩阵 $\boldsymbol{A}_{\delta\boldsymbol{X}_{0:k}}$ 和本节第一部分无约束优化估计问题系数矩阵(7-4)，两者矩阵形式结构相同，因此 $\boldsymbol{A}_{\delta\boldsymbol{X}_{0:k}}^{\mathrm{T}}\boldsymbol{A}_{\delta\boldsymbol{X}_{0:k}}$ 也同式(7-8)形式相同，是带状对角矩阵，可以利用矩阵 **LU** 分解求解优化估计问题，提高求解效率。

若是利用费舍尔信息矩阵的观点分析式(7-16)，式(7-57)中的表示约束条件的部分 $\boldsymbol{G}^{\mathrm{T}}(\mathbf{diag}(\boldsymbol{d}-\boldsymbol{G}\Delta\boldsymbol{X}_{0:k}))^{-1}\mathbf{diag}(\boldsymbol{\lambda})\boldsymbol{G}$，可以认为这些约束被当成从一个虚拟传感器获得的额外量测信息来求解优化估计问题，因此估计结果更加精确，符合实际情况。

参考文献

[1] Battermann A. Preconditioners for Karush-Kuhn-Tucker systems arising in optimal control[J]. Nature Reviews Neuroscience, 1998, 5(10): 793-807.

[2] 付东莉，柴毅，魏善碧，等. 基于滚动时域估计的非线性目标跟踪[J]. 计算机应用研究，2012，29(01)：101-103.

[3] 郭福成. 基于运动学原理的单站无源定位与跟踪关键技术研究[D]. 长沙：中国人民解放军国防科学技术大学，2002.

第 8 章　自主水下航行器图像伺服跟踪控制技术

随着计算机技术的普及,视觉跟踪系统广泛应用于军事、民用、工业生产等领域。目前,基于图像的机器人视觉伺服控制的研究已成为机器人的一个研究热点问题。本章介绍了基于图像伺服跟踪控制技术的 AUV 对接问题,包括摄像机模型、摄像机的标定、图像识别、图像测距等。

8.1 摄像机模型与标定

本系统主要通过视觉引导,实现两 AUV 的对接组合。子 AUV 配备有前视和下视摄像头,前视用于识别对接装置,下视摄像头用于确定子航行器就位点。母体航行器配备有上视摄像头,用于确定对接是否完成。在使用摄像机进行图像处理前,有些工作是必须要完成的。由于每款摄像机的参数都不一样,所以需要通过摄像机标定实验求解摄像机参数。另外,由于受到外界环境的影响,摄像机采集的图像有时并不符合识别要求,需要进行滤波、阈值化等一系列处理。

8.1.1 摄像机模型

摄像机作为视觉伺服控制研究的基础,一个精确的摄像机模型显得尤为必要,摄像机的性能也直接关系着视觉伺服控制的效果。不同的摄像机模型适应于不同的应用环境,本书研究内容建立在经典的针孔模型的基础上,在本章将针对针孔模型做详细介绍。

(1) 针孔模型。

对于摄像机的模型而言,最简单而有用的模型就是针孔模型[1],针孔可以想象成墙上的小洞,光线只能从小洞射入,处理时可以根据几何原理中的投影射线来分析,如图 8-1 所示。

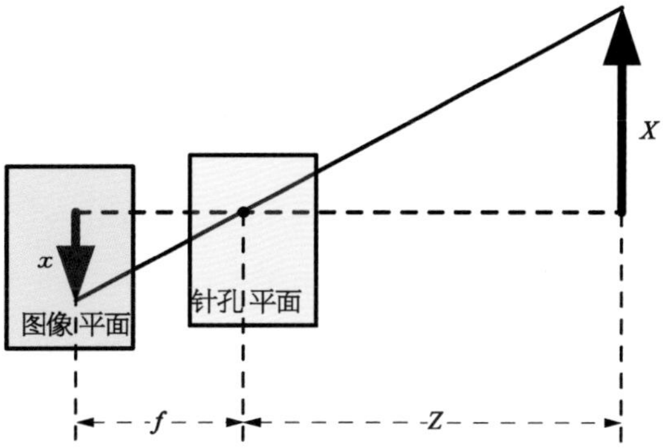

图 8-1 针孔摄像机模型

右图存在如下关系:

$$-x = f\frac{X}{Z} \tag{8-1}$$

其中,f 为摄像机焦距;Z 是摄像机到目标物的距离;X 为目标物的长度;x 是目标物在图像平面中的长度。

将针孔模型转换为等效模型可简化运算,简化等效模型如图 8-2 所示。

等效模型的成像关系表示为:

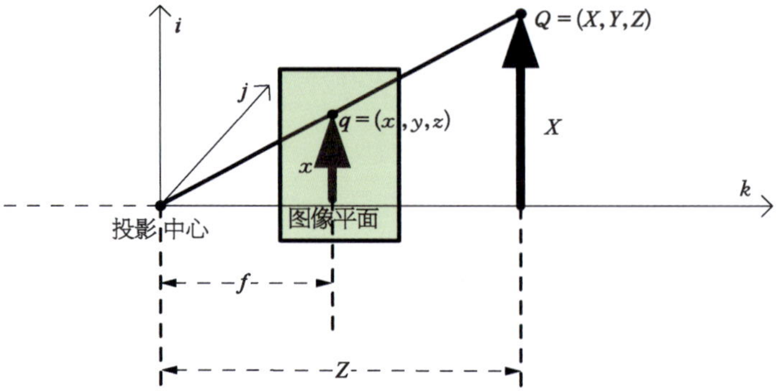

图 8-2　针孔摄像机等效模型

$$x=f\frac{X}{Z} \tag{8-2}$$

(2) 内参模型。

摄像机的针孔模型是理想化的线性模型,这种模型忽略了透镜所产生的畸变。针孔模型下图像坐标系如图 8-3 所示,O_0 为光轴中心,O_1 为摄像机成像仪的中心。

由于安装精度问题,导致摄像机成像仪中心不在光轴上,所以需要新引进两个参数,即 x 轴与 y 轴方向上的偏差 c_x 和 c_y,这样我们可以得到摄像机模型为:

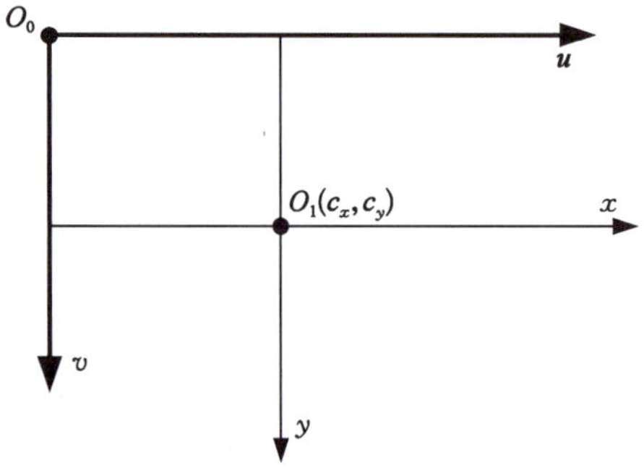

图 8-3　图像坐标系

$$x_{\text{screen}}=f_x\left(\frac{X}{Z}\right)+c_x \tag{8-3}$$

$$y_{\text{screen}}=f_y\left(\frac{Y}{Z}\right)+c_y \tag{8-4}$$

$$f_x=F\cdot s_x \tag{8-5}$$

$$f_y=F\cdot s_y \tag{8-6}$$

其中,点(x_{screen}, y_{screen})为投影点;$Q=(X, Y, Z)$ 为目标物在世界坐标系下的点;$q=(x, y, f)$ 为点 Q 在图像内的投影点;f_x 为 x 方向上的焦距;f_y 为 y 方向上的焦距。

由于 F 为透镜的物理焦距长度(mm),(s_x, s_y)表示成像仪上每个像素单元的尺寸(像素/mm),则根据式(8-5)、式(8-6)可知 f_x 和 f_y 的单位为像素。

投影变换表示目标物上 Q 的物理点坐标(X_i, Y_i, Z_i),映射到投影平面,获得映射点 $q=(x_i, y_i)$ 的变换过程。

通过齐次坐标将 $q=(x_i, y_i)$ 转换为 $q=(q_1, q_2, q_3)$ 的形式,将摄像机的内参看作一个 3×3 矩阵,即为摄像机的内部参数矩阵,目标物上的点投影到摄像机图像平面的过程就可以描述为:

$$q=MQ \tag{8-7}$$

其中，$q=\begin{bmatrix} x \\ y \\ z \end{bmatrix}$；$M=\begin{bmatrix} f_x & 0 & c_x \\ 0 & f_y & c_y \\ 0 & 0 & 0 \end{bmatrix}$；$Q=\begin{bmatrix} X \\ Y \\ Z \end{bmatrix}$。

代入式(8-7)展开后可得：

$$\begin{bmatrix} x_{\text{screen}} \\ y_{\text{screen}} \\ 1 \end{bmatrix}=\begin{bmatrix} f_x\left(\dfrac{X}{Z}\right)+c_x \\ f_y\left(\dfrac{X}{Z}+c_y\right) \\ 1 \end{bmatrix} \tag{8-8}$$

其中，c_x、c_y、f_x、f_y 为摄像机的内参数，在得到这些参数后，即可获得目标在图像中的位置与实际位置之间的关系。为了获得摄像机内参数，需要对摄像机进行标定。

8.1.2　摄像机标定

视觉引导主要是通过摄像机获取周围环境信息，经过图像处理，计算出目标物在三维空间内的几何信息，从而实现识别与定位等功能。目标物上某点的三维几何位置与其在图像中对应点之间的相互关系是由摄像机内参和外参模型决定的，外参模型中的参数就是我们需要求解的目标值。内参模型的参数在大多数条件下是通过实验与计算提前得到的，这个过程被称为摄像机定标。标定过程就是确定摄像机的几何和光学参数。标定精度的大小直接影响着计算机视觉(机器视觉)测量的精度。由于 OpenCV 中内参矩阵的求法是基于张正友标定法，且本书已经假定摄像机无畸变，所以本节主要介绍张正友标定法及标定过程。

1) 张正友标定法原理

在式(8-8)中，f_x、f_y、c_x、c_y 为摄像机的内部参数，需要通过摄像机标定测量得出[2]。张正友的标定法即为基于移动平面模板标定法，其标定的工具为黑白相间的棋盘格标定板，如图 8-4 所示。

图 8-4　摄像机标定板

根据视觉中的平面单应性，可以得到式(8-9)：

$$q=sHQ \tag{8-9}$$

其中，$Q=[X \quad Y \quad Z \quad 1]^{\mathrm{T}}$ 为棋盘平面内的黑白角点坐标；$q=[x \quad y \quad 1]^{\mathrm{T}}$ 为图像平面内点 Q 的映射点；s 为一任意比例；H 为单应性矩阵 $[h_1 \quad h_2 \quad h_3]$。

假设棋盘在图像平面内的旋转量和平移量分别为 R 和 t。根据式(8-7)可得：

$$q=sMWQ \tag{8-10}$$

其中，$W=[R \quad t]$；M 为内参矩阵。

考虑到一般性，将 Z 设为 0，同时旋转矩阵表示为 $R=[r_1 \quad r_2 \quad r_3]$，3 个列向量的形式，这样，可以把式(8-10)表示为：

$$\begin{bmatrix} x \\ y \\ 1 \end{bmatrix} = sM[r_1 \quad r_2 \quad r_3 \quad t]\begin{bmatrix} X \\ Y \\ 0 \\ 1 \end{bmatrix} = sM[r_1 \quad r_2 \quad t]\begin{bmatrix} X \\ Y \\ 1 \end{bmatrix} \tag{8-11}$$

根据式(8-9)、式(8-10)、式(8-11)可求得：

$$H = sM[r_1 \quad r_2 \quad t] \tag{8-12}$$

$$\begin{cases} h_1 = sMr_1 \\ h_2 = sMr_2 \\ h_3 = sMr_3 \end{cases} \tag{8-13}$$

根据旋转向量的约束条件可得：

$$h_1^{\mathrm{T}} M^{-\mathrm{T}} M^{-1} h_2 = 0 \tag{8-14}$$

$$h_1^{\mathrm{T}} M^{-\mathrm{T}} M^{-1} h_1 = h_2^{\mathrm{T}} M^{-\mathrm{T}} M^{-1} h_2 \tag{8-15}$$

为方便计算设 $B = M^{-\mathrm{T}} M^{-1} = \begin{bmatrix} B_{11} & B_{12} & B_{13} \\ B_{12} & B_{22} & B_{23} \\ B_{13} & B_{23} & B_{33} \end{bmatrix}$

$$B = \begin{bmatrix} \dfrac{1}{f_x^2} & 0 & \dfrac{-c_x}{f_x^2} \\ 0 & \dfrac{1}{f_y^2} & \dfrac{-c_y}{f_y^2} \\ \dfrac{-c_x}{f_x^2} & \dfrac{-c_y}{f_y^2} & \dfrac{-c_x}{f_x^2} + \dfrac{-c_y}{f_y^2} + 1 \end{bmatrix} \tag{8-16}$$

根据式(8-9)、式(8-10)、式(8-11)可求得：

$$\begin{cases} f_x = \sqrt{\lambda / B_{11}} \\ f_y = \sqrt{\lambda B_{11} / (B_{11} B_{22} - B_{12}^2)} \\ c_x = -B_{13} f_x^2 / \lambda \\ c_y = (B_{12} B_{13} - B_{11} B_{23})(B_{11} B_{22} - B_{12}^2) \end{cases} \tag{8-17}$$

2) 张正友标定法实验

利用 OpenCV 库进行张正友标定法步骤如下：

(1) 使用 OpenCV 内的 FindChessboardCorners( )航速寻找标定板上所有角点，所谓

角点就是标定板上黑白相间的点。6×6 的标定板共有 36 个角点。

(2) 用 FindChessboardCorners( )找到的角点精度仅仅为像素级别，精度达不到标定的要求，因此我们用 FindCornerSubPix( )进一步找出亚像素角点，找到亚像素角点后用 DrawChessboard( )函数将角点画出，如图 8-5 所示。

图 8-5　寻找角点

(3) 使用 OpenCV 封装的函数 CalibrateCamera2( )标定摄像机，并计算摄像机的内参数矩阵。

(4) 移动旋转标定板多次标定，求平均值减小误差。标定方法如图 8-6 所示。

本系统中使用的是维视图像公司的一款 CCD 工业摄像机 MV-EM200C，如图 8-7 所示；摄像机及镜头参数如表 8-1、表 8-2 所示。

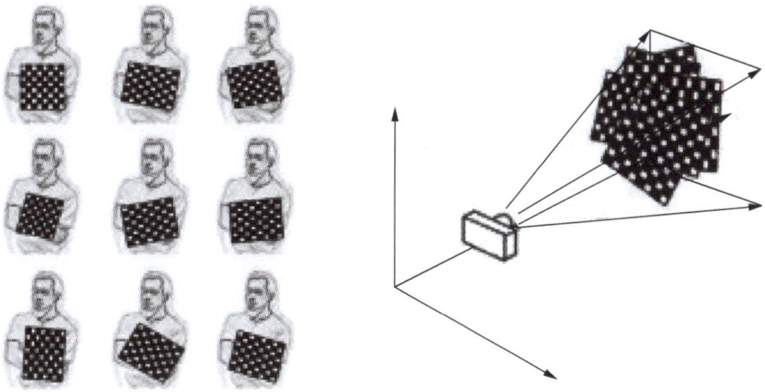

图 8-6　标定方法示意图

图 8-7　工业摄像机 MV-EM200C

表 8-1　摄像机性能参数

参　数	值
最高分辨率	1 600×1 200 px
像素尺寸	4.4 μm×4.4 μm
最大帧率	40 fps
输出方式	GigE 千兆以太网输出
供电要求	DC　12 V
功耗	2.5 W
外形尺寸	29 mm×35 mm×48.9 mm

表 8-2　镜头主要参数

参　数	值
焦距	5 mm
视场角	76.7°×65.5°×51.4°
外形尺寸	ϕ44.5×45.5 mm
最近物距	0.1-inf(m)

表 8-3 为对 MV-EM200C 摄像机进行标定的结果，我们对摄像机进行了三次标定，以三次标定结果的平均值作为最终的摄像机内参数，以此减小标定误差的干扰。

表 8-3　标定结果

参　数	第一次标定	第二次标定	第三次标定	平均值
f_x	263.370	269.921	261.304	265.532
f_y	247.849	250.140	230.051	242.680
c_x	850.733	843.076	829.747	841.185
c_y	257.247	221.420	234.573	237.747

8.2　单目视觉识别

计算机并不会像人一样，能够根据摄像机采集的图像主动地进行识别，所以需要人为设计图像处理程序，使得计算机能够从图像中准确地辨别出我们需要的目标。

8.2.1 图像滤波

图像的滤波是指尽量保留图像细节的情况下对图像的噪声进行过滤。图像滤波是图像处理中必不可少的操作,其处理效果的好坏将直接影响到后续图像处理的可靠性和有效性。几种常用的滤波方法为:方框滤波、均值滤波、中值滤波、高斯滤波、双边滤波。方框滤波、均值滤波和高斯滤波均为线性滤波,中值滤波和双边滤波为非线性滤波。下面简单对以上五种滤波方法的原理及优缺点进行介绍。

(1) 方框滤波。

如果滤波核为(5×5),则方框滤波所用核如公式(8-18)所示:

$$K = a\begin{bmatrix} A_{11} & A_{12} & A_{13} & A_{14} & A_{15} \\ A_{21} & A_{22} & A_{23} & A_{24} & A_{25} \\ A_{31} & A_{32} & A_{33} & A_{34} & A_{35} \\ A_{41} & A_{42} & A_{43} & A_{44} & A_{45} \\ A_{51} & A_{52} & A_{53} & A_{54} & A_{55} \end{bmatrix} \tag{8-18}$$

其中,a 的定义如公式(8-19)所示:

$$a = \begin{cases} \dfrac{1}{size.width * size.height} \\ 1 \end{cases} \tag{8-19}$$

当滤波函数归一化标志位为 true 时,a 取上者;当标志位为 false 时,a 取 1。式(8-19)中,$size.width$ 为滤波核的宽度,$size.height$ 为滤波核的高度。A_{11} 等为图像的像素值。OpenCV 封装的方框滤波的函数为 boxfilter( )。

(2) 均值滤波。

$$K = \frac{1}{size.width * size.height}\begin{bmatrix} A_{11} & A_{12} & A_{13} & A_{14} & A_{15} \\ A_{21} & A_{22} & A_{23} & A_{24} & A_{25} \\ A_{31} & A_{32} & A_{33} & A_{34} & A_{35} \\ A_{41} & A_{42} & A_{43} & A_{44} & A_{45} \\ A_{51} & A_{52} & A_{53} & A_{54} & A_{55} \end{bmatrix} \tag{8-20}$$

均值滤波是最简单的一种滤波方式,输出图像的每一个像素都是核窗口内输入图像对应像素的均值,也就是归一化后的方框滤波,能够对图像中的噪声起到一定的抑制作用。但是均值滤波本身存在一些固有的缺陷,它不能很好地保护图像的细节,滤波后会使图像变得模糊,同时对于尖锐的噪声,抑制作用较弱。OpenCV 封装的函数 blur( )可对图像进行均值滤波。

(3) 高斯滤波。

高斯滤波可以消除高斯噪声,被广泛应用于图像处理的减噪过程。高斯滤波是对整幅图像进行加权平均的过程，每个像素点的值，都由其本身和邻域内的其他像素经加权平均后得到。对于图像处理来说，常用二维零均值离散高斯函数作为平滑滤波器：

$$G_0(x, y)=Ae\frac{-(x-\mu_x)^2}{2\delta_x^2}+\frac{-(y-\mu_y)^2}{2\delta_y^2} \tag{8-21}$$

高斯滤波对服从正态分布的白噪声的抑制十分有效。OpenCV 封装的高斯滤波函数为 GaussianBlur ( )。

(4) 中值滤波。

中值滤波是典型的非线性滤波，它不是直接使用图像像素值，而是通过求取像素点邻域灰度值的中值，然后用求得的中值当作该像素点的灰度值，这种方法对消除孤立的噪点、图像中尖锐噪声都有比较好的处理效果。相对比于线性滤波方法，非线性滤波方法可以减轻图像细节模糊状况，从而保留图像细节信息，但这种处理方法的代价就是需要花费更多的滤波时间。一般说来，在同等情况下，中值滤波花费的时间是均值滤波的五倍。如果对实时性要求不高的话，中值滤波是一个不错的选择。OpenCV 封装的函数 medianBlur ( )可对图像进行中值滤波。

(5) 双边滤波。

双边滤波是利用邻域的像素值进行加权组合作为其输出图像的像素值，其公式为(8-22)：

$$g(i, j)=\frac{\sum_{k,l}f(k, l)\omega(i, j, k, l)}{\sum_{k,l}\omega(i, j, k, l)} \tag{8-22}$$

其中，$f(k, l)$ 为输入像素；$g(i, j)$ 为输出像素；加权系数 $\omega(i, j, k, l)$ 为定义域核和值域核的乘积，如式(8-23)所示：

$$\omega(i, j, k, l)=\exp\left(-\frac{(i-k)^2+(j-l)^2}{2\delta_d^2}-\frac{\| f(i, j)-f(k, l)\|^2}{2\delta_r^2}\right) \tag{8-23}$$

在 OpenCV 中封装的双边滤波函数为 bilateralFilter( )。

8.2.2 图像数学形态学处理

除了图像的滤波外，图像的形态学操作在图像处理中也经常用到。图像的滤波与形态学操作配合使用，才能达到较好的处理效果。本实验也应用了图像形态学处理。

图像的数学形态学处理主要包括腐蚀、膨胀、开运算、闭运算、形态学梯度、顶帽和黑帽。下面对其原理和功能进行简单介绍。

图像的腐蚀是用图像矩阵的局部像素最小值来代替周围一定范围的像素点的值。这样的处理结果就是图片的高亮部分被较暗的部分腐蚀。与图像的腐蚀相反，图像的膨胀是用图像矩阵的局部像素最大值来代替周围一定范围的像素点的值。这样的处理结果就是图片的高亮部分向较暗的部分发生了膨胀。图像的腐蚀与膨胀是图像的数学形态学处理的基本操作，后面的开运算、闭运算、形态学梯度、顶帽和黑帽都是在这一基础上进行的。

图像的开运算是对图像先腐蚀后膨胀，可以达到消除图像上的噪点的目的。闭运算与开运算相反，先对图像进行膨胀操作再对图像进行腐蚀操作，可以消除图片当中的裂纹。形态学梯度是膨胀后的图像矩阵与腐蚀后的图像矩阵之差，这样运算的效果是将图像中物体的边缘轮廓凸显出来，可以用于目标轮廓的提取。顶帽是开运算的结果图像矩阵与原图像矩阵的差值，其作用是分离图像中的亮斑。黑帽与顶帽相反，是闭运算的结果图像矩阵与原图像矩阵做差，其作用是分离图像中的暗斑。所有的形态学处理都可以用 OpenCV 封装的函数 morphologyEx 进行操作，通过改变函数的不同参数可以实现图像的腐蚀、膨胀、开运算、闭运算、形态学梯度、顶帽和黑帽。

8.2.3　模板匹配

摄像机捕获到图片时采集到的图片为 RGB 格式，先要将图片转换为灰度图，再对函数进行高斯滤波、均值滤波和形态学开运算，去除图像的噪点。调用 OpenCV 阈值函数，对灰度图的光源进行阈值检测。调用 OpenCV 的函数 threshold( )，其对输入图片有五种类型的操作，原理如表 8-4 所示。

表 8-4　阈值检测函数原理

阈值类型	原理
THRESH_BINARY	$dst(x, y)=\begin{cases}\max val & \text{如果 } src(x, y)>thresh \\ 0 & \text{其他情况}\end{cases}$
THRESH_BINARY_INV	$dst(x, y)=\begin{cases}0 & \text{如果 } src(x, y)>thresh \\ \max val & \text{其他情况}\end{cases}$
THRESH_TRUNC	$dst(x, y)=\begin{cases}threshold & \text{如果 } src(x, y)>thresh \\ src(x, y) & \text{其他情况}\end{cases}$
THRESH_TOZERO	$dst(x, y)=\begin{cases}src(x, y) & \text{如果 } src(x, y)>thresh \\ 0 & \text{其他情况}\end{cases}$
THRESH_TOZERO_INV	$dst(x, y)=\begin{cases}0 & \text{如果 } src(x, y)>thresh \\ src(x, y) & \text{其他情况}\end{cases}$

表 8-4 中，$src(x, y)$代表输入图像某个像素点的灰度值；$dst(x, y)$代表经过函数处理后输出的图像像素的灰度值；$\max val$ 为图像像素最大灰度值 255 为白色，0 为图像像素最小灰度值为黑色；$thresh$ 为函数设定的阈值。本实验采取的是第四种检测方法，当灰度图有高亮的部分即光源检测后其值为输入的灰度值，其他部分输出 0 的灰度值为黑色。这样可以将摄像机捕获到的图像中的光源与背景区分开来。接着再用 canny 算子检测图像的边缘轮廓，将图像中光源轮廓提取出来。其算法原理是分别对图像的 x 方向和

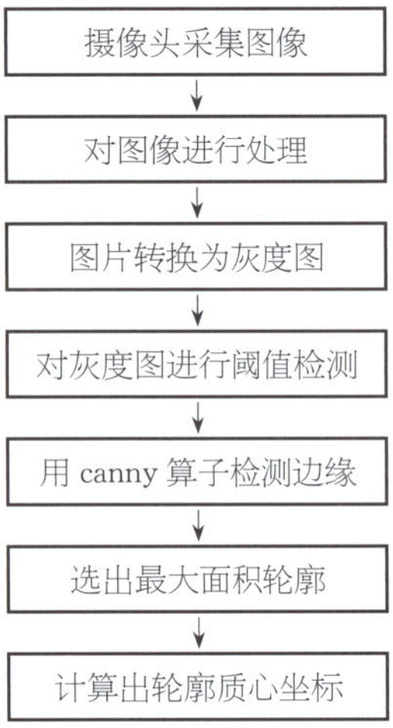

图 8-8　引导算法流程图

y 方向各求一阶导数，然后将其组合为 4 个方向的导数。如果方向导数达到了局部最大值，则将这些点将作为边缘的候选点，然后在设定两个上下限阈值。如果一个像素的梯度大于上限阈值则被认为是边缘轮廓像素；如果低于下阈值则抛弃这个边缘候选点；如果其介于上下阈值之间，当其与边缘轮廓像素相连时则认为是边缘轮廓像素，当其不与边缘轮廓相连时这不认为它是边缘轮廓像素。通过这个算法能很好地提取图像的边缘轮廓。当提取出图片中源的轮廓时对所有光源轮廓进行面积计算，选出面积最大的光源。这样可以排除其他细小光源的干扰。计算输出轮廓质心坐标作为控制输入。算法流程图如图 8-8 所示。

实验中各流程效果如图 8-9～图 8-12 所示：图 8-9 为实验原图，光源位于图片当中；在图片 8-10 中通过阈值化成功将光源提取出来并检测到其边缘(图 8-11)；最后排除了右上角的干扰光源找到目标光源并输出其面积和坐标(图 8-12)。可以看出计算机准确地找到了面积最大的光源并输出其质心坐标和面积值。

图 8-9　原图

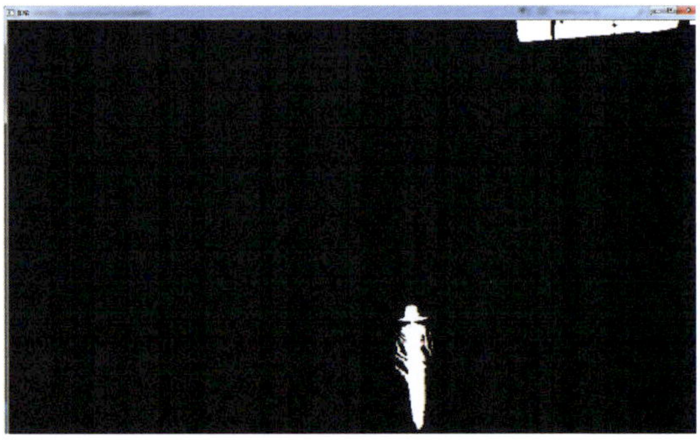

图 8-10　阈值化后的图像

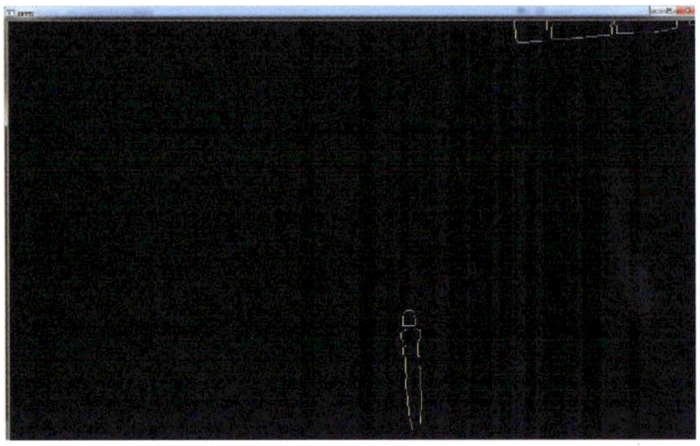

图 8-11　进行边缘检测图像

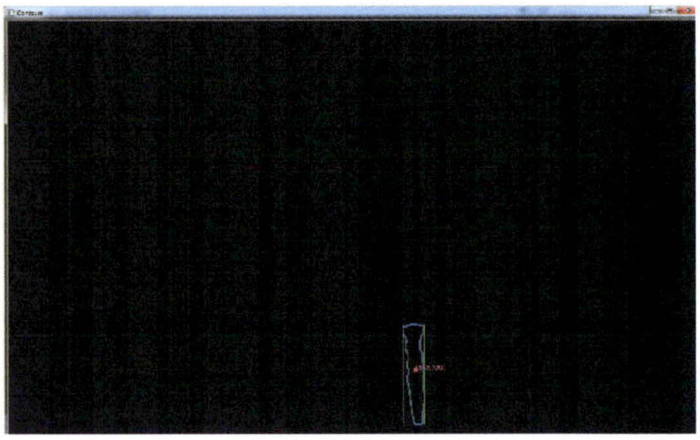

图 8-12　输出轮廓面积及质心坐标

8.3　单目视觉测距

8.3.1　测距方法对比

在机器人视觉应用中，视觉测距技术越来越得到广泛的应用，在目前的应用中，单目测距和双目测距技术最受关注。

双目测距属于被动测距，主要是利用目标物在两个摄像机平面内的成像点的横坐标之差与目标点到摄像机平面的距离的反比例关系进行计算。如图 8－13 所示，两个同款摄像机，假设其焦距 f 相同，目标物 A 在两个摄像机平面内的成像点为 A_1 和 A_2，横坐标分别为 x_{left} 和 x_{right}，根据相似三角形原理得：

$$l=\frac{Bf}{x_{\text{left}}-x_{\text{right}}} \tag{8-24}$$

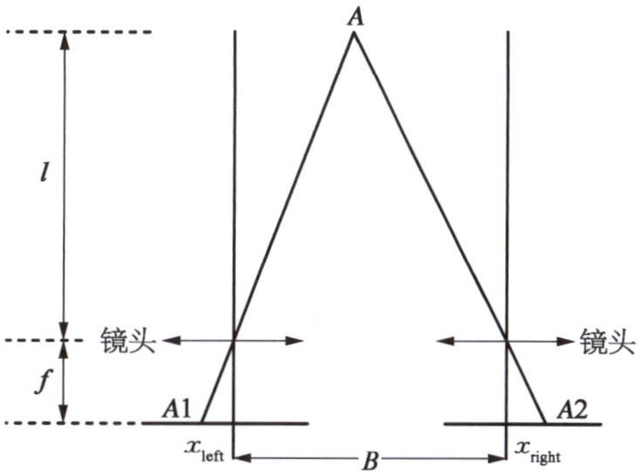

图 8－13　双目测距原理

其中，B 为两个摄像机中心距。

单目测距因其处理速度快、计算量小、设备简单等优势，已被广泛应用到机器人领域，利用摄像机的图像信息与已知标定获取图像的深度信息。单目测距方法主要有对应点标定法、面积映射法等。面积映射法具有计算量小，精度高的特点，满足本实验研究，所以本节采用的是面积映射法。

8.3.2　单目测距方法

在求出摄像机内参数矩阵后，还需要找到物体距离摄像机平面的距离 Z 才能求出物体在空间的三维坐标。本次实验用光源在图像中的面积变化来求解光源与摄像机间的距离。由小孔成像原理，一个平面物体投影到成像平面将会如图 8－14 所示。

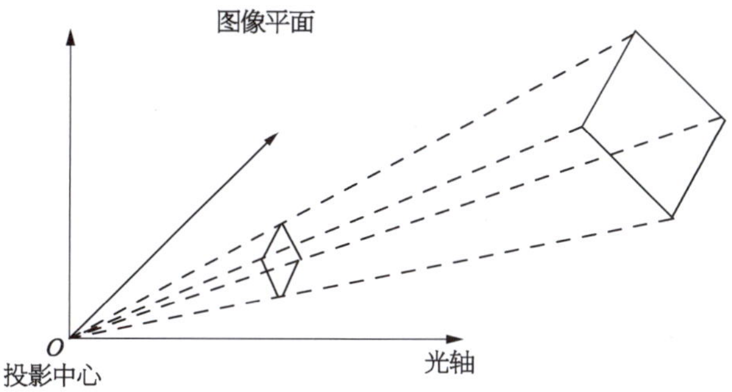

图 8－14　平面矩形在投影平面的投影示意图

在图中可以看出，设平面物体为矩形且其边长为 L_1 与 L_2，假设摄像机投影中心到投影平面的距离为 d，实际面积为 S。根据相似三角形原理可知：

$$l_1 = \frac{d}{Z} L_1 \tag{8-25}$$

$$l_2 = \frac{d}{Z} L_2 \tag{8-26}$$

其中，l_1 和 l_2 分别为对于面在摄像机投影面的边长。则矩形在投影面上的面积 s 为：

$$s = \left(\frac{d}{Z}\right)^2 S \tag{8-27}$$

当在不同距离下和下其距离之比为：

$$\frac{Z_2}{Z_1} = \sqrt{\frac{s_1}{s_2}} \tag{8-28}$$

所以，只要通过实验测出一组数据当光源与摄像头距离为 Z 时其面积为 s，这样对于任意的面积 s_x 都可以带入公式(8-29)中计算出实际待测距离 Z_x：

$$Z_x = \sqrt{\frac{s}{s_x}} Z \tag{8-29}$$

表 8-5 为摄像机测距实验的几组数据，首先，取 $Z = 1$ m，测得其面积 s 为 12 851 个像素点，然后将其代入公式(8-29)中计算出距离，最后将计算值与真实值比较。从表中可以看出，定位点越近，测量越准确。参照测距实验的结果将航行器距目标光源距离分成几个阶段，每个阶段都有自己的定位点。这样可以有效矫正不同距离的定位点所带来的误差。在测距时尽量将目标物放置于图片中心，以减小物体与摄像机存在相对角度带来的误差。在不同水质环境下进行实验时必须重新标定固定点，以修正误差。图 8-15 为实际距离和测量距离的对比曲线图。

表 8-5　单目测距数据

序　号	实际距离/m	测量距离/m	误差/m	误差百分比/%
1	0.5	0.567 07	0.067 07	13.414
2	0.6	0.628 67	0.028 67	4.778
3	0.7	0.711 81	0.011 81	1.687
4	0.8	0.801 11	0.001 11	0.139
5	0.9	0.900 65	0.000 65	0.072
6	1.0	0.999 94	−0.000 06	0.006
7	1.1	1.100 58	0.000 58	0.053
8	1.2	1.203 60	0.003 60	0.300
9	1.3	1.285 41	−0.014 59	1.122
10	1.4	1.379 14	−0.020 86	1.490
11	1.5	1.432 39	−0.067 61	4.507

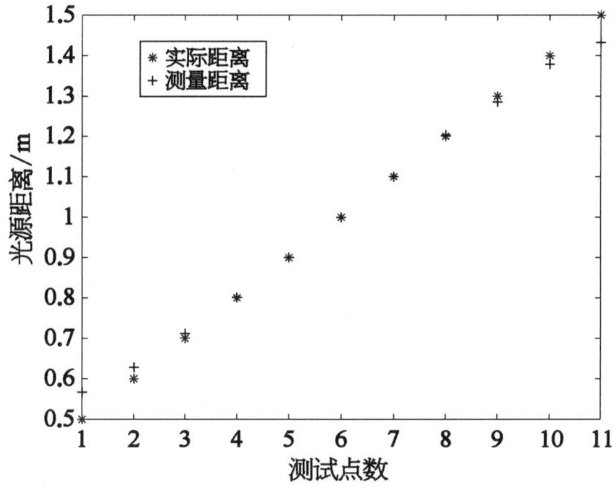

图 8-15　实际距离和测量距离比较图

8.4　基于视觉伺服的自主水下航行器对接实验

上一节主要介绍了图像识别的相关知识,包括摄像机模型、摄像机的标定、图像识别、图像测距等。当水下航行器搭载有摄像机,并通过摄像机获取到外界环境信息后,就需要控制系统根据采集信息,做出相应的动作,完成设定目标。

目前,视觉主要应用于避障、寻迹等方面[3-4],同时在水下自主对接等过程也有所应用[5]。本节主要介绍图像坐标系到导航坐标系的转换,为视觉导航奠定基础;同时介绍试验中拟采用的控制流程和运动策略。

8.4.1　坐标系定义

AUV 的一般运动可以分解为重心(质点)的空间运动以及其(刚体)绕重心的定点转动。为了描述 AUV 的空间运动规律,确定其水下运动的位置姿态信息,首要任务是建立合适的参考坐标系,从而作为测量的标准,在所建立的坐标系下对 AUV 进行受力分析。选取坐标系的原则是:根据 AUV 运动的特点,并考虑分析研究时的方便。通常使用的坐标系分为固定坐标系(也称为静坐标系或惯性坐标系)和运动坐标系(也称为动坐标系或载体坐标系)。

常用的坐标系有以下几种:

① 地心惯性坐标系 $ox_iy_iz_i$。

② 地心地球坐标系 $ox_ey_ez_e$。

③ 导航坐标系 $ox_ny_nz_n$。

④ 运载体坐标系 $ox_by_bz_b$。

其中，地心惯性坐标系与地球坐标系的原点同在地心，$o_e z_i$ 轴、$o_e z_e$ 都与地球自转轴重合，但位于赤道平面内的地心坐标系的另外两个坐标轴方向不随地球的自转而改变，而同样位于赤道平面内的 $o_e x_e$ 指向格林威治本初子午线，$o_e y_e$ 通过东经 90°，因此，$o_e x_e$、$o_e y_e$ 随着地球以 ω_{ie} 的速度旋转。本书选 AUV 的浮心为地理坐标系的原点，且采用导航系统常用的 NED(北东地)坐标系，其中 ox_n (N 向)指向当地的北方，oy_n (E 向)指向当地的东方，oz_n (D 向)指向地心。AUV 体坐标系的原点一般与地理坐标系的原点重合，ox_b 沿着 AUV 纵轴指向前方，oz_b 位于 AUV 纵平面内，当 AUV 水平放置时垂直向下，oy_b 轴垂直于 $ox_b z_b$ 平面并构成右手坐标系。地球坐标系、地理坐标系以及 AUV 体坐标系的位置关系如图 8-16 所示。

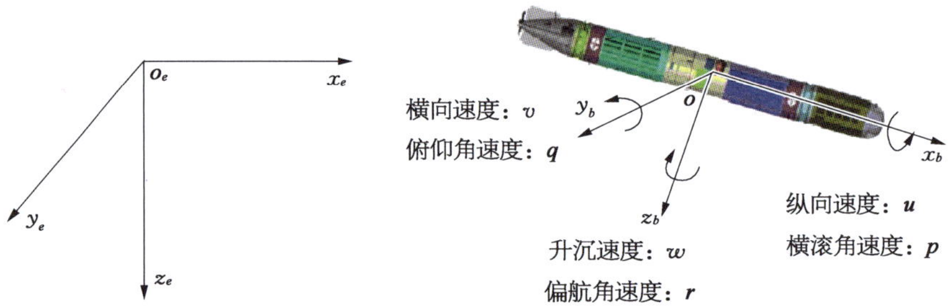

图 8-16　AUV 参考坐标系与 6 自由度运动示意图

⑤ 图像坐标系。

图像的像素坐标系 uo_0v 以图像的左上角为坐标原点，以像素为单位，水平向右是 u，垂直向下是 v 轴，(u, v) 即为每个像素值在图像平面上的坐标。但是在实际视觉算法中要想计算相对位姿，需要由物理单位描述的图像坐标，例如以厘米或米为单位。为了构建以物理单位描述的坐标系，令原点为图像平面与光轴的交点 o_1，x、y 轴分别与 u、v 轴平行，其坐标系示意图如图 8-17 所示。

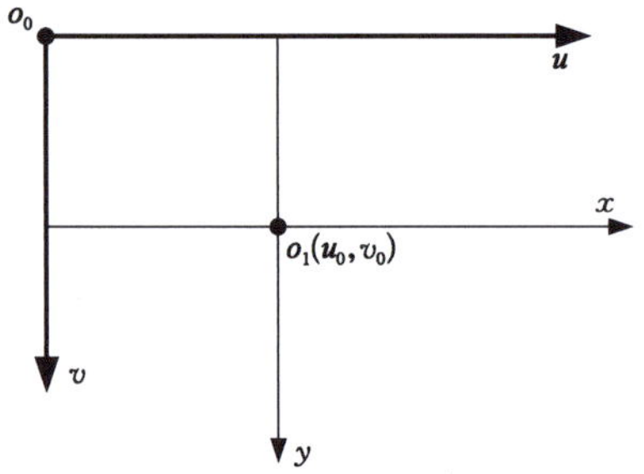

图 8-17　图像坐标系

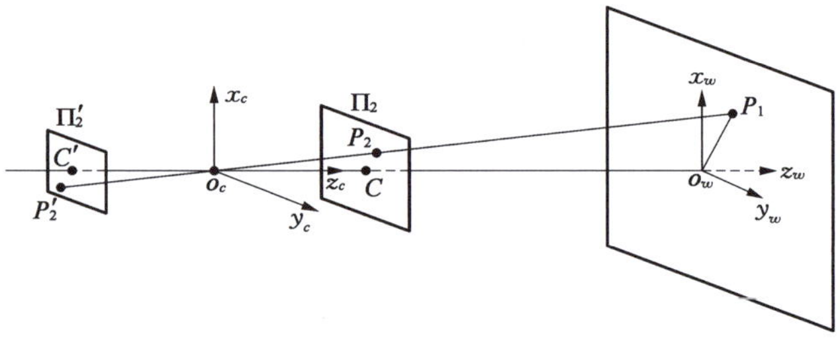

图 8-18　针孔摄像机模型坐标系

⑥ 摄像机坐标系。

如图 8-18 所示，摄像机坐标系定义为 $o_c x_c y_c z_c$。其中 x_c 轴与图像坐标系的 x 轴方向相同，y_c 轴与图像坐标系的 y 轴方向相同，而 z_c 轴与图像平面垂直，为摄像机的主光轴。oo_1 即为摄像机的焦距 f。

8.4.2 坐标系变换

（1）载体坐标系与地理坐标系之间的转换。

如图 8-19 所示，设 Ψ 为载体航向角，θ 为俯仰角，γ 为横滚角，地理坐标系绕负 Z_g 轴转 Ψ（北偏东为正），绕 X' 轴转 θ，再绕 Y' 轴转 γ，则得载体坐标系。它们之间的转换矩阵为：

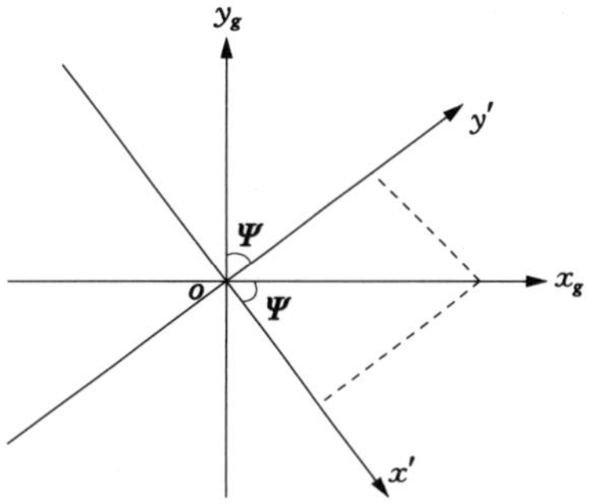

图 8-19　绕 Z_g 轴转 Ψ 角

$$
\begin{aligned}
\boldsymbol{C}_b^g &= \boldsymbol{C}_\gamma \boldsymbol{C}_\theta \boldsymbol{C}_\psi \\
&= \begin{bmatrix} \cos\gamma & 0 & -\sin\gamma \\ 0 & 1 & 0 \\ \sin\gamma & 0 & \cos\gamma \end{bmatrix} \begin{bmatrix} 1 & 0 & 0 \\ 0 & \cos\theta & \sin\theta \\ 0 & -\sin\theta & \cos\theta \end{bmatrix} \begin{bmatrix} \cos\psi & -\sin\psi & 0 \\ \sin\psi & \cos\psi & 0 \\ 0 & 0 & 1 \end{bmatrix} \\
&= \begin{bmatrix} \cos\gamma\cos\psi + \sin\gamma\sin\psi\sin\theta & -\cos\gamma\sin\psi + \sin\gamma\cos\psi\sin\theta & -\sin\gamma\cos\theta \\ \sin\psi\cos\theta & \cos\psi\cos\theta & \sin\theta \\ \sin\gamma\cos\psi - \cos\gamma\sin\psi\sin\theta & -\sin\gamma\sin\psi - \cos\gamma\cos\psi\sin\theta & \cos\gamma\cos\theta \end{bmatrix}
\end{aligned} \tag{8-30}
$$

以地理坐标系作为导航坐标系，则有惯导系统姿态矩阵：

$$
\begin{aligned}
\boldsymbol{C}_n^b &= \boldsymbol{C}_g^b = (\boldsymbol{C}_b^g)^{\mathrm{T}} \\
&= \begin{bmatrix} \cos\gamma\cos\psi + \sin\gamma\sin\psi\sin\theta & \sin\psi\cos\theta & \sin\gamma\cos\psi - \cos\gamma\sin\psi\sin\theta \\ -\cos\gamma\sin\psi + \sin\gamma\cos\psi\sin\theta & \cos\psi\cos\theta & -\sin\gamma\sin\psi - \cos\gamma\cos\psi\sin\theta \\ -\sin\gamma\cos\theta & \sin\theta & \cos\gamma\cos\theta \end{bmatrix}
\end{aligned} \tag{8-31}
$$

由于航行器俯仰角与横滚角已知，并在机械配平中消除，可把横滚角与俯仰角设为 0，系统姿态矩阵可写为：

$$
\begin{aligned}
\boldsymbol{C}_n^b &= \boldsymbol{C}_g^b = (\boldsymbol{C}_b^g)^{\mathrm{T}} \\
&= \begin{bmatrix} \cos\psi & \sin\psi & 0 \\ -\sin\psi & \cos\psi & 0 \\ 0 & 0 & 1 \end{bmatrix}
\end{aligned} \tag{8-32}
$$

（2）导航坐标系与图像坐标系的转换。

假设航行器俯仰角和横滚角为 0，摄像头与航行器本体固连且在航行器轴心线上，所以导航坐标系与图像坐标系的关系如图 8-20 所示。

设已知摄像机与目标物距离为 X_0 的情况下，目标物在像平面坐标为 (u_0, v_0)，在摄像机坐标系内为 (X_0, y_0, z_0)，根据相似三角形原理，可以得到关系：

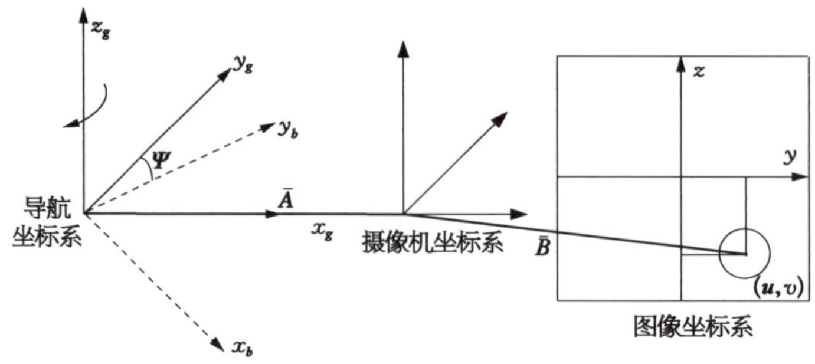

图 8-20　导航坐标系与图像坐标系的关系图

$$\frac{X_0}{X}=\frac{z_0}{z}=\frac{y_0}{y}=\frac{u_0}{u}=\frac{v_0}{v} \tag{8-33}$$

所以在目标物实际距离 X 的情况下，在摄像机坐标系内坐标为 $S(X, y, z)$，航行器中心与摄像机中心距离为 B，所以目标物在载体坐标系下的坐标为 $S(X+B, y, z)$，根据式(8-33)可以求得世界坐标系下，目标物的坐标为：

$$S_n=S_bC_b^n \tag{8-34}$$

8.4.3　水下航行器模型

在控制设计时，需要对水下航行器建模，水下航行器模型主要包括运动学模型和动力学模型，运动学模型涉及几个坐标系的转换，内容相对简单；动力学模型由于水下环境等因素影响，需要考虑的条件比较多，本节主要就水下航行器的模型进行研究。

载体坐标系$\{B\}$下的速度转换到全局坐标系$\{G\}$下，转换关系如式(8-35)：

$$\begin{bmatrix}\dot{x}\\ \dot{y}\\ \dot{z}\end{bmatrix}=\boldsymbol{R}_b^g\begin{bmatrix}u\\ v\\ w\end{bmatrix} \tag{8-35}$$

即

$$\dot{\boldsymbol{\eta}}_1=\boldsymbol{R}_b^g\boldsymbol{v}_1 \tag{8-36}$$

转换矩阵 $\boldsymbol{R}_b^g$ 为：

$$\boldsymbol{R}_b^g=\begin{pmatrix}\cos\theta\cos\psi & \cos\psi\sin\theta\sin\phi-\sin\psi\cos\phi & \cos\psi\sin\theta\cos\phi+\sin\psi\sin\phi\\ \sin\psi\cos\theta & \sin\psi\sin\theta\sin\phi+\cos\psi\cos\phi & \sin\psi\sin\theta\cos\phi-\cos\psi\sin\phi\\ -\sin\theta & \cos\theta\sin\phi & \cos\theta\cos\phi\end{pmatrix} \tag{8-37}$$

水下航行器的欧拉角和角速度之间的关系为：

$$\begin{bmatrix}\dot{\phi}\\ \dot{\theta}\\ \dot{\psi}\end{bmatrix}=\boldsymbol{T}_{\boldsymbol{\Theta}}\begin{bmatrix}p\\ q\\ r\end{bmatrix} \tag{8-38}$$

其中，

$$\boldsymbol{T}_{\boldsymbol{\Theta}}=\begin{pmatrix}1 & \sin\phi\tan\theta & \cos\phi\tan\theta \\ 0 & \cos\phi & -\sin\phi \\ 0 & \sin\phi\sec\theta & \cos\phi\sec\theta\end{pmatrix} \tag{8-39}$$

即

$$\dot{\boldsymbol{\eta}}_2=\boldsymbol{T}_{\boldsymbol{\Theta}}\boldsymbol{v}_2 \tag{8-40}$$

得到水下航行器的运动学模型：

$$\dot{\boldsymbol{\eta}}=\boldsymbol{J}(\boldsymbol{\eta})\boldsymbol{v} \tag{8-41}$$

其中，

$$\boldsymbol{J}(\boldsymbol{\eta})=\begin{bmatrix}\boldsymbol{R}_b^g & \boldsymbol{0}_{3\times3} \\ \boldsymbol{0}_{3\times3} & \boldsymbol{T}_{\boldsymbol{\Theta}}\end{bmatrix} \tag{8-42}$$

为得到水下航行器的动力学方程，简化模型计算，首先假设水下航行器为刚体，并且质量是恒定的，根据牛顿运动定律，可以得出水下航行器在载体坐标系$\{B\}$下所受到的力与力矩方程，如下所示：

$$m(\dot{\boldsymbol{v}}_1+\boldsymbol{v}_2\times\boldsymbol{v}_1+\dot{\boldsymbol{v}}_2\times\boldsymbol{r}_g+\boldsymbol{v}_2\times(\boldsymbol{v}_2\times\boldsymbol{r}_g))=\boldsymbol{\tau}_1 \tag{8-43}$$

$$\boldsymbol{I}\dot{\boldsymbol{v}}_2+\boldsymbol{v}_2\times(\boldsymbol{I}\boldsymbol{v}_2)+m\boldsymbol{r}_g\times(\dot{\boldsymbol{v}}_1+\boldsymbol{v}_2\times\boldsymbol{v}_1)=\boldsymbol{\tau}_2 \tag{8-44}$$

$$\boldsymbol{I}=\begin{pmatrix}I_{xx} & -I_{xy} & -I_{xz} \\ -I_{yx} & I_{yy} & -I_{yz} \\ -I_{zx} & -I_{zy} & I_{zz}\end{pmatrix} \tag{8-45}$$

式中，$\boldsymbol{I}$ 为水下航行器的转动惯量；$\boldsymbol{\tau}_1$ 为外界输入的推力，例如推进电机产生的力；$\boldsymbol{\tau}_2$ 为外界输入的外力矩，例如差动电机产生的扭矩，使水下航行器发生转动；$\boldsymbol{r}_g=[x_g \quad y_g \quad z_g]^{\mathrm{T}}$ 为水下航行器的重心在载体坐标系下$\{B\}$的坐标式；I_{xy}、I_{yz}、I_{xz}、I_{yx}、I_{zy}、I_{zx} 表示惯性积，且有 $I_{xy}=I_{yx}$、$I_{yz}=I_{zy}$、$I_{xz}=I_{zx}$，转动惯量矩阵 $\boldsymbol{I}$ 对角线上的三个元素 I_{xx}、I_{yy}、I_{zz} 表示水下航行器相对于载体坐标系 x_b 轴、y_b 轴以及 z_b 轴的转动惯量。

由式(8-43)和式(8-44)得：

$$\boldsymbol{\tau}_{RB}=\boldsymbol{M}_{RB}\dot{\boldsymbol{v}}+\boldsymbol{C}_{RB}(\boldsymbol{v})\boldsymbol{v}=\boldsymbol{\tau}_{AM}+\boldsymbol{\tau}_D+\boldsymbol{\tau}_G+\boldsymbol{\tau}_E+\boldsymbol{\tau} \tag{8-46}$$

$$\boldsymbol{M}_{RB}=\begin{bmatrix}m\boldsymbol{I}_{3\times3} & -m\boldsymbol{S}(\boldsymbol{r}_g) \\ m\boldsymbol{S}(\boldsymbol{r}_g) & \boldsymbol{I}_{3\times3}\end{bmatrix} \tag{8-47}$$

$$\boldsymbol{C}_{RB}(\boldsymbol{v})=\begin{bmatrix}0_{3\times3} & -m\boldsymbol{S}(\boldsymbol{v}_1)-m\boldsymbol{S}(\boldsymbol{S}(\boldsymbol{v}_2)\boldsymbol{r}_g) \\ -m\boldsymbol{S}(\boldsymbol{v}_1)-m\boldsymbol{S}(\boldsymbol{S}(\boldsymbol{v}_2)\boldsymbol{r}_g) & -\boldsymbol{S}(\boldsymbol{I}\boldsymbol{v}_2)+m\boldsymbol{S}(\boldsymbol{S}(\boldsymbol{v}_1)\boldsymbol{r}_g)\end{bmatrix} \tag{8-48}$$

其中，$\boldsymbol{\tau}_{RB}$ 为所水下航行器受到的外力和外力矩，包括重力与浮力产生的恢复力 $\boldsymbol{\tau}_G$、无黏性的流体作用力 $\boldsymbol{\tau}_{AM}$、由于海水黏性产生的黏性流体作用力 $\boldsymbol{\tau}_D$，以及水下航行器在复杂水域下所受到的环境干扰力 $\boldsymbol{\tau}_E$ 和控制力 $\boldsymbol{\tau}$；$\boldsymbol{M}_{RB}$ 为水下航行器的惯性矩阵；$\boldsymbol{C}_{RB}(\boldsymbol{v})$ 为水下航行器的向心力和哥氏力矩阵；$\boldsymbol{S}(\cdot)$ 为斜对称矩阵，定义：$\boldsymbol{a}\times\boldsymbol{b}=\boldsymbol{S}(\boldsymbol{a})\boldsymbol{b}$，可得：

$$\boldsymbol{S}(\boldsymbol{a})=\begin{bmatrix}0 & -a_3 & a_2\\ a_3 & 0 & -a_1\\ -a_2 & a_1 & 0\end{bmatrix}\tag{8-49}$$

水下航行器在实际运动过程中，主要受到以下几种力：

(1) 无黏性的理性流体作用 $\boldsymbol{\tau}_{AM}$ 力。

$\boldsymbol{\tau}_{AM}$ 可以用附加质量力与哥氏向心力矩阵表示：

$$\boldsymbol{\tau}_{AM}=-\boldsymbol{M}_{AM}\dot{\boldsymbol{v}}-\boldsymbol{C}_{AM}(\boldsymbol{v})\boldsymbol{v}\tag{8-50}$$

其中，附加质量矩阵 $\boldsymbol{M}_{AM}$ 以及附加哥氏向心力矩阵 $\boldsymbol{C}_{AM}(\boldsymbol{v})$ 表示为：

$$\boldsymbol{M}_{AM}=-\left[\begin{array}{ccc|ccc}X_{\dot u} & X_{\dot v} & X_{\dot w} & X_{\dot p} & X_{\dot q} & X_{\dot r}\\ Y_{\dot u} & Y_{\dot v} & Y_{\dot w} & Y_{\dot p} & Y_{\dot q} & Y_{\dot r}\\ Z_{\dot u} & Z_{\dot v} & Z_{\dot w} & Z_{\dot p} & Z_{\dot q} & Z_{\dot r}\\ \hline K_{\dot u} & K_{\dot v} & K_{\dot w} & K_{\dot p} & K_{\dot q} & K_{\dot r}\\ M_{\dot u} & M_{\dot v} & M_{\dot w} & M_{\dot p} & M_{\dot q} & M_{\dot r}\\ N_{\dot u} & N_{\dot v} & N_{\dot w} & N_{\dot p} & N_{\dot q} & N_{\dot r}\end{array}\right]=\begin{bmatrix}\boldsymbol{A}_{11} & \boldsymbol{A}_{12}\\ \boldsymbol{A}_{21} & \boldsymbol{A}_{22}\end{bmatrix}\tag{8-51}$$

$$\boldsymbol{C}_{AM}(\boldsymbol{v})=\begin{bmatrix}0_{3\times3} & -S(A_{11}v_1+A_{12}v_2)\\ -S(A_{11}v_1+A_{12}v_2) & -S(A_{21}v_1+A_{22}v_2)\end{bmatrix}\tag{8-52}$$

附加质量矩阵 $\boldsymbol{M}_{AM}$ 一般由水下航行器的外观决定且关于对角线对称，由于一般的水下航行器具有关于载体坐标系三轴对称的特征，所以可以将附加质量矩阵简化，简化后的形式如下所示：

$$\boldsymbol{M}_{AM}=-\mathrm{diag}\{X_{\dot u},\ Y_{\dot v},\ Z_{\dot w},\ K_{\dot p},\ M_{\dot q},\ N_{\dot r}\}\tag{8-53}$$

(2) 海水黏性产生的黏性流体作用力 $\boldsymbol{\tau}_D$。

黏性阻力作为水下航行器在水中航行时所受到的最主要的阻力，其产生的主要原因为层流边力。黏性阻力大小与水下航行器的速度相关。低速状态下，可以进行 $\boldsymbol{\tau}_D$ 简化，取起主要作用的线性项，忽略二次项，由此得到如下形式系数矩阵：

$$\begin{aligned}\boldsymbol{D}(\boldsymbol{v})=&-\mathrm{diag}\{X_{\dot u},\ Y_{\dot v},\ Z_{\dot w},\ K_{\dot p},\ M_{\dot q},\ N_{\dot r}\}-\\&\mathrm{diag}\{X_{u|u|}\,|u|,\ Y_{v|v|}\,|v|,\ Z_{w|w|}\,|w|,\ K_{p|p|}\,|p|,\ M_{q|q|}\,|q|,\ N_{r|r|}\,|r|\}\end{aligned}\tag{8-54}$$

(3) 由重力和浮力作用产生的恢复力 $\boldsymbol{\tau}_G$。

假设水下航行器所受到的重力和浮力都是作用在浮心上的，$\boldsymbol{\tau}_G$ 表达式如下所示：

$$\boldsymbol{\tau}_G=\boldsymbol{g}(\boldsymbol{\eta})=\begin{bmatrix}(W-B)\sin\theta\\-(W-B)\cos\theta\sin\phi\\-(W-B)\cos\theta\cos\phi\\-(y_gW-y_bB)\cos\theta\cos\phi+(z_gW-z_bB)\cos\theta\sin\phi\\(z_gW-z_bB)\sin\theta+(x_gW-x_bB)\cos\theta\cos\phi\\-(x_gW-x_bB)\cos\theta\sin\phi-(y_gW-y_bB)\sin\theta\end{bmatrix}\quad(8-55)$$

其中，B 表示浮力；W 表示重力；$r_B=[x_B\quad y_B\quad z_B]$ 表示水下航行器的浮心在载体坐标系下的坐标。

(4) 控制力 $\boldsymbol{\tau}$。

控制力是指水下航行器中各个推进器以及其他机构对其运动过程进行主动干预的外力。

通过对水下航行器所的受力分析，可以将水下航行器所受到的力简写成如下动力学模型：

$$\boldsymbol{M}\dot{\boldsymbol{v}}+\boldsymbol{C}(\boldsymbol{v})\boldsymbol{v}+\boldsymbol{D}(\boldsymbol{v})\boldsymbol{v}+\boldsymbol{g}(\boldsymbol{\eta})=\boldsymbol{\tau}\quad(8-56)$$

其中，$\boldsymbol{M}=\boldsymbol{M}_{RB}+\boldsymbol{M}_{AM}$；$\boldsymbol{C}(\boldsymbol{v})=\boldsymbol{C}_{RB}+\boldsymbol{C}_{AM}$；$\boldsymbol{M}$ 和 $\boldsymbol{D}(\boldsymbol{v})$ 为对称正定矩阵；且有 $\boldsymbol{C}(\boldsymbol{v})=-\boldsymbol{C}(\boldsymbol{v})^{\mathrm{T}}$。

8.4.4　远距离光源引导运动

在航行器距离目标物比较远的情况下，由于水下环境较暗，摄像机的视距比较有限，在没有光源辅助的情况下，一般只能识别到 2 m 左右的目标物。因此在对航行器进行远距离视觉引导时，需要采用发光光源，摄像机对光源进行阈值化处理后，根据光源在图像平面的坐标进行控制，使航行器能够在光源导引下实现定距跟踪。其控制策略如图 8－21 所示。

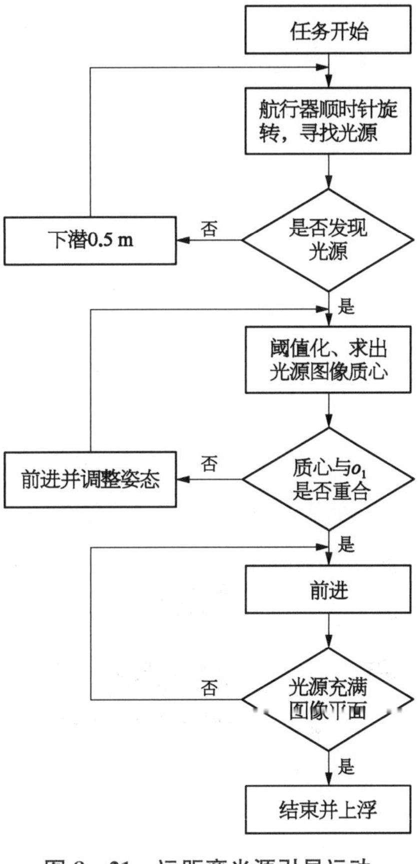

图 8－21　远距离光源引导运动

8.5　平台功能实验

8.5.1　定深实验

航行器的深度传感器采用西安宝鸡麦克传感器有限公司的 MPM4730，精度 0.2%

FS，在－10℃～80℃可以进行数字化宽温度补偿。量程为－0.1 MPa～100 MPa，量程范围可以选择，完全满足本航行器的工作环境需求。深度传感器与控制器的通信采用RS485协议，工作电压为10～28 V DC。传感器与上位机之间的数据传输指令格式如下表8-6所示。

表8-6 数据传输指令格式

发送指令	$	xx	YY	[S##.###]	PP	Chr(13)
	起始符	地址	命令	参数	校验位	结束符
回答指令	$	xx	[S##.###]	PP	Chr(13)	
	起始符	地址	参数	校验位	结束符	

打开深度传感器的串口号，将深度传感器放在桌面上时，传感器的输出深度值为0。紧接着把深度传感器放到盛满水的水杯中，把深度传感器放到不同的水深处，如图8-22所示，在曲线中可以看到深度曲线也在跟随着所测量的深度值变化。

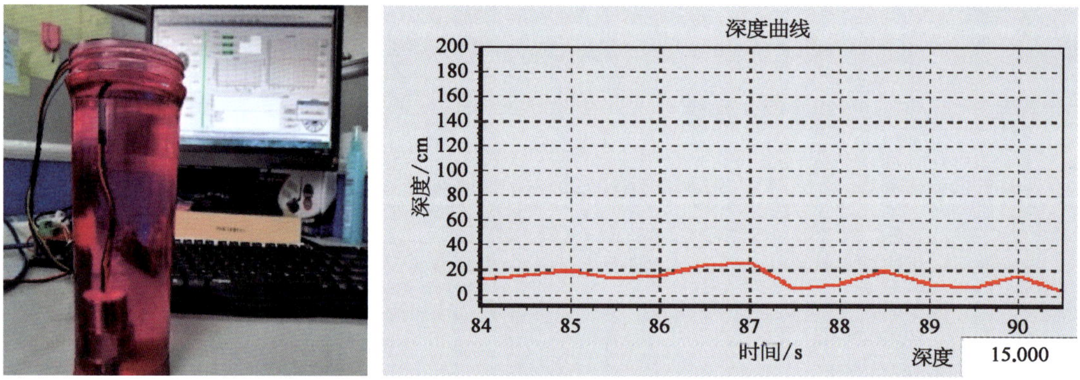

图8-22 深度传感器调试

在定深试验中AUV实验平台的设定深度为1 m，其横滚角为0°，俯仰角为0°。将深度传感器的深度数据值进行记录保存，在MATLAB中绘制深度曲线变化图，在误差允许的范围内，AUV实验平台可以较好地实现定深运动，并且能长时间保证深度的稳定性，如图8-23所示。

由图8-23定深实验深度数据变化数据曲线能够看出，AUV刚开始入水时的0 m深度到达最终设定深度1 m，经历了大概5 s时间，最终航行器能够稳定在期望深度值，且其深度误差能够控制在±2 cm以内。

8.5.2 定向实验

航行器的姿态传感器采用MTI-30，可360°全方向姿态航向输出，具有快速动态响应

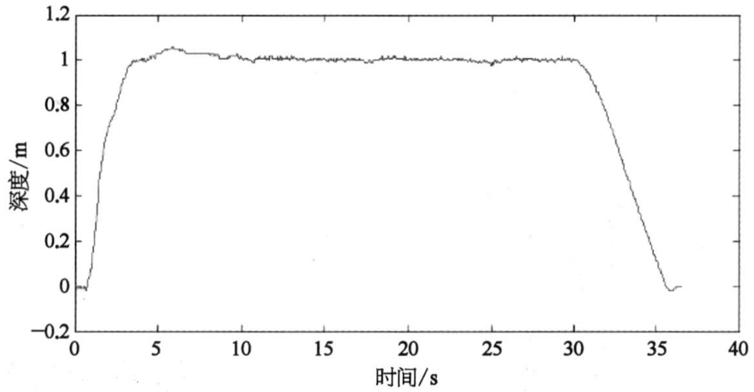

图 8-23　AUV 定深实验深度变化曲线

特点，可保证长时间工作稳定性。

AUV 实验平台共进行了多组定航实验，为保证试验的可靠性和一般性，多组实验完成不同方向的定航运动，选取其中一组实验如图 8-24 所示，将 AUV 实验平台的期望航向角设定为 60°，AUV 平台的深度为 1 m，俯仰角和横滚角都为 0°。将航向姿态传感器的航向数据进行保存记录，并将其导入到 MATLAB 中，可得 AUV 的实际航向角变化曲线。

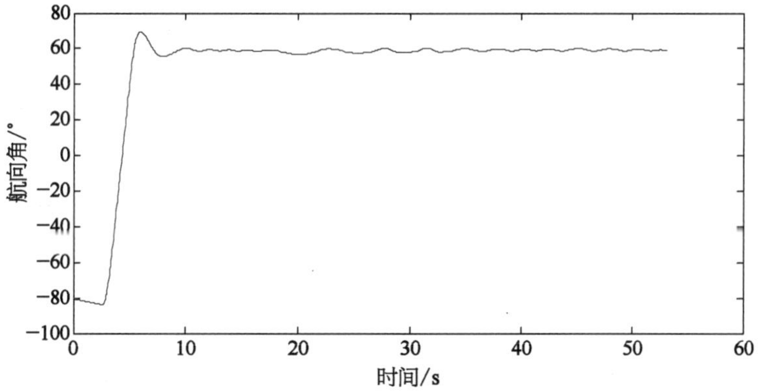

图 8-24　AUV 定向实验航向角变化曲线

由图 8-24 所示，AUV 航向角初值为 280°，数据处理后即−80°，设定的期望航向角为 60°，从图中可以看出 AUV 的航向角由初始的−80°顺时针变化，最终稳定在 60°左右，由于 MTI 航向姿态传感器的测量值受磁场、温度、经纬度等多种因素的影响，所以其测量的真值不是非常稳定，且有时其测量值也会出现一定的跳变，但是 AUV 能保持较为稳定的航向，最终航向角误差基本保持在±2°以内。

8.5.3　远距离光源引导实验

在远距离情况下，根据光源引导，实现航行器向目标点的航行。航行器顺时针旋转，寻找光源，当摄像机识别到光源，便给出光源的方向信息，从而控制航行器接近光源。图8-25所示为光源引导实验软件界面；图8-26所示为对接实验过程中各类数据信息。

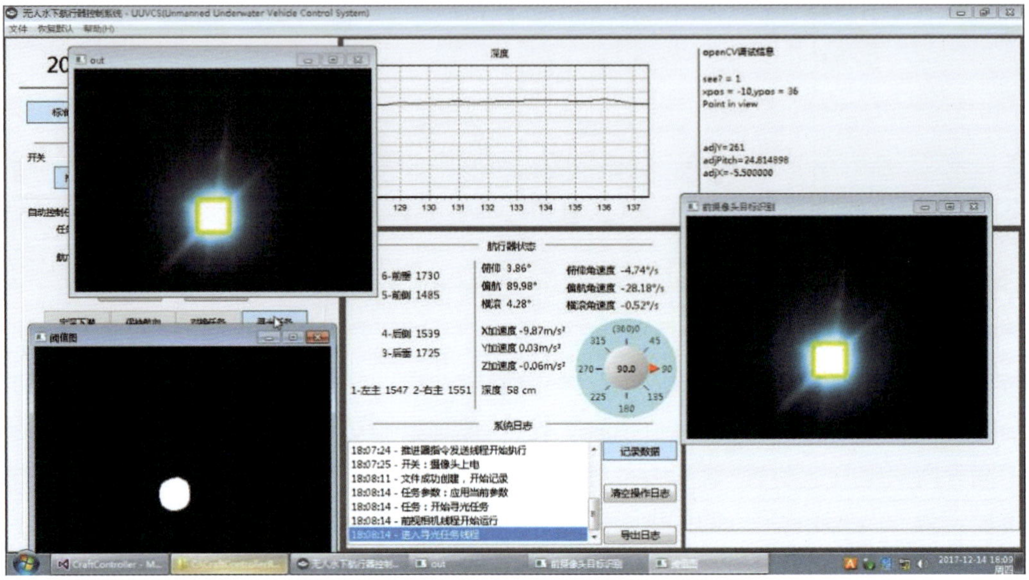

图 8-25　光源引导实验软件界面

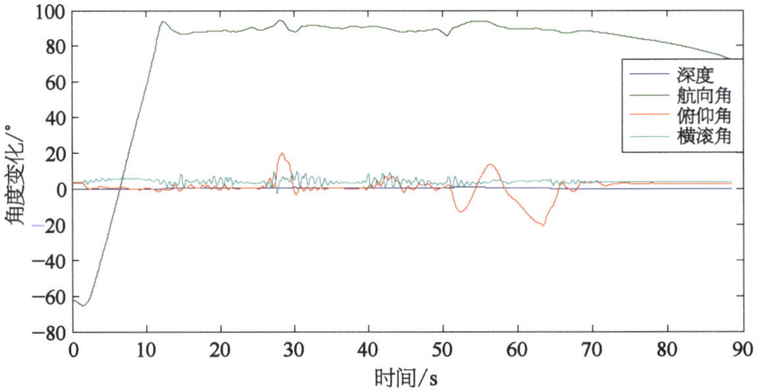

图 8-26　对接实验过程中各类数据信息

8.5.4　自重构实验

自重构实验中，母体航行器首先进行定深就位，打开对接机构，子航行器下潜并进行搜索，识别到对接标记物后，调整姿态和相对距离，母体航行器上视摄像头识别到子航行器，并测得距离到达组合距离，对接装置进行抱紧锁死。图8-27所示是自重构过程中的拍摄画面，母体航行器就位、子航行器搜索、完成搜索、靠近、组合、对接、上浮等动作；图8-28～图8-30所示为摄像机测算水平面位移、角度、距离的实时曲线。

图 8-27　自重构过程图

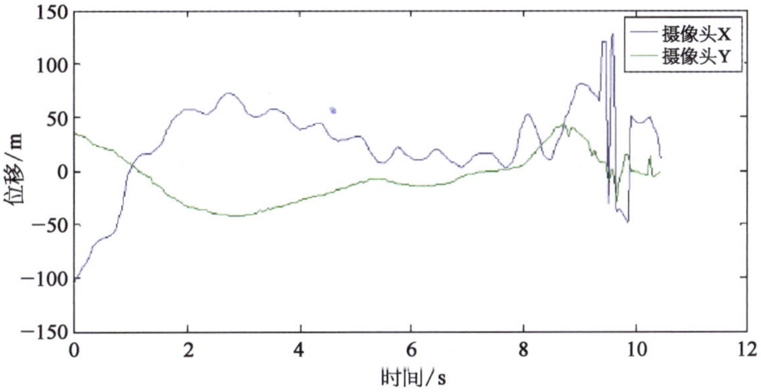

图 8-28　摄像头测算水平面位移实时曲线

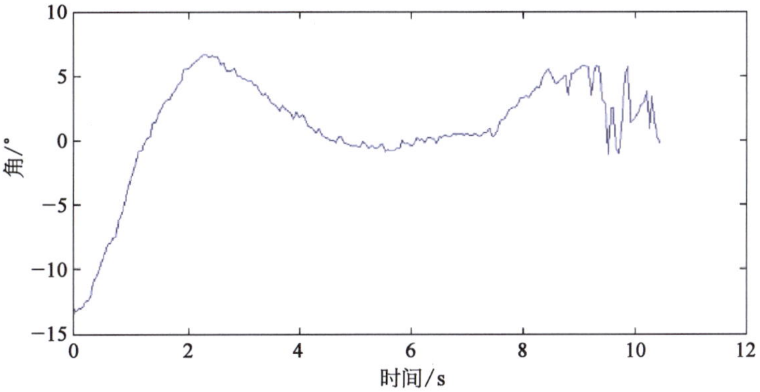

图 8-29　摄像机测算角度实时曲线

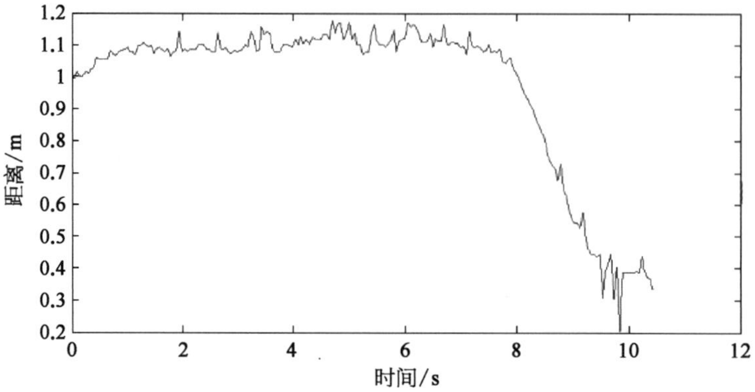

图 8-30　摄像机测距实时曲线

参考文献

[1] Corke P I. Visual Control of Robots: high-performance visual servoing[M]. Taunton, UK: Research Studies Press, 1996.

[2] 马颂德,张正友. 计算机视觉:计算理论与算法基础[M]. 北京:科学出版社,1998.

[3] 胡铟. 基于单目视觉的运动目标检测与跟踪算法研究[D]. 南京:南京理工大学,2008.

[4] 姚楠. 基于单目视觉的运动目标跟踪定位技术研究[D]. 上海:上海交通大学,2014.

[5] 燕奎臣,吴利红. AUV 水下对接关键技术研究[J]. 机器人,2007.

第 9 章　基于视觉的自主水下航行器协同运动技术

单个 AUV 的功能和续航均有限,缺乏冗余度,应用因此而受到限制。多 AUV 协同系统是解决方法之一,其核心思想是将多个 AUV 组成一个整体,以更高效率和冗余度完成任务。多 AUV 协同系统的关键在于协同控制器的设计以及系统中相对位置和姿态的获取,这正是本章的重点。水下定位通常依靠声学手段进行。但是,在视觉可见的范围内(米级别),基于视觉和图像处理的光学手段有着更好的性能。相比于声学传感器,视觉传感器能够获取更加丰富的信息,并且获取信息的精度和频率均高于声学定位方法。因此,水下机器视觉方法十分适用于需要高精度控制的多 AUV 协同系统。

本章以多 AUV 协同运动任务为线索,利用单目视觉方式获取目标的 6 自由度信息作为协同运动误差,通过一个时变的状态反馈控制器进行协同编队控制,并研究了协同运动任务的策略。在此基础上,对视觉算法和协同运动任务进行了数值仿真和水池实验,取得了较为满意的结果。

9.1 基于矩形目标约束的水下视觉位姿估计方法

9.1.1 水下光信标阵列识别算法

在以往进行的研究中,一般采用水下手电筒加透明塑料圆柱作为光信标,并在圆柱的内壁上涂以白色硅胶以散射平行光[1]。使用这种单一光信标就能够从图像中提取出摄像机距光信标的三轴距离信息。然而,这种光信标难以提取目标的艏向信息,无法获得 6 自由度信息。

对此,我们做出了改进,如图 9-1 所示。改进后的光信标具有 4 个球状发光体,保证在摄像机中成像形状的三维各向同性。光信标能够发出波长为 400～500 nm 的蓝绿光,此波长范围内的可见光在水下环境中的吸收率和散射率最小[2]。发光体呈“X”形布置,为后面通过求解 P4P 问题获取目标位姿提供基础。通过 3D 打印制造了光信标固定架,确保光信标与航行器之间紧密相连。具体设计如图 9-1 所示。

摄像机采集到的原始图像需要进行预处理才能为后续的算法所用。本书中,对原始图像进行的预处理操作包括色彩空间转换、形态学操作和边缘提取。

RGB 色彩空间由红绿蓝三原色的亮度作为基向量而定义,在 OpenCV 中,其值为 0—255。HSV 色彩空间由色调(hue)、饱和度(saturation)、明度(value)三个量。色调表示颜色在色环上的位置,饱和度表示颜色的鲜艳程度,亮度表示颜色的鲜亮程度,两种颜色空间如图 9-2 所示。由于水下环境中可见光的散射现象,光信标的亮度在一定距离之外会快速衰减。反映在 RGB 色彩空间中,表现为三个通道的值均发生了变化。此外,环

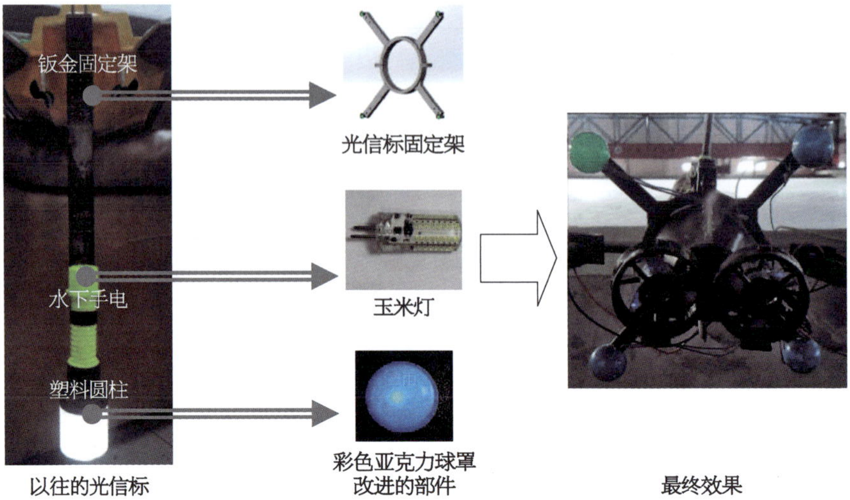

图 9-1　改进的基于矩形目标约束的光信标阵列实物图

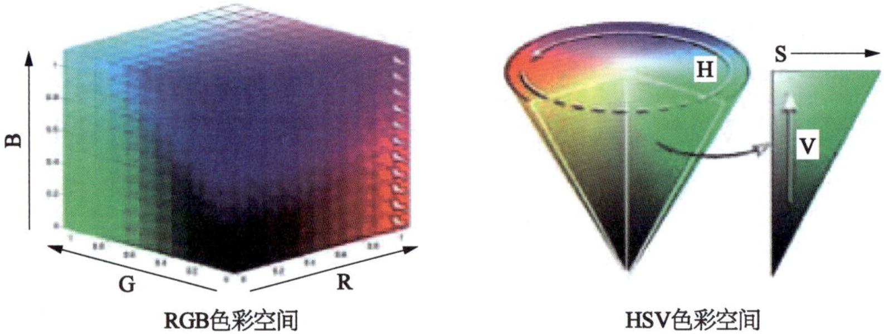

图 9-2　RGB 色彩空间和 HSV 色彩空间

境光的明暗也会影响光信标在摄像机视野中的颜色明暗。因此，我们将摄像机采集到的图像从 RGB 色彩空间转换为 HSV 色彩空间，并在色调方面严格过滤，同时增加明度信息的接受范围，尽可能地获取目标的信息。

设一个颜色在 RGB 色彩空间的向量表示为 (r, g, b)，并令：

$$\begin{cases} r' = \dfrac{r}{255} \\ g' = \dfrac{g}{255} \\ b' = \dfrac{b}{255} \\ c_{\max} = \max\{r, g, b\} \\ c_{\min} = \min\{r, g, b\} \\ \Delta = c_{\max} - c_{\min} \end{cases} \tag{9-1}$$

那么，该颜色的色调 h 可以表示为：

$$h=\begin{cases}0^\circ & \Delta=0\\ 60^\circ\cdot\left(\dfrac{g'-b'}{\Delta}\right) & c_{\max}=r'\\ 60^\circ\cdot\left(\dfrac{g'-b'}{\Delta}+2\right) & c_{\max}=g'\\ 60^\circ\cdot\left(\dfrac{g'-b'}{\Delta}+4\right) & c_{\max}=b'\end{cases} \tag{9-2}$$

饱和度 s 表示为：

$$s=\begin{cases}0 & c_{\max}=0\\ \dfrac{\Delta}{c_{\max}} & c_{\max}\neq 0\end{cases} \tag{9-3}$$

明度 v 可以表示为：

$$v=c_{\max} \tag{9-4}$$

实验中所拍摄的图片和转换后的 HSV 三通道图像如图 9－3 所示。可以看出，能够根据色域通道的值对四个光信标的颜色进行区分。辅以亮度和对比度通道，进行阈值划分后就能够初步过滤明显的伪光信标（如 AR Marker 区域和晕影）。

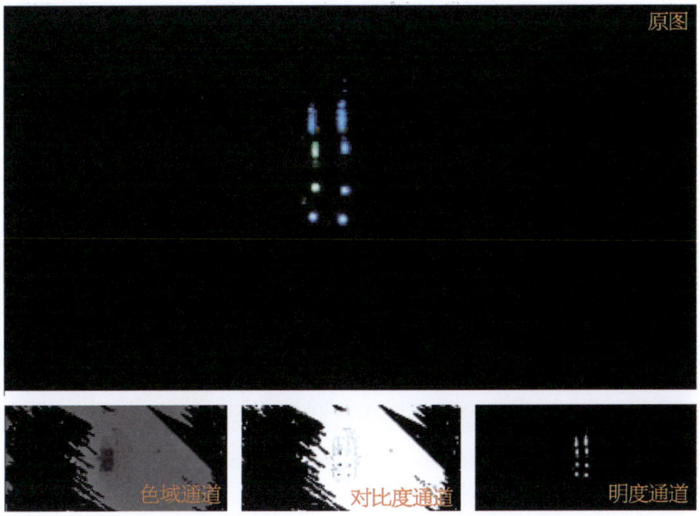

图 9－3　HSV 通道分离结果

经过色彩空间变换和初筛过滤后，得到的是单通道的阈值图。在阈值图中，可能会存在细小的未被滤除的噪声和目标中心的空洞。可以通过开操作和闭操作去除，其基础是膨胀和腐蚀。

膨胀指的是局部求最大值，这会使图像中的高亮区域逐渐增长，可以用作连接原本分离的连通域。对于图像矩阵 $\boldsymbol{A}_{m\times n}=(a_{i,j})$，指定一个核 $\boldsymbol{B}_{p\times q}=(b_{i,j})$，与 A 做图形卷积，即计算 B 所覆盖区域的像素点的最大值，并把这个最大值赋值给参考点的指定像素。膨胀的数学表达式如下：

$$A_{i,j}=\max_{(k,h):B_{k,h}\neq 0}\{A_{i+k,j+h}\} \tag{9-5}$$

腐蚀指的是局部求最小值，这会使图像中低亮度区域增加，可以用于去除高亮度的噪点。对于上述 A 和 B，腐蚀的数学表达式如下：

$$A_{i,j}=\min_{(k,h):B_{k,h}\neq 0}\{A_{i+k,j+h}\} \tag{9-6}$$

开操作即先腐蚀后膨胀，用于消除小的高亮区域，平滑较大高亮区域的边缘。闭操作指的是先膨胀后腐蚀，主要用于排除细小孔洞。采用直径为 3 的圆形，对阈值图中的高亮部分进行开操作，一方面去除光斑之间的粘连，另一方面能够使高亮部分的外形向圆形靠拢，为后续的算法提供方便。

如图 9-4 所示，在实验中，影响对光信标阵列的识别的因素主要有：

① 水—空气界面的全反射造成的光信标阵列虚像；

② AR Marker 区域照明光线所引起的漫反射；

③ 其他环境光造成的随机亮斑。

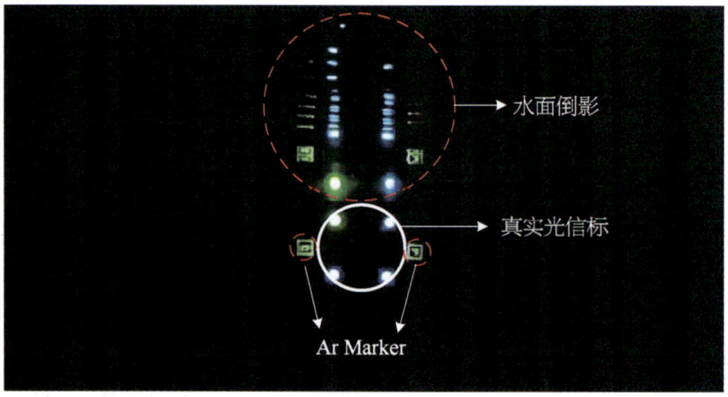

图 9-4　光信标在水下的成像效果

针对这些干扰，我们提出了一种基于光信标阵列的统计特征的识别算法，能够在水池实验的光环境下准确识别研究中所设计的光信标阵列。

首先，使用 Satoshi 所提出的边缘提取算法[3]在预处理的二值化图像中寻找边缘。由于光信标内部识别存在未被形态学弥补的黑斑，因此忽略嵌套的边缘，只提取最外侧的边缘，每个边缘都使用边缘点集进行描述。设一次预处理后寻找到的边缘的集合为 A，对于其中第 k 个边缘点集 $B_k=\{(x_i, y_i)\mid i=1, \cdots, n\}\in A$，其面积 S_k 为：

$$S_k = \frac{1}{2}\left[\sum_1^{n-1}(x_i y_{i+1} - x_{i+1} y_i) + (x_n y_1 - x_1 y_n)\right] \tag{9-7}$$

由于噪声和小亮点的存在，我们需要对边缘围成的连通域的面积进行阈值限定：只接受连通域面积大于等于 1 的边缘点集。如果剩余的点不足 3 个，则认为未能完全识别，算法结束。否则，对接受的每一个边缘点集 B_k 使用最小二乘法拟合圆。设待拟合的圆的标准方程为：

$$(x - x_c)^2 + (y - y_c)^2 = R^2 \tag{9-8}$$

则拟合圆的半径为 R，圆心为 $(x_c,\ y_c)$，令：

$$\begin{aligned} a &= -2x_c \\ b &= -2y_c \\ c &= {x_c}^2 + {y_c}^2 - R^2 \end{aligned} \tag{9-9}$$

则得到公式(9-8)的另一个形式：

$$x^2 + y^2 + ax + by + c = 0 \tag{9-10}$$

令：

$$\begin{aligned} C &= n\sum x_i^2 - \sum x_i \sum x_i \\ D &= n\sum x_i y_i - \sum x_i \sum y_i \\ E &= n\sum x_i^3 + n\sum x_i y_i^2 - \sum (x_i^2 + y_i^2)\sum x_i \\ G &= n\sum y_i^2 - \sum y_i \sum y_i \\ H &= n\sum x_i^2 y_i + n\sum y_i^3 - \sum (x_i^2 + y_i^2)\sum y_i \end{aligned} \tag{9-11}$$

并设：

$$\begin{aligned} t_1 &= \frac{HD - EG}{CG - D^2} \\ t_2 &= \frac{HC - ED}{D^2 - GC} \\ t_3 &= -\frac{\sum (x_i^2 + y_i^2) + a\sum x_i + b\sum y_i}{n} \end{aligned} \tag{9-12}$$

进而得到 x_c、y_c、R 的最小二乘估计值：

$$\begin{aligned} x_c &= -\frac{t_1}{2} \\ y_c &= -\frac{t_2}{2} \\ R &= \frac{1}{2}\sqrt{t_1^2 + t_2^2 - 4t_3} \end{aligned} \tag{9-13}$$

为了描述边缘点集与拟合圆的匹配程度，定义边缘点集 B_k 的不拟合度 f_k 为点集到拟合圆的圆心距离的方差：

$$f_k = \frac{1}{n}\sum_{i=1}^{n}\left(\sqrt{(x_i - x_c)^2 + (y_i - y_c)^2} - \frac{1}{n}\sum_{j=1}^{n}\sqrt{(x_j - x_c)^2 + (y_j - y_c)^2}\right)^2 \tag{9-14}$$

显然，不拟合度 $f_k \geqslant 0$。f_k 越大，则 B_k 与圆的拟合程度越差。当 $f_k = 0$ 时，B_k 中所有点都在所拟合的圆上。

为了描述边缘点集的完整程度，定义边缘点集 B_k 的不完整度 w_k 为点集的中心坐标与拟合圆圆心坐标的距离与拟合圆的半径之比：

$$w_k = \frac{\sqrt{\left(\frac{1}{n}\sum_{i=1}^{n}(x_i - x_c)\right)^2 + \left(\frac{1}{n}\sum_{i=1}^{n}(y_i - y_c)\right)^2}}{R} \tag{9-15}$$

显然，不完整度 $w_k \geqslant 0$。w_k 越大，则 B_k 在圆上的分布越不完整。当 $w_k = 0$ 时，B_k 中所有点关于某条拟合圆的直径对称。

此外，定义点集 B_k 的整体亮度 v_k 为 B_k 所包围连通域的平均亮度：

$$v_k = \frac{1}{n}\sum_{p=\min\{y_i\}}^{\max\{y_i\}}\left(\sum_{q=\min\{x_i \mid (x_i,\ p)\}}^{\max\{x_i \mid (x_i,\ p)\}} v_{q,\ p}\right) \tag{9-16}$$

式中　$v_{q,\ p}$——点 $(q,\ p)$ 的亮度；

　　　n——B_k 围成的连通域内点的个数。

上面定义的三个特征，即点集关于拟合圆的不拟合度 f_k、不完整度 w_k、点集的整体亮度 v_k，再加上点集的拟合圆的半径 R_k，组成了点集的四个特征。这四个特征可以视为一个 4 维欧几里得空间中的一个点的坐标。即在 4 维欧几里得空间 R^4 中，定义边缘点集 B_k 的特征点为

$$c_k = (f_k,\ t_k,\ p_k,\ R_k)^{\mathrm{T}} \tag{9-17}$$

我们可以合理地假设，所设计的光信标阵列在环境中具有最强烈的特征，那么接下来需要找出特征最好的若干连通域。首先，对不拟合度和不完整度做阈值限定：当其中一个特征大于某个值，则从候选点集集合中删除对应的点集。然后为了统一尺度，将每个点集的特征点归一化，得到：

$$c_{\text{knorm}} = \left(\frac{f_k}{\sum_{i=1}^{m} f_i},\ \frac{t_k}{\sum_{i=1}^{m} t_i},\ \frac{v_k}{\sum_{i=1}^{m} v_i},\ \frac{R_k}{\sum_{i=1}^{m} R_i}\right)^{\mathrm{T}} \tag{9-18}$$

式中　m——剩余的候选点集的个数。

经过处理后的所有特征均小于等于 1，并且每个特征之和都为 1。

将点集的数量占点集集合的总体点数之比作为权重，计算加权平均特征：

$$\bar{c}_{\text{norm}} = \frac{n_k}{\sum n_k} c_{\text{knorm}} \tag{9-19}$$

式中　n_k——B_k 的边缘点的个数。

计算每个特征点到加权平均特征点的欧几里得距离 l_k，有：

$$l_k = | c_{\text{knorm}} - \bar{c}_{\text{norm}} | \tag{9-20}$$

对所有点集的特征点到加权平均特征点的欧几里得距离求标准差：

$$\text{var}(l) = \sqrt{\frac{1}{m}\sum_{i=1}^{m}\left(l_i - \frac{1}{m}\sum_{j=1}^{m} l_j\right)^2} \tag{9-21}$$

删除距离最远的特征点对应的点集，并迭代计算式(9-17)～式(9-20)，直到式(9-21)的结果小于某个阈值。如果剩余连通域数量小于 4 个，则认为未找到足够的光信标。剩下的候选连通域集合可以认为是光信标和它的较大水面反射的集合。为了消除水面倒影的影响，在剩下的点集的集合中取拟合圆圆心 Y 坐标最小的四个点集，作为真实的光信标阵列图像。

最后，根据四个点集中的平均色调，确定绿色的特征连通域，设绿色连通域的拟合圆圆心为 $O_g = (x_g, y_g)$，三个蓝色连通域的拟合圆圆心坐标为 $O_{b1} = (x_{b1}, y_{b1})$、$O_{b2} = (x_{b2}, y_{b2})$、$O_{b3} = (x_{b3}, y_{b3})$，则其构成的四边形的几何中心 O_l 坐标 (x_o, y_o) 为：

$$(x_o, y_o) = \left(\frac{x_g + \sum_{i=1}^{3} x_{bi}}{4}, \frac{y_g + \sum_{i=1}^{3} y_{bi}}{4}\right) \tag{9-22}$$

从 O_l 出发到 O_g、O_{b1}、O_{b2}、O_{b3} 的向量表示为：

$$\begin{aligned} \overrightarrow{O_g O_l} &= (x_g - x_o, y_g - y_o) \\ \overrightarrow{O_{b1} O_l} &= (x_{b1} - x_o, y_{b1} - y_o) \\ \overrightarrow{O_{b2} O_l} &= (x_{b2} - x_o, y_{b2} - y_o) \\ \overrightarrow{O_{b3} O_l} &= (x_{b3} - x_o, y_{b3} - y_o) \end{aligned} \tag{9-23}$$

令：

$$f(y, x) = \begin{cases} \arctan\left(\dfrac{y}{x}\right) & x > 0 \\ \arctan\left(\dfrac{y}{x}\right) + \pi & x < 0, y \geqslant 0 \\ \arctan\left(\dfrac{y}{x}\right) - \pi & x < 0, y < 0 \\ \dfrac{\pi}{2} & y < 0, x = 0 \\ -\dfrac{\pi}{2} & y < 0, x = 0 \end{cases} \tag{9-24}$$

$\overrightarrow{O_{b1}O_l}$ 与 $\overrightarrow{O_gO_l}$ 的夹角 γ_1，可通过公式(9－22)计算得到：

$$\gamma_1 = f(y_{b1} - y_o, x_{b1} - x_o) - f(y_g - y_o, x_g - x_o) \tag{9-25}$$

同理可得 $\overrightarrow{O_{b2}O_l}$ 与 $\overrightarrow{O_gO_l}$ 的所成角 γ_2、$\overrightarrow{O_{b3}O_l}$ 与 $\overrightarrow{O_gO_l}$ 所成角 γ_3。按照大小排序，对应的连通域即为按照顺时针排列。

光信标阵列识别算法流程如图 9－5 所示。

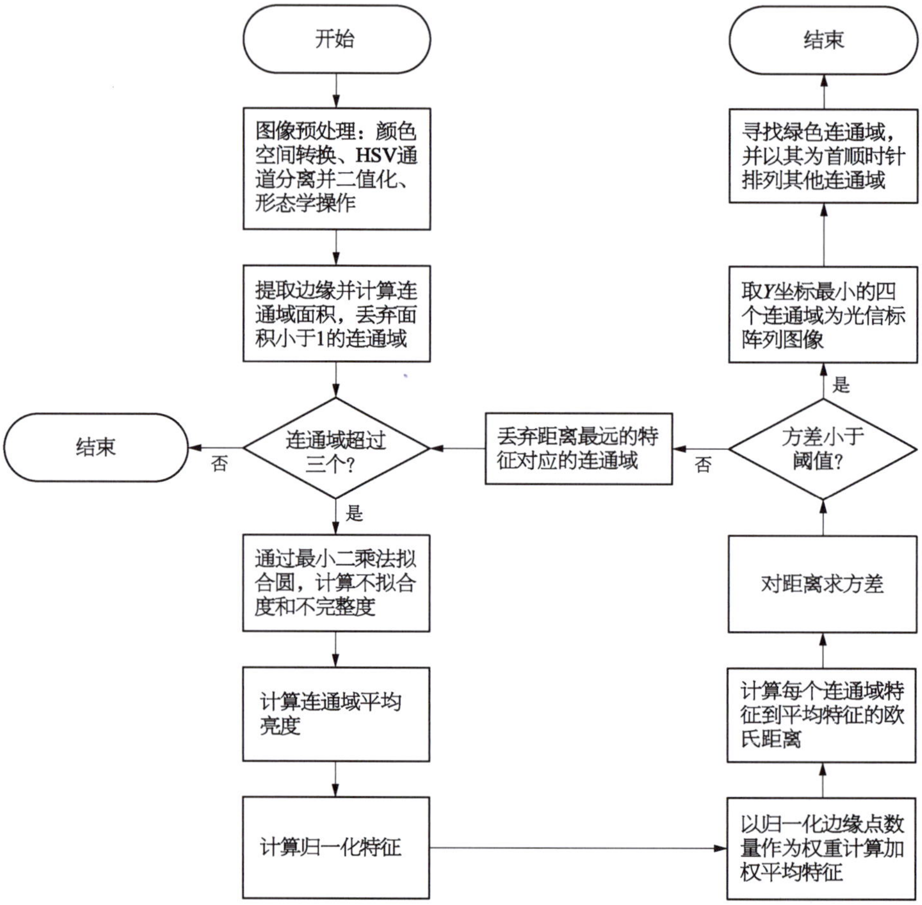

图 9－5　基于特征的光信标阵列识别算法

9.1.2　基于光信标阵列的位姿估计

在位姿估计应用下，透视 n 点(PnP)问题的定义为：在目标坐标系中，给定一系列点的坐标及其在图像平面上的投影，并假定摄像机内参已知，求目标坐标系与摄像机坐标系之间的外参矩阵，包含三个旋参数和三个平移参数[4]。该定义相比于文献[5]中提出的定义更加严格。本书采用文献[4]的定义进行讨论。

当 $n>5$ 时，采用 Faugeras 的方法能够线性求解摄像机的内外参数[6]，已不具有研究意义。当 $n<3$ 时，在上述定义下不可能求出摄像机的外参矩阵，因此，PnP 的研究工作主要针对 P3P、P4P、P5P 进行[7]。在 P3P 问题中，存在某些危险平面，一旦光心落在危险平面，则相应的 P3P 问题一定会有 4 个正解，此外还存在某些危险圆柱面，一旦光心落在危险圆柱面上，则相应的 P3P 问题一定会有 3 个正解，导致在实际应用中存在风险[8]。由于点数越少，应用的灵活度越高，因此在本书中使用了 4 个点，并使用求解 P4P 问题作为估计 Leader 位姿的方法。

本书中研究的 P4P 问题指的是共面 P4P 问题，即假设在世界坐标系中，4 个空间点 P1～P4 的位置已知且共面。文献[9]给出了一个共面 P4P 问题能够线性求解的充分条件：

假设有任意三个不在同一直线上的四个点，并且这四个点处在同一平面上。对于这些点，让摄像机采集一次图像就能够线性地求出这些点到摄像机的距离。这要求摄像机内部参数已知。

设在空间中有 n 个点，其中 P_i 在图像中的坐标为 (u_i, v_i)，在焦距归一化平面上，P_i 在的像点 P_{1c_i} 坐标可以表示为：

$$P_{1c_i}\cdot\begin{bmatrix}X_{1c_i}\\Y_{1c_i}\\1\end{bmatrix}=\frac{1}{Z_{C_i}}\begin{bmatrix}X_{C_i}\\Y_{C_i}\\1\end{bmatrix}=\begin{bmatrix}f_x&0&c_x\\0&f_y&c_y\\0&0&1\end{bmatrix}^{-1}\begin{bmatrix}u_i\\v_i\\1\end{bmatrix}\tag{9-26}$$

建立参考坐标系 R。任取 P_i 中的三个点，假设其在世界坐标系中的位置为 $[X_i, Y_i, 0]$，并且其图像坐标为 (u_i, v_i)。取图像坐标 u_i 最小的点作为 R 系的原点，若有两个点 u_i 相同，则取 v_i 最小的点作为 R 系的原点 O_r。X_r 轴方向为 R 系原点到图像坐标 u_i 最大的点的方向，Y_r 过原点，平行于过第三个点作 X_r 轴的垂线，方向为 X_R 轴到第三个参考点的方向。Z_r 的方向根据右手定则确定。不失一般性，不妨设 P_1 为原点 O_r，P_1 到 P_2 的方向为参考坐标系的 X_r 轴方向，P_3 到 X_r 轴的垂线的交点到 P_3 的方向为 Y_r 轴的方向。容易得到 R 系在世界坐标系中的位姿 ${}^wM_r$ 和 P_i 在参考坐标系的位置 $P_{ri}=(X_{ri}, Y_{ri}, Z_{ri})$。

将 P_{Ri} 代入公式(9-26)中，得到：

$$\begin{cases}X_{c_i}={}^cn_{rx}X_{ri}+{}^co_{rx}Y_{ri}+{}^c\alpha_{rx}Z_{ri}+{}^cp_{rx}\\Y_{c_i}={}^cn_{ry}X_{ri}+{}^co_{ry}Y_{ri}+{}^c\alpha_{ry}Z_{ri}+{}^cp_{ry}\\Z_{c_i}={}^cn_{rz}X_{ri}+{}^co_{rz}Y_{ri}+{}^c\alpha_{rz}Z_{ri}+{}^cp_{rz}\end{cases}\tag{9-27}$$

式中　${}^c\boldsymbol{n}_r=[{}^cn_{rx}, {}^cn_{ry}, {}^cn_{rz}]^{\mathrm{T}}$——${}^wM_r$ 的 X 轴在 C 系下的方向矢量；

${}^c\boldsymbol{o}_r=[{}^co_{rx}, {}^co_{ry}, {}^co_{rz}]^{\mathrm{T}}$——${}^wM_r$ 的 Y 轴在 C 系下的方向矢量；

${}^c\boldsymbol{\alpha}_r=[{}^c\alpha_{rx}, {}^c\alpha_{ry}, {}^c\alpha_{rz}]^{\mathrm{T}}$——${}^wM_r$ 的 Z 轴在 C 系下的方向矢量；

${}^c\boldsymbol{p}_r=[{}^cp_{rx}, {}^cp_{ry}, {}^cp_{rz}]^{\mathrm{T}}$——${}^wM_r$ 的位置矢量。

且有：

$$\begin{cases} X_{1c_i}=\dfrac{X_{ci}}{Z_{ci}}=(u_i-u_0)f_x \\ Y_{1c_i}=\dfrac{Y_{ci}}{Z_{ci}}=(v_i-v_0)f_x \end{cases} \tag{9-28}$$

将公式(9-27)代入公式(9-28)中,得到:

$$\begin{cases} X_{ri}{}^cn_{rx}+Y_{ri}{}^co_{rx}-X_{1c_i}X_{ri}{}^cn_{rz}-X_{1c_i}Y_{ri}{}^co_{rz}+{}^cp_{rx}-X_{1c_i}{}^cp_{rz}=0 \\ X_{ri}{}^cn_{ry}+Y_{ri}{}^co_{ry}-Y_{1c_i}X_{ri}{}^cn_{rz}-Y_{1c_i}Y_{ri}{}^co_{rz}+{}^cp_{ry}-Y_{1c_i}{}^cp_{rz}=0 \end{cases} \tag{9-29}$$

对于 4 个空间点,可以得到 4 组如式(9-29)所示的方程组,共有 8 组方程,使用矩阵将这些方程改写为:

$$A_1H_1+A_2H_2=0 \tag{9-30}$$

其中,

$$A_1=\begin{bmatrix} X_{r1} & 0 & -X_{1c_1}X_{r1} \\ 0 & X_{r1} & -Y_{1c_1}X_{r1} \\ \vdots & \vdots & \vdots \\ X_{r4} & 0 & -X_{1c_4}X_{r4} \\ 0 & X_{r4} & -Y_{1c_4}X_{r4} \end{bmatrix} \tag{9-31}$$

$$A_2=\begin{bmatrix} Y_{r1} & 0 & -X_{1c_1}Y_{r1} & 1 & 0 & -X_{1c_1} \\ 0 & Y_{r1} & -Y_{1c_1}Y_{r1} & 0 & 1 & -Y_{1c_1} \\ \vdots & \vdots & \vdots & \vdots & \vdots & \vdots \\ Y_{r4} & 0 & -X_{1c_4}Y_{r4} & 1 & 0 & -X_{1c_4} \\ 0 & Y_{r4} & -Y_{1c_4}Y_{r4} & 0 & 1 & -Y_{1c4} \end{bmatrix} \tag{9-32}$$

$$H_1=[{}^cn_{rx} \quad {}^cn_{ry} \quad {}^cn_{rz}]^{\mathrm{T}} \tag{9-33}$$

$$H_2=[{}^co_{rx} \quad {}^co_{ry} \quad {}^co_{rz} \quad {}^cp_{rx} \quad {}^cp_{ry} \quad {}^cp_{rz}] \tag{9-34}$$

其中,A_1 是 8×3 矩阵;A_2 是 8×6 矩阵。并且 H_1 就是 ${}^c\boldsymbol{n}_r$,是单位向量,故:

$$\| H_1 \| =1 \tag{9-35}$$

构造指标函数:

$$F=\| A_1H_1+A_2H_2 \|^2+\lambda(1-\| H_1 \|^2) \tag{9-36}$$

即可将求解公式(9-36)的问题转化为在任意 λ 条件下,最小化指标函数 F 的问题。并且 H_1 和 H_2 的解为:

$$\begin{cases} BH_1 = \lambda H_1 \\ H_2 = -(A_2^{\mathrm{T}}A_2)^{-1}A_2^{\mathrm{T}}A_1H_1 \end{cases} \tag{9-37}$$
$$B = A_1^{\mathrm{T}}A_1 - A_1^{\mathrm{T}}A_2(A_2^{\mathrm{T}}A_2)^{-1}A_2^{\mathrm{T}}A_1$$

利用 H_1 和 H_2 的解，可以得到摄像机相对于参考坐标系的外参数 ${}^cM_r$，其中，${}^cM_r$ 的第三列由第一列和第二列叉乘获得。另外，摄像机相对于世界坐标系的外参数 ${}^cM_w$ 可以通过式(9－38)计算得到：

$${}^cM_w = {}^cM_r {}^rM_w \tag{9-38}$$

其中，${}^rM_w$ 是世界坐标系在参考坐标系中的位姿。

由参考坐标系在世界坐标系中的位姿 ${}^wM_r$ 获得，有如下关系：

$${}^rM_w = {}^wM_r^{-1} \tag{9-39}$$

应该指出的是，上述解法不能保证 ${}^cM_r$ 中的姿态矩阵为单位正交矩阵。针对这个缺点，可以采用递推最小二乘法迭代[7]提高 ${}^cM_r$ 的精度，使之更接近单位正交矩阵。此外，也可以采用正交迭代算法[10,11]优化 ${}^cM_r$，能够保证 ${}^cM_r$ 中的姿态矩阵为单位正交矩阵。

基于上述分析，我们设计了基于矩形目标约束的光信标阵列定位的方法。

① 对 AUV 搭载摄像头采集的图像进行色彩空间转换，并根据色调和亮度进行初筛，获得阈值图，通过闭操作消除狭窄的连通域，并使之轮廓向核的形状靠拢。

② 提取二值化图像中的边缘，并对边缘所围成的面积进行筛选。然后对剩余的边缘点集集合中的每一项进行最小二乘法拟合圆，并定义不拟合度和不匹配度用来量化拟合的效果，如果某个不拟合度和不匹配度大于某阈值，那么该连通域将直接从候选名单中排除。紧接着，计算剩余连通域平均亮度，连同拟合圆的半径、不拟合度和不匹配度共 4 个特征量可以视为 4 维欧几里得空间中的一个特征点。

③ 将所有连通域的特征归一化后，以连通域的边缘点集中点数量作为权重，求得加权平均特征点，并对每一个连通域的特征点求出欧氏距离，再对欧氏距离求出标准差。删除距离最远的连通域，并重新计算特征点到加权平均特征点的距离的标准差，直到标准差的结果小于阈值。

④ 为了消除倒影的影响，取剩余连通域中拟合圆圆心 Y 坐标最小的 4 个作为真实的光信标阵列。将拟合圆圆心作为 4 个控制点在图像坐标系的位置。由于 4 个控制点在参考坐标系下的位置已知，并求解优化问题，就可以对 4 个控制点在摄像机坐标系下的位置和姿态进行估计，得到摄像机的外参，即摄像机的 3 个旋转参数和 3 个位移参数共 6 自由度信息。

9.1.3　基于 AR Marker 的位姿估计方法

基于矩形目标约束的光信标阵列经过合理设计，能够在数十米外获得清晰稳定的图像，以提供较准确的 6 自由度信息。然而，在更小的协同运动尺度下，需要更高精度的 6

自由度位姿信息。此时,光信标阵列就显得力不从心:不仅阵列中的光信标可能会移出视野,并且由于连通域拟合圆中心在近距离下的抖动会导致位姿解算的不稳定。因此需要一种更加精确的控制点检测方法。

在增强现实(augmented reality, AR)中,为了在合适的位置显示虚拟物体,首先需要对现实世界的平面进行提取,通常有两种方法:基于纹理的平面检测和基于 Marker 的平面检测。前者通过分析纹理特征判断图像中的某个区域是否是一个平面,后者采用了经过特别设计的标志物,将标志物附着在待显示虚拟物体的表面,通过检测标记物实现对平面的识别。相比前者,后者提供了更强的鲁棒性、纠错能力和抗遮挡能力。常见的标志物如图 9-6 所示。

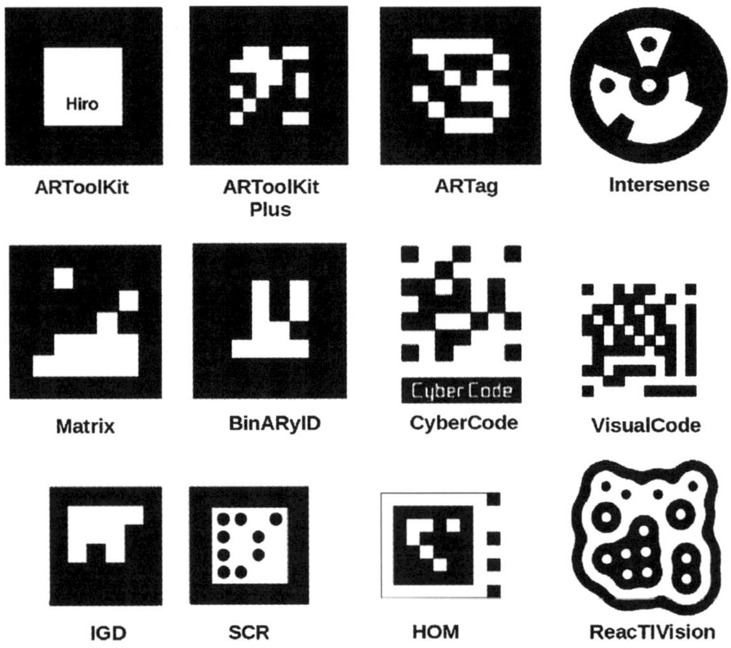

图 9-6 常见的 AR Marker

在这里,我们利用基于 Marker 的平面检测方法的优势,通过在领航者 AUV 上加装 Marker 模块,实现跟随者 AUV 对领航者 AUV 位置的更进一步估计。由于基于正方形的标记系统能够基于角点检测实现图像坐标中控制点位置的精确测定[12-14],因此我们采用了一种基于正方形基准标记检测的 AR Marker 进行位姿估计,被称为 ArUco,如图 9-7 所示。这种方法检测容易,并且能够达到较高识别速度和精度,还能够生成用二进制图形区域表示的具有不同 ID 用以区分的不同的 Marker;此外,还具有自动纠错的功能[15]。

从 AR Marker 中提取出 ID 和位姿信息的方法如下:

(1) 将图像转为灰度图,使用局部自适应阈值方法在不同光照环境中鲁棒地提取其中最突出的轮廓,然后采用 Suzuki 和 Abe 所提出的算法提取轮廓[16],其中大部分轮廓都

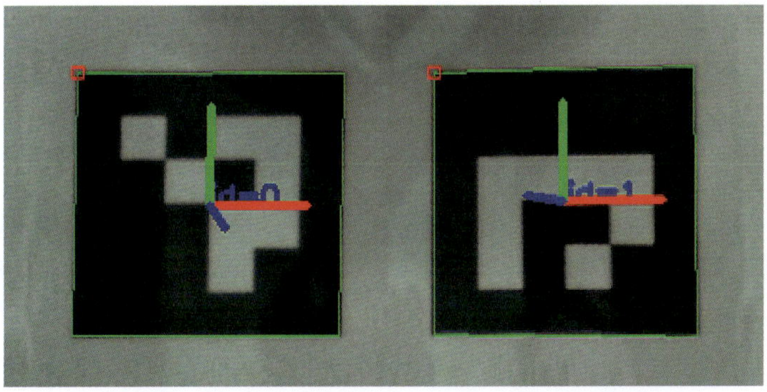

图 9－7　两个不同 ID 的 ArUco Marker 被识别

是环境中的背景或噪声。接着，采用 Douelas-Pukk 算法进行多边形逼近[17]，因为采用的正方形标记，所以无法近似为四顶点的多边形被抛弃。

(2) 提取 Marker 中的二进制图像区域并获得其中的信息。具体为首先计算单应性矩阵消除投影；然后使用 Otsu 的方法基于灰度直方图获取双峰分布的图像的最佳阈值[18]，并对图像进行阈值化；最后将二值化图像划分为规则网络，根据每个网格中大多数像素的值为每个元素分配 0 或 1，直到检测到全 0 的边界为止。

(3) 确定哪些候选标记是 Marker，哪些是环境的一部分。将上面获得的二进制图形绕中心点旋转四次，将这 4 个图形与字典中的所有 Marker 做比对，如果发现了其中的任意一个与之相符，则是一个有效的标记，否则是环境干扰。如果没有符合的匹配项，那么就对其进行校正。校正的方法是通过计算采集到的候选图像 m_i 到字典 D 的距离，如果小于字典中任意两个 Marker 的距离的一半，则认为该候选图像是距离最近的 Marker。候选图像到字典的距离由式(9－40)给出：

$$D(m_i,\ D) = \min_{m_j \in D}\{D(m_i,\ m_j)\} \tag{9-40}$$

其中，$D(m_i,\ m_j)$ 是 m_i 到 m_j 的距离，由式(9－41)定义：

$$D(m_i,\ m_j) = \min_{k \in \{0,\ 1,\ 2,\ 3\}}\{H(m_i,\ R_k(m_j))\} \tag{9-41}$$

式中　H ——码距，定义为两个序列相同位置上数据不同的个数，又称为海明距离；

R_k ——旋转算子，将候选图像顺时针旋转 k 个 90°。

(4) 对标记的边缘采用线性回归，计算交点，即角点位置。利用 Levenberg-Marquardt 算法[19]，通过迭代使角点的重投影误差最小化。此外，由于 Marker 的二进制区域具有旋转不变性，因此能够唯一地确定四个角点的顺序。最后利用求解 P4P 问题，通过角点的图像坐标估计 Marker 相对于摄像机的姿态。

(5) 由于水下实验环境的背景色为黑色，并且受到照明条件的影响，因此可能会出现标记边缘提取不稳定的状况，导致姿态出现跳变。为了抑制这样的现象，我们在求解姿态后增加了中值滤波。具体来说，每次检测 Marker 时，首先判断当前找到的 Marker 是否是上一次找到的Marker，这对于每个Marker有四种情况：① 这一次找到的Marker在上一次也找到了；② 这一次找到的Marker上一次没有找到；③ 上一次找到的Marker这一次没有找到；④ 上一次没找到的Marker这一次也没有找到。对于①，则将这个Marker的结果放入中值滤波缓冲区中。如果是前5次找到该Marker，则输出第一次检测到的值，如果是第5次之后，则输出中值滤波结果。对于②，则将结果放入中值滤波缓冲区中，并直接输出其结果。对于③，则删除对应的Marker的记录。对于④，即未检测到对应的Marker。

9.2 基于全驱动自主水下航行器模型的协同运动控制器设计与仿真

本节采用领航者-跟随者法，讨论多AUV协同系统的数学模型，并研究如何设计一个时变的状态反馈控制器，使多AUV协同系统的协同误差在有限时间内收敛到0。此外，还研究了上述控制器与实际控制的物理量之间的关系，最终的目的是获得一个具有物理意义的控制器。最后，利用MATLAB对控制器和协同运动场景进行仿真，验证所设计的控制器能否满足协同运动的需求。

9.2.1 多自主水下航行器系统协同运动数学模型

设领航者AUV的编号为0，记为AUV_0，有N个跟随者AUV跟随AUV_0，记为AUV_i，$i=1, 2, \cdots, N$，建立两组坐标系，如图9-8所示[19]。

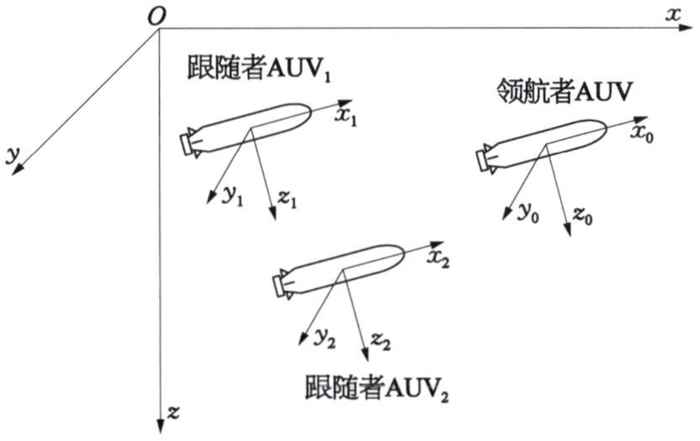

图9-8 控制系统坐标系定义

(1) 地面坐标系$Oxyz$：其原点置于水下某点，通常为AUV出发点或目标点，坐标系与大地固连。Ox、Oy轴平行于地面，Oz轴垂直于地面并指向下方，按右手坐标法则确定各轴指向。

(2) 本体坐标系$O_ix_iy_iz_i$：坐标系与AUV_i固连，原点位于AUV_i的重心或浮心处（假设重浮心在AUV的对称轴上），O_ix_i轴指向AUV前方，O_iy_i轴指向AUV右方，O_iz_i轴指向AUV下方。

设AUV_i的重心在惯性坐标系中的位置为$p_i=(x_i, y_i, z_i)$，则对其求导可得：

$$\tilde{p}_i = R_i v_i \tag{9-42}$$

式中　v_i ——AUV_i 在本体坐标系下的速度；

R_i ——AUV_i 从本体系到惯性系的旋转矩阵。

显然，R_i 是正交矩阵，设 $R_i=\{r_{i,jk}\}=(n_i, s_i, a_i)$，其中，$n_i$、$s_i$、$a_i$ 为列向量。

由于所研究的 AUV 是全驱动的，所以在本体坐标系下，三个方向上均有线速度，绕三个轴均有角速度。设 AUV_i 在本体系下的线速度 v_i 和角速度 ω_i 分别表示为：

$$
\begin{aligned}
v_i &= \{v_{ix}, v_{iy}, v_{iz}\}^{\mathrm{T}} \\
\omega_i &= \{\omega_{ix}, \omega_{iy}, \omega_{iz}\}^{\mathrm{T}}
\end{aligned}
\tag{9-43}
$$

所以，控制输入可以表示为：

$$
\{v_{ix}, v_{iy}, v_{iz}, \omega_{ix}, \omega_{iy}, \omega_{iz}\} \tag{9-44}
$$

设 AUV_i 的状态为 X_i，其定义如下：

$$
X_i=\begin{bmatrix} X_{i1} \\ X_{i2} \\ X_{i3} \\ X_{i4} \\ X_{i5} \\ X_{i6} \end{bmatrix}=\begin{bmatrix} x_i \\ \dfrac{r_{i,21}}{r_{i,11}} \\ y_i \\ \dfrac{r_{i,31}}{r_{i,11}} \\ z_i \\ \dfrac{r_{i,32}-r_{i,23}}{1+tr(R_i)} \end{bmatrix} \tag{9-45}
$$

显然的，X_{i1}、X_{i3}、X_{i5} 反映了 AUV_i 在惯性坐标系下的位置，而 X_{i2}、X_{i4}、X_{i6} 反映了 AUV_i 的旋转矩阵，也反映了 AUV_i 的姿态角。因此，X_i 反映了 AUV_i 在水下的状态。由式(9-42)可以得到：

$$
\tilde{p}_i=R_i v_i=\begin{bmatrix} r_{i,11} & r_{i,12} & r_{i,13} \\ r_{i,21} & r_{i,22} & r_{i,23} \\ r_{i,31} & r_{i,32} & r_{i,33} \end{bmatrix}\begin{bmatrix} v_{ix} \\ v_{iy} \\ v_{iz} \end{bmatrix}=\begin{bmatrix} \tilde{x}_i \\ \tilde{y}_i \\ \tilde{z}_i \end{bmatrix}=\begin{bmatrix} \tilde{X}_{i1} \\ \tilde{X}_{i3} \\ \tilde{X}_{i5} \end{bmatrix} \tag{9-46}
$$

将式(9-46)写为方程组的形式，即：

$$
\begin{cases}
\tilde{X}_{i1}=r_{i,11}v_{ix}+r_{i,12}v_{iy}+r_{i,13}v_{iz} \\
\tilde{X}_{i3}=r_{i,21}v_{ix}+r_{i,22}v_{iy}+r_{i,23}v_{iz} \\
\tilde{X}_{i5}=r_{i,31}v_{ix}+r_{i,32}v_{iy}+r_{i,33}v_{iz}
\end{cases} \tag{9-47}
$$

设控制器变量 $u_i=(u_{i1}, u_{i2}, u_{i3}, u_{i4}, u_{i5}, u_{i6})^{\mathrm{T}}$，定义为[20]：

$$\begin{cases} u_{i1} = r_{i,11}v_{ix} + r_{i,12}v_{iy} + r_{i,13}v_{iz} \\ u_{i2} = \widetilde{X}_{i2} \\ u_{i3} = r_{i,21}v_{ix} + r_{i,22}v_{iy} + r_{i,23}v_{iz} \\ u_{i4} = \widetilde{X}_{i4} \\ u_{i5} = r_{i,31}v_{ix} + r_{i,32}v_{iy} + r_{i,33}v_{iz} \\ u_{i6} = \widetilde{X}_{i6} \end{cases} \tag{9-48}$$

则可将控制系统写为链式结构[21]，用矩阵形式表示为：

$$[\widetilde{X}_{i1} \quad \widetilde{X}_{i2} \quad \widetilde{X}_{i3} \quad \widetilde{X}_{i4} \quad \widetilde{X}_{i5} \quad \widetilde{X}_{i6}]^{\mathrm{T}} = [u_{i1} \quad u_{i2} \quad u_{i3} \quad u_{i4} \quad u_{i5} \quad u_{i6}]^{\mathrm{T}} \tag{9-49}$$

本书中，采用 Kumar 教授提出的 $l-l$ 编队控制策略，并将其扩展至三维空间。设 AUV_i 与 AUV_0 在惯性系的三轴分离距离为 d_{ix}、d_{iy}、d_{iz}，即：

$$\begin{bmatrix} d_{ix} \\ d_{iy} \\ d_{iz} \end{bmatrix} = p_i - p_0 (i = 1, 2, \cdots, N) \tag{9-50}$$

设编队期望为 $d_i = (d_{ix}, 0, d_{iy}, 0, d_{iz}, 0)^{\mathrm{T}}$，通过对 d_i 进行设定，就可以对队形进行调整。

对于领航者 AUV_0 而言，某时刻其状态为 X_0，控制输入为 u_0，这是一个预先确定或外部输入的量。同时，AUV_i 的状态为 X_i，设在该时刻，二者之间的状态误差为 $X_{ie} = [X_{ie1}, X_{ie2}, X_{ie3}, X_{ie4}, X_{ie5}, X_{ie6}]$，有：

$$X_{ie} = X_i - X_0 - d_i \tag{9-51}$$

将 X_{ie} 求导，并代入式(9-46)，得到：

$$\widetilde{X}_{ie} = u_i - u_o \tag{9-52}$$

式(9-52)是基于 AUV 运动学的协同运动控制的误差模型。接下来所研究的控制律都是在式(9-52)的基础上进行的。

9.2.2 协同运动控制器的设计

根据公式(9-48)，假设 AUV_i 在本体系上速度不为 0，并且有 $r_{i,11} \neq 0$，$(1 + tr(R)) \neq 0$，则 AUV_i 的协同运动控制的目标是设计时变状态反馈控制器，在系统中存在误差 X_e 时，根据领航者 AUV 的状态信息控制跟随者 AUV，使其逐渐稳定在编队协同需要的距离和航向，即使公式(9-53)成立

$$\lim_{t \to +\infty} \| X_e \| = 0 \tag{9-53}$$

其中，t 为时间，$\| \cdot \|$ 表示求向量的欧几里得范数。

控制器的结构定义如下：

$$\begin{cases} u_{i1} = \mu_1(t, X_i, X_0) \\ u_{i2} = \mu_2(t, X_i, X_0) \\ u_{i3} = \mu_3(t, X_i, X_0) \\ u_{i4} = \mu_4(t, X_i, X_0) \\ u_{i5} = \mu_5(t, X_i, X_0) \\ u_{i6} = \mu_6(t, X_i, X_0) \end{cases} \tag{9-54}$$

为了得到误差模型(9 - 54)的一个稳定的控制律，设计了一个候选李雅普诺夫函数[22]：

$$V(X_e) = \frac{X_{ie1}^2}{2} + \frac{X_{ie2}^2}{2} + \frac{X_{ie3}^2}{2} + \frac{X_{ie4}^2}{2} + \frac{X_{ie5}^2}{2} + \frac{X_{ie6}^2}{2} \tag{9-55}$$

显然的，V 是正定函数。根据李雅普诺夫直接法，为了使系统全局渐进稳定，需要使其倒数半负定。对 $V(X_e)$ 求导，有：

$$\begin{aligned} \widetilde{V}(X_e) &= X_{ie1}\widetilde{X}_{ie1} + X_{ie2}\widetilde{X}_{ie2} + X_{ie3}\widetilde{X}_{ie3} + X_{ie4}\widetilde{X}_{ie4} + X_{ie5}\widetilde{X}_{ie5} + X_{ie6}\widetilde{X}_{ie6} \\ &= X_{ie1}(u_{i1} - u_{o1}) + X_{ie2}(u_{i2} - u_{o2}) + X_{ie3}(u_{i3} - u_{o3}) + X_{ie4}(u_{i4} - u_{o4}) \\ &\quad + X_{ie5}(u_{i5} - u_{o5}) + X_{ie6}(u_{i6} - u_{o6}) \end{aligned} \tag{9-56}$$

应用如下控制律：

$$u_i = u_o - kX_{ie} \tag{9-57}$$

其中，$k = [k_1 \quad k_2 \quad k_3 \quad k_4 \quad k_5 \quad k_6]$。公式(9 - 52)可以表示为：

$$\widetilde{X}_{ie} = -kX_{ie} \tag{9-58}$$

其中，令 k_1、k_2、k_3、k_4、k_5、$k_6 > 0$，得到：

$$\widetilde{V}(X_e) = -k_1X_{ie1}^2 - k_2X_{ie2}^2 - k_3X_{ie3}^2 - k_4X_{ie4}^2 - k_5X_{ie5}^2 - k_6X_{ie6}^2 \tag{9-59}$$

显然 $\widetilde{V}(X_e) \leqslant 0$，因此，上述控制律能够使系统在原点处收敛，即编队协同误差将随着时间趋近于零。

9.2.3　控制输入的求解

由于欧拉角具有物理含义，并且能够被陀螺仪直接测量，因此本书采用欧拉角表示机器人的姿态。设由惯性坐标系到本体坐标系的旋转矩阵 R_i 用欧拉角表示为：

$$R_i = \begin{bmatrix} \cos\theta_i\cos\psi_i & \sin\phi_i\sin\theta_i\cos\psi_i - \cos\phi_i\sin\psi_i & \cos\phi_i\sin\theta_i\cos\psi_i + \sin\phi_i\sin\psi_i \\ \cos\theta_i\sin\psi_i & \sin\phi_i\sin\theta_i\sin\psi_i - \cos\phi_i\cos\psi_i & \cos\phi_i\sin\theta_i\sin\psi_i + \sin\phi_i\cos\psi_i \\ -\sin\theta_i & \sin\phi_i\cos\theta_i & \cos\phi_i\cos\theta_i \end{bmatrix} \tag{9-60}$$

式中　ψ_i ——偏航角；

θ_i ——俯仰角；

ϕ_i ——横滚角。

假设 AUV_i 的惯性坐标系与本体坐标系原点重合，由惯性系到本体系首先绕 Z 轴转动 ψ_i，在转动后的坐标系中，绕 Y 轴转动 θ_i，在转动后的坐标系中，再绕 X 轴转动 ϕ_i，结果与本体系重合。该旋转顺序不能随意改变[23]。

在上文中，得到了抽象的控制量 u_{i1}、u_{i2}、u_{i3}、u_{i4}、u_{i5}、u_{i6}，为了实现物理系统，需要得出 AUV_i 的控制变量与 u_{i1}、u_{i2}、u_{i3}、u_{i4}、u_{i5}、u_{i6} 的关系。

为此，需要求出 AUV_i 旋转矩阵 R_i 的导数。设本体坐标系中有一点 M 与本体系固连，则 M 在本体坐标系中位置向量 r 为：

$$r=\begin{bmatrix}x_i\\y_i\\z_i\end{bmatrix} \tag{9-61}$$

AUV_i 在本体坐标系下的角速度为：

$$\omega_i=\begin{bmatrix}\omega_{ix}\\\omega_{iy}\\\omega_{iz}\end{bmatrix} \tag{9-62}$$

即本体坐标系相对于惯性坐标系以角速度 ω_i 进行转动。r 在本体坐标系与惯性坐标系中的投影分别为 $[x_i, y_i, z_i]^{\mathrm{T}}$ 和 $[x, y, z]^{\mathrm{T}}$，则：

$$\begin{bmatrix}x\\y\\z\end{bmatrix}=R_i\begin{bmatrix}x_i\\y_i\\z_i\end{bmatrix} \tag{9-63}$$

对其求导，可得：

$$\begin{bmatrix}\tilde{x}\\\tilde{y}\\\tilde{z}\end{bmatrix}=\frac{\mathrm{d}}{\mathrm{d}t}\left(R_i\begin{bmatrix}x_i\\y_i\\z_i\end{bmatrix}\right) \tag{9-64}$$

由于 M 点在本体系上的投影保持不变，根据式(9-64)，右式可变为：

$$\tilde{R}_i\begin{bmatrix}x_i\\y_i\\z_i\end{bmatrix}=\tilde{R}_iR_i^{-1}\begin{bmatrix}x\\y\\z\end{bmatrix} \tag{9-65}$$

将速度 $v=\omega_i\times r$ 写成沿惯性坐标系投影的矩阵形式，有：

$$\begin{bmatrix}\tilde{x}\\\tilde{y}\\\tilde{z}\end{bmatrix}=S(\omega)\begin{bmatrix}x\\y\\z\end{bmatrix} \tag{9-66}$$

其中，$S(\cdot)$ 定义为一个斜对成矩阵算子，对于 $\forall$ 向量 m、t，满足：

$$m \times t = S(m)t \tag{9-67}$$

则式(9-67)中的 $S(\omega)$ 表示为：

$$S(\omega)=\begin{bmatrix} 0 & -\omega_z & \omega_y \\ \omega_z & 0 & -\omega_x \\ -\omega_y & \omega_x & 0 \end{bmatrix} \tag{9-68}$$

式中，$(\omega_x, \omega_y, \omega_z)$ 为 ω_i 在惯性坐标系下的投影，$S(\omega)$ 是 ω_i 在惯性坐标系投影的斜对称矩阵。另外，有：

$$S(\omega)=\widetilde{R}_i R_i^{-1} \tag{9-69}$$

将速度 $v=\omega_i \times r$ 写成沿本体坐标系投影的矩阵形式，有：

$$\begin{bmatrix} \widetilde{x}_i \\ \widetilde{y}_i \\ \widetilde{z}_i \end{bmatrix} = S(\omega_i) \begin{bmatrix} x_i \\ y_i \\ z_i \end{bmatrix} \tag{9-70}$$

得到：

$$S(\omega_i)=R_i^{-1}\widetilde{R}_i R_i^{-1} R_i = R_i^{-1}\widetilde{R}_i \tag{9-71}$$

所以：

$$\widetilde{R}_i = R_i S(\omega_i) \tag{9-72}$$

旋转矩阵的元素导数有如下关系：

$$\begin{cases} \widetilde{r}_{i,11} = r_{i,12}\omega_{iz} - r_{i,13}\omega_{iy} \\ \widetilde{r}_{i,21} = r_{i,22}\omega_{iz} - r_{i,23}\omega_{iy} \\ \widetilde{r}_{i,31} = r_{i,32}\omega_{iz} - r_{i,33}\omega_{iy} \end{cases} \tag{9-73}$$

根据式(9-73)中的模型可知：

$$X_{i2}=\frac{r_{i,21}}{r_{i,11}} \tag{9-74}$$

将式(9-74)求导可得：

$$\widetilde{X}_{i2}=\frac{\widetilde{r}_{i,21} r_{i,11} - r_{i,21}\widetilde{r}_{i,11}}{r_{i,11}^2} \tag{9-75}$$

代入式(9-74)：

$$\begin{aligned} \widetilde{X}_{i2} &= \frac{(r_{i,22}\omega_{iz} - r_{i,23}\omega_{iy}) r_{i,11} - r_{i,21}(r_{i,12}\omega_{iz} - r_{i,13}\omega_{iy})}{r_{i,11}^2} \\ &= \frac{r_{i,21} r_{i,13} - r_{i,11} r_{i,23}}{r_{i,11}^2}\omega_{iy} + \frac{r_{i,11} r_{i,22} - r_{i,21} r_{i,12}}{r_{i,11}^2}\omega_{iz} \end{aligned} \tag{9-76}$$

同理,对于 $\widetilde{X}_{i4}$,有:

$$\widetilde{X}_{i4}=\frac{r_{i,31}r_{i,13}-r_{i,11}r_{i,33}}{r_{i,11}^{2}}\omega_{iy}+\frac{r_{i,11}r_{i,32}-r_{i,31}r_{i,12}}{r_{i,11}^{2}}\omega_{iz} \tag{9-77}$$

由于旋转矩阵 R_i 是正交的,那么:

$$\begin{cases} n_i\times s_i=a_i \\ s_i\times a_i=n_i \\ a_i\times n_i=s_i \end{cases} \tag{9-78}$$

令 $m=a_i$、$t=n_i$,有:

$$\begin{bmatrix} 0 & -r_{i,33} & r_{i,23} \\ r_{i,33} & 0 & -r_{i,13} \\ -r_{i,23} & r_{i,13} & 0 \end{bmatrix}\begin{bmatrix} r_{i,11} \\ r_{i,21} \\ r_{i,31} \end{bmatrix}=\begin{bmatrix} r_{i,12} \\ r_{i,22} \\ r_{i,32} \end{bmatrix} \tag{9-79}$$

得到:

$$\begin{cases} -r_{i,23}r_{i,11}+r_{i,13}r_{i,21}=r_{i,32} \\ r_{i,33}r_{i,11}-r_{i,13}r_{i,31}=r_{i,22} \end{cases} \tag{9-80}$$

同理,令 $m=n_i$、$t=s_i$,则:

$$\begin{cases} -r_{i,21}r_{i,12}+r_{i,11}r_{i,22}=r_{i,33} \\ r_{i,31}r_{i,12}-r_{i,11}r_{i,32}=r_{i,23} \end{cases} \tag{9-81}$$

代入可得:

$$\begin{aligned} u_{2i}&=\widetilde{X}_{i2}=\frac{r_{i,32}}{r_{i,11}^{2}}\omega_{iy}+\frac{r_{i,33}}{r_{i,11}^{2}}\omega_{iz} \\ u_{4i}&=\widetilde{X}_{i4}=\frac{r_{i,22}}{r_{i,11}^{2}}\omega_{iy}+\frac{r_{i,23}}{r_{i,11}^{2}}\omega_{iz} \end{aligned} \tag{9-82}$$

根据 Healey 等人的研究[24],有如下关系:

$$R_i=I\cos\beta+S(k)\sin\beta+kk^{\mathrm{T}}(1-\cos\beta) \tag{9-83}$$

其中,I 为单位矩阵;k 为单位列向量;β 为绕 k 旋转的某个角度。定义:

$$\begin{aligned} \grave{o}&=k\sin\frac{\beta}{2} \\ \eta&=\cos\frac{\beta}{2} \end{aligned} \tag{9-84}$$

立即推知:

$$\varepsilon\varepsilon^{\mathrm{T}}+\eta^{2}=1 \tag{9-85}$$

将式(9 - 85)代入式(9 - 83)可知：

$$R_i = (\eta^2 - \varepsilon^{\mathrm{T}}\varepsilon)I + 2\varepsilon\varepsilon^{\mathrm{T}} + 2\eta S(\varepsilon) \tag{9-86}$$

得到：

$$4\eta^2 = 1 + \mathrm{trace}(R_i) \tag{9-87}$$

并且由式(9 - 84)和式(9 - 85)可知：

$$e = 2\eta\dot{o} = k\sin\beta = \frac{1}{2}\begin{bmatrix} r_{i,32} - r_{i,23} \\ r_{i,13} - r_{i,31} \\ r_{i,21} - r_{i,12} \end{bmatrix} \tag{9-88}$$

定义：

$$\rho \cdot \frac{\dot{o}}{\eta} = (\rho_x,\ \rho_y,\ \rho_z)^{\mathrm{T}} \tag{9-89}$$

将式(9 - 87)和式(9 - 88)代入式(9 - 89)，可知：

$$\rho = \frac{\dot{o}}{\eta} = \frac{e}{2\eta^2} = \frac{1}{1 + \mathrm{trace}(R_i)}\begin{bmatrix} r_{i,32} - r_{i,23} \\ r_{i,13} - r_{i,31} \\ r_{i,21} - r_{i,12} \end{bmatrix} \tag{9-90}$$

可得：

$$\begin{aligned} \eta^2 &= \frac{1}{1 + \rho^{\mathrm{T}}\rho} \\ \dot{o} &= \eta\rho \end{aligned} \tag{9-91}$$

将式(9 - 91)代入，得到：

$$I + S(\rho) + \rho\rho^{\mathrm{T}} = \frac{R_i + I}{2\eta^2} \tag{9-92}$$

根据 Lee 等人的推导[25]，有：

$$\tilde{\rho} = \frac{1}{2}[1 + S(\rho) + \rho\rho^{\mathrm{T}}]\omega_i \tag{9-93}$$

将式(9 - 91)和式(9 - 92)代入式(9 - 93)中，得：

$$\tilde{\rho} = \frac{R_i + I}{2\eta^2}\omega_i = \frac{1}{1 + \mathrm{trace}(R_i)}(R_i + I)\omega_i \tag{9-94}$$

由式(9 - 94)可知：

$$X_{i6} = \frac{r_{i,32} - r_{i,23}}{1 + \mathrm{trace}(R_i)}(R_i + I)\omega_i \tag{9-95}$$

接着，根据式(9－95)可知：

$$u_{i6}=\widetilde{X}_{i6}=\widetilde{\rho}_x=\frac{(1+r_{i,11})\omega_{ix}+r_{i,12}\omega_{iy}+r_{i,13}\omega_{iz}}{1+\mathrm{tr}(R_i)} \tag{9-96}$$

进而得到：

$$\omega_{ix}=\frac{1}{1+r_{i,11}}[(1+\mathrm{tr}(R_i))u_{i6}-r_{i,12}\omega_{iy}-r_{i,13}\omega_{iz}] \tag{9-97}$$

根据式(9－97)，可以写成行列式的形式：

$$\det\begin{bmatrix} r_{i,32} & r_{i,33} \\ -r_{i,22} & -r_{i,23} \end{bmatrix}=-r_{i,32}r_{i,23}+r_{i,22}r_{i,33}=r_{i,11} \tag{9-98}$$

所以有：

$$\begin{bmatrix} \omega_{iy} \\ \omega_{iz} \end{bmatrix}=r_{i,11}\begin{bmatrix} -r_{i,23} & -r_{i,33} \\ r_{i,22} & r_{i,32} \end{bmatrix}\begin{bmatrix} u_{i2} \\ u_{i4} \end{bmatrix} \tag{9-99}$$

即：

$$\begin{cases} \omega_{iy}=-r_{i,11}r_{i,23}u_{i2}-r_{i,11}r_{i,33}u_{i4} \\ \omega_{iz}=-r_{i,11}r_{i,22}u_{i2}-r_{i,11}r_{i,32}u_{i4} \end{cases} \tag{9-100}$$

综上分析，可得：

$$\begin{cases} u_{i1}=r_{i,11}v_{ix}+r_{i,12}v_{iy}+r_{i,13}v_{iz} \\ u_{i2}=\dfrac{r_{i,32}\omega_{iy}+r_{i,33}\omega_{iz}}{r_{i,11}^2} \\ u_{i3}=r_{i,21}v_{ix}+r_{i,22}v_{iy}+r_{i,23}v_{iz} \\ u_{i4}=-\dfrac{r_{i,22}\omega_{iy}+r_{i,23}\omega_{iz}}{r_{i,11}^2} \\ u_{i5}=r_{i,31}v_{ix}+r_{i,32}v_{iy}+r_{i,33}v_{iz} \\ u_{i6}=\dfrac{(1+r_{i,11})\omega_{ix}+r_{i,12}\omega_{iy}+r_{i,13}\omega_{iz}}{1+\mathrm{tr}(R_i)} \end{cases} \tag{9-101}$$

注意到 u_{i1}、u_{i3}、u_{i5} 与 v_{ix}、v_{iy}、v_{iz} 之间成三元一次方程关系，写为

$$\begin{cases} u_{i1}=r_{i,11}v_{ix}+r_{i,12}v_{iy}+r_{i,13}v_{iz} \\ u_{i3}=r_{i,21}v_{ix}+r_{i,22}v_{iy}+r_{i,23}v_{iz} \\ u_{i5}=r_{i,31}v_{ix}+r_{i,32}v_{iy}+r_{i,33}v_{iz} \end{cases} \tag{9-102}$$

写为矩阵形式：

$$\begin{bmatrix} u_{i1} \\ u_{i3} \\ u_{i5} \end{bmatrix}=R_i\begin{bmatrix} v_{ix} \\ v_{iy} \\ v_{iz} \end{bmatrix} \tag{9-103}$$

由于 R_i 是正交矩阵，根据线性非齐次方程组解的性质，公式(9－102)具有唯一解。因此，当 u_{i1}、u_{i3}、u_{i5} 确定后，即可确定 AUV_i 在本体系三个方向上的速度。设：

$$\Delta=\begin{vmatrix} r_{i,11} & r_{i,12} & r_{i,13} \\ r_{i,21} & r_{i,22} & r_{i,23} \\ r_{i,31} & r_{i,32} & r_{i,33} \end{vmatrix}$$

$$\Delta_x=\begin{vmatrix} u_{i1} & r_{i,12} & r_{i,13} \\ u_{i3} & r_{i,22} & r_{i,23} \\ u_{i5} & r_{i,32} & r_{i,33} \end{vmatrix}$$

$$\Delta_y=\begin{vmatrix} r_{i,11} & u_{i1} & r_{i,13} \\ r_{i,21} & u_{i3} & r_{i,23} \\ r_{i,31} & u_{i5} & r_{i,33} \end{vmatrix} \tag{9-104}$$

$$\Delta_z=\begin{vmatrix} r_{i,11} & r_{i,12} & u_{i1} \\ r_{i,21} & r_{i,22} & u_{i3} \\ r_{i,31} & r_{i,32} & u_{i5} \end{vmatrix}$$

解之，得：

$$\begin{cases} v_{ix}=\dfrac{\Delta_x}{\Delta} \\ v_{iy}=\dfrac{\Delta_y}{\Delta} \\ v_{iz}=\dfrac{\Delta_z}{\Delta} \end{cases} \tag{9-105}$$

接下来求解 ω_{ix}、ω_{iy}、ω_{iz}，由于：

$$\begin{cases} u_{i2}=\dfrac{r_{i,32}\omega_{iy}+r_{i,33}\omega_{iz}}{r_{i,11}^2} \\ u_{i4}=-\dfrac{r_{i,22}\omega_{iy}+r_{i,23}\omega_{iz}}{r_{i,11}^2} \\ u_{i6}=\dfrac{(1+r_{i,11})\omega_{ix}+r_{i,12}\omega_{iy}+r_{i,13}\omega_{iz}}{1+\mathrm{tr}(R_i)} \end{cases} \tag{9-106}$$

解之，得：

$$\begin{cases} \omega_{ix}=\dfrac{1}{1+r_{i,11}}((1+\mathrm{tr}(R_i))u_{i6}+r_{i,11}(u_{i2}(r_{i,12}r_{i,23}+r_{i,13}r_{i,22}) \\ \qquad +u_{i4}(r_{i,12}r_{i,33}+r_{i,13}r_{i,32}))) \\ \omega_{iy}=-r_{i,11}r_{i,23}u_{i2}-r_{i,11}r_{i,33}u_{i4} \\ \omega_{iz}=r_{i,11}r_{i,22}u_{i2}+r_{i,11}r_{i,32}u_{i4} \end{cases} \tag{9-107}$$

综上，得到了由相关控制输入物理量到控制器虚拟中间变量的关系。

9.2.4 协同运动模型及控制器仿真

根据以上分析，使用 MATLAB 进行仿真。仿真程序的流程图如图 9-9 所示。

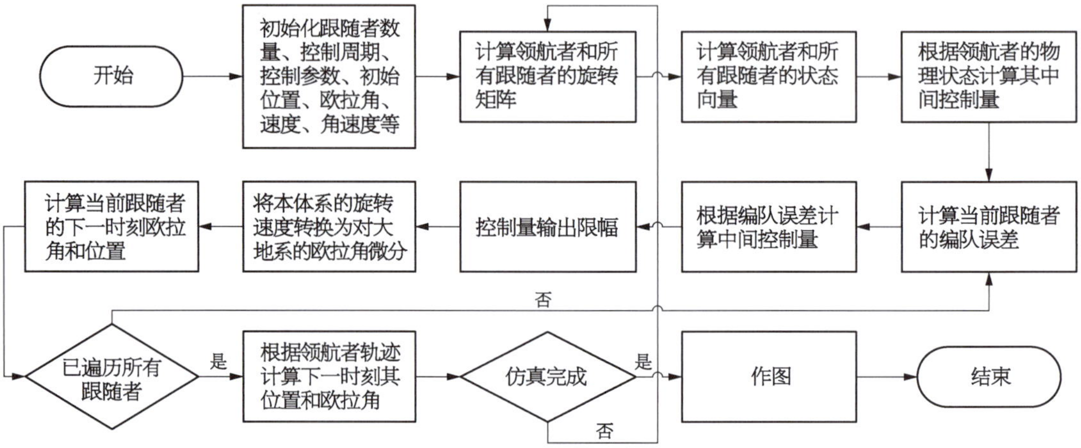

图 9-9　协同运动控制器仿真流程图

需要说明的是，在仿真主循环的每一次中，我们得到的是在 AUV_i 的本体坐标系下的角速度和速度。而在 AUV_i 的状态中，我们用到的则是欧拉角构成的旋转矩阵。因此，我们需要将本体系的角速度转换为欧拉角的微分。这种转换可以通过式(9-108)得到[26]：

$$\begin{bmatrix}\tilde{\phi}\\ \tilde{\theta}\\ \tilde{\psi}\end{bmatrix}=\begin{bmatrix}1 & \sin\phi\tan\theta & \cos\phi\tan\theta\\ 0 & \cos\phi & -\sin\phi\\ 0 & \dfrac{\sin\phi}{\cos\theta} & \dfrac{\cos\phi}{\cos\theta}\end{bmatrix}\begin{bmatrix}\omega_x\\ \omega_y\\ \omega_z\end{bmatrix} \tag{9-108}$$

其中，ψ 为偏航角；θ 为俯仰角；ϕ 为横滚角；ω_x 为本体系绕 X 轴的角速度；ω_y 为本体系绕 Y 轴的角速度；ω_z 为本体系绕 Z 轴的角速度。

根据图 9-10 可知，k_1、k_3、k_5 与位置控制有关，而 k_2、k_4、k_6 与角度控制有关。先进行初步的仿真，考察不同控制参数对控制效果的影响。设定领航 AUV 进行直线运动，领航者 AUV 的初始位置为 $[0, 0, 0]^T$，速度全程保持为 $[2, 0, 0]^T$，初始欧拉角为 $[0, 0, 0]^T$，跟随者 AUV 的数量为 1，初始位置为 $[-5, -5, -3]^T$，初始速度为 $[0, 0, 0]^T$，初始欧拉角为 $[0, 0, 0]^T$，期望位置为 $[1, -10, -1]^T$，控制周期为 0.1 s，共仿真 500 步(50 s)。令 $k_2=k_4=k_6=1$，在 $k_1=k_3=k_5=0.5$ 和 $k_1=k_3=k_5=5$ 两种情况下，两者协同运动轨迹如图 9-10 和图 9-11 所示。能够看到，不论参数为多少，跟随者 AUV 均能够经过一定的调整后稳定在预设的位置，并与领航者 AUV 的运动保持同步。此外，能够定性地看出，当 k_1、k_3、k_5 越大，则位置调整的速度越快，调整过程中的曲率明显增大。本书这里所提供的数据图表详细表明了误差和速度随时间的变化过程。

在 $k_1=k_3=k_5=0.5$ 和 $k_1=k_3=k_5=5$ 两种情况下，跟随者 AUV 在体坐标系下的速度曲线如图 9-12 和图 9-13 所示。

从图 9-12 和图 9-13 中可以看到，k_1、k_3、k_5 越大，速度变化率明显增大。以 Y 轴方

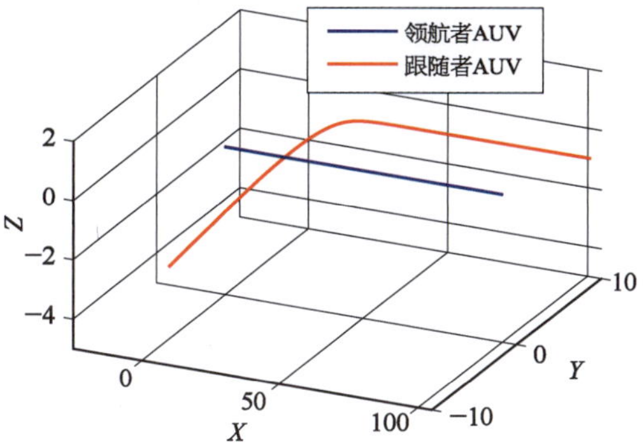

图 9-10　$k_1=k_3=k_5=0.5$ 时的仿真结果

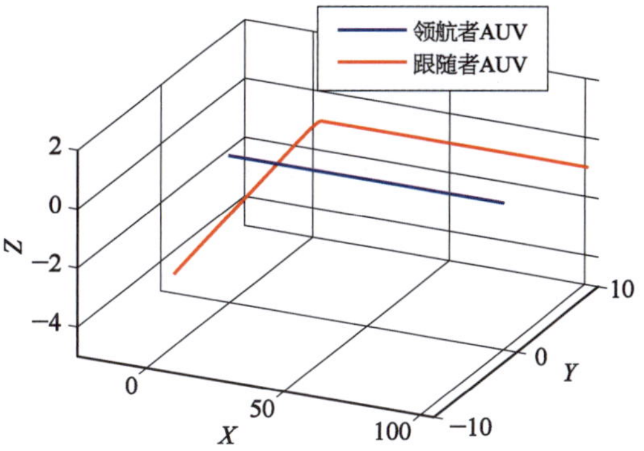

图 9-11　$k_1=k_3=k_5=5$ 时的仿真结果

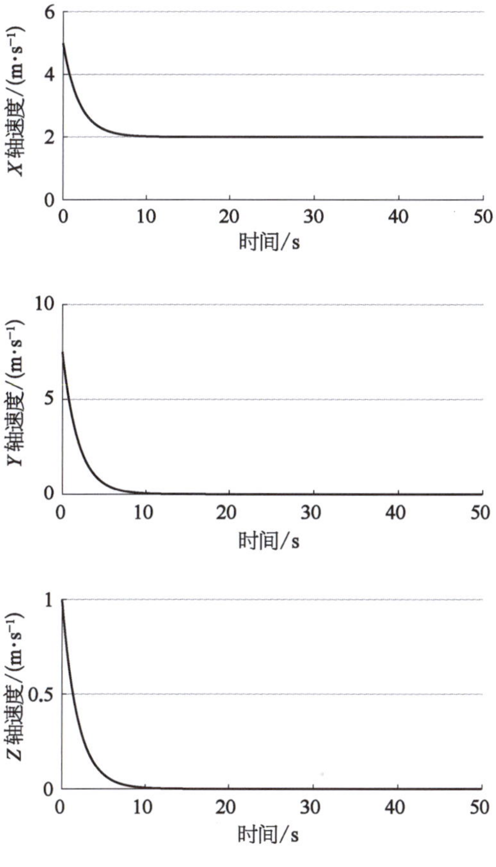

图 9-12　$k_1=k_3=k_5=0.5$ 跟随者速度曲线

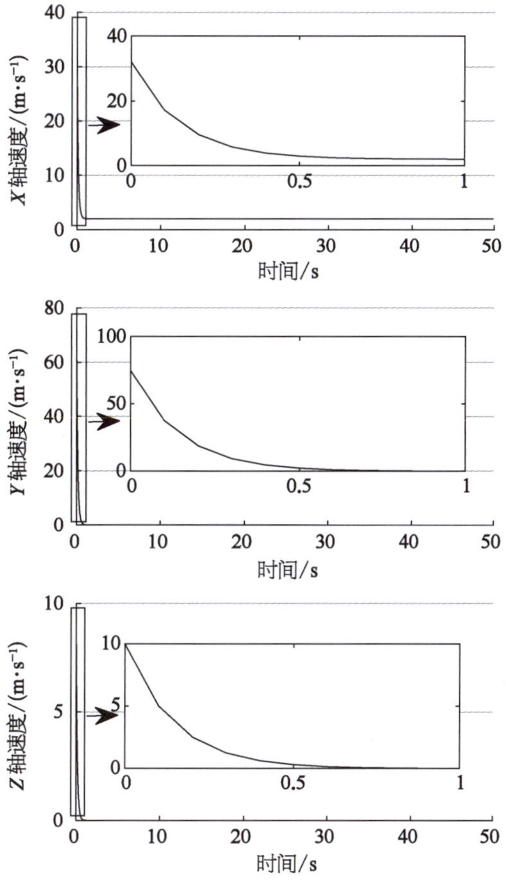

图 9-13　$k_1=k_3=k_5=5$ 跟随者速度曲线

向上的速度为例，当 $k_1=k_3=k_5=0.5$ 时，Y 轴方向上的速度控制输入量从 7.5 m/s 逐渐减小直到 0，而当 $k_1=k_3=k_5=5$ 时，Y 轴方向上的初始速度控制输入量从 75 m/s 开始，在 1 s 内减小到 0，平均加速度大于 7 G。显然，即使是目前最先进的无人水下航行器，也无法做出如此剧烈的机动，因此，在本书建立的模型的基础上所设计的控制器，在实际使用中需要考虑航行器的实际运动控制能力，对参数和输出进行限制，避免输出不合理的控制量。

在 $k_1=k_3=k_5=0.5$ 和 $k_1=k_3=k_5=5$ 两种情况下，跟随者 AUV 在惯性坐标系下三个方向上的误差曲线如图 9－14 和图 9－15 所示。

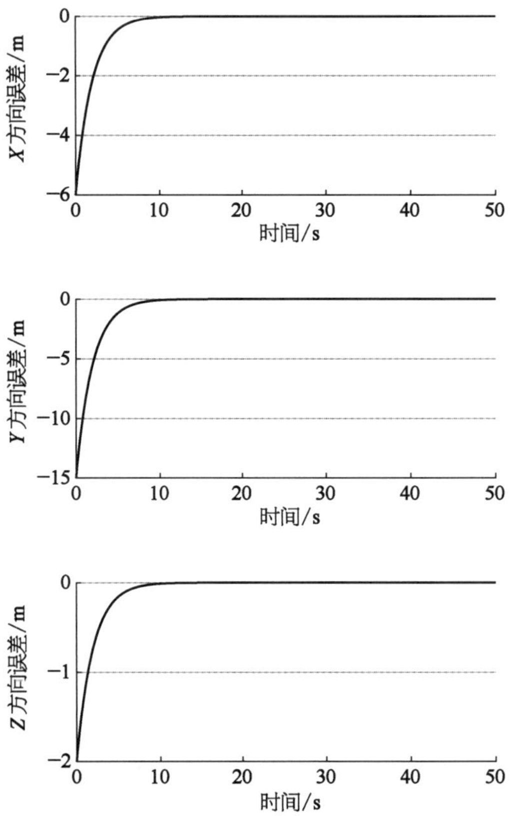

图 9－14 $k_1=k_3=k_5=0.5$ 时跟随者编队误差

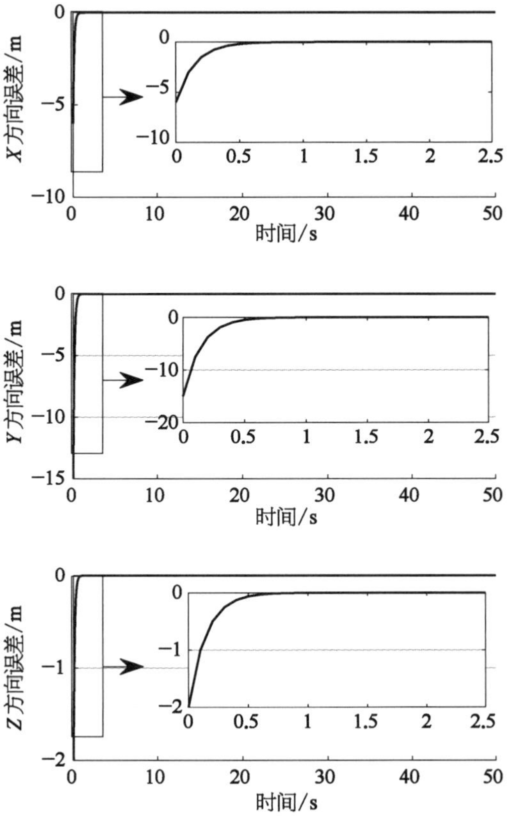

图 9－15 $k_1=k_3=k_5=5$ 时跟随者编队误差

对误差的分析进一步支撑了我们的上述分析，即参数 k_1、k_3、k_5 越大，误差的收敛速度越快。由于我们在进行控制器设计时已经保证了其稳定性也从另一个侧面证明了所设计的控制器在位置控制方面优良的稳定性。

接下来考察不同参数对于角度控制效果的影响。设定领航 AUV 进行直线运动，领航者 AUV 的初始位置为 $[0, 0, 0]^T$，速度全程保持为 $[2, 0, 0]^T$，初始欧拉角为 $[\pi/4, 0, 0]^T$，跟随者 AUV 的数量为 1，初始位置为 $[1, -10, -1]^T$，初始速度为 $[0, 0, 0]^T$，初始欧拉角为 $[-\pi/4, 0, 0]^T$，期望位置为 $[1, -10, -1]^T$，控制周期为

0.1 s，共仿真 100 步（10 s）。令 $k_1=k_3=k_5=0.5$，在 $k_2=k_4=k_6=0.5$ 和 $k_2=k_4=k_6=5$ 两种情况下，两者协同运动轨迹如图 9-16 和图 9-17 所示。其中，附在红色跟随者 AUV 轨迹上的洋红色箭头为跟随者 AUV 在此位置时的艏向。能够看到不论参数为 0.5 还是 5，跟随者 AUV 的艏向角度都能够随着时间收敛到与领航者 AUV 一致。此外，还能够直观地看出参数越大，则角度调整的速度越快，越能尽快收敛到目标值附近，调整过程中的角加速度越大。

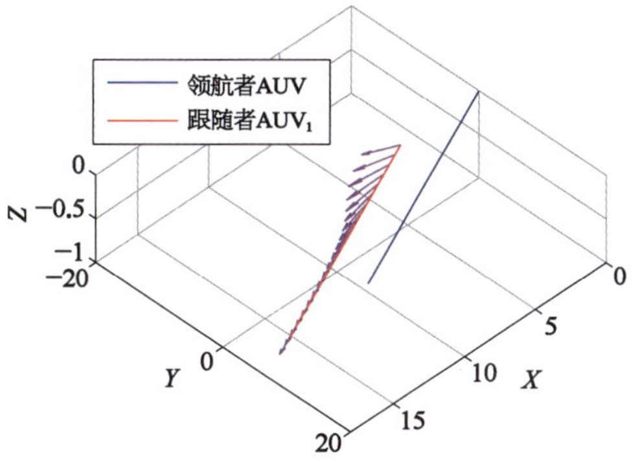

图 9-16　$k_2=k_4=k_6=0.5$ 时的仿真结果

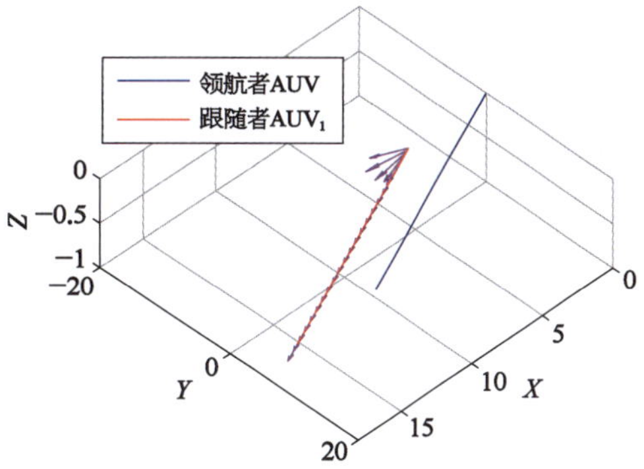

图 9-17　$k_2=k_4=k_6=5$ 时的仿真结果

在 $k_2=k_4=k_6=0.5$ 和 $k_2=k_4=k_6=5$ 两种情况下，跟随者 AUV 绕 Z 轴的转向率如图 9-18 和图 9-19 所示。

从图 9-18 和图 9-19 中能够看到，与位置控制类似，参数越大，调整时的转向率越大。当 $k_2=k_4=k_6=5$ 时，控制器输出的转向率从 286.5°/s 增加到最高 341.2°/s，并在 1 s 内减小到 0。角加速度超过 5.82 rad/s，这同样是不现实的。因此，在角度控制方面也必须增加参数和输出的限制，使之保持在 AUV 运动控制的合理范围内。

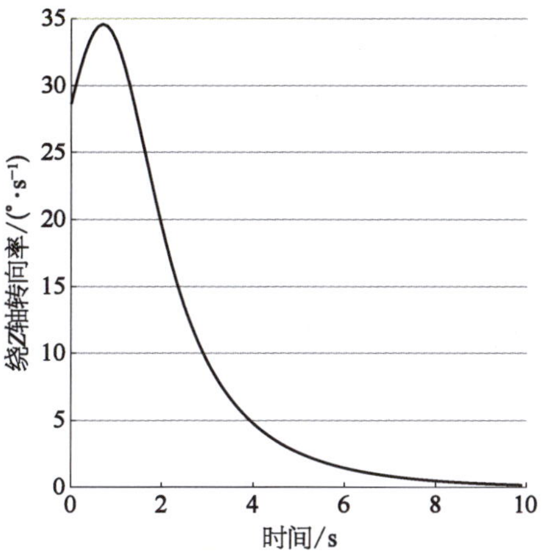

图 9-18　$k_2=k_4=k_6=0.5$ 时绕 Z 轴转向率

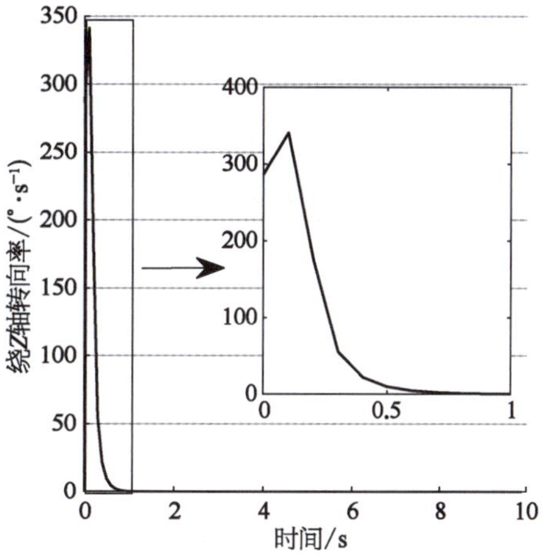

图 9-19　$k_2=k_4=k_6=5$ 时绕 Z 轴转向率

在$k_2=k_4=k_6=0.5$和$k_2=k_4=k_6=5$两种情况下，跟随者AUV与领航者AUV的偏航角误差如图9-20和图9-21所示。

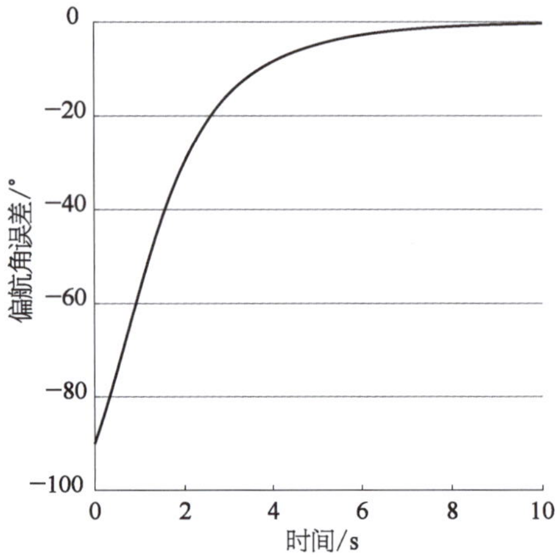

图9-20　$k_2=k_4=k_6=0.5$时的偏航角误差

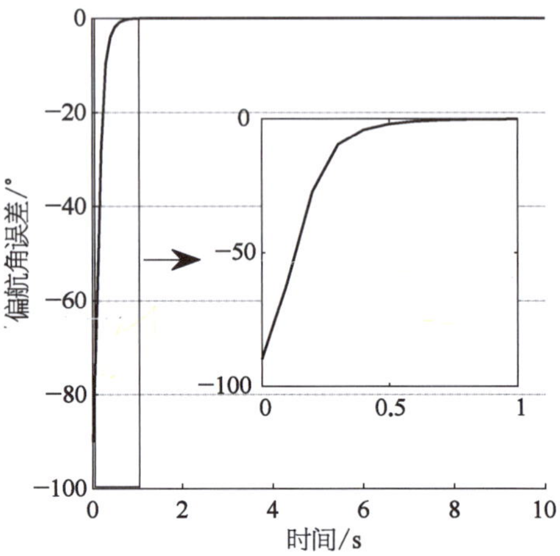

图9-21　$k_2=k_4=k_6=5$时的偏航角误差

对偏航角误差的分析进一步支持了上述结论，即参数越大，欧拉角的误差收敛越快。并且，由于在控制器设计之初即通过李雅普诺夫函数导数的负定保证了其稳定性，因此可以看到控制器始终保持着稳定。

此外，在仿真中还发现，控制器增益参数k不能随意取得过大。虽然在通过李雅普诺夫直接法构造控制器时，保证了控制器在所设计的协同运动模型下的稳定性，但是由于使用的是连续系统进行的分析，在实际仿真时则将其离散化处理。由于离散化的过程影响了步长，因此对系统的稳定性有所影响。这实际上是由于参数与控制频率配合不当导致的。经过试验，当控制频率与最人参数处于同一数量级时，就可以避免因为离散化出现的不稳定现象。

综合以上分析，为了避免控制器的不合理输出和系统出现不稳定，控制器增益参数k的取值不宜随意地取较大的值，并且k的数量级与控制频率应当一致。

最后进行多个跟随者AUV的协同运动仿真试验。设定领航者AUV的初始位置为$[0, 0, 0]^T$，速度全程保持为$[2, 0, 0]^T$，初始欧拉角为$[0, 0, 0]^T$，初始角速度为$[0, 0, 0]^T$，角速度绕本体坐标系Z轴做正弦转动，转动的幅度为1、频率为1/40 Hz；同时绕本体坐标系Y轴做正弦转动，转动的幅度为1/60、频率为1/20 Hz。

$$\begin{cases}\omega_{ix}(t)=0\\\omega_{iy}(t)=\dfrac{\pi}{600}\cos\left(\dfrac{\pi t}{10}\right)\\\omega_{iz}(t)=\dfrac{\pi}{20}\cos\left(\dfrac{\pi t}{20}\right)\end{cases}\tag{9-109}$$

设定10个跟随者，在领航者周边随机生成跟随者AUV的初始位置和初始航向角，其他欧拉角设为 0，初始位置和初始航向角见表 9－1。

表 9－1　随机生成的跟随者 AUV 初始位置和初始航向角

参　数	AUV_1	AUV_2	AUV_3	AUV_4	AUV_5	AUV_6	AUV_7	AUV_8	AUV_9	AUV_{10}
X 坐标/m	2.41	−0.15	−4.49	4.43	−3.90	1.54	−2.65	−4.14	0.98	−4.13
Y 坐标/m	−3.95	3.90	−4.27	1.84	−3.83	2.49	2.35	−1.34	2.89	2.72
Z 坐标/m	−2.62	−0.60	−2.73	−2.60	−1.08	−1.25	−0.09	−1.89	−1.90	−2.38
偏航角/°	4.46	21.09	26.85	20.05	−15.41	21.60	33.02	16.65	−26.46	−10.06

设定协同运动预期位置满足式(9－110)：

$$\begin{bmatrix} d_{ix} \\ d_{iy} \\ d_{iz} \end{bmatrix} = \begin{bmatrix} 1 \\ -10+2i \\ -1 \end{bmatrix} \tag{9-110}$$

设定控制器的控制参数为[0.5, 0.5, 0.5, 0.5, 0.5, 0.5]，控制周期为 0.1 s，根据之前的分析，对控制器输出进行限幅，其中每个轴向最大速度为 3 m/s，最大转向角速度为 12°/s，共仿真 200 步(20 s)，领航者和跟随者的运动轨迹如图 9－22 所示。

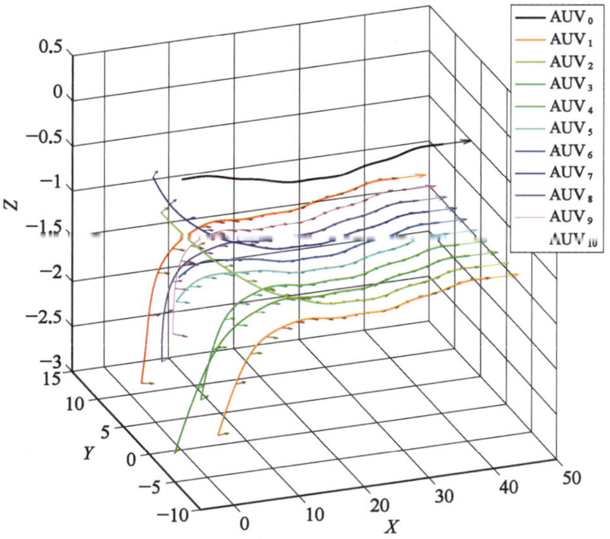

图 9－22　协同运动仿真试验轨迹图

图 9－22 中跟随者 AUV 的轨迹上的箭头表示此刻该 AUV 的艏向。从图中能够看出，各个跟随者 AUV 从各自的随机起始位置和起始欧拉角向领航者 AUV 靠拢。在此过程中，跟随者 AUV 逐渐在控制律的作用下变换为设定的队形。此后，随着领航者 AUV 的运动趋势，跟随者 AUV 也进行相同的运动。不失一般性地，取 AUV_5 进行编队误差分析，如图 9－23 和图 9－24 所示。

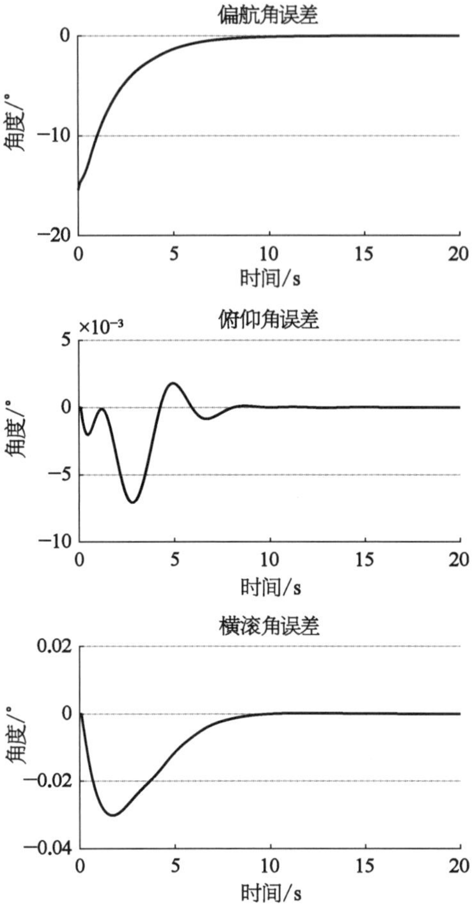

图 9-23　AUV$_5$ 协同运动欧拉角误差曲线

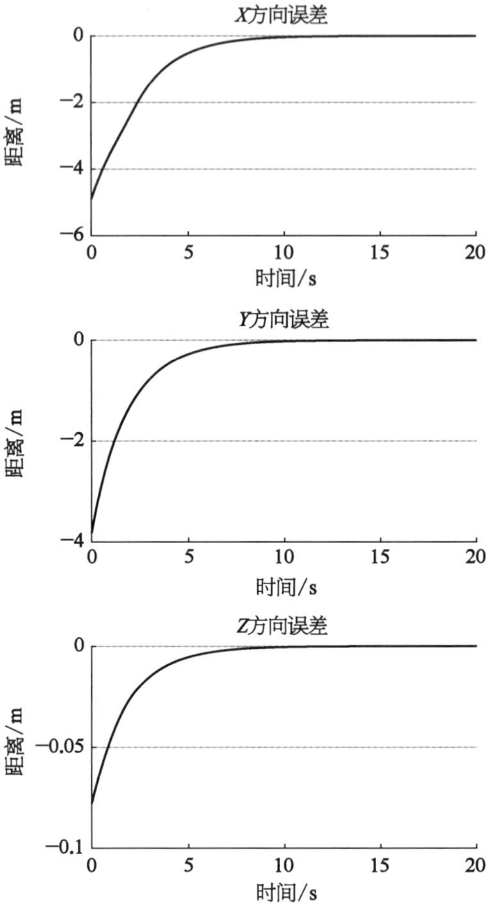

图 9-24　AUV$_5$ 协同运动位置误差曲线

从图 9-23、图 9-24 中能够看出，跟随者 AUV$_5$ 位置和欧拉角误差均在 10 s 内消除到接近 0，并且在之后的运动中能够稳定地跟踪领航者，体现为误差在 0 周围波动，而不会再次增加。

9.3　基于有限状态机模型的多自主水下航行器协同策略

在对图像处理算法、视觉信息提取算法、多 AUV 协同运动模型、协同运动控制器进行研究后，我们将目光聚焦于跟随者 AUV 的运动控制任务的具体实现策略。上文中得到的控制器的控制输出需要由姿态控制算法转换为各个执行机构的实际动作。此外，需要一个合理的规则协调各 AUV，使整体从初始的无序状态逐渐表现出有序的协同运动状态，即搜索—聚集—成型的过程。

本节研究如何控制 AUV 的姿态和位置，使之能够根据控制器的输出调整 AUV 的运动状态以实现协同运动。然后对多 AUV 协同运动任务的策略进行设计，主要研究在什么条件下识别什么目标，以及出现异常情况时 AUV 的反应。此外，本节还讨论协同任务策略所具有的状态—动作特性，并由此通过有限状态机(finite state machine, FSM)对任务策略进行实现，而状态机本身则使用有向图(digraph)进行描述。本节还研究如何利用状态图的节点和弧，在通用计算机上模拟有限自动机的运行，从而实现任务策略的全自主运行。

9.3.1　自主水下航行器的运动控制算法

需要指出的是，本书所研究的航行器能够控制 5 个自由度，包括前进、后退；左移、右移；上浮、下潜；左转、右转；俯艏、抬艏。为了在这 5 个自由度上都达到良好的控制效果，我们对位姿解成上述 5 个自由度后，使用 PID 对其进行控制。

PID 控制是目前使用最广泛的线性控制方法，使用前无需预先建立精确的模型，其控制框图如图 9 - 25 所示。

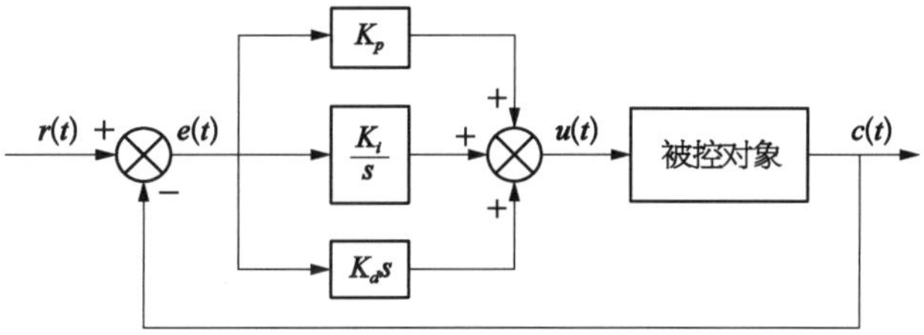

图 9 - 25　PID 控制结构框图

连续系统中的常规 PID 可以用公式(9 - 111)表示：

$$u(t)=K_p\left[e(t)+\frac{1}{T_i}\int_0^t e(t)\mathrm{d}t+T_\mathrm{d}\frac{\mathrm{d}e(t)}{\mathrm{d}t}\right] \tag{9-111}$$

其中，K_p 为比例系数；T_i 为积分时间；T_d 为微分时间。

K_p 越大，系统的快速性越好，控制精度越高，但是会造成超调增加，稳定性变差；T_i 越小，系统的稳态误差消除越快，但是会破坏稳定性；T_d 越大，系统的稳定性越好，但是会增大调节时间并降低抗干扰能力。

设采样时间为 T，将式(9 - 111)离散化，有：

$$u(k)=K_p\left[e(k)+\frac{1}{T_i}\sum_{i=0}^{k}Te(i)+T_d\frac{e(k)-e(k-1)}{T}\right] \tag{9-112}$$

其中，k 是当前控制的节拍数。

式(9 - 112)称为 PID 控制位置式。令：

$$\Delta u=u(k)-u(k-1) \tag{9-113}$$

则有：

$$\Delta u = k_p\left((e(k) - e(k-1)) + T\frac{e(k)}{T_i} + T_d(e(k) - 2e(k-1))\right) \tag{9-114}$$

则在每个控制时刻计算 Δu，与上一次的控制量 $u(k-1)$ 相加，即可得到此刻的控制量。

常规 PID 运用在协同运动过程中的俯仰闭环、航向闭环及侧移控制中。在深度控制和前进控制中，由于航行器自身不是完全零浮力，并且目标自身有速度，因此会存在稳态误差，必须加入积分项加以消除。然而，当初始位置与目标位置差距较大时，积分作用有可能使推进器满转速运行，并且造成较大超调，因此，我们采用了积分分离 PID 对深度和 X 轴距离进行控制。基本原理是：当被控量与设定值偏差较大时，取消积分作用，避免过度积分导致系统稳定性降低。当被控量接近设定值时，引入积分作用，消除稳态误差，提高控制精度。其连续系统的位置式可使用公式(9-115)表示：

$$\begin{aligned} & u(t) = K_p\left[e(t) + \frac{\beta}{T_i}\int_0^t e(t)\mathrm{d}t + T_d\frac{\mathrm{d}e(t)}{\mathrm{d}t}\right] \\ & \beta = \begin{cases} 1, & |e(k) \leqslant \grave{o}| \\ 0, & |e(k) > \grave{o}| \end{cases} \end{aligned} \tag{9-115}$$

其中，β 为积分项开关系数；$\grave{o}$ 为设定的阈值。

需要指出，航行器的运动控制应首先保证姿态的准确和稳定，在控制机构限幅留有余量的前提下进行位置控制。例如，在深度和俯仰控制都需要使用垂推的情况下，应当优先保证俯仰控制对垂推的使用。这是由于航行器的重心和浮心可能与航行器的等效推力重心不重合，单纯的深度控制将会影响姿态。此时，如果留给姿态控制的余量不足而导致姿态控制不稳定，将会反过来影响深度控制的效果，甚至不稳定的俯仰控制将会导致深度控制失效，这样的结果是不能接受的。

9.3.2 多自主水下航行器系统协同运动策略

(1) 远距离引导过程。

当跟随者 AUV 从远距离(数十米)的距离向跟随者接近的过程中进行搜索—聚集的动作。对于每个跟随者 AUV 来说，在任务开始前已经确定其在协同运动队列中的位置。换言之，其预期位置已经预先设定。首先，跟随者 AUV 先下潜 0.2 m，等到深度到达所设定的深度并稳定后，向右转向 360°。如果在下潜过程中或环视过程中，图像处理程序成功识别到光信标阵列的四个光源，则进行接近操作。反之，如果环绕 360°仍未能找到光信标阵列，则将搜索深度增加 0.2 m 后重复搜索，直到触发安保措施使任务失败，跟随者 AUV 浮出水面。

如果能够找到光信标阵列，那么根据提取出的 4 个点，利用 P4P 算法求解计算摄像机坐标系下领航者 AUV 的 6 自由度信息，根据这些信息，结合跟随者自身搭载的传感器，将领航者 AUV 在跟随者 AUV 摄像机坐标系下的位姿信息转换为惯性坐标系下的位姿信息，由此获得领航者 AUV 的状态信息。跟随者 AUV 可以通过自身传感器得到自身的状态信息，从而获得协同运动的编队误差。

由于领航者 AUV 时刻处于运动的状态，因此目标有可能移出视野。对于这种情况，一旦领航者 AUV 从跟随者 AUV 的视野中丢失后，为了尽快使目标回归视野，跟随者 AUV 会根据目标丢失前所处的位置估计丢失方向，在水平方向上转向。如果超过一定时间仍未找到，跟随者 AUV 将会在此位置环绕 360°进行寻找，如果成功找回，则继续进行接近。否则，增加搜索深度再次寻找，直到触发安保条件，使任务失败，跟随者 AUV 浮出水面。

在此过程中，跟随者 AUV 将不断尝试识别领航者 AUV 所搭载的 Ar Marke。由于距离较远时，并非每一帧都能够识别到 AR Marker，为了后续的控制稳定起见，只有当连续若干帧画面都能够识别到 AR Marker 后才进行近距离跟随。

(2) 近距离追踪过程。

当跟随者 AUV 接近到能够稳定识别 AR Marker 的距离时，开始近距离跟随模式。由于在远距离接近过程结束时已经调整到能够识别 AR Marker 的位置和姿态，因此，跟随者 AUV 在近距离跟随开始时就已经能够从 AR Marker 中获取领航者 AUV 的 6 自由度信息，无需进行寻找。根据 6 自由度信息和自身传感器回传的数值，跟随者 AUV 实时计算协同运动编队的控制输出，作为运动控制的目标进行精确控制。

如果由于障碍物干扰等因素导致视野中丢失目标，则保持最后一次看到目标时所得到的姿态角目标和侧移指令，同时保持当前深度，主推进器停转，跟随者 AUV 相当于以惯性继续追踪领航者 AUV，在此期间，跟随者 AUV 不断对视觉传感器采集到的图像识别 AR Marker 和光信标阵列。如果在一定时间内找回 AR Marker，则继续进行近距离的实时追踪，如果找到了光信标，则重返远距离接近过程，重新进行接近。如果一段时间过后仍然没能找到，那么跟随者 AUV 将在此位置旋转 360°，尝试寻找 AR Marker 或光信标阵列。如果找到前者，则继续进行近距离跟随；如果找到后者，则重新进行远距离接近。反之，如果转过一周后仍然未能找到任何目标，则在当前的深度基础上增加 0.2 m，搜索 AR Marker 或光信标阵列，直到触发安保条件，任务失败，跟随者 AUV 在自身浮力的作用下浮出水面。

(3) 安保措施。

由于跟随者 AUV 的协同运动过程中没有人工干预，为了防止意外情况造成航行器无谓的损失，需要通过安保程序进行保证任务执行的安全性。

我们设计了超时安保和过深安保，通过指定任务的最大执行时间和最大下潜深度来保证协同任务的安全运行。当航行器在搜索过程中始终无法找到目标时，由于有最大潜深的存在，航行器不会无限制地下潜，造成水密承压结构损坏。此外，还能够避免领航者 AUV 的故障导致过深下潜的情况出现，从而保护跟随者 AUV。超时安保能够保证任务在任何状态下都是可结束的，是保证任务安全的最后一道屏障。

9.3.3 基于有限状态机的协同策略实现

有限状态机(finite-state machine, FSM)，又称有限状态自动机，是表示有限个状态以及在这些状态之间的转移和动作等行为的数学计算模型，是自动机理论的研究对象，在处理问题时具有类似于图灵机、马尔科夫算法的思考方式。一个有限状态机可以定义为五元组 $M=\{Q, \Sigma, T, q_0, F\}$，其组成为：

① 状态的有限集合 Q；

② 输入符号的有限集合 Σ；

③ 转移函数 $T: Q\times\Sigma\to P(Q)$；

④ 起始状态 q_0，并且 $q_0\in Q$；

⑤ 终止状态的集合 F，并且 $F\subseteq Q$。

FSM 根据给定符号的输入，依据转移函数“跳转”过一系列状态，最终达到一个终止状态。其运行过程是一个由自动机步骤形成的循环，具有以下特征：

① 程序运行的时间中可以清楚划分成数个自动机的步骤，每个步骤即为一个程序区段，有单一的进入点，可以是一个函数或其他程序；

② 不同步骤的程序区段只能通过一组清楚标示的变量交换信息，这些变量称为状态。一个 FSM 在两个不同时刻之间仅有状态数值的不同，其余都相同。

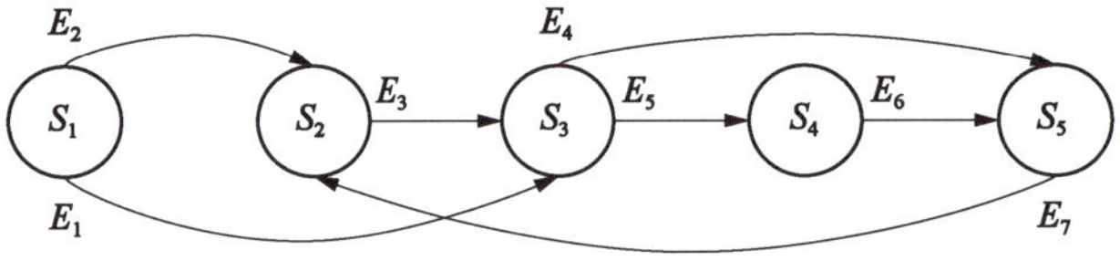

图 9-26　有限状态自动机的状态转移图

FSM 的转移函数可以用状态转移表实现，例如图 9-26 中所示的状态转移过程，能够使用表 9-2 的状态转移表描述。

表 9-2　有限状态自动机状态转移表

	E_1	E_2	E_3	E_4	E_5	E_6	E_7
S_1	S_3	S_2	×	×	×	×	×
S_2	×	×	S_3	×	×	×	×
S_3	×	×	×	S_5	S_4	×	×
S_4	×	×	×	×	×	S_5	×
S_5	×	×	×	×	×	×	S_2

注：×表示在该状态下不会出现此事件。

注意到状态转移图与数据结构中的有向图类似，因此我们选择使用有向图的结构实现 FSM。其中，有向图的节点作为自动机中的状态，有向图的弧表示自动机中的状态转移，有向图的常用存储方式是邻接表。具体而言，使用邻接表存储的有向图的节点具有以下元素：

① 节点名称字符串，用来唯一标识此节点；

② 节点数据，即此状态的状态转移程序，存储了相关的函数指针；

③ 弧向量，存储了所有以该节点为弧尾的弧。

接着，定义邻接表存储的有向图的弧，它具有以下元素：

① 有向弧名称字符串，用来唯一标识此有向弧；

② 弧头索引，即这条弧的弧头对应的节点在有向图的节点向量中的索引；

③ 可选的弧的附加信息。

使用邻接表存储的有向图本身则具有以下元素：

① 节点向量，存储了图中所有的节点；

② 访问节点的方法，提供了访问某个特定节点的手段。

注意到在有向图中没有显式地存储有向弧，这是由于弧的存储是由弧尾节点负责的，每个节点仅负责维护从自身出发的那些弧。构造有向图时，首先向有向图的节点向量中添加相应的节点元素，每个被添加的节点都会具有一个对应的索引编号。节点添加完毕后，对每个节点的弧向量添加相应的弧。在添加时，指定所添加的弧的弧头索引，即可连接此节点和有向图的节点向量中弧头索引对应的节点。FSM 对应有向图的邻接表如表 9-3 所示。

表 9-3　FSM 对应有向图的邻接表

有向图节点		从此节点出发的弧的弧头索引	
编　号	自动机状态		
1	S_1	2	3
2	S_2	3	
3	S_3	4	5
4	S_4	5	
5	S_5	2	

通过定时器实现 FSM 的运行。在 FSM 开始运行前，一个索引值 A 被初始化为 a，代表初始状态对应图的节点的编号。此后，周期地执行以下操作：访问有向图中节点向量索引为 A 的节点，获取节点的数据并执行对应的程序；程序的返回值 Υ 表示在经过的弧在邻接表中的索引；然后根据 Υ 对应的弧，确定下一个周期应该访问的节点在节点向量中的索引值。

通过 FSM 模型可以对协同运动策略进行描述，FSM 在协同运动的执行过程中负责任务的上层逻辑，即当前任务处于什么阶段、应当执行什么动作的问题。

对于 9.3 中所述的协同运动策略，概括地说，其 FSM 模型包括以下几个主要状态：

① 下潜 S_d：AUV 正在原地调整深度，在此过程中不断尝试识别目标。到达预定深度后即开始搜索；

② 寻找目标 S_s：AUV 正在原地转向，尝试在当前深度层寻找目标；

③ 光信标引导 S_c^l：AUV 正在由光信标引导进近；

④ 惯性引导 S_i^l：AUV 在光信标引导过程中丢失目标；

⑤ 二维码追踪 S_c^m：AUV 正在由 AR Marker 引导跟踪；

⑥ 惯性追踪 S_i^m：AUV 在 AR Marker 引导过程中丢失目标。

相应地，FSM 的事件包括：识别到光信标 E_1、识别到二维码 E_2、到达搜索深度层 E_3、丢失光信标阵列 E_4、丢失二维码 E_5、已经稳定识别二维码 E_6、惯性控制超时 E_7、当前深度层已搜索完成 E_8。

FSM 的状态转移函数用状态转移表的形式表示，如表 9-4 所示。

表 9-4 协同运动策略的状态转移表

	E_1	E_2	E_3	E_4	E_5	E_6	E_7	E_8
S_d	S_c^l	S_c^m	S_s	×	×	×	×	×
S_s	S_c^l	S_c^m	×	×	×	×	×	S_d
S_c^l	S_c^l	×	×	S_i^l	×	S_c^m	×	×
S_i^l	S_c^l	S_c^m	×	S_i^l	×	×	S_s	×
S_c^m	×	S_c^m	×	×	S_i^m	×	×	×
S_i^m	S_c^l	S_c^m	×	×	S_i^m	×	S_s	×

注：×表示在该状态下不会出现此事件。

为了便于程序实现，在上述 FSM 中的部分状态前添加辅助状态，主要目的是在 FSM 程序转换到这些状态之前，先对其中的变量等进行初始化操作，将其转换为有向图的结构，如图 9-27 所示。

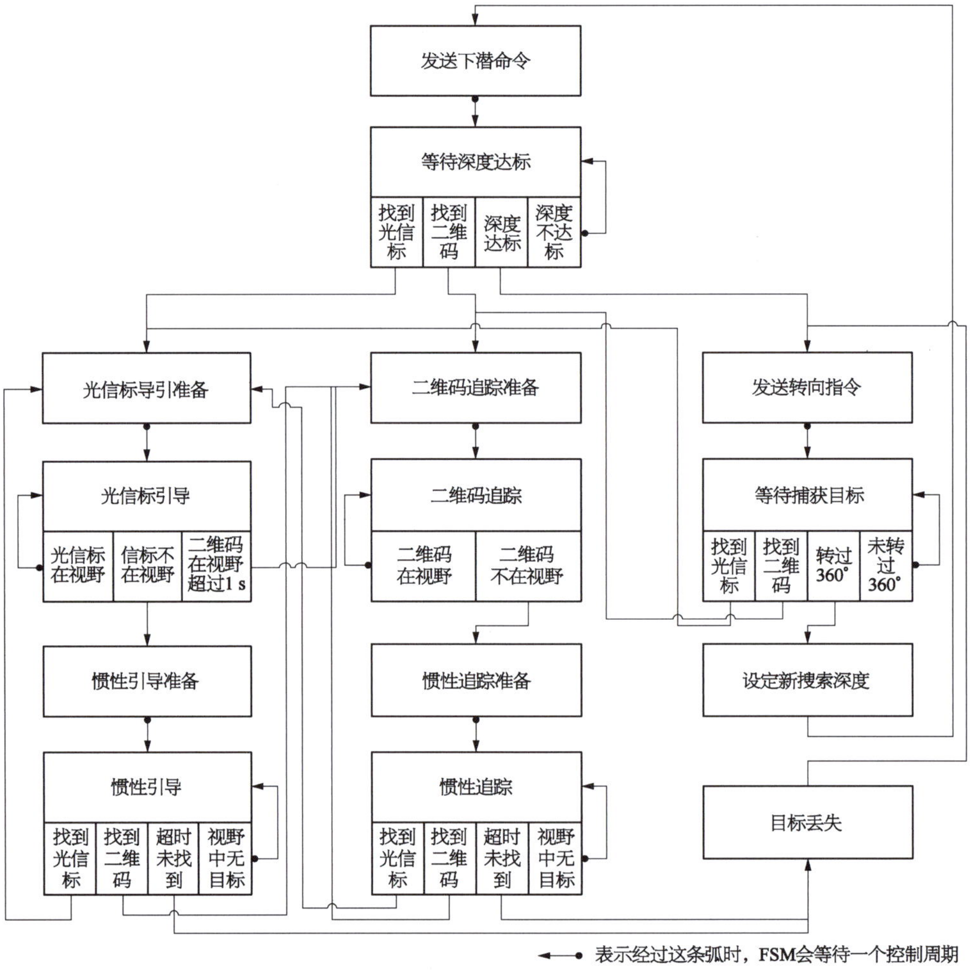

图 9-27 协同策略状态机有向图

图 9－27 中，协同运动策略分解成若干任务目标作为有向图的节点，即 FSM 中的状态，其中包括视觉信息处理程序、控制程序和状态转移程序。节点之间使用有向弧连接，表示状态的单向转移。

FSM 运行定时器的周期设定为控制周期。当定时器定时时间到，应先检查安保条件是否满足，如果发现当前状态超深或超时，则停止定时器的运行，自动机到达“终止”状态，任务随之结束。如果当前在安全范围内，则根据上面的描述运行 FSM：访问一个状态，根据其函数返回值确定状态转移方向，在下一次循环时访问新的状态，并重复上述过程，直到到达结束状态。

参考文献

[1] Zhang L, Li Y, Pan G, et al. Terminal Stage Guidance Method for Underwater Moving Rendezvous and Docking Based on Monocular Vision[C]. Proceedings of OCEANS 2019-Marseille. Marseille, France: IEEE,2019: 1－6.

[2] Baiden G, Bissiri Y, Masoti A. Paving the way for a future underwater omni-directional wireless optical communication systems[J]. Ocean Engineering,2009,36(9): 633－640.

[3] Suzuki S. Topological Structural Analysis of Digitized Binary Images by Border Following[J]. Computer vision, graphics, and image processing,1985,30(1): 32－46.

[4] Horaud R, Conio B, Leboulleux O, et al. An analytic solution for the perspective 4-point problem [J]. Computer Vision, Graphics and Image Processing,1989,47(1): 33－44.

[5] Consensus R S. A Paradigm for Model Fitting with Applications to Image Analysis and Automated Cartography[J]. MA Fischler, RC Bolles,1981,6: 381－395.

[6] Faugueras O D A T. The Calibration Problem for Stereoscopic Vision[C]. Sensor Devices and Systems for Robotics. Berlin, Heidelberg: Heidelberg S B,1989: 195－213.

[7] 徐德，谭民，李原. 机器人视觉测量与控制[M]. 第三版. 北京：国防工业出版社，2011.

[8] 张彩霞. 透视 N 点/线定位问题研究[D]. 北京：中国科学院自动化研究所模式识别与智能系统，2006.

[9] Xu D, Li Y F, Tan M. A general recursive linear method and unique solution pattern design for the perspective-n-point problem[J]. Image and Vision Computing,2008,26(6): 740－750.

[10] Lu C, Hager G D, Mjolsness E. Fast and globally convergent pose estimation from video images [J]. IEEE Transactions on Pattern Analysis and Machine Intelligence,2000,22(6): 610－622.

[11] 张志勇，张靖，朱大勇. 一种基于视觉成像的快速收敛的位姿测量算法及实验研究[J]. 航空学报，2007,28(4): 943－947.

[12] Kato H, Billinghurst M. Marker tracking and hmd calibration for a video-based augmented reality conferencing system[C]. Proceedings 2nd IEEE and ACM International Workshop on Augmented Reality (IWAR'99). San Francisco, CA, USA: IEEE,1999: 85－94.

[13] Fiala M. Designing highly reliable fiducial markers[J]. IEEE Transactions on Pattern analysis and machine intelligence,2009,32(7): 1317－1324.

[14] Schmalstieg D, Fuhrmann A, Hesina G, et al. The studierstube augmented reality project[J].

Presence: Teleoperators & Virtual Environments, 2002, 11(1): 33 - 54.

[15] Garrido-Jurado S, Muñoz-Salinas R, Madrid-Cuevas F J, et al. Automatic generation and detection of highly reliable fiducial markers under occlusion[J]. Pattern Recognition, 2014, 47(6): 2280 - 2292.

[16] Suzuki S. Topological structural analysis of digitized binary images by border following[J]. Computer vision, graphics, and image processing, 1985, 30(1): 32 - 46.

[17] Douglas D H, Peucker T K. Algorithms for the reduction of the number of points required to represent a digitized line or its caricature[J]. Cartographica: the international journal for geographic information and geovisualization, 1973, 10(2): 112 - 122.

[18] Otsu N. A threshold selection method from gray-level histograms[J]. IEEE transactions on systems, man, and cybernetics, 1979, 9(1): 62 - 66.

[19] 赵百轶. 多自主水下机器人编队控制研究及虚拟仿真实现[D]. 哈尔滨：哈尔滨工程大学，2012.

[20] 马宏宇. 自主水下潜航器编队控制及可视化仿真研究[D]. 哈尔滨：哈尔滨工程大学，2016.

[21] Egeland O, Berglund E, Sordalen O J. Exponential stabilization of a nonholonomic underwater vehicle with constant desired configuration[C]. Proceedings of the 1994 IEEE International Conference on Robotics and Automation. San Diego, CA, USA: IEEE, 1994: 20 - 25.

[22] Yang E, Gu D. Nonlinear Formation-Keeping and Mooring Control of Multiple Autonomous Underwater Vehicles[J]. IEEE/ASME Transactions on Mechatronics, 2007, 12(2): 164 - 178.

[23] Desset S, Damus R, Hover F, et al. Closer to deep underwater science with ODYSSEY IV class hovering autonomous underwater vehicle (HAUV)[C]. Europe Oceans-2005. Brest, France: IEEE, 2005: 758 - 762.

[24] Yang E, Gu D. Nonlinear Formation-Keeping and Mooring Control of Multiple Autonomous Underwater Vehicles[J]. IEEE/ASME Transactions on Mechatronics, 2007, 12(2): 164 - 178.

[25] Lee D J, Kam K Y, Kaminer I, et al. Wireless communication networks between distributed autonomous systems using self-tuning extremum control[C]. AIAA Infotech @ Aerospace Conference and AIAA Unmanned ... Unlimited Conference. Seattle, Washington: AIAA, 2009: 1994.

[26] Bogue R. Underwater robots: a review of technologies and applications[J]. Industrial Robot: An International Journal, 2015, 42(3): 186 - 191.

第 10 章　多自主水下航行器协同运动水池试验

经过了对图像处理算法、协同运动模型和控制器设计、协同运动策略的设计与实现的研究后，我们对所涉及的内容进行了试验，目的是为了用试践验证上述研究内容的有效性和可行性。

本章将从硬件和软件两个方面介绍试验所用的 AUV 平台[1]，还将对基于视觉的位姿估计算法进行试验，测试其精度和稳定性。另外，将会对运动状态控制算法进行试验，检验其控制精度能否满足协同运动[2]的要求。最后，对多 AUV 协同运动任务全过程进行水池试验，测试协同运动任务策略及 FSM 模型的可行性，以及协同运动控制器和基于视觉的位姿[3]估计算法的有效性。

10.1 试验自主水下航行器平台介绍

使用西北工业大学张立川团队研发的三条雷体 AUV 进行协同运动试验，如图 10-1 所示。其中，鱼小雷 AUV 作为领航者 AUV，负责提供相对位姿视觉信息并领导其余 AUV。红小雷和白小雷作为跟随者 AUV，负责使用视觉传感器采集与领航者的相对位姿信息，并进行主动位置控制，保持与领航者 AUV 的相对位置姿态。

图 10-1 试验硬件平台

领航者 AUV 试验平台——鱼小雷是自主研制的一条 150 mm 雷体自主遥控航行器(autonomous remote vehicle, ARV)，其主体采用铝合金制造，部分非水密零件采用尼龙制造或使用聚乳酸(polylactic acid, PLA)3D 打印而成。此 AUV 长度 1 800 mm，航行器主体直径 150 mm，空气重量约为 27 kg，水中静止时表现为微弱的正浮力(约 150 g)，设计最大下潜深度 200 m。搭载了 6 台 Blue Robotics 公司出品的 T200 推进器，每台推进器在典型供电电压 16 V 下的最大前进推力为 5.22 kg，最大反向推力为 4.07 kg，提供除横滚外其余 5 个自由度的控制，横滚则由航行器较低的重心自然保持。6 台推进器中的 2 台布置在航行器尾部，提供前进后退的控制力；2 台垂直于水平面布置在航行中部，提供上浮下潜的力和俯仰控制的力矩；2 台平行于水平面布置在航行器中部，提供左右平移的力和左转右转的力矩。受益于流线型外壳，航行器能够以最大 4 kn 的速度直航，并且能够以最高 12°/s 的角速度进行左右转向。待机时间 5 h，能够提供约 2 h 定深悬停续航时间。航行器具有两种运行模式：AUV 模式和 ROV 模式。在 AUV 模式下，可以通过航行器上搭载的 WiFi 进行任务的下载并执行命令[4]，能够根据挂载的任务载荷自主执行搜索、识别等任务，在插入光纤后，即可转入 ROV 模式。此时，岸上上位机能够实时观察航行器的运行情况，能够方面地进行水下观测等任务，还能够方便地对 AUV 模式的任务进行调试，从而增加开发速度和效率。在导航装备方面，鱼小雷搭载了高精度惯性测量单元(inertial measurement unit，IMU)并能够选装多普勒速度计[5]、GPS、北斗等测量装备，显著提升 AUV 的导航定位精度。鱼小雷 AUV 能够模块化搭载多种任务设备，如侧扫声呐、工业相机、采样设备等，进行灵活多变的任务。此外，为了预防可能的水密失效，AUV 内置了液体检测器，进一步保证了潜航器的安全。鱼小雷 AUV 的硬件结构如图 10-2 所示。

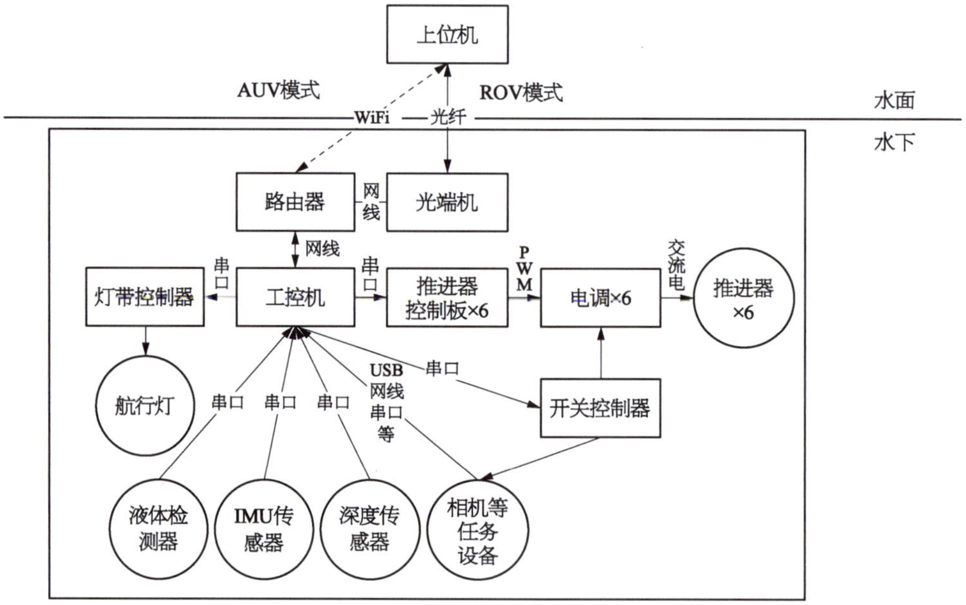

图 10-2　领航者 AUV 的硬件结构图

跟随者 AUV 试验平台——红小雷和银小雷 AUV 是在鱼小雷 AUV 的基础上改进而成。主要改进之处为长度增加到了 2 000 mm，增长的部分主要是水密段，为任务设备提供了更多空间和浮力裕量。同时，由于优化了电路结构，同时增加了电池容量，使待机时间增加到 8 h 以上，优秀的重浮力配比使定深悬停的续航时间增加到 5 h。此外，增加了电量监测功能，允许 AUV 根据自身电量规划任务，并在 ROV 模式下及时向上位机发出低电量警告。

在软件方面，我们基于开源的跨平台 C++库 Qt 5.11.1 进行 AUV 平台软件设计。试验 AUV 平台的软件分为主控系统和任务插件。为了使 AUV 能够灵活执行不同任务，我们将任务实现为不同的 Qt Low API 插件，并使用主控系统进行插件的管理。这样，当开发任务时，只需生成一个插件文件即可，可以大大加快编译速度。当需要执行不同任务时，只需要替换任务插件文件即可实现，而无需再次进行编译。在主控系统中，对不同功能进行了模块化处理，并采用 Qt 的信号槽机制处理不同功能模块之间的通信和同步问题，各模块之间的关系如图 10－3 所示。3 台试验 AUV 均采用相同的主控程序，利用配置文件进行不同 AUV 之间的差异化设置（如设置各外设所使用的端口号、控制参数、推进器零响应区间等）。

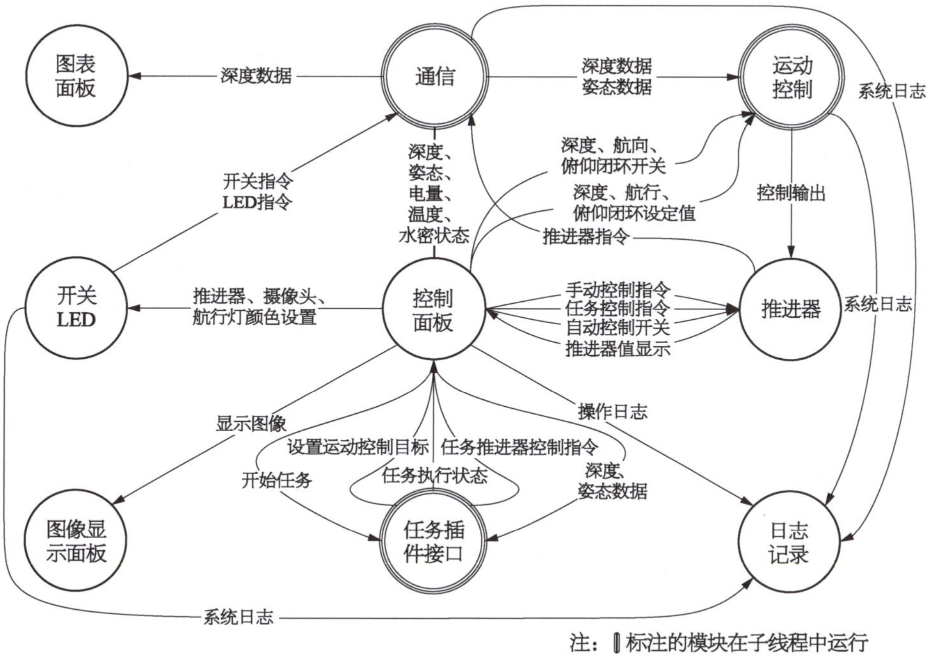

图 10－3　试验 AUV 平台主控系统软件架构

软件界面如图 10－4 所示，有 4 个分区为。

① 控制面板：显示当前时间、已运行时间、姿态、温度、深度、电量、推进器工作状态、航灯颜色等信息，为 ROV 模式的操作提供参考。在 ROV 模式下，可以通过手动控制台进行遥控操作。手动控制台包括 4 个子页，将在下文中详述。

② 视觉图像：在 ROV 模式下，显示航行器上搭载的相机的实时拍摄图像。在 AUV 模式下，显示任务插件将相机采集图像处理后的结果。

③ 日志记录：记录所有手动操作和自动控制，并根据文字颜色区分日志等级（信息、

警告、错误),便于监控航行器状态或进行事后分析。

④ 深度图表:将抽象的深度数值信息变成动态图表实时显示(图中蓝色实线),方便判断深度变化趋势。此外,图中红色虚线代表当前时刻的深度控制目标,因此能够直观地看出深度控制效果。

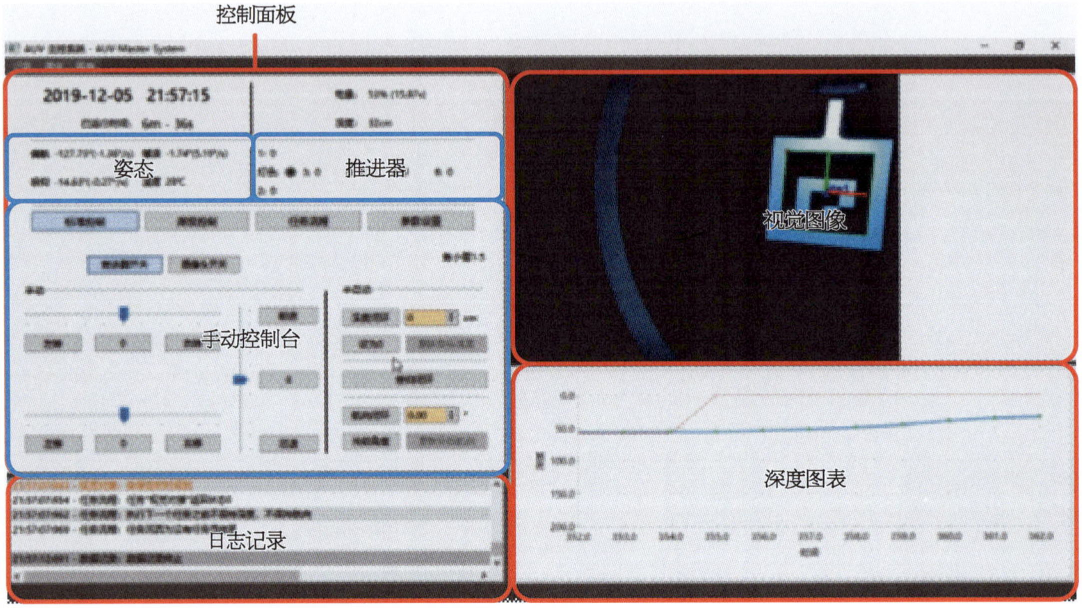

图 10-4　AUV 平台主控系统软件界面

如图 10-5 所示,控制面板包括了 4 个子页。

① 标准控制:提供了推进器和摄像头的开关、水平面的手动操控和深度闭环、航向闭环的操作按钮。

② 高级控制:提供了通信收发的显示、推进器 PWM 值手动控制和相机参数设置的界面。

③ 任务流程:显示了所有检测到的任务插件,并能够通过选择若干任务和调整顺序实现任务流程的顺序执行,此外还能够显示任务状态。

④ 参数设置:提供了当前加载的配置文件的显示和修改并重新加载配置文件的功能。

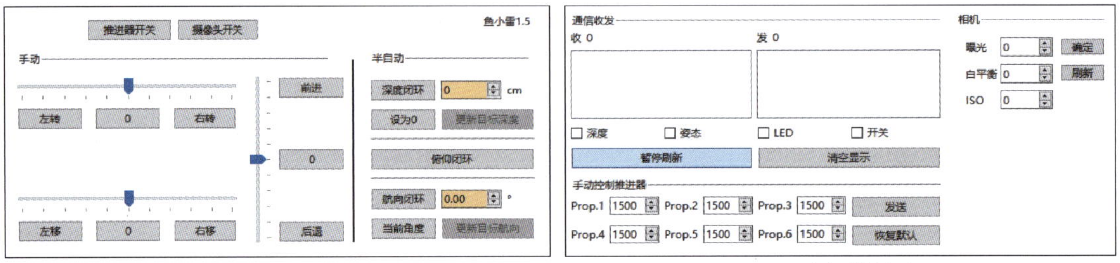

(a) 标准控制页　　(b) 高级控制页

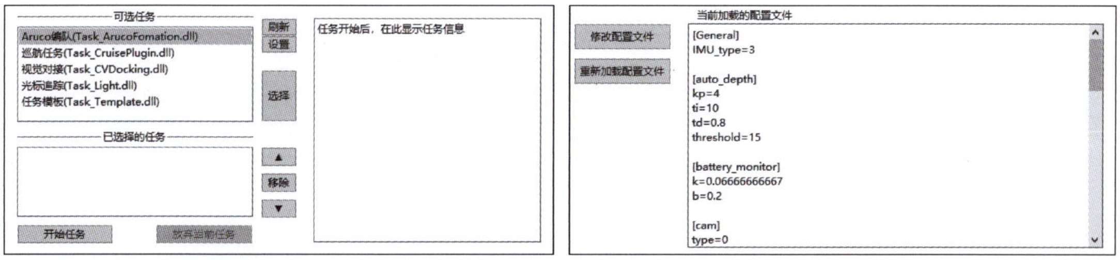

(c) 任务流程页　　　　(d) 参数设置页

图 10-5　手动控制台的 4 个子页界面

10.2　视觉位姿估计试验

采用 PLA 材料 3D 打印制造两个支架，分别搭载光信标阵列和 AR Marker，设计图分别如图 10-6 和图 10-7 所示。

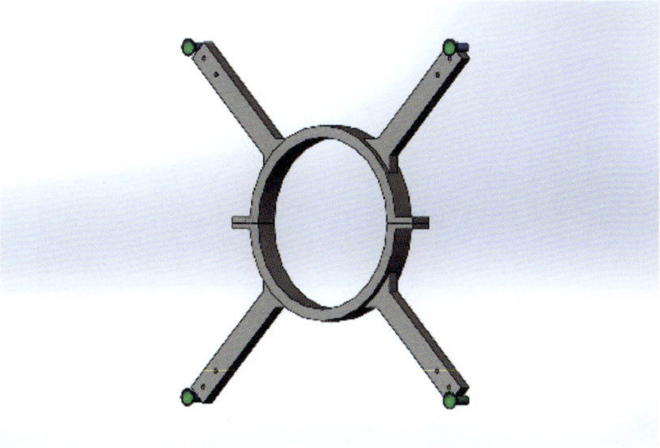

图 10-6　灯光支架设计图

图 10-7　AR Marker 支架设计图

灯光支架呈“X”形，圆环直径为 150 mm，横梁长度为 130 mm，四个横梁的端部固定着一个带颜色的半透明亚克力材料制成的球体光信标，相邻光信标之间的距离为 290 mm。光信标内部采用一个 5 W 小型玉米灯提供光源，由领航者 AUV 负责供电，其结构如图 10-8 所示。在任意角度观察时，球体光信标所成的像均为圆形，使得其在相机中的成像具有三维各向同性，如图 10-9 所示，从而保证识别的鲁棒性。

AR Marker 支架呈“一”字形，方便跟随者 AUV 从不同角度观察。支架的内径为 150 mm，臂长为 150 mm，二维码区域边长为 80 mm。AR Marker 的边长为 57 mm，采用

图 10-8　球体光信标内部结构

图 10-9　点亮后的光信标

PVC 材质打印，背面覆盖不干胶，能够牢固地粘贴在支架上。为了避免水下过暗的试验环境对 AR Marker 的识别产生不利影响，另外设计了补光灯支架为 AR Marker 补光，如图 10-10 所示。补光灯支架顶端与底座之间呈 70°夹角，臂长为 50 mm，使用一枚 5 W 玉米灯作为光源。

图 10-10　AR Marker 补光灯支架

图 10-11　灯光支架与 AR Marker 支架并行安装实物图

补光灯安装在 AR Marker 支架的横臂上，与灯光支架并行安装在雷体外壳上，安装到位并点亮后的效果如图 10-11 所示。

光信标阵列用于相对较远距离下的识别和位姿信息提取。在运行过程中，为了保证 AUV 的平稳运行，领航者还是跟随者 AUV 都应当始终保持俯仰角目标为 0。另外，由前文所述的航行器的介绍可知，航行器在相机坐标系的 Z 轴上并无主动旋转作用力，因此无法主动控制横滚角度。因此，在实际使用中，我们不关心视觉位姿解算得到的俯仰角和横滚角，而只关心位姿解算得到的三轴位移距离和偏航角。

在跟随者相机坐标系 Z 轴距离光信标阵列 1.5～10 m 处分 15 次进行基于求解 P4P 问题的光信标位姿估计试验。在每个试验点处取 10 次估计结果，以平均值作为最终结果。部分试验过程如图 10-12 所示，部分试验结果列于表 10-1。

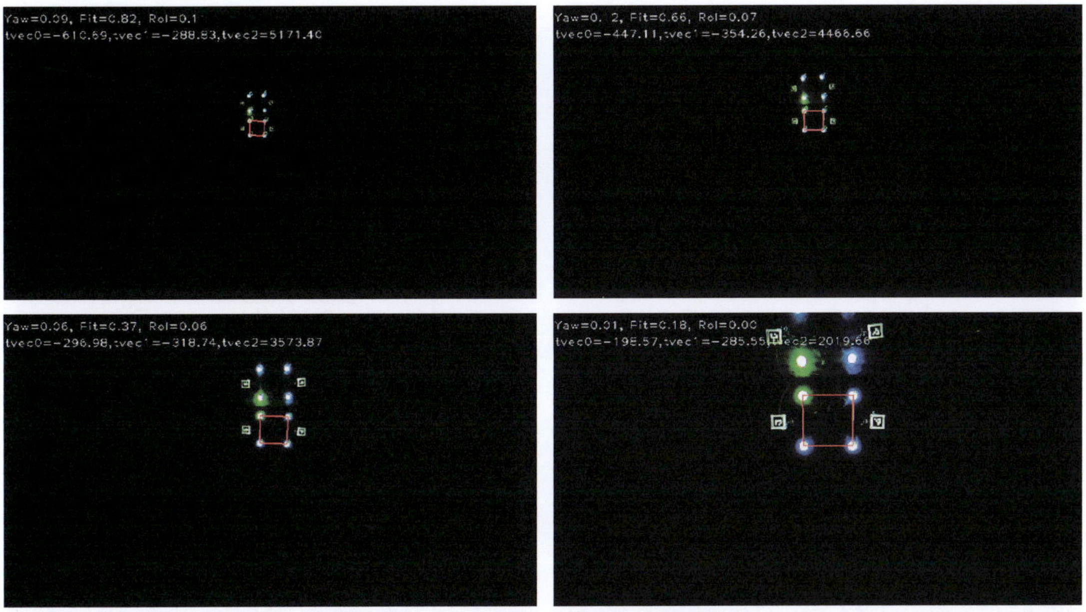

图 10-12　光信标阵列 Z 轴距离试验图像

表 10-1　光信标阵列 Z 轴距离试验数据（15 组数据中的 5 组统计结果）

真实值/m	10 次测量均值/m	10 次测量方差/m	均值绝对误差/m
1.5	1.462 0	0.130 0	−0.038 0
3	2.848 0	0.394 7	−0.152 0
5	4.888 5	0.443 5	−0.111 5
7	6.943 5	0.729 7	−0.056 5
10	8.790 9	0.626 7	−1.209 1

真实值与测量平均值的比较、平均值的绝对误差曲线、测量值方差曲线见图 10-13。

从图 10-13 中能够看出，光信标阵列在相机坐标系的 Z 轴方向距离信息提取方面，当真实值越大，测量值的离散程度越高，同时测量值的均值的绝对误差也越大，其中，最大绝对误差出现在 10 m 处。因此，在实际使用中，为了防止跳变的测量值对控制精度产生影响，应当对测量值进行均值滤波或中值滤波，以消除噪声干扰。

令跟随者 AUV 与领航者 AUV 处于同样深度，并使光信标阵列在其相机坐标系下的 Z 轴距离保持在 4 m 处，并与领航者 AUV 艏向一致，以正对领航者 AUV 为零点，在 −2 m～+2 m 处取 9 个采样点，测量相机坐标系 X 轴方向上使用光信标阵列进行距离信

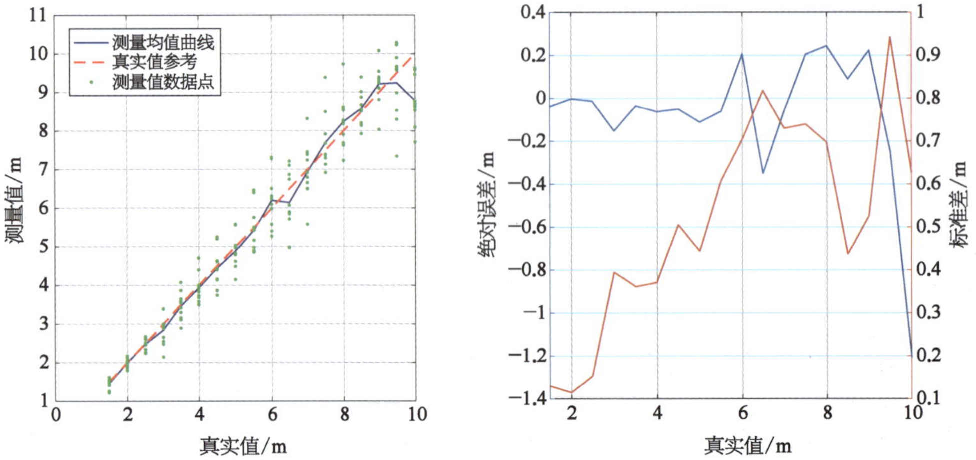

(a) 测量均值与真实值的比较　　(b) 测量均值的绝对误差与测量值标准差

图 10－13　光信标阵列 *Z* 轴距离试验数据分析结果

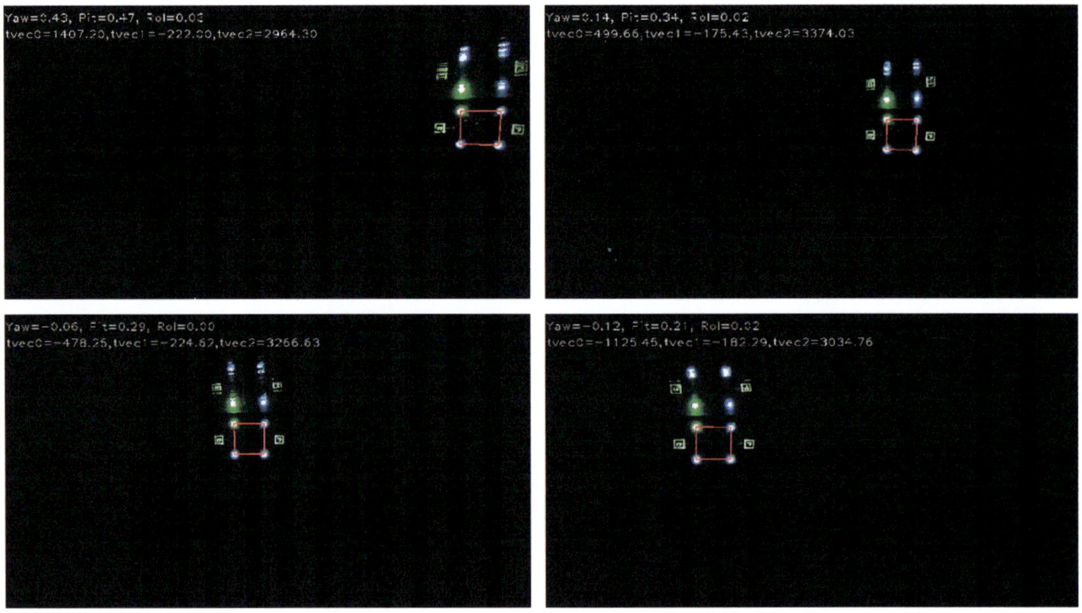

图 10－14　光信标阵列 *X* 轴距离试验图像

息提取的效果。每个采样点取 10 次数据并求平均值。试验过程如图 10－14 所示，部分数据的统计结果在表 10－2 中列出。

表 10－2　光信标阵列 *X* 轴距离试验数据(9 组数据中的 5 组统计结果)

真实值/m	10 次测量均值/m	10 次测量方差/m	均值绝对误差/m
－2	－1.872 2	0.281 6	0.127 8
－1	－0.986 8	0.073 5	0.013 3

（续表）

真实值/m	10 次测量均值/m	10 次测量方差/m	均值绝对误差/m
0	0.008 5	0.042 4	0.008 5
1	1.003 0	0.134 9	0.003 0
2	2.073 1	0.292 2	0.073 1

真实值与测量平均值的比较、平均值的绝对误差曲线、测量值方差曲线见图 10－15。

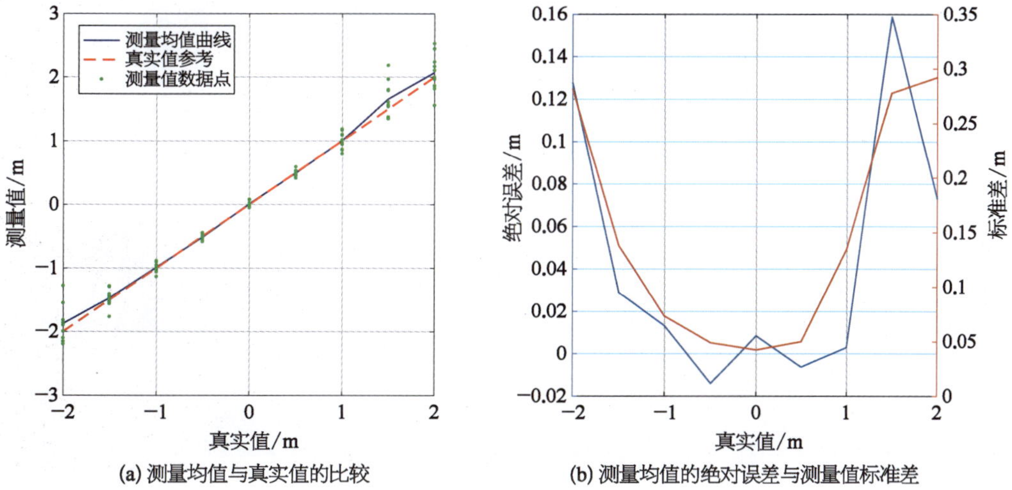

图 10－15　光信标阵列 X 轴距离试验数据分析结果

从图表中可以看出，当相机在正对光信标阵列时，测量均值的误差较低，并且此时测量均值的方差最低，表明数次测量值的跳变不大。距离真实值越远，误差越高，这是因为球形光信标的亮度不是理想均匀的，然而在图像预处理算法中，为了避免距离较近时将光晕纳入阈值范围，而将明度值下阈值设得较高，从而导致在非正对光信标时的识别面积偏小，导致解算位置也出现了一些偏差。

Y 轴距离(深度差)测量试验如下：零点位置和采样点个数、测量次数与 X 轴距离测量试验相同，不再赘述；试验过程如图 10－16 所示，部分数据的统计结果在表 10－3 中列出。

表 10－3　光信标阵列 Y 轴距离试验数据(9 组数据中的 5 组统计结果)

真实值/m	10 次测量均值/m	10 次测量方差/m	均值绝对误差/m
−2	−2.093 5	0.283 0	−0.093 5
−1	−1.026 6	0.183 3	−0.026 6
0	−0.013 8	0.100 0	−0.013 8

（续表）

真实值/m	10 次测量均值/m	10 次测量方差/m	均值绝对误差/m
1	0.966 4	0.128 8	−0.033 6
2	1.895 9	0.203 2	−0.104 1

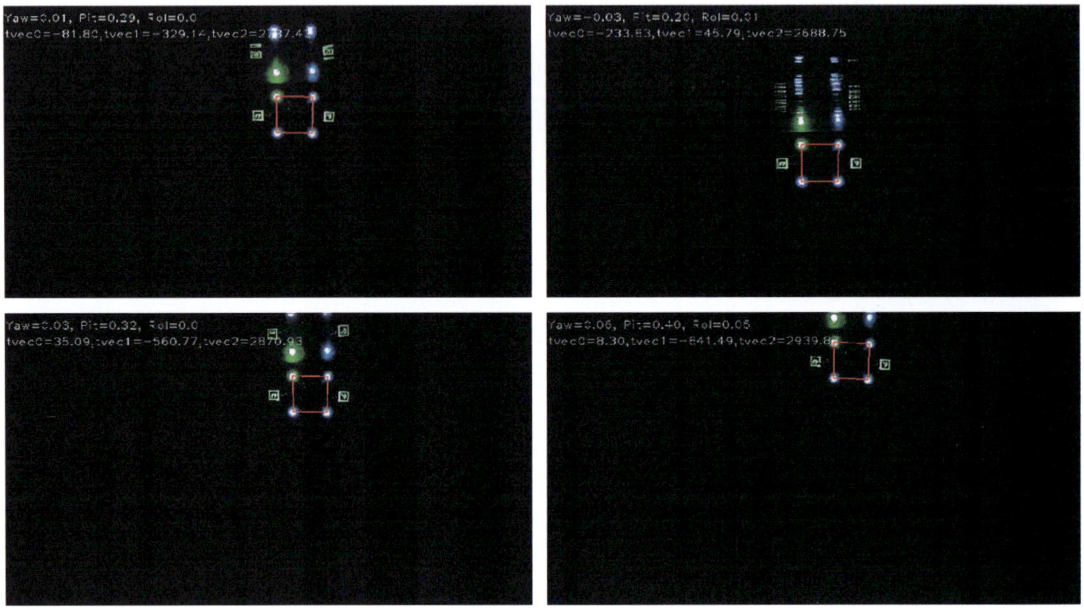

图 10-16　光信标阵列 *Y* 轴距离试验图像

真实值与测量值的平均值的比较、平均值的绝对误差曲线、测量值方差曲线见图 10-17。

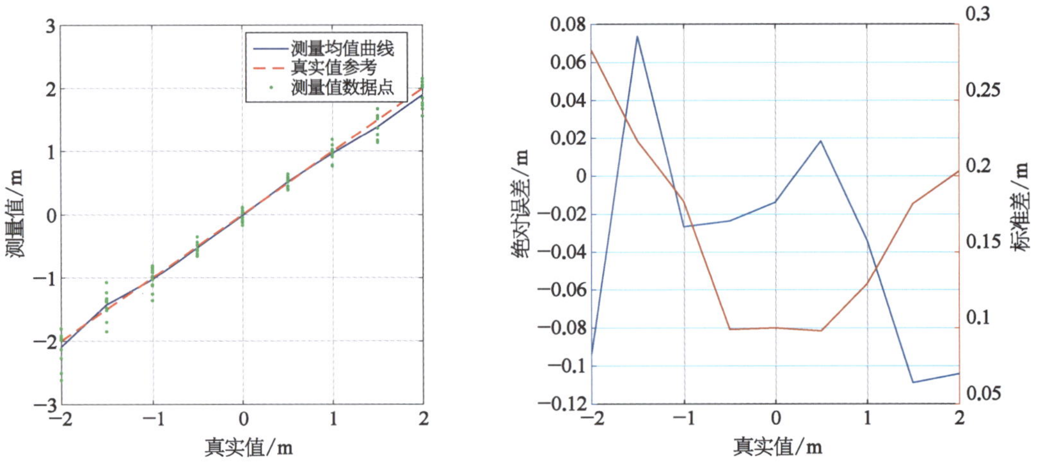

(a) 测量均值与真实值的比较　　(b) 测量均值的绝对误差与测量值标准差

图 10-17　光信标阵列 *Y* 轴距离试验数据分析结果

从数据和图表中可以看出，与 X 轴距离测量试验类似，当相机在正对光信标阵列时，测量均值的误差较低，并且此时测量均值的方差最低。距离真实值越远，则误差越高，方差也随之增大。

最后进行了偏航角估计试验。在跟随者的相机坐标系下，令领航者在其 Z 轴上的距离固定为 4 m，X、Y 方向上距离为 0，艏向相同并作为零点。固定跟随者的艏向并记录领航者和跟随者的初始航向。然后，令领航者转动，将其 IMU 输出作为偏航角的真值，与视觉算法估计结果进行对比。在−45°～45°范围内取 11 个测量点，检测光信标阵列的偏航角提取算法的性能。试验过程如图 10－18 所示，部分数据的统计结果在表 10－4 中列出。

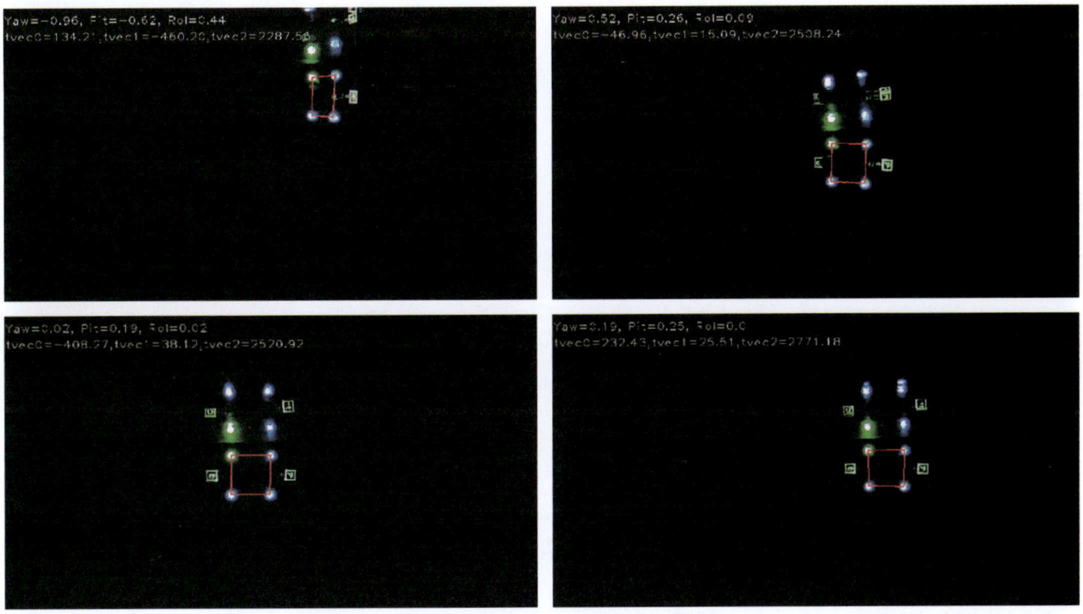

图 10－18　光信标阵列偏航角试验图像

表 10－4　光信标阵列偏航角试验数据(11 组数据中的 5 组的统计结果)

真实值/°	10 次测量均值/°	10 次测量方差/°	均值绝对误差/°
−45	−45.604 8	2.785 6	−0.604 8
−18	−15.911 1	2.895 6	2.088 9
0	2.207 3	7.717 6	2.207 3
18	18.510 3	3.383 8	0.510 3
45	45.667 1	3.541 5	0.667 1

真实值与测量平均值的比较、平均值的绝对误差曲线、测量值方差曲线见图 10－19。从图 10－19 中能够看出，总体而言，偏航角测量均值与真实值偏差并不大。越接近

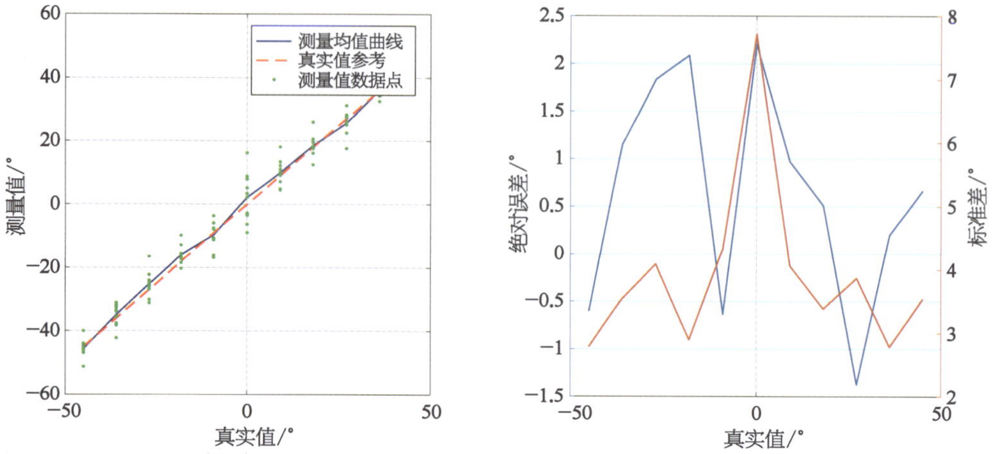

(a) 测量均值与真实值的比较

(b) 测量均值的绝对误差与测量值标准差

图 10-19 光信标阵列偏航角试验数据分析结果

0°,测量值的方差越大,表明结果较不稳定;越接近 45°,方差越小,表明结果的波动较小。同时可以看出,测量均值的绝对误差在不同位置的差异不明显。

AR Marker 用于在较近距离时对领航者的目标位姿进行估计。与光信标阵列类似,输出的俯仰和横滚不是研究重点,重点主要集中在 AR Marker 输出的偏航和三轴位移上。使 AUV 正对 AR Marker 并使其处在视野中心,在相机坐标系 Z 轴上 0.4～3 m 取 11 个采样点放置 AR Marker,每个位置测量 10 次 Z 轴距离输出,并求出均值和方差。试验过程如图 10-20 所示,部分采样点的统计结果列于表 10-5 中。

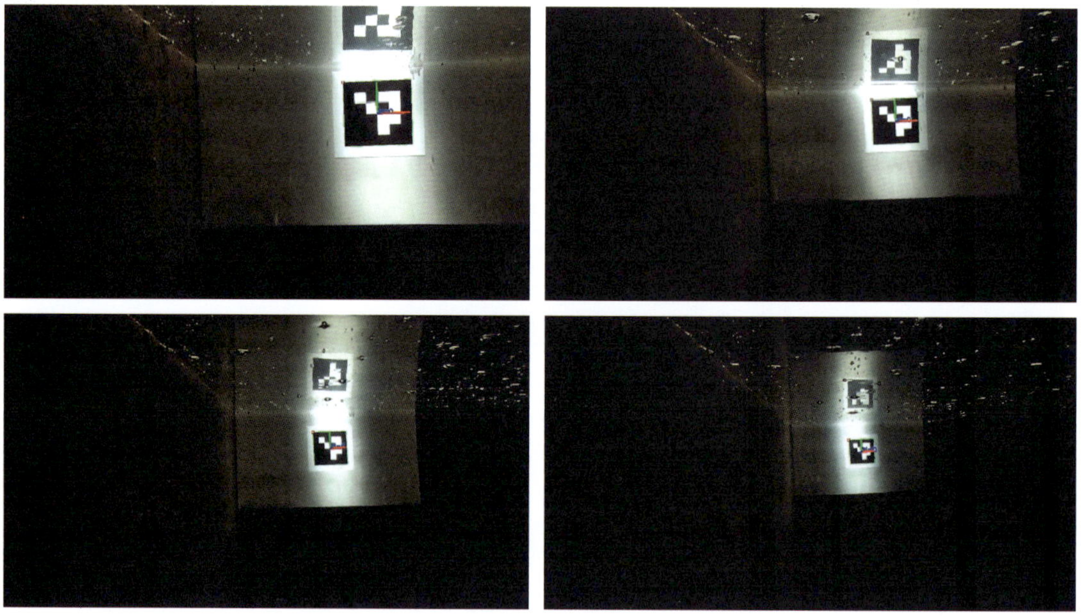

图 10-20 AR Marker Z 轴距离试验图像

表 10 - 5　AR Marker Z 轴距离试验数据(11 组数据中的 5 组统计结果)

真实值/m	10 次测量均值/m	10 次测量方差/m	均值绝对误差/m
0.4	0.371 8	0.072 8	−0.028 2
1	1.065 4	0.136 7	0.065 4
1.6	1.704 0	0.208 6	0.104 0
2	2.040 9	0.402 7	0.040 9
3	2.959 0	0.095 4	−0.041 0

真实值与测量值均值的比较、平均值的绝对误差曲线、测量值方差曲线见图 10 - 21。

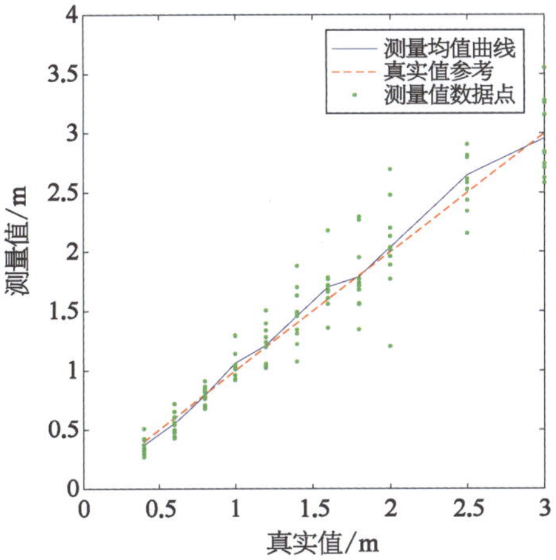

(a) 测量均值与真实值的比较

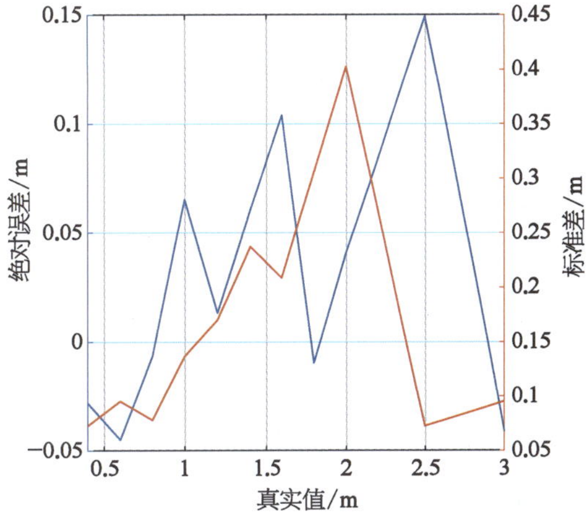

(b) 测量均值的绝对误差与测量值标准差

图 10 - 21　AR Marker Z 轴距离试验数据分析结果

从以上结果可知，总体上讲，方差和绝对误差均随着真实值的增大而增大，也就是说，当距离的真值增大时，使用 AR Marker 测量的 Z 轴距离的离散程度将会增加，并且其若干次测量的平均值与真值误差也会增加。

使 AUV 正对 AR Marker，在相机坐标系的 Z 轴距离为 0.7 m 处的 X 轴方向上取 7 个采样点，每个位置测量 10 次 X 轴距离输出，并求出均值和方差。试验过程如图 10 - 22 所示。

图 10－22　AR Marker X 轴距离试验图像

部分采样点的统计结果列于表 10－6 中。

表 10－6　AR Marker X 轴距离试验数据(仅统计结果)

真实值/m	10 次测量均值/m	10 次测量方差/m	均值绝对误差/m
−0.5	−0.524 4	0.059 2	−0.024 4
−0.2	−0.211 9	0.022 4	−0.011 9
−0.1	−0.095 0	0.024 5	0.005 0
0	0.000 2	0.010 0	0.000 2
0.1	0.099 8	0.024 5	−0.000 2
0.2	0.200 5	0.030 0	0.000 5
0.5	0.539 1	0.048 0	0.039 1

真实值与测量值的平均值的比较、平均值的绝对误差曲线、测量值方差曲线见图 10－23。

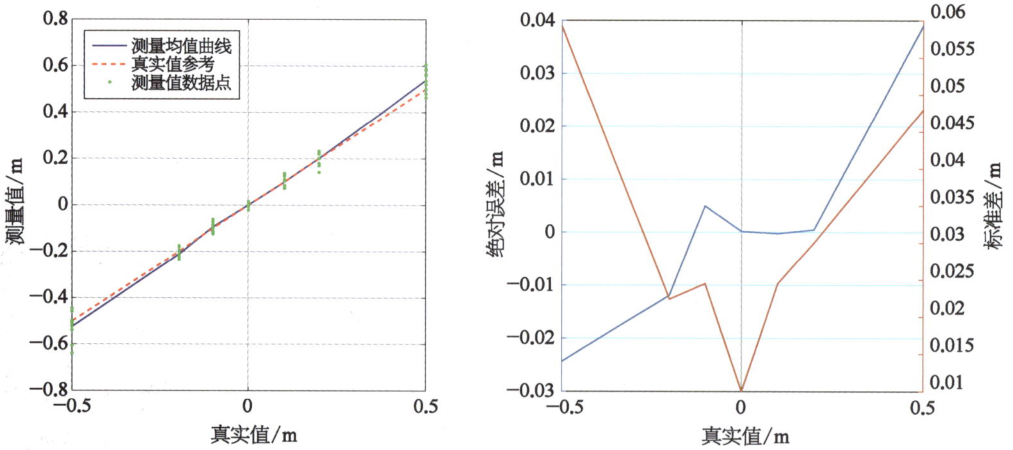

(a) 测量均值与真实值的比较　　(b) 测量均值的绝对误差与测量值方差

图 10－23　AR Marker X 轴距离试验数据分析结果

从图 10－23 中能够看出，X 方向上越靠近中心位置，则其测量值的方差越小，测量过程的跳变越小。并且总体上看，越靠近中心，测量均值的绝对误差越小。总体来讲，AR Marker 在 X 轴方向上的输出误差能够满足协同运动任务的需求。

使 AUV 正对 AR Marker，在相机坐标系的 Z 轴距离为 0.7 m 处的 Y 轴方向上取 7 个采样点，每个位置测量 10 次 Y 轴距离输出，并求出均值和方差。试验过程如图 10－24 所示。部分采样点的统计结果列于表 10－7 中。

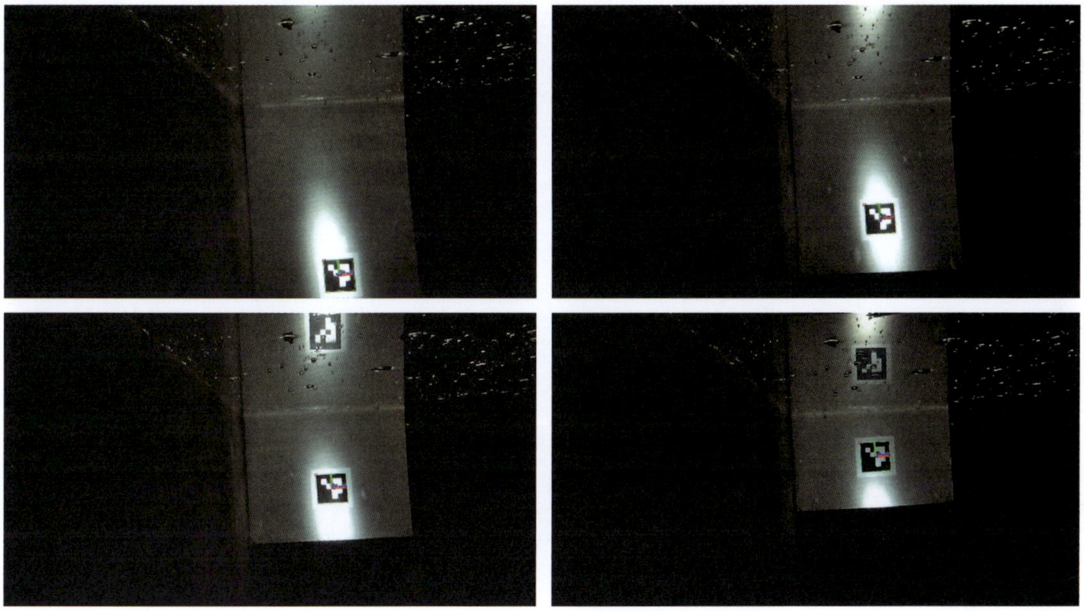

图 10－24　AR Marker Y 轴距离试验图像

表 10－7　AR Marker Y 轴距离试验数据(仅统计结果)

真实值/m	10 次测量均值/m	10 次测量方差/m	均值绝对误差/m
−0.26	−0.236 9	0.056 6	0.022 1
−0.2	−0.200 9	0.044 7	0.000 1
−0.1	−0.075 9	0.046 9	0.027 1
0	−0.018 4	0.026 5	−0.018 4
0.1	0.090 0	0.049 0	0.000 0
0.2	0.215 2	0.061 6	0.014 2
0.26	0.262 6	0.048 0	0.000 6

真实值与测量平均值的比较、平均值的绝对误差曲线、测量值方差曲线见图 10－25。

由以上数据及图表可知，测量值在 Y 轴位置偏移中心时跳变较大。同时，从整体上

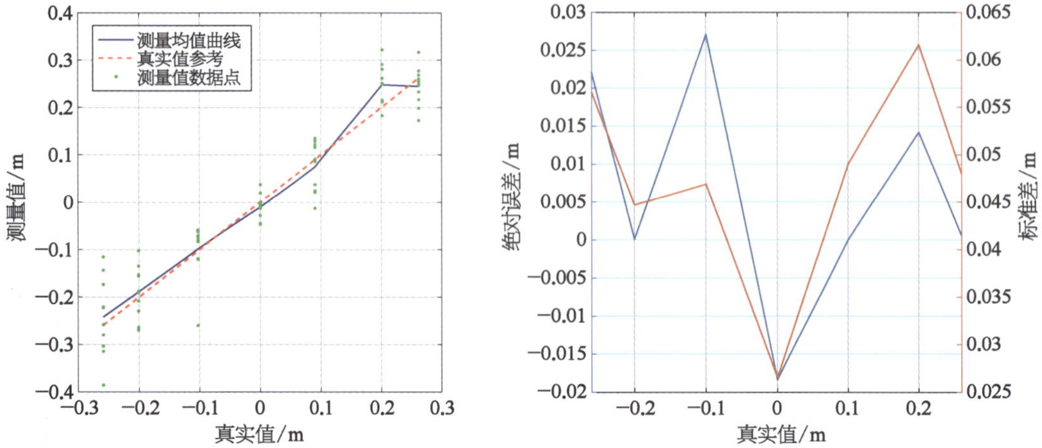

(a) 测量均值与真实值的比较　　(b) 测量均值的绝对误差与测量值方差

图 10－25　AR Marker Y 轴距离试验数据分析结果

说，越接近中心，均值的绝对误差越小。然而能够看出，即使有跳变，AR Marker 在 Y 轴距离上仍然能够获得较高的测量精度。

最后，将 AR Marker 放在 AUV 视野的中心位置，并令 Z 轴距离为 0.7 m，转动 AR Marker，通过视觉信息测量偏航角，并与真实值做对比。在 $-45°\sim45°$ 范围内取 31 个采样点，每个位置测量 10 次偏航角输出，并求出均值和方差。试验过程如图 10－26 所示。部分采样点的统计结果列于表 10－8 中。

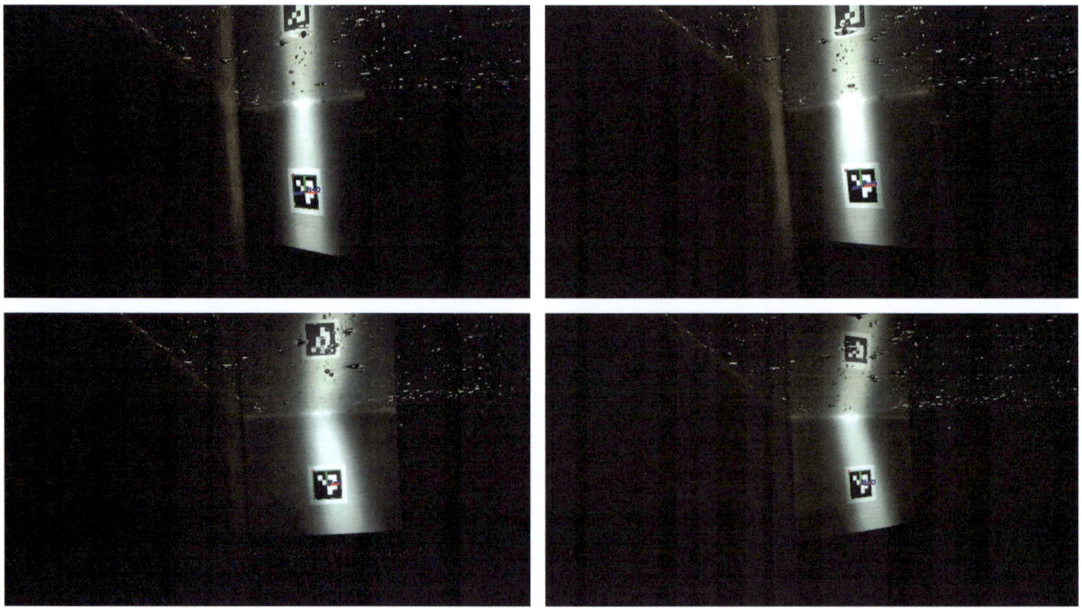

图 10－26　AR Marker 偏航角测量试验图像

表 10-8　AR Marker 偏航角试验数据(11 组数据中的 5 组的统计结果)

真实值/°	10 次测量均值/°	10 次测量方差/°	均值绝对误差/°
−45	−45.155 1	1.506 6	−0.155 1
−18	−17.250 9	2.298 9	0.749 1
0	−1.121 6	4.958 9	−1.121 6
18	18.518 9	2.131 2	0.518 9
45	46.062 9	1.611 5	1.062 9

真实值与测量值的平均值的比较、平均值的绝对误差曲线、测量值方差曲线见图 10-27。

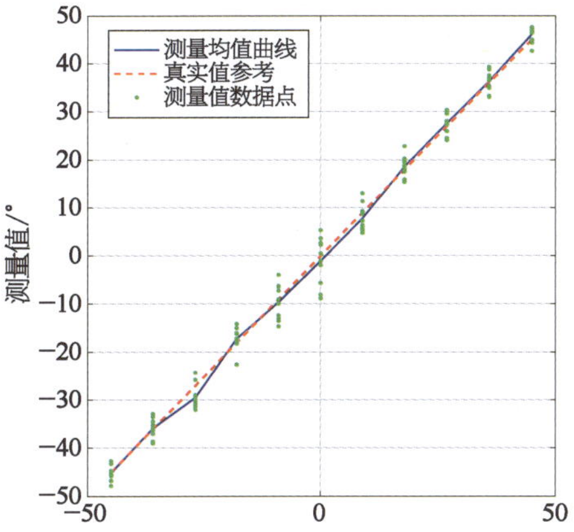

(a) 测量均值与真实值的比较

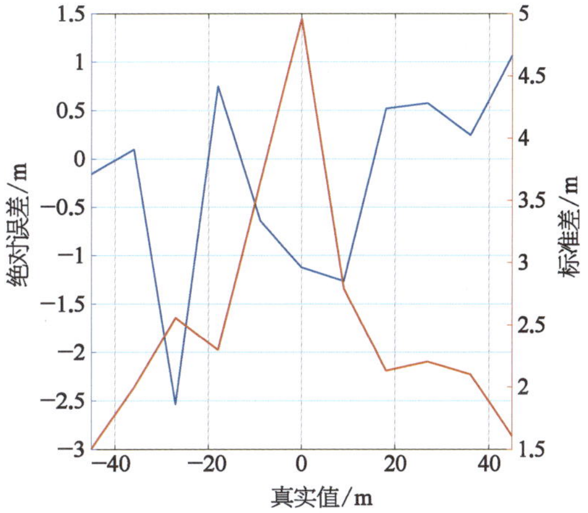

(b) 测量均值的绝对误差与测量值方差

图 10-27　AR Marker 偏航角试验数据分析结果

从图中能够看出，AR Marker 识别偏航角时，在 0°左右跳变较大，并且误差也较大。当接近 45°时，跳变减小，反映在图上即为方差减小；同时均值的绝对误差也在减小，精度提高。总的来说，AR Marker 对位姿估计的总体精度能够满足协同运动任务需要。

10.3　自主水下航行器操纵性能试验

为了完成协同运动，跟随者航行器必须具有良好的姿态和位置控制能力。我们首先进行了深度闭环和俯仰闭环试验。航行器的运动控制采用了 PID 控制方法进行控制，深度控制、俯仰控制与航向控制的控制参数列于表 10－9 中。

表 10－9　航行器运动控制参数

控制参数	比例系数 K_p	积分系数 K_i	微分系数 K_d	积分阈值
深度控制	4	0.1	0.8	20
俯仰控制	8	0	0.33	—
偏航控制	8	0	0.16	—

首先令航行器从水面下潜至 1 m 处，检验航行器的深度和俯仰控制能力。深度和俯仰角曲线如图 10－28 所示。

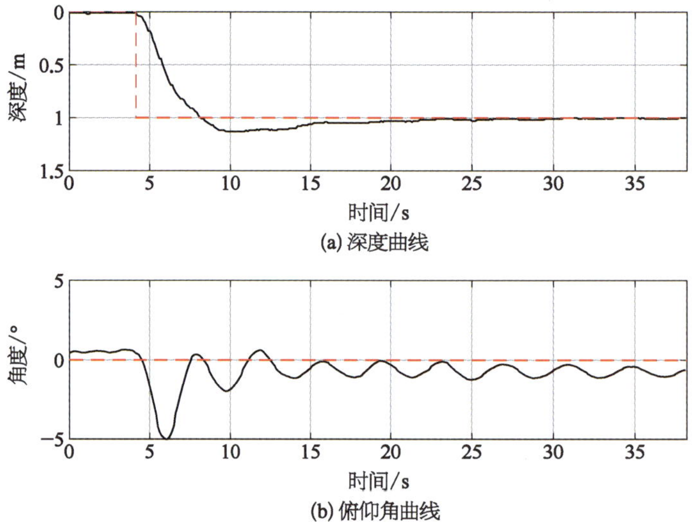

图 10－28　定深 1 m 控制过程深度及俯仰角曲线

从图 10－28 中能够看出，深度控制能够控制航行器在 5 s 内下潜至 1 m 处，并且能够在 10 s 内将稳定在设定值周围。同时，俯仰角没有发生大的变化，只是随着垂推推力的变化而小幅震荡，震荡幅度不足 1°，控制效果令人满意。

此外，AUV 应当能够抵抗垂直方向上的水流等干扰力。当遇到这些扰动时，控制律应当快速地使 AUV 回归设定值。当深度稳定在 1 m 后，对其进行两次扰动，其深度和俯仰角变化曲线如图 10－29 所示。

第一次扰动主要影响了深度，在扰动下，深度达到了 1.28 m，而后经过 9.4 s 后深度回归设定值。第二次扰动不仅影响了深度，也影响了俯仰角，扰动作用结束后，深度达到了 1.19 m，俯仰角达到－9.308°。7.3 s 后深度值归于稳态，又过 15.1 s 后俯仰角回归稳态值。以上结果说明，AUV 对于扰动的抵抗性能够满足协同运动任务

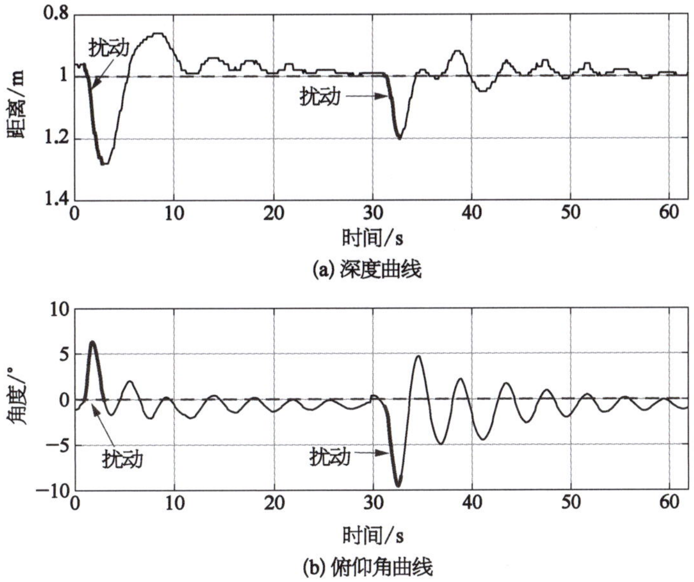

(a) 深度曲线

(b) 俯仰角曲线

图 10 - 29　扰动下深度和俯仰变化曲线

的要求。

航向角闭环控制在协同运动任务中同样十分重要。我们使航行器的目标航向逆时针转过 97°，以此说明航向角闭环控制律的性能。此外，我们也对偏航角加入了扰动，检验航向角闭环控制律的扰动抗性。二者的航向角曲线如图 10 - 30 所示，可以看出，控制律能够使 AUV 在 14.8 s 内转过 97°并稳定，当受到干扰时，也能够快速恢复到设定值。由此可见，航向角闭环的控制效果和精度能够满足协同运动任务的需求。

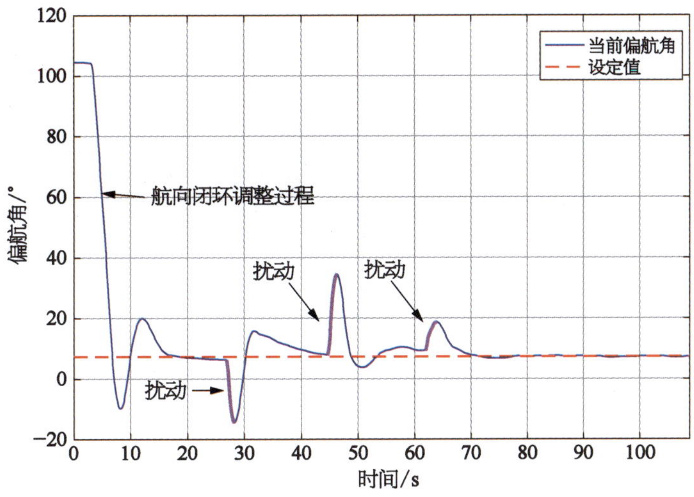

图 10 - 30　航向闭环及受到干扰时的控制过程

10.4 多自主水下航行器协同运动试验

使用鱼小雷 AUV 作为领航者，红小雷和白小雷 AUV 作为两个跟随者，分别称为跟随者 AUV_1 和跟随者 AUV_2，在水池中进行多 AUV 协同运动试验[3]。在试验中，领航者的速度为 0.5 m/s。选定以较慢的速度进行试验，一方面是受到视觉试验装置造成的水阻影响，领航者无法以较快速度前进；另一方面是为了保证试验的成功率。跟随者的编队参数列于表 10-10 中。水下试验场景如图 10-31 所示。

表 10-10 多 AUV 协同运动试验跟随者编队参数

跟随者 AUV	AUV_1	AUV_2
X 方向偏移/cm	30	−30
Y 方向偏移/cm	0	0
Z 方向偏移/cm	100	100
目标 AR MarkerID	0	1

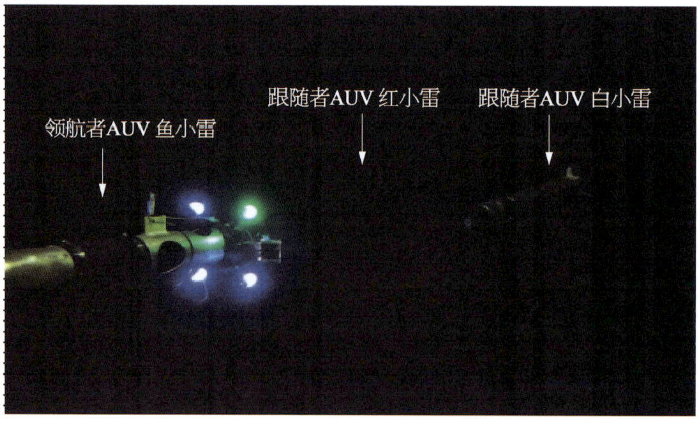

图 10-31 多 AUV 协同运动水下试验场景

在协同运动任务开始前，跟随者 AUV 与领航者 AUV 之间的位置关系是散乱的，如图 10-32 所示。开始任务后，为了避免航行灯的灯光对彼此造成影响，两个跟随者均关闭航行灯。首先，两个跟随者 AUV 首先下潜到 0.2 m，等待深度到达设定深度正负 0.02 m 后，开始逆时针旋转搜索领航者 AUV 的光信标阵列或 AR Marker，如图 10-33 所示。

图 10 - 32　任务开始前各 AUV 的位置关系

图 10 - 33　跟随者 AUV 正在搜索领航者

随着跟随者 AUV 的航向逐渐指向领航者 AUV 的方向，两个跟随者 AUV 最终能看到领航者 AUV 的光信标阵列或 AR Marker。在试验中，由于距离领航者 AUV 较远，两个跟随者 AUV 首先识别到的是领航者 AUV 搭载的引导光信标阵列。跟随者 AUV 对光信标阵列在图像中的四个点解析后，输出领航者相对于该跟随者的相对位姿，此时的主控软件界面如图 10 - 34 所示。值得注意的是，由于之前 AUV 在寻找过程中产生了运动，因此造成了对领航者 AUV 的光信标阵列识别不稳的情况。可以看到在日志记录区记录了多个“光信标惯性引导”状态，即将最后一次看到目标的偏航角与自身 IMU 输出的偏航角相加，作为对目标航向的预测并作为航向控制的目标。同时，保持最后一次发送的侧移指令，尝试找回目标。可以说，惯性引导的加入大大增强了任务的实现性和试验的鲁棒性。此时的试验场景如图 10 - 35 所示。

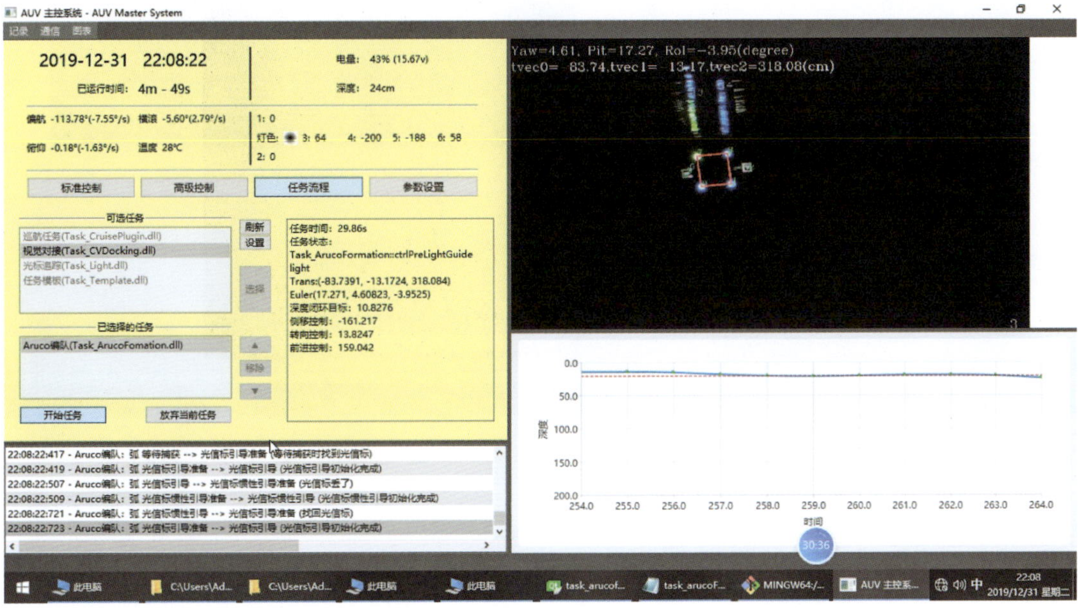

图 10 - 34　光信标引导阶段主控软件截图

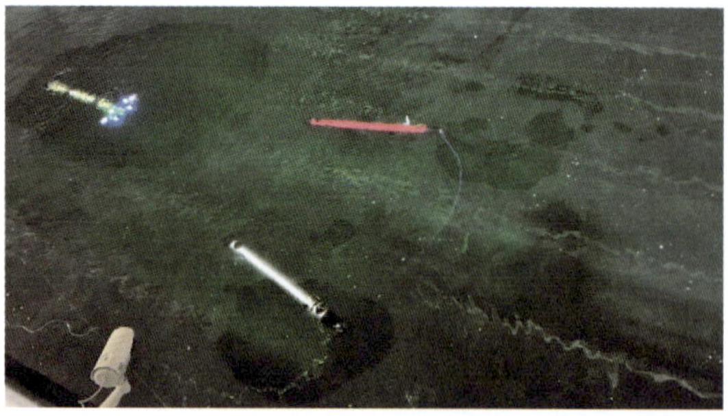

图 10－35　跟随者 AUV 正在由光信标引导

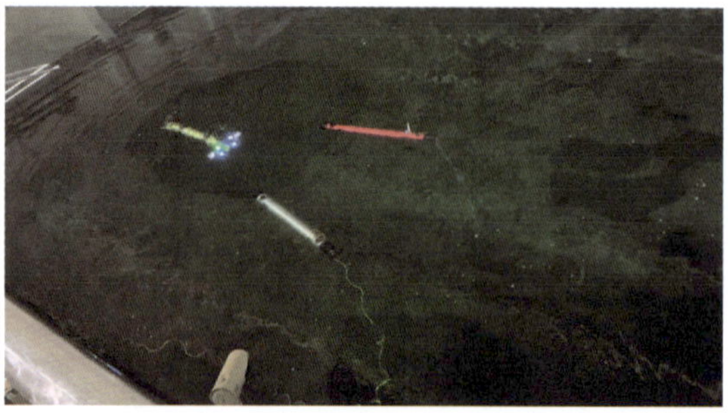

图 10－36　跟随者 AUV 识别到 AR Marker

跟随者 AUV 观测到光信标阵列后，根据光信标阵列提供的 6 自由度信息计算编队误差，并在协同运动控制器的作用下输出控制量，跟踪目标深度和航向，向着领航者 AUV 前进。随着跟随者 AUV 与领航者 AUV 距离的缩短，AR Marker 逐渐进入视野中并越来越清晰。应当指出的是，在最初能检测到 AR Marker 的阶段，识别尚不稳定，因此 AR Marker 追踪只有当能够稳定识别同一个 AR Marker 1 s 以上方可进行。跟随者识别到 AR Marker 的试验场景见图 10－36，最初识别到 AR Marker 时主控软件界面如图 10－37 所示。

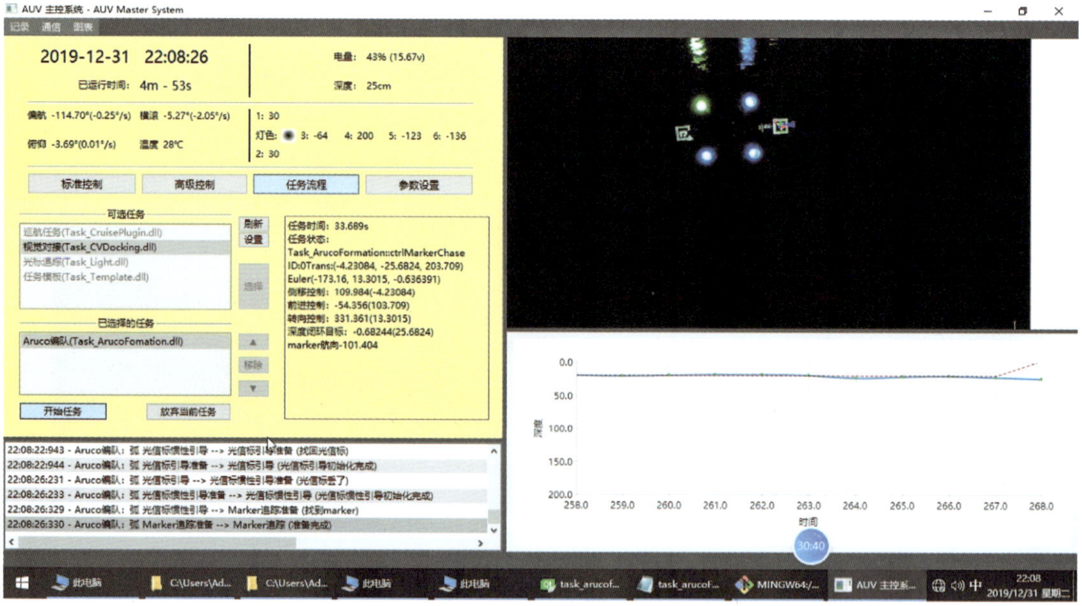

图 10－37　最初捕获到 AR Marker 时的主控软件截图

识别到 AR Marker 的同时，跟随者 AUV 根据自身配置文件中对领航者携带的 AR Marker 位置的定义和跟踪 ID 的设置，判断当前 Marker 是否是自己所应该跟踪的 AR Marker。如果不是，还需要确定自己下一步的位移方向。在此过程中，跟随者利用所有能够识别到的 AR Marker 求解姿态，并求出均值，作为当前的控制依据和编队误差的依据。不断控制直到编队误差收敛为 0，此时的主控软件界面如图 10－38 所示，最终达到的协同运动状态见图 10－39。

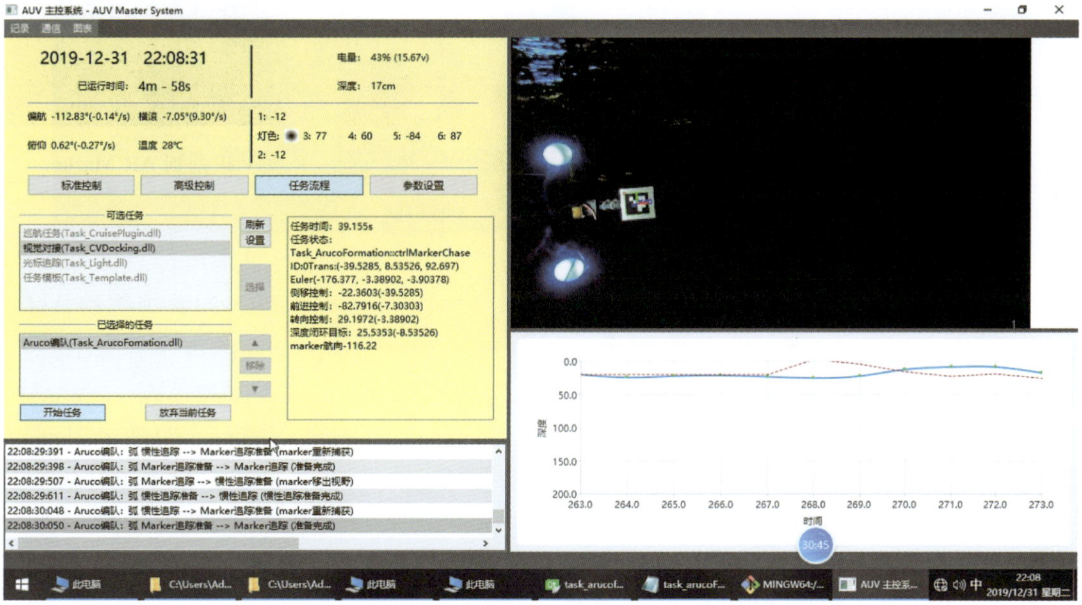

图 10－38　AR Marker 追踪阶段的主控软件截图

考虑到领航者 AUV 处于运动状态，有可能出现领航者 AUV 的机动过程导致跟随者 AUV 在视野中丢失目标的情况。此外，跟随者 AUV 机动幅度过大也会使图像出现动态模糊导致无法正常识别的现象，如图 10－40 所示。此时，可采用与光信标阵列阶段相似的策略，如果未能成功识别，则取最后一次识别到目标的位姿信息作为预测，将 AUV 向该位置调整，同时保持侧移力不变。如果未能在 7 s 内成功找回，则重新在当前深度转向寻找。如果当前深度未能找到，则增加寻找深度后重新尝试，直到找回目标或触发安保程序。

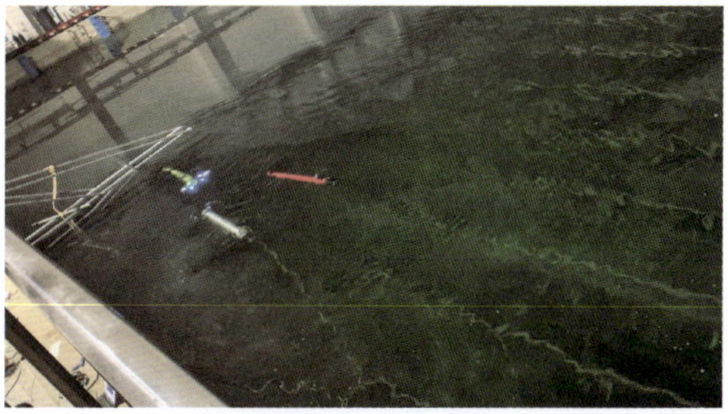

图 10－39　跟随者 AUV 利用 AR Marker 进行协同运动

协同运动过程中，2 台跟随者 AUV 的深度与领航者的深度之间的误差和航向角的误差，如图 10－41 所示。

从图 10－41a 中可以直观地看出，光信标引导过程的深度误差较大，而在 AR Marker 追踪阶段，深度误差逐渐收敛至接近于 0。这是由于在光信标引导阶段，AUV 的前进速度较快，较大的主推推力影响了俯仰角，导致深度控制的效果下降；与此同时，非零的俯仰角会使 AUV 在本体系上的前进速度在大地系的竖直方向上有分量，二者叠加作用造成

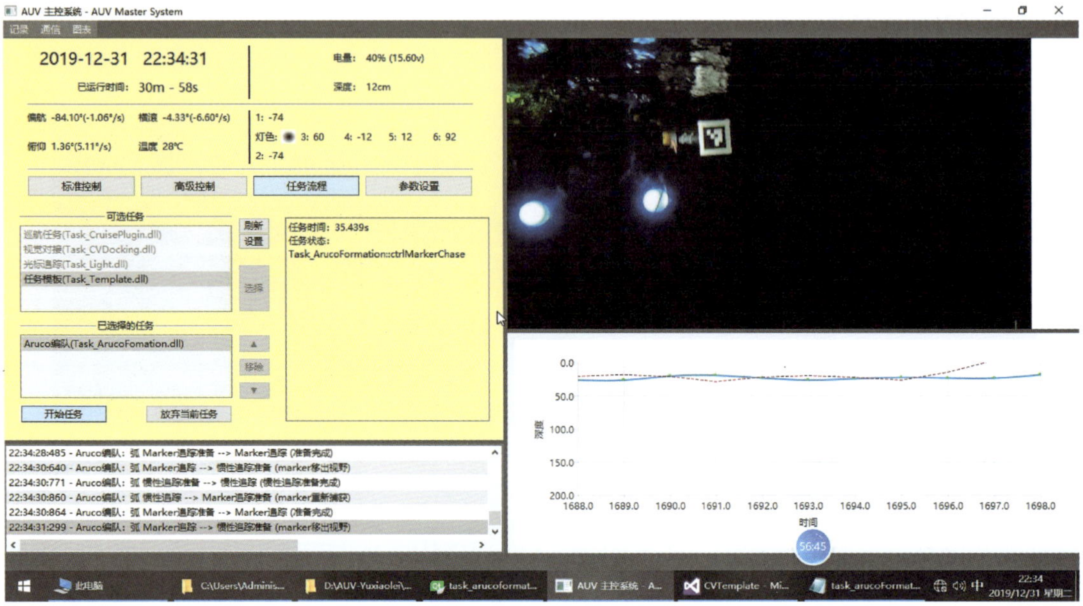

图 10-40　由于动态模糊导致未能成功识别的 AR Marker

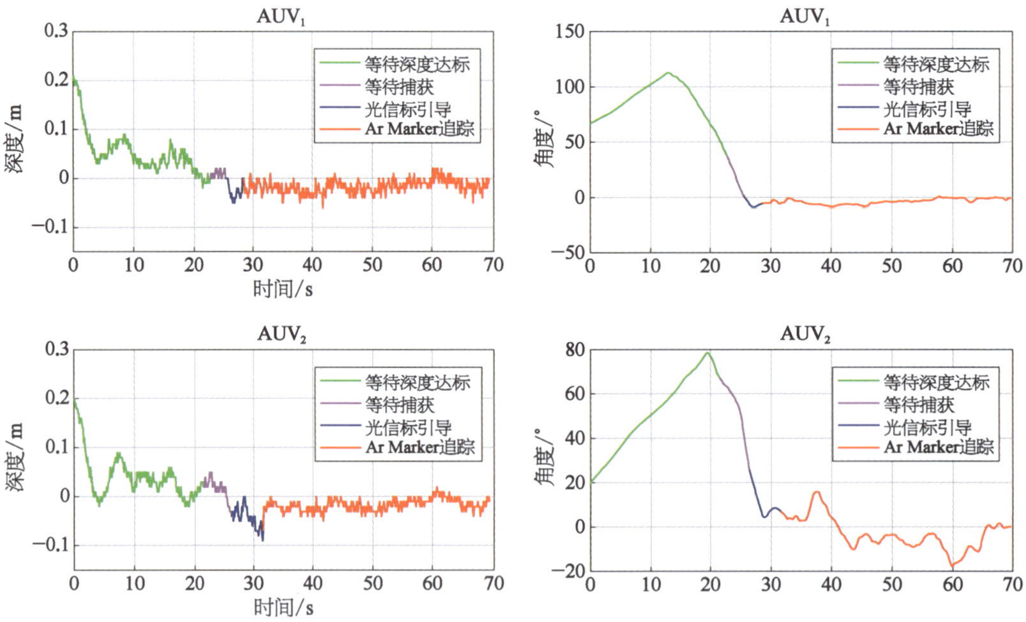

(a) 深度误差　　　　(b) 偏航角误差

图 10-41　跟随者与领航者的深度误差与偏航角误差

深度暂时失稳。随着抵近编队位置，跟随者 AUV 的速度逐渐降低，同时在以 AR Marker 提供的位姿信息为基础的控制下，深度逐渐收敛到与领航者相同。从图 10－41b 中能够看到在识别到光信标阵列后，根据提取的相对姿态，跟随者与领航者之间的偏航角误差迅速收敛为 0。随着二者距离的接近，AR Marker 提供了稳定的偏航角误差控制，使得协同运动偏航角误差逐渐收敛为 0。

从识别到光信标阵列开始，跟随者视觉算法提取的三轴位移和偏航角信息如图 10－42 所示。

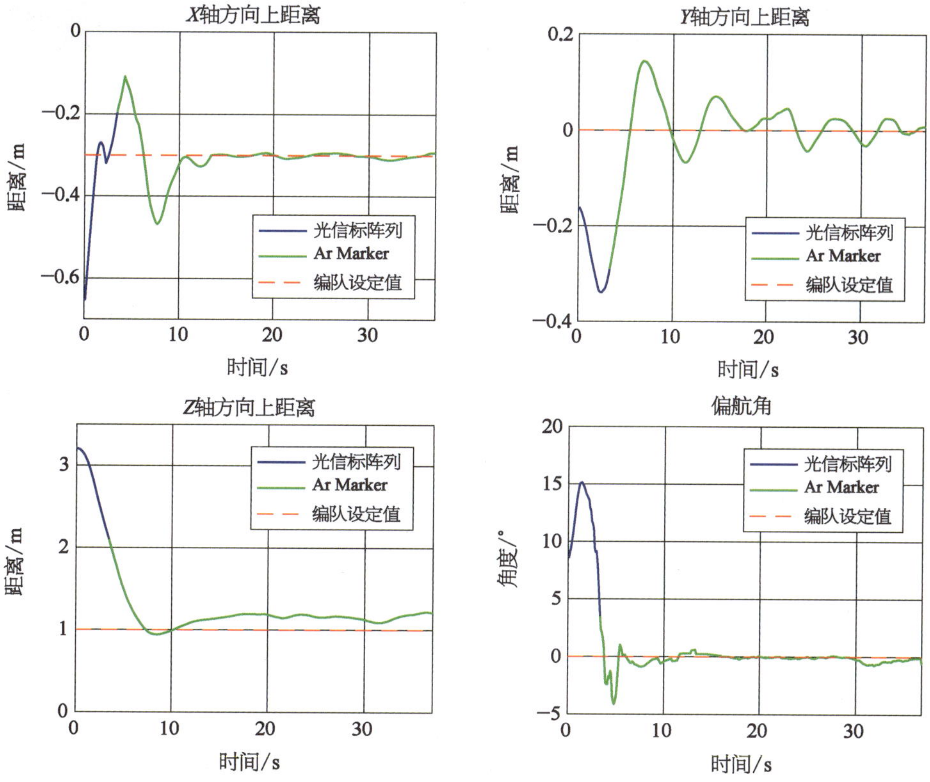

图 10－42　视觉算法提取的三轴位移和偏航角信息

从图中可以看到，在控制器的作用下，X、Y、Z 三轴距离不断收敛，并最终达到设定的编队参数附近。偏航角也随着控制过程收敛到 0。此外，能够看到，光信标阵列与 AR Marker 的识别过程的一致性较好，识别过程基本可以做到无缝切换，从而保证了控制的连续性。

参考文献

[1]　李殿璞. 船舶运动与建模[M]. 北京：国防工业出版社，2008.

[2]　Healey A J, Horner D P, Kragelund S P. Collaborative unmanned vehicles for maritime domain

awareness[R]. NAVAL POSTGRADUATE SCHOOL MONTEREY CA, 2005.
[3] 朱仕永,祖静,范锦彪,等.姿态角测试研究[J].电子设计工程,2009,17(01):12-13.
[4] Lee D J, Kam K Y, Kaminer I, et al. Wireless communication networks between distributed autonomous systems using self-tuning extremum control[C]. AIAA Infotech@ Aerospace Conference and AIAA Unmanned — Unlimited Conference. Seattle, Washington: AIAA, 2009: 1994.
[5] 洪兰.船舶工程、陀螺理论及在工程测量中的应用[M].北京:国防工业出版社,1995.

